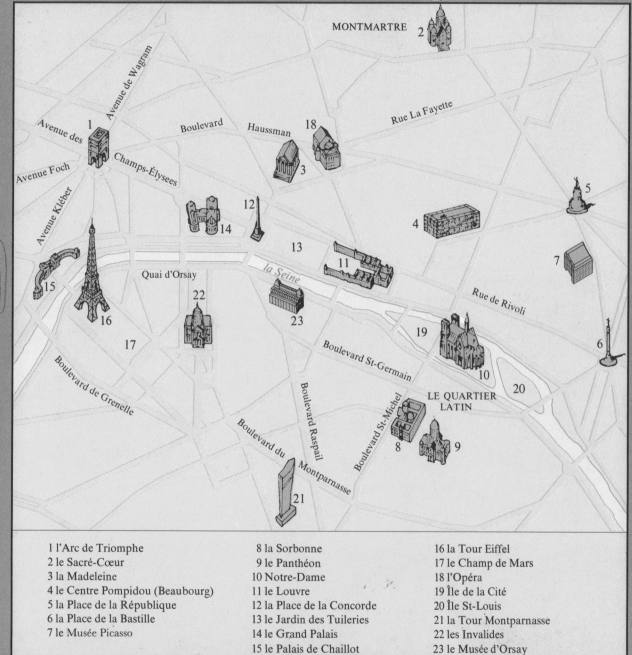

MONTMARTRE

Avenue de Wagram

Boulevard   Haussman

Rue La Fayette

Avenue des

Avenue Foch

Champs-Élysees

Avenue Kléber

Quai d'Orsay

la Seine

Rue de Rivoli

Boulevard St-Germain

LE QUARTIER
LATIN

Boulevard St-Michel

Boulevard de Grenelle

Boulevard Raspail

Boulevard du   Montparnasse

1 l'Arc de Triomphe	8 la Sorbonne	16 la Tour Eiffel
2 le Sacré-Cœur	9 le Panthéon	17 le Champ de Mars
3 la Madeleine	10 Notre-Dame	18 l'Opéra
4 le Centre Pompidou (Beaubourg)	11 le Louvre	19 Île de la Cité
5 la Place de la République	12 la Place de la Concorde	20 Île St-Louis
6 la Place de la Bastille	13 le Jardin des Tuileries	21 la Tour Montparnasse
7 le Musée Picasso	14 le Grand Palais	22 les Invalides
	15 le Palais de Chaillot	23 le Musée d'Orsay

PARIS MONUMENTAL

ENTRE AMIS

AN INTERACTIVE APPROACH TO FIRST-YEAR FRENCH

Michael D. Oates
University of Northern Iowa

Larbi Oukada
Indiana University, Indianapolis

Rick Altman
University of Iowa

Houghton Mifflin Company   Boston
Dallas   Geneva, Illinois   Palo Alto
Princeton, New Jersey

Acknowledgments

We, the authors, are deeply indebted to the editorial staff of Houghton Mifflin for giving us the opportunity to develop and produce the text. Their encouragement and guidance made *Entre amis* possible and allowed us to continue to improve the text through field testing and the editing process.

We would like to mention the help we received from Sharon Bellamy, Christine Bernard, Ann Donovan, Cathy Elwell, Catherine Fouchard, Beverly Hasenbalg, Liliane Krasean, Jo Ann McNatt, Muriel Moreau, Nelly Perez, Melanie Peterson, Germaine Phillips, Eric Preterre, Alexandre Piscevic, Kathleen Reams, Caroline Rogeon, Nathalie Ruaux, Melissa Walljasper, Kristin Voigt, and Colette Walther who used *Entre amis* in a field-testing version in their classes. Our colleagues at UNI and IUPUI allowed us to develop the text in our classes and provided valuable suggestions. We would like to publicly thank James Beaudry, Jacques Dubois, and André Walther.

A special thank-you is due to Daniel Marciano, Christine Bernard, Jo Ann McNatt, Patricia Westphal, Roxana Nagosky, and Rosalie Vermette, who provided proofreading, encouragement, and valuable comments.

We would also like to express our sincere appreciation to the following people for their in-depth reviews of portions of the manuscript:

Leonard Bloom, University of Bridgeport, CT
Thomas J. Cox, San Diego State University, CA
Raymond Eichmann, University of Arkansas, AK
Edith Flourie, San Diego Mesa College, CA
Nicole Fouletier-Smith, University of Nebraska, NE
Gilberte Furstenberg, Massachusetts Institute of Technology, MA
Joel Goldfield, Plymouth State College, NH
David Green, Concordia College, MN
Elizabeth Guthrie, University of California—Irvine, CA
Sara Hart, Shoreline Community College, WA
Carol Herron, Emory University, GA
Jean-Pierre Heudier, Southwest Texas State University, TX
Elaine K. Horwitz, University of Texas—Austin, TX
Nelle N. Hutter, Iowa State University, IA
Thomas E. Kelly, Purdue University, IN
Katherine Kulick, College of William and Mary, VA
Laurey K. Martin, University of Wisconsin—Madison, WI
M.J. Muratore, University of Missouri—Columbia, MO
Norman A. Poulin, University of Southern Mississippi, MS
Jonathan M. Rosenthal, Franklin and Marshall College, PA
Susan Schunk, University of Akron, OH

Cover photo by Owen Franken
Illustrations by G.S. Weiland
Sketches for *Il y a un geste* sections by Elizabeth Williams
Credits for photos, text, and realia are found following the Index at the end of the book.

Printed in the U.S.A.
Library of Congress Catalog Number: 90-83055
Student Text ISBN: 0-395-51354-5
ABCDEFGHIJ-D-9543210

Contents

CHAPITRE DEUX   *Qu'est-ce que vous aimez?*

CHAPITRE TROIS   *La famille*

To the Student

Entre amis is a first-year college French program centered around the needs of a language learner like you. Among these needs is the ability to communicate in French and to develop insights into French culture and language. You will have many opportunities to hear French spoken and to interact with your instructor and classmates. Likewise, your ability to read and write French will improve with practice. The functions and exercises are designed to enable you to share information about your life—your interests, your family, your tastes, your plans.

Helpful hints

While you will want to experiment with different ways of studying the material you will learn, a few hints, taken from successful language learners, are in order:

En français, s'il vous plaît! Try to use what you are learning with anyone who is able to converse in French. Greet fellow students in French and see how far you can go in conversing with each other.

Enjoy it. Be willing to take off the "wise-adult" mask and even to appear silly to keep the communication going. Everybody makes mistakes. Try out new words, use new gestures, and paraphrase, if it helps. Laugh at yourself; it helps.

Bring as many senses into play as possible. Study out loud, listen to the taped materials, use a pencil and paper to test your recall of the expressions you are studying. Anticipate conversations you will have and prepare a few French sentences in advance. Then try to work them into your conversations.

Nothing ventured, nothing gained. One must go through lower-level stages before reaching a confident mastery of the language. Study and practice, including attentive listening, combined with meaningful interaction with others will result in an ability to use French to communicate.

Where there's a will, there's a way. Be resourceful in your attempt to communicate. Seek alternative ways of expressing the same idea. For instance, if you are stuck in trying to say, «Comment vous appelez-vous?»

("What is your name?"), don't give up your attempt and end the conversation. Look for other ways of finding out that person's name. You may want to say, «Je m'appelle John/Jane Doe. Et vous?» or «John/Jane Doe» (pointing to yourself). «Et vous?» (pointing to the other person). There are often numerous possibilities!

Use your imagination. Some of the exercises will encourage you to play a new role. Add imaginary details to these situations, to your life story, etc., to enliven the activities.

Organization of the Text

The text is divided into fifteen chapters with a brief preliminary chapter plus four *Escales* that provide a glimpse of some of the many places where French is spoken outside of France. Each chapter is organized around a central cultural theme with three major divisions: **Coup d'envoi, Buts communicatifs,** and **Révision et Intégration.**

Coup d'envoi

This section starts the cycle of listening, practicing, and personalizing which will make your learning both rewarding and enjoyable. You will often be asked to reflect and to compare French culture with your own culture.

Prise de contact is a short presentation of key phrases, often illustrated. In this section you are encouraged to participate and respond to simple questions about your family, your life, or your recent activities.

Conversation/Lettre typically shows a language learner in France, adapting to French culture. You will often find this person in situations with which you can identify: introducing himself or asking for directions, for example. Then you will be asked what you would do or say in a similar situation. This section is recorded on the homework cassette so that you can listen to it at home as often as you need to.

The *À propos* section describes particular aspects of French culture. These cultural sections will help you understand why, for example, the French do not usually say "thank you" when responding to a compliment or why family meals are more structured and significant in France than they are in the United States.

The *Il y a un geste* section is a special feature of *Entre amis* and an integral part of every chapter. It consists of drawings and descriptions of common French gestures. The primary purpose of the gestures is to reinforce the meaning of the expressions associated with them that you will learn and use throughout the year. The section is always printed on a light peach background.

The *Entre amis* section gives you a chance to speak French one-on-one with a friend in class. You are given a skit or other role-playing activity that duplicates a real-life situation (ordering a meal in a café, finding out what your partner did yesterday, etc.). This section appears several times in each chapter and is printed on a light purple background.

The *Prononciation* section helps you to imitate correctly general features of French pronunciation as well as specific sounds. It is important that your speech be readily understandable so that you can communicate more easily with people in French. The Homework Cassette contains a section that practices the pronunciation lesson for each chapter.

Buts communicatifs

As was the case in the **Coup d'envoi** section, each of the **Buts communicatifs** sections begins with a presentation, including key phrases that you will use to interact with your instructor and classmates. Material from the **Coup d'envoi** is recycled in the **Buts communicatifs**. The section is divided according to specific tasks (from three to five per chapter), such as asking for directions, describing your weekend activities, and finding out where things are sold. Within this context, there are grammar explanations, exercises, vocabulary, and role-playing activities. The vocabulary is taught in groups of words directly related to each of the functions you are learning. All of these words are then listed at the end of each chapter in the *Vocabulaire actif* section. Each section of the **Buts communicatifs** ends with an *Entre amis* activity that encourages you to put to use what you have just learned.

Révision et Intégration

This final section includes one or more reading selections *(Lectures)*. These readings are usually adapted from authentic French materials, such as excerpts from newspapers and magazines. There are activities both before and after each reading to relate the material to your own experience and to help increase your understanding. A list of all the active vocabulary of the chapter is included at the end of this section and is set off by a light peach band.

Escales

These special enrichment sections, which come at intervals throughout the book, describe life in different areas where French is the native language

(Québec, Sénégal, Morocco, and Martinique). Included in each *Escales* is a map to help you situate the region being discussed, as well as photographs and realia.

Appendices

The reference section contains verb charts, French-English and English-French vocabularies, and an index.

Ancillaries

Cahier d'activités

The *Cahier d'activités* combines a Workbook, Lab Manual, and Video Workbook in one component, making it less expensive and more convenient for you. Each of the three items is organized to correspond to the text chapters. The workbook activities supplement the vocabulary and grammar exercises in the text; they provide supplemental written practice for the material in each chapter. The lab manual activities are correlated with side B of each audiocassette. The imaginative video workbook activities are coordinated with the Videocassette created specially to accompany *Entre amis*.

Audio Program

A Homework Cassette is packaged with each textbook. It contains the *Conversation* (or *Lettre*) for each chapter, examples from the *Prononciation* section, and an original vignette (short skit). Exercises to accompany the vignette are found in the *Cahier d'activités*. You will find that listening regularly as you study reinforces what you have just covered in class.

A set of audiocassettes containing the Audio Program is also available to you. The cassette format makes it convenient for you to listen to French: at home, in your car, or in your dorm. They are divided into two parts: Part One is for Chapters P–7, and Part Two is for Chapters 8–15. They contain about 60 minutes of material for each chapter. Side A of each cassette is coordinated with the text, containing the presentation material for each function. Side B is coordinated with the lab manual activities and contains original activities that encourage you to put French to use through listening, speaking, reading, and writing.

CHAPITRE PRÉLIMINAIRE

Au départ

Buts communicatifs
Understanding basic
  classroom commands
Understanding numbers
Understanding basic
  expressions of time
Understanding basic weather
  expressions
Recognizing French first
  names

Buts communicatifs

Grasping the meaning of spoken French is fundamental to learning to communicate in French. Developing this skill will require patience and perseverance, but your success will be enhanced if you associate a mental image (e.g., of a picture, an object, a gesture, an action, the written word) with the expressions you hear. This preliminary chapter will focus on establishing the association of sound and symbol in a few basic contexts: classroom expressions, numbers, time, weather, and people's names.

1. Understanding Basic Classroom Commands

Dans la salle de classe

■ Listen carefully and watch the physical response of your teacher to each command. Once you have learned to associate the actions with the French sentences, you may be asked to practice them.

Levez-vous!
Allez à la porte!
Ouvrez la porte!
Sortez!
Frappez à la porte!
Entrez!
Fermez la porte!
Allez au tableau!
Prenez la craie!
Écrivez votre nom!
Mettez la craie sur la table!
Donnez la craie à ... !
Donnez-moi la craie!
Asseyez-vous!

IL Y A UN GESTE

Frapper à la porte. When knocking on a door (**toc, toc, toc**), the French often use the back of the hand (open or closed). Seeing someone knock on the door with a closed fist in the North American fashion could easily be misinterpreted by the French as implying that the person is angry.

2. Understanding Numbers

0 1 2 3 4 5 6 7 8 9

Les nombres

0	zéro	10	dix	20	vingt
1	un	11	onze	21	vingt et un
2	deux	12	douze	22	vingt-deux
3	trois	13	treize	23	vingt-trois
4	quatre	14	quatorze	24	vingt-quatre
5	cinq	15	quinze	25	vingt-cinq
6	six	16	seize	26	vingt-six
7	sept	17	dix-sept	27	vingt-sept
8	huit	18	dix-huit	28	vingt-huit
9	neuf	19	dix-neuf	29	vingt-neuf

AUX TROIS QUARTIERS
Le grand magasin de la Madeleine

IL Y A UN GESTE

Compter avec les doigts. When counting, the French normally begin with the thumb, then the index finger, etc. For instance, the thumb, index, and middle fingers are held up to indicate the number three, as a child might indicate when asked his/her age.

3. Understanding Basic Weather Expressions

Quel temps fait-il?

Quelle heure est-il?

Il est une heure.

Il est une heure dix.

Il est une heure
et quart.

Il est une heure
et demie.

Il est deux heures
moins le quart.

Il est deux heures
moins dix.

Il est deux heures.

Il est trois heures.

Il est midi.

Il est midi et demi.

Il est minuit.

Il est minuit et demi.

Les prénoms français

■ Some names have corresponding feminine and masculine forms.

1. Often, the feminine form ends in a consonant sound while the masculine form ends in a vowel sound.

Féminins		*Masculins*	
Françoise	Louise	François	Louis
Jeanne	Martine	Jean	Martin
Laurence	Simone	Laurent	Simon

2. In other cases, feminine and masculine forms are pronounced the same way even though they are written in a different manner.

Féminins		*Masculins*	
Andrée	Michèle	André	Michel
Danielle	Pascale	Daniel	Pascal
Frédérique	Renée	Frédéric	René

■ Other common names:

Féminins	*Masculins*
Catherine	Alain
Chantal	Christophe
Christine	David
Isabelle	Éric
Karine	Étienne
Marie	Jacques
Marie-Claire	Jean-Luc
Marie-Thérèse	Jean-Michel
Monique	Nicolas
Nathalie	Olivier
Sophie	Patrick
Stéphanie	Philippe
Sylvie	Pierre
Valérie	Stéphane
Véronique	Thierry

Vocabulaire: Quelques expressions pour la salle de classe

Pardon?	*Pardon?*
Comment?	*What (did you say)?*
Répétez, s'il vous plaît.	*Please repeat.*
Encore.	*Again.*
En français.	*In French.*
Ensemble.	*Together.*
Tout le monde.	*Everybody, everyone.*
Fermez le livre.	*Close the book.*
Écoutez.	*Listen.*
Répondez.	*Answer.*
Commencez.	*Begin.*
Continuez.	*Continue.*
Arrêtez.	*Stop.*
Décrivez ...	*Describe ...*
Lisez.	*Read.*
Regardez.	*Look.*
Comment dit-on «the teacher»?	*How do you say "the teacher"?*
On dit «le professeur».	*You say "le professeur."*
Que veut dire «le tableau»?	*What does "le tableau" mean?*
Ça veut dire «the chalkboard».	*It means "the chalkboard."*
Je ne sais pas.	*I don't know.*
Je ne comprends pas.	*I don't understand.*

Chapitre Préliminaire

Il Y A UN GESTE

Comment? Pardon? An open hand, cupped behind the ear, indicates that the message should be repeated.

Bonjour!

Buts communicatifs
Greeting others
Exchanging personal
  information
Identifying nationality
Describing physical
  appearance

Structures utiles
Les pronoms sujets
Le verbe **être**
L'accord des adjectifs
La négation
L'accord des adjectifs (suite)

Culture
Monsieur, Madame et
  Mademoiselle
Le premier contact
Le prénom

Coup d'envoi

Les présentations

Mademoiselle Becker   **Monsieur Davidson**

Je m'appelle°	Je m'appelle	*My name is*
Lori Becker.	James Davidson.	
J'habite à° Boston.	J'habite à San Francisco.	*I live in*
Je suis° américaine.	Je suis américain.	*I am*
Je suis célibataire°.	Je suis célibataire.	*single*

Madame Martin   **Monsieur Martin**

Je m'appelle   Je m'appelle
  Anne Martin.   Pierre Martin.
J'habite à Marseille.   J'habite à Marseille.
Je suis française.   Je suis français.
Je suis mariée.   Je suis marié.

✤ **Et vous?**   Qui êtes-vous?°   *And you? Who are you?*

Dans un hôtel à Paris

Deux hommes sont au restaurant de l'hôtel Arcade à Paris.

PIERRE MARTIN:	Bonjour°, Monsieur! Vous permettez?°	*Hello/May I?*
	(*Il touche la chaise libre.°*)	*He touches the empty chair.*
JAMES DAVIDSON:	Bonjour! Certainement. Asseyez-vous!	
PIERRE MARTIN:	Vous êtes anglais?°	*Are you English?*
JAMES DAVIDSON:	Non, je suis américain. Permettez-moi de me présenter.° Je m'appelle James Davidson.	*Let me introduce myself.*
PIERRE MARTIN:	Martin, Pierre Martin.	
	(*À ce moment, la réceptionniste arrive.*)	
LA RÉCEPTIONNISTE:	Le téléphone, Monsieur Davidson. C'est pour vous.° Votre communication de Californie.°	*It's for you./Your call from California.*
JAMES DAVIDSON:	Excusez-moi, s'il vous plaît, Monsieur.	
PIERRE MARTIN:	Certainement. Au revoir, Monsieur.	
	(*Ils se serrent la main.°*)	*They shake hands.*
JAMES DAVIDSON:	Bonne journée°, Monsieur.	*Have a good day.*
PIERRE MARTIN:	Merci°, vous aussi°.	*Thank you/also, too*

❖ **Jouez ces rôles.** Role-play the conversation with a partner. Use your own identities.

✤ Why does Pierre Martin say **Bonjour, Monsieur** instead of just **Bonjour**?

a. He likes variety; either expression will do.
b. **Bonjour** alone is less polite than **Bonjour, Monsieur**.
c. He is trying to impress James Davidson.

Only one answer is culturally accurate. Read the information below to find out which one.

Monsieur, Madame et Mademoiselle.

A certain amount of formality is in order when initial contact is made with French speakers. It is more polite to add **Monsieur, Madame,** or **Mademoiselle** when addressing someone than simply to say **Bonjour.** James Davidson catches on toward the end of the conversation when he remembers to say **Bonne journée, Monsieur.**

Le premier contact (*Breaking the ice*).

Pierre Martin asks if he can sit at the empty seat. However, the French are usually more reticent than Americans to "break the ice." This may present a challenge to the language learner who wishes to meet others, but as long as you are polite, you should not hesitate to begin a conversation.

Le prénom (*first name*).

Although different from American standards, it is not unusual to have the French give their last name first, especially in professional situations. Americans are generally much quicker than the French to begin to use another's first name. Rather than instantly condemning the French as "colder" than Americans, the wise strategy would be to refrain from using the first name when you meet someone. It is important to adapt your language usage to fit the culture. "When in Rome, do as the Romans do."

IL Y A UN GESTE

Le contact physique. James Davidson and Pierre Martin shake hands during their conversation, a normal gesture for both North Americans and the French when meeting someone. However, the French would normally shake hands with friends, colleagues, and their neighbors each time they meet and, if they chat for a while, at the end of their conversation as well. Physical contact plays a very important role in French culture and forgetting to shake hands with a friend would be rude.

Le téléphone. The French indicate that there is a telephone call by spreading the thumb and little finger of one hand and holding that hand near the ear.

✤ **À vous.** How would you respond to the following?

1. Je m'appelle Brigitte. Et vous?
2. Vous êtes français(e)?
3. J'habite à Paris. Et vous?
4. Excusez-moi, s'il vous plaît.
5. Bonne journée.

ENTRE AMIS Permettez-moi de me présenter

1. Greet your partner.
2. Find out if s/he is French.
3. Give your name and tell where you live.
4. Can you say anything else? (Be sure to shake hands when you say good-bye.)

Prononciation

L'accent et le rythme

■ There are an enormous number of related words in English and French. We inherited most of these after the Norman Conquest, but many are recent borrowings. With respect to pronunciation, these are the words that tend to reveal an English accent the most quickly.

✤ **Compare:**

Anglais	*Français*
CER-tain	cer-TAIN
CER-tain-ly	cer-taine-MENT
MAR-tin	Mar-TIN
a-MER-i-can	a-mé-ri-CAIN

■ Even more important than mastering any particular sound is the development of correct habits in three areas of French intonation.

1. *Rhythm:* French words are spoken in groups, and each syllable but the last is said very evenly.
2. *Accent:* In each group of words, the last syllable is lengthened, thus making it the only accented syllable in the group.
3. *Syllable formation:* Spoken French syllables end in a vowel sound much more often than English ones do.

✤ Counting is an excellent way to develop proper French rhythm and accent. Repeat after your instructor:

un DEUX	un deux TROIS	un deux trois QUATRE
mon-SIEUR	s'il vous PLAÎT	le té-lé-PHONE
mer-CI	cer-taine-MENT	A-sse-yez-VOUS
fran-ÇAIS	té-lé-PHONE	Mon-sieur Mar-TIN

Les consonnes finales

■ A final (written) consonant is normally not pronounced in French.

François	permettez	s'il vous plaît
Georges	français	trois
Il fait froid	et quart	deux

■ There are some words whose final consonant is always pronounced (many words ending in **c**, **f**, **l**, or **r**, for instance).

Frédéri*c*	neu*f*	Miche*l*	bonjou*r*

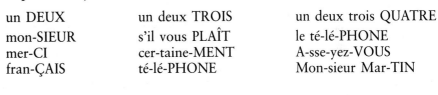

■ Before a vowel sound at the beginning of the following word, the final **-s** or **-x** of certain words (**vous, trois, deux**) is pronounced as **[z]** and is spoken with the next word. This is called **liaison.**

vous [z]êtes   deux [z]hommes

■ When a consonant is followed by **-e** within the same word, the consonant is always pronounced. A single **-s-** followed by **-e** is pronounced as **[z].**

française   américai*ne*   j'habi*te*   je m'appe*lle*

Buts communicatifs

1. Greeting Others

le jour°/le matin°/l'après-midi°   *day/morning/after-*
                                                    noon
    Bonjour, Monsieur.
    Bonjour, Madame, Mademoiselle.

    Bonjour, Marie.
    Salut°, Marie.   *hi*

le soir°/la nuit°   *evening/night*

    Bonsoir°, Monsieur.   *good evening; hello*
    Bonsoir, Madame, Mademoiselle.

    Bonsoir, Marie.
    Salut, Marie.

Remarques:

1. **Bonjour** and **bonsoir** are used for both formal (**Monsieur, Madame,** etc.) and first-name relationships.
2. The family name (**le nom de famille**) is not used in a greeting. For example, when saying hello to Madame Martin, one says **Bonjour, Madame.**
3. **Salut** is used only in first-name relationships.
4. **M., Mme,** and **Mlle** are the abbreviations for **Monsieur, Madame,** and **Mademoiselle.**

1. **Attention au style.** Greet each of the following people at the indicated time of day. Adapt your choice of words to fit the time and the person being greeted. Be careful not to be overly familiar. If there is more than one response possible, give both.

Modèles: Monsieur Talbot (le matin à 8 heures)
Bonjour, Monsieur.

Marie (l'après-midi à 2 heures)
Bonjour, Marie. ou
Salut, Marie.

1. Éric (le soir à 7 heures)
2. Madame Dupont (à midi)
3. Émilie (à minuit)
4. Mademoiselle Monot (le matin à 9 heures)
5. Monsieur Talbot (l'après-midi à 4 heures)
6. another student (la nuit à 1 heure)
7. your French teacher (le matin à 11 heures)
8. your best friend (le soir à 10 heures)
9. the president of your university (à midi)

2. Exchanging Personal Information

Comment vous appelez-vous?°   *What is your name?*
    Je m'appelle Nathalie Lachance.
Où habitez-vous?°   *Where do you live?*
    J'habite à Laval.
    J'habite près de° Montréal.   *near*
Vous êtes célibataire?
    Non, je suis mariée.

✦ Et vous, Monsieur (Madame, Mademoiselle)?

Remarques:

1. **Je m'appelle** and **Comment vous appelez-vous?** should be memorized for now. Note that in **Comment vous appelez-vous?** there is only one **l,** while in **Je m'appelle,** there are two.
2. Use **J'habite à** to identify the *city* in which you live.
3. Use **J'habite près de** to identify the city you live *near.*

2. Les inscriptions (*Registration*). You are working at a conference in Geneva. Greet the following people and find out their names and where they live.

Modèle: Monsieur Robert Perrin (Lyon)

—Bonjour, Monsieur. Comment vous appelez-vous?
—Je m'appelle Perrin, Robert Perrin.
—Où habitez-vous?
—J'habite à Lyon.

1. Mademoiselle Chantal Rodrigue (Toulouse)
2. Madame Anne Vermette (Montréal)
3. Monsieur Joseph Guy (Lausanne)
4. Madame Marie Roger (Luxembourg)
5. Mademoiselle Jeanne Delon (Paris)
6. Monsieur Yves Gaston (Bruxelles)
7. Mademoiselle Ruth Smith (Londres)
8. le professeur de français
9. le président de la République française

A. Les pronoms sujets

■ The subject pronouns in French are:

singular forms		plural forms	
je (j')	*I*	nous	*we*
tu	*you*		
vous	*you*	vous	*you*
il	*he; it*	ils	*they*
elle	*she; it*	elles	*they*
on	*one; someone; people; we*		

■ Before a vowel sound at the beginning of the next word, **je** becomes **j'**. This happens with words that begin with a vowel, but also with most words that begin with **h-**, which is silent.

J'adore Québec, mais *j*'habite à New York.

■ **Tu** is informal. It is used to address one person with whom you have a close relationship. **Vous** is the singular form used in other cases. **Vous** is always used to address more than one person.

> **Tu** es à Paris, Michel?
> **Vous** êtes à Lyon, Monsieur?
> Marie! Paul! **Vous** êtes à Bordeaux!

Note: Whether **vous** is singular or plural, the verb form is always plural.

■ There are two genders in French: masculine and feminine. All nouns have gender, whether they designate people or things. **Il** stands for a masculine person or thing, **elle** for a feminine person or thing. The plural **ils** stands for a group of masculine persons or things, and **elles** stands for a group of feminine persons or things.

> tableau = **il**   porte = **elle**   téléphones = **ils**   tables = **elles**

■ For a group that includes both masculine and feminine nouns (**Nathalie, Karine, Paul et Marie**), **ils** is used, even if only one of the nouns is masculine.

> Karine et Éric? **Ils** sont à Marseille.

■ **On** is an impersonal form used to express generalities or unknowns, much as do the English forms *one, someone, people*. In informal situations, **on** can sometimes be used to mean *we*.

> **On** est à San Francisco.   *We are in San Francisco.*

B. Le verbe *être*

> **Il est** à Québec.
> **Je suis** à Strasbourg.
> **Nous sommes** à Besançon.

■ The most frequently used verb in French is **être** (*to be*).

je	suis	*I am*	nous	sommes	*we are*
tu	es	*you are*	vous	êtes	*you are*
il	est	*he is; it is*	ils	sont	*they are (m. or m. + f.)*
elle	est	*she is; it is*	elles	sont	*they are (f.)*
on	est	*one is; people are; we are*			

■ Before a vowel sound at the beginning of the next word, the silent final consonant of many words (but not all!) is pronounced and is spoken with the next word. This is called **liaison. Liaison** is necessary between a subject pronoun and a verb.

Vous [z]êtes à Montréal.

■ **Liaison** is possible after all forms of **être,** but is common *only* with **est** and **sont.**

Il est [t]à Paris.   Elles sont [t]à Marseille.

3. **Où sont-ils?** (*Where are they?*) Tell where the following people are. Use a subject pronoun in your answer.

Modèle: tu (Boston)   **Tu es à Boston.**

1. Lori (Los Angeles)
2. Lise et Elsa (Bruxelles)
3. Thierry (Monte Carlo)
4. je (...)
5. Luce et David (Sherbrooke)
6. nous (...)
7. Thérèse et Sylvie (Paris)
8. vous (...)

C. L'accord des adjectifs

■ Most adjectives have two pronunciations: one when they refer to a feminine noun and one when they refer to a masculine noun. From an oral point of view, it is usually better to learn the feminine form first. The masculine pronunciation can often be found by dropping the last consonant sound of the feminine.

Barbara est **américaine.**   Bob est **américain** aussi.
Christine est **française.**   David est **français** aussi.

■ Almost all adjectives change their spelling depending on whether the nouns they refer to are masculine or feminine, singular or plural. These spelling changes may or may not affect pronunciation.

Il est américain.   Elle est américaine.
Ils sont américains.   Elles sont américaines.

Il est marié.   Elle est mariée.
Ils sont mariés.   Elles sont mariées.

■ The feminine adjective almost always ends in a written -e. A number of masculine adjectives end in -e also. In this case, masculine and feminine forms are identical in pronunciation and spelling.

célibataire   fantastique   optimiste

Le port de Marseille

■ The plural is usually formed by adding a written **-s** to the singular. However, since the final **-s** of the plural is silent, the singular and the plural are pronounced in the same way.

américain	américains
américaine	américaines

Note: If the masculine singular ends in **-s**, the masculine plural is identical.

un homme français	deux hommes français

■ Adjectives that describe a group of both masculine and feminine nouns take the masculine plural form.

Bill et Judy sont **mariés.**

Vocabulaire: L'état civil *(marital status)*

Femmes	*Hommes*	*Women/men*
célibataire(s)	célibataire(s)	*single*
mariée(s)	marié(s)	*married*
fiancée(s)	fiancé(s)	*engaged*
divorcée(s)	divorcé(s)	*divorced*
veuve(s)	veuf(s)	*widowed*

Note: With the exception of **veuve(s)** [vœv] and **veuf(s)** [vœf], the spelling changes in the adjectives listed above do not affect pronunciation.

4. **Quelle coïncidence!** (*What a coincidence!*) State that the marital status of the second person or group is the same as that of the first.

Modèles: Isabelle est fiancée. Et Marc?   Pierre est marié. Et Chantal et Max?
Il est fiancé aussi.   **Ils sont mariés aussi.**

1. Anne et Paul sont fiancés. Et Marie?
2. Nous sommes mariés. Et Monique?
3. Nicolas est divorcé. Et Sophie et Thérèse?
4. Je suis célibataire. Et Georges et Sylvie?
5. Madame Beaufort est veuve. Et Monsieur Dupont?

5. **Qui est-ce?** (*Who is it?*) Answer the following questions. Try to identify real people or famous fictional characters. Can you name more than one person? Make sure that the verbs and adjectives agree with the subjects.

Modèle: Qui est fiancé?
Olive Oyl est fiancée.   ou   **Olive Oyl et Popeye sont fiancés.**

1. Qui est célibataire?   5. Qui est veuf?
2. Qui est fiancé?   6. Qui est français?
3. Qui est marié?   7. Qui est américain?
4. Qui est divorcé?

6. **Carte de débarquement** (*Arrival form*). When you travel overseas you are usually given an arrival form to fill out. Provide the information requested in the form below.

> ## Carte de débarquement
>
> —Nom de famille: _____
> —Prénom(s):   _____
> —Âge: ____ ans
> —Nationalité: _____
> —État civil: _____
> —Adresse: _____
>   _____
> —Code postal: _____
> —Numéro de téléphone: _____
> —Motif du voyage: ____ touristique   ____ professionnel
>   ____ transit   ____ visite privée

> **ENTRE AMIS** Dans un avion
> *(In an airplane)*
>
> *Complete the following interaction with as many members of the class as possible.*
>
> 1. Greet your neighbor.
> 2. Find out if s/he is French.
> 3. Find out each other's name.
> 4. Find out the city in which s/he lives.
> 5. Find out his/her marital status.

3. Identifying Nationality

Quelle est votre nationalité?°   *What is your*
     Moi, je suis canadienne.   *nationality?*

✛ **Et vous?** Vous êtes chinois(e)°?   *Chinese*
     Pas du tout!° Je suis ...   *Not at all!*

	Féminin	*Masculin*	
GB	anglaise	anglais	*English*
F	française	français	*French*
J	japonaise	japonais	*Japanese*
SN	sénégalaise	sénégalais	*Senegalese*
USA	américaine	américain	*American*
MA	marocaine	marocain	*Moroccan*
MEX	mexicaine	mexicain	*Mexican*
CDN	canadienne	canadien	*Canadian*
I	italienne	italien	*Italian*

[almãd]

(S)	suédoise	suédois	*Swedish*
(D)	allemande	allemand	*German*
(E)	espagnole	espagnol	*Spanish*
(B)	belge	belge	*Belgian*
(SU)	russe	russe	*Russian*
(CH)	suisse	suisse	*Swiss*

Remarque: In written French, some feminine adjectives are distinguishable from their masculine forms not only by a final **-e**, but also by a doubled final consonant.

un homme canadien   *a Canadian man*
une femme canadie**nne**   *a Canadian woman*

---

7. **Quelle est votre nationalité?** The customs agent needs to know each person's nationality. Your partner will play the role of the customs agent and ask the question. You take the role of each of the following people, and answer.

Modèles: Madame Jones et Mademoiselle Jones (GB)
—**Quelle est votre nationalité?**
—**Nous sommes anglaises.**

Maria Gomez (MEX)
—**Quelle est votre nationalité?**
—**Je suis mexicaine.**

1. Madame Laplante (CDN)
2. Monsieur et Madame Smith (USA)
3. Mademoiselle Nakasone (J)
4. Madame Colon et Mademoiselle Colon (E)
5. Mademoiselle Balke (D)
6. Monsieur Senghor (SN)
7. Madame Volaro (I)
8. Mademoiselle Dubois (F)
9. votre professeur de français
10. vous

8. **Qui êtes-vous?** (*Who are you?*) Assume the identity of each one of the following people and introduce yourself, indicating name, nationality, and the city you are from.

Modèle: Mademoiselle Brigitte Lapointe/Paris (F)
Je m'appelle Brigitte et je suis française. J'habite à Paris.

1. Monsieur Pierre La Vigne/Québec (CDN)
2. Madame Margaret Jones/Manchester (GB)
3. Mademoiselle Elaina Smirnov/Moscou (SU)
4. Monsieur Yves Peron/Angers (F)
5. Monsieur Yasuhiro Saya/Tokyo (J)
6. Madame Mary O'Leary/Boston (USA)
7. Monsieur Ahmed Zoubir/Casablanca (MA)
8. votre professeur de français
9. vous

D. La négation

> James Davidson **n'**est **pas** français. Il est américain.
> Il **n'**habite **pas** à Paris. Il habite à San Francisco.

■ Two words, **ne** and **pas**, are used to make a sentence negative: **ne** precedes the conjugated verb and **pas** follows it.

> Guy et Zoé **ne** sont **pas** mariés.   *Guy and Zoé aren't married.*
> Il **ne** fait **pas** très beau.   *It's not very nice out.*

■ Remember that both **ne** and **pas** are necessary in standard French to make a sentence negative.

> **ne** + conjugated verb + **pas**

■ **Ne** becomes **n'** before a vowel sound.

> Je **n'**habite **pas** à Paris.   *I don't live in Paris.*
> Nathalie **n'**est **pas** française.   *Nathalie is not French.*

9. **Vous êtes français(e)?** Choose a new nationality and have other students try to guess what it is. If the guess is incorrect, use the negative to respond. If it is correct, say so.

Modèle: —Vous êtes belge?
—Non, je ne suis pas belge.   ou
—Oui, je suis belge.

10. **Ils sont français?** Ask your partner whether the following people are French. Choose the correct form of **être** and make sure that the adjective agrees. Your partner will first respond with a negative, and then state the correct information.

Modèle:

—Elles sont françaises?
—Non, elles ne sont pas françaises. Elles sont anglaises.

1.

2.

3.

4.

5.

6.

7.

8.

E N T R E   A M I S Une fausse identité: Qui suis-je? *(A false identity: Who am I?)*

1. Pick a new identity (nationality, home town, marital status) but don't tell your partner what you have chosen.
2. Your partner will try to guess your new nationality by asking you questions.
3. Your partner will guess your new marital status.
4. Your partner will guess which city you live in.

4. Describing Physical Appearance

Voilà° Christine.	Voilà le père Noël.	*there is; here is*
Elle est jeune°.	Il est assez° vieux°.	*young/rather/old*
Elle est assez grande°.	Il est assez petit°.	*tall/short; small*
Elle n'est pas grosse°.	Il n'est pas très° mince°.	*fat/very/thin*
Elle est assez jolie°.		*pretty*

Et vous? Vous êtes ...

jeune	*ou*	vieux (vieille)?	
petit(e)	*ou*	grand(e)?	
gros(se)	*ou*	mince?	
beau (belle)	*ou*	laid(e)?°	*attractive or ugly*
Décrivez votre meilleur(e) ami(e).°			*Describe your best friend.*

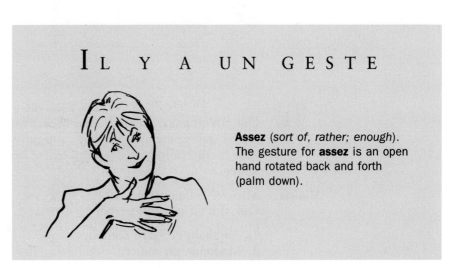

IL Y A UN GESTE

Assez (*sort of, rather; enough*). The gesture for **assez** is an open hand rotated back and forth (palm down).

E. L'accord des adjectifs (suite)

■ The masculine forms of some adjectives are not like their feminine forms in either pronunciation or spelling, and so they must be memorized.

> belle **beau** vieille **vieux**

■ The masculine plural of some adjectives is formed by adding **-x.** Pronunciation of the plural form remains the same as the singular.

> Robert et Paul sont très beaux.

■ Masculine singular adjectives that end in **-s** or **-x** keep the same form (and pronunciation) for the masculine plural.

> Bill est **gros.** Roseanne et John sont **gros** aussi.
> Je suis **vieux.** Georges et Robert sont très **vieux.**

■ Résumé:

féminin		masculin	
singulier	*pluriel*	*singulier*	*pluriel*
petite	petites	petit	petits
grande	grandes	grand	grands
jolie	jolies	joli	jolis
belle	belles	beau	beaux
laide	laides	laid	laids
jeune	jeunes	jeune	jeunes
vieille	vieilles	vieux	vieux
mince	minces	mince	minces
grosse	grosses	gros	gros

11. **Oui, il n'est pas très grand.** The French often tone down what they wish to say by stating the opposite with a negative and the word **très.** Agree with each of the following descriptions by saying the opposite in a negative sentence.

Modèle: Michael J. Fox est petit.
Oui, il n'est pas très grand.

1. Abraham et Sarah sont vieux.
2. Madonna est mince.
3. Goofy est laid.
4. Minnie Mouse est petite.
5. Dumbo l'éléphant est gros.
6. L'oncle Sam est vieux.
7. James et Lori sont jeunes.

12. **Décrivez ...** Describe the following people. If you don't know what they look like, guess. Pay close attention to adjective agreement.

Modèle: Décrivez James Davidson. **Il est grand, jeune et assez beau.**

1. Décrivez votre meilleur(e) ami(e).
2. Décrivez votre professeur de français.
3. Décrivez une actrice.
4. Décrivez un acteur.
5. Décrivez Minnie Mouse et Daisy Duck.
6. Décrivez le (la) président(e) de votre université.
7. Décrivez-vous.

ENTRE AMIS Je suis d'accord/Je ne suis pas d'accord (*I agree/I disagree*)

1. Choose a famous person and describe him/her.
2. If your partner agrees with each description s/he will say so.
3. If your partner disagrees, s/he will correct you.

Révision et Intégration

A.   **Il y a plus d'une façon** (*There's more than one way*).

1. Give two ways to say hello in French.
2. Give two ways to find out someone's name.
3. Give two ways to find out where someone lives.
4. Give two ways to find out someone's nationality.

B.   **Non, pas du tout.** Respond to the following questions in the negative and then give the correct answer. Invent the correct answer if you wish. Use subject pronouns.

Modèles: Vous êtes Mme Perrin?
Non, pas du tout, je ne suis pas Mme Perrin; je suis Mlle Smith.

Madame Perrin est française?
Non, pas du tout, elle n'est pas française; elle est canadienne.

1. Monsieur et Madame Dupont sont divorcés?
2. Madame Perche est veuve?
3. Tu es suisse?
4. Paul et Mireille sont fiancés?
5. Vous êtes Monsieur et Madame Chavin?
6. Solange est italienne?
7. Vous (*pl.*) êtes belges?
8. Georges est célibataire?

C.   **Décrivez trois personnes.** Choose three people and give as complete a description as you can of each of them. Include at least one famous person.

Modèle: **James Davidson est grand, jeune et assez beau. Il est aussi célibataire.**

D.   **À vous.** How would you respond to the following?

1. Bonjour, Monsieur (Madame, Mademoiselle).
2. Vous êtes Monsieur (Madame, Mademoiselle) Dupont?
3. Comment vous appelez-vous?
4. Vous n'êtes pas français(e)?
5. Quelle est votre nationalité?
6. Vous habitez près de Marseille?
7. Où habitez-vous?
8. Vous êtes célibataire?
9. Bonne journée!

> ### ENTRE AMIS Voilà X!
>
> You are a press agent (**un agent publicitaire**) for a famous person. Show a French-speaking reporter a picture (real or imaginary) of your client and give as complete a description as possible.

E. *Rédaction:* **Une rencontre.** Write at least ten lines in French to describe an encounter between yourself and a French visitor who has just arrived in the city in which you live. Include a description of each person and a dialogue.

Lecture

This first reading is a series of headlines (**manchettes**) taken from the French-language media. It is not vital that you understand every word in order to grasp the general meaning of what you read. The context will often help you guess the meaning. In addition, many words are similar in both French and English: these words are called *cognates*. Pay attention to the context and to cognates to help you read these headlines.

A. **Mots apparentés** (*Cognates*). Scan the headlines on the next page and find at least fifteen cognates.

B. **Sigles** (*Acronyms*). Acronyms are used frequently in French. They are abbreviations made of the first letter of each word in a title and may involve the same letters in their French and English forms. The order of the letters is, however, normally different because adjectives usually follow a noun in French, e.g., **la Croix-Rouge** (*the Red Cross*). Can you guess the meaning of the following French acronyms?

Modèle: ONU (a group of countries)
UN, the United Nations (Organization)

1. OTAN (an alliance)
2. URSS (a country)
3. SIDA (a disease)
4. CEE (twelve European countries)

1. **Le président américain propose une réduction des armements classiques de l'OTAN**

2. *Le festival international de Louisiane:* Quatre jours de fête franco-américaine

3. **Le bannissement de quatre Palestiniens a suscité de vives réactions**

4. **OZONE: DES TROUS DANS LE MANTEAU**

5. *Les dangers d'une baisse du dollar*

6. **Mise au point aux États-Unis d'un test prédicatif pour le cancer héréditaire**

7. WASHINGTON MET EN GARDE L'EUROPE CONTRE UNE DÉNUCLÉARISATION TOTALE

8. *L'Accord des Douze à Bruxelles ouvre la voie au grand marché européen*

9. **Un observatoire national du SIDA va être mis en place**

10. **Ottawa a entrepris de renforcer son dispositif de défense dans le Grand Nord**

11. UN HÉROS INCONNU: Le général canadien qui commanda deux forces de maintien de la paix

C. **Les manchettes.** Read the above headlines and decide which ones apply to any of the following categories.

1. Canada
2. the United States
3. European countries
4. politics
5. health and medicine
6. war and peace

D. **Dans ces contextes** (*In these contexts*). Study the above headlines to help you guess the meaning of the following expressions.

1. armements classiques
2. jours de fête
3. dispositif de défense
4. trous
5. baisse
6. pour
7. contre
8. marché
9. mis en place
10. suscité
11. paix

Vocabulaire actif

Le jour et la nuit

à ... heure(s)	*at ... o'clock*	le jour	*day*
à midi	*at noon*	le matin	*morning*
à minuit	*at midnight*	la nuit	*night*
l'après-midi *m.*	*afternoon*	le soir	*evening*

Personnes

un acteur/une actrice	*actor/actress*	un(e) meilleur(e) ami(e)	*best friend*
une femme	*woman*	une personne	*person (male or female)*
un homme	*man*	un professeur	*teacher (male or female)*

D'autres noms

un hôtel	*hotel*	un prénom	*first name*
la nationalité	*nationality*	une table	*table*
un nom	*name*	un tableau	*chalkboard*
un nom de famille	*family name*	un téléphone	*telephone*
une porte	*door*	l'université *f.*	*university*

Adjectif

votre   *your*

Adjectifs de nationalité

allemand(e)	*German*	espagnol(e)	*Spanish*	russe	*Russian*
américain(e)	*American*	français(e)	*French*	sénégalais(e)	*Senegalese*
anglais(e)	*English*	italien(ne)	*Italian*	suédois(e)	*Swedish*
belge	*Belgian*	japonais(e)	*Japanese*	suisse	*Swiss*
canadien(ne)	*Canadian*	marocain(e)	*Moroccan*		
chinois(e)	*Chinese*	mexicain(e)	*Mexican*		

État civil

célibataire	*single*	marié(e)	*married*
divorcé(e)	*divorced*	veuf (veuve)	*widowed*
fiancé(e)	*engaged*		

Description physique

beau (belle)	*handsome (beautiful)*	laid(e)	*ugly*
grand(e)	*big, tall*	mince	*thin*
gros(se)	*fat; large*	petit(e)	*small, short*
jeune	*young*	vieux (vieille)	*old*
joli(e)	*pretty*		

Nombres

un	*one*
deux	*two*
trois	*three*
quatre	*four*

Pronoms sujets

je	*I*	nous	*we*
tu	*you*	vous	*you*
il	*he, it*	ils	*they*
elle	*she, it*	elles	*they*
on	*one, people, we, they*		

D'autres pronoms

moi	*me*
qui	*who*

Verbe

être *to be*

Adverbes

assez	*sort of, rather; enough*	non	*no*
aussi	*also, too*	où	*where*
certainement	*surely, of course*	oui	*yes*
merci	*thank you*	très	*very*
ne ... pas	*not*		

Prépositions

à	*at, in, to*
de	*from, of*
en	*in*
près de	*near*

Conjonctions

et	*and*
ou	*or*

Salutations et adieux

Au revoir.	*Good-bye.*
Bonjour.	*Hello.*
Bonne journée.	*Have a good day.*
Bonsoir.	*Good evening.*
Salut!	*Hi!*

D'autres expressions utiles

Asseyez-vous.	*Sit down.*
C'est ...	*It is ...; This is ...*
C'est pour vous.	*It's for you.*
Comment vous appelez-vous?	*What is your name?*
entre amis	*between friends*
Excusez-moi.	*Excuse me.*
J'habite ...	*I live, I reside ...*
Je m'appelle ...	*My name is ...*
Je ne suis pas d'accord.	*I disagree.*
Je suis d'accord.	*I agree.*
Madame (Mme)	*Mrs.*
Mademoiselle (Mlle)	*Miss*
Monsieur (M.)	*Mr.; sir*
Où habitez-vous?	*Where do you live?*
Pas du tout!	*Not at all!*
Permettez-moi de me présenter.	*Allow me to introduce myself.*
Quelle est votre nationalité?	*What is your nationality?*
s'il vous plaît	*please*
Voilà ...	*There is (are) ..., here is (are) ...*
votre communication de ...	*your call from ...*
Vous aussi.	*You too.*
Vous habitez ...	*You live, you reside ...*
Vous permettez?	*May I?*

Qu'est-ce que vous aimez?

Buts communicatifs
Asking and responding to
  "How are you?"
Giving and responding to
  compliments
Offering, accepting, and
  refusing
Expressing likes and dislikes

Structures utiles
Les verbes en **-er**
L'article défini: **le, la, l'** et **les**
Les questions avec réponse
  oui ou **non**

Culture
Les compliments
Merci
Le kir

Coup d'envoi

Quelque chose à boire?

Vous voulez ...°	*You want ...*
une tasse° de café?	*cup*
un verre° de coca°?	*glass / Coca-Cola*
un verre de vin°?	*wine*
une tasse de thé°?	*tea*
Oui, je veux bien.°	*Gladly.; Yes, thanks.*
Non, merci.°	*No, thanks.*
Vous aimez ...°	*You like ...*
le café?	
le coca?	
le vin?	
le thé?	
Oui, j'aime ...°	*Yes, I like (love) ...*
Non, je n'aime pas ...°	*No, I don't like ...*

✛ **Et vous?**   Voulez-vous boire quelque chose?°   *Do you want to drink*
                  Oui, je voudrais ...°   *something? / Yes, I'd*
                                                     like ...

Une soirée à Besançon

Tony Carter étudie le français à Besançon. Mais il vient de° Seattle. Au cours d'une soirée°, il aperçoit° Karine Aspel, qui est assistante au laboratoire de langues.

he comes from / during a party / notices

TONY: Quelle° bonne surprise! Comment allez-vous?°

What a / How are you?

KARINE: Ça va bien°, merci. Et vous-même°?

Fine / yourself

TONY: Très bien. Vous travaillez beaucoup, n'est-ce pas?°

work a lot, don't you?

KARINE: Dix heures par semaine au labo.° Et puis° je donne° aussi des cours° de conversation.

10 hours per week at the lab / then / give / courses

TONY: Votre prénom, c'est Karine, je crois°.

I believe

KARINE: Oui, je m'appelle Karine Aspel.

TONY: Et moi, Tony Carter.

KARINE: Vous êtes américain? Votre français est excellent.

TONY: Merci beaucoup.

KARINE: Mais c'est vrai!° Vous êtes d'où?°

But it's true! / Where are you from?

TONY: Je viens de° Seattle, dans l'état de Washington. Au fait°, voulez-vous boire quelque chose? Un coca?

I come from / By the way

KARINE: Merci°, je n'aime pas beaucoup le coca.

No thanks

TONY: Alors°, un kir, peut-être°?

Then / perhaps

KARINE: Je veux bien. Un petit kir, pourquoi pas°? J'adore la crème de cassis°.

why not
I love blackcurrant liqueur.

(Tony donne un verre de kir à Karine.)

TONY: À votre santé°, Karine.

To your health

KARINE: À la vôtre°. Et merci, Tony.

To yours

❖ **Jouez ces rôles.** Role-play the above conversation with a partner. Use your own identities. Choose something else to drink.

❖ Why does Karine Aspel say **Mais, c'est vrai!** when Tony Carter says **Merci beaucoup?**

a. She misunderstood what he said.
b. She doesn't mean what she said.
c. She feels that Tony doesn't really believe her when she tells him his French is good.

Les compliments

While certainly not adverse to being complimented, the French may respond by playing down a compliment, which may be a way of encouraging more of the same. This is especially true with respect to the use of **merci**.

While Americans are taught from an early age to respond *thank you* to compliments, **merci,** when used in response to a compliment, is often perceived by the French as saying "you don't mean it." It is for this reason that Karine Aspel responds **Mais, c'est vrai,** insisting that her compliment was true. It is culturally more accurate, therefore, and linguistically enjoyable, to develop a few rejoinders such as **Oh, vraiment?** (*Really?*) or **Vous trouvez?** (*Do you think so?*), which one can employ in similar situations. In this case, a really French response on Tony's part might be **Comment? Je parle assez mal. Mon accent n'est pas très bon.** (*What? I speak pretty poorly. My accent's not very good.*)

Merci

The word **merci** is, of course, one of the best ways of conveying politeness and, by all means, to be encouraged. Its usage, however, differs from that of English in at least one important way: when one is offered something to eat, to drink, etc., the response **merci** is somewhat ambiguous and is often a way of saying *no, thank you.* One would generally say **je veux bien** or **s'il vous plaît** to convey the meaning *yes, thanks.* **Merci** is however the proper polite response once the food, the drink, etc., has actually been served.

Le kir

A popular drink in France, three parts white wine and one part blackcurrant liqueur, **kir** owes its name to **le Chanoine Kir,** a French priest and former mayor of Dijon. It is often served as an **apéritif** (*before dinner drink*).

IL Y A UN GESTE

Quelque chose à boire? A fist is made with the thumb extended to somewhat resemble a bottle. Then the thumb is pointed toward the mouth as an invitation to have something to drink.

Non, merci. The French often raise the index finger and move it from side to side to indicate *no*. They also may indicate *no* by raising a hand, palm outward, or by shaking their heads as do English speakers. In France, however, the lips are usually well rounded and often are pursed when making these gestures.

À votre santé. The glass is raised when saying *To your health*. Among friends, the glasses are lightly touched as well.

❖ **À vous.** How would you respond to the following questions?

1. Comment allez-vous?
2. Vous n'êtes pas français(e)?
3. Votre prénom, c'est ... ?
4. Vous êtes d'où?
5. Voulez-vous boire quelque chose?

ENTRE AMIS À une soirée *(At a party)*

1. Greet another "invited guest."
2. Find out his/her name.
3. Find out his/her nationality.
4. Find out where s/he comes from.
5. What else can you say?

L'alphabet français

■ English and French share the same 26-letter Latin alphabet, and although this is useful, it is also potentially troublesome.

■ First, French and English words with identical meanings may not be spelled the same. French spellings must, therefore, be memorized.

adresse   personne   appartement

■ Second, because the alphabet is the same, it is tempting to pronounce French words as if they were English. Be very careful, especially when pronouncing cognates, not to transfer English pronunciation to the French words.

téléphone   conversation   professeur

■ Knowing how to say the French alphabet is not only important in spelling out loud. It is also essential when saying the many acronyms used in the French language.

le TGV   les USA   la SNCF

	prononciation		*prononciation*
A	*ah*	N	*enne*
B	*bé*	O	*oh*
C	*sé*	P	*pé*
D	*dé*	Q	*ku*
E	*euh*	R	*erre*
F	*effe*	S	*esse*
G	*jé*	T	*té*
H	*ashe*	U	*u*
I	*i*	V	*vé*
J	*ji*	W	*double vé*
K	*ka*	X	*iks*
L	*elle*	Y	*i grec*
M	*emme*	Z	*zed*

Comment est-ce qu'on écrit **merci**?   *How do you spell "merci"?*
Merci s'écrit M-E-R-C-I.   *"Merci" is spelled M-E-R-C-I.*

Accents

■ French accents are part of spelling and must be learned. They can serve:

1. to indicate how a word is pronounced

ç → [s]: français
é → [e]: marié
è → [ɛ]: très
ê → [ɛ]: être
ë → [ɛ]: Noël

2. or to distinguish between meanings

| ou | *or* | la | *the (feminine)* |
| où | *where* | là | *there* |

■ The accents are:

´	**accent aigu**	américain; téléphone
`	**accent grave**	à; très; où
^	**accent circonflexe**	âge; êtes; s'il vous plaît; hôtel; sûr
¨	**tréma**	Noël; coïncidence
¸	**cédille**	français

Crème s'écrit C–R–E accent grave–M–E.

❖ **Quelques sigles.** Read out loud the letters that make up the following acronyms.

1. **SVP**   S'il vous plaît
2. **RSVP**   Répondez, s'il vous plaît
3. **La SNCF**   La Société nationale des chemins de fer (*French railroad system*)
4. **La RATP**   La Régie autonome des transports parisiens (*Paris subway and bus system*)
5. **Les BD**   Les bandes dessinées (*comic strips*)
6. **Les USA**   Les United States of America (= *Les États-Unis*)
7. **La BNP**   La Banque nationale de Paris
8. **La CEE**   La Communauté économique européenne (*the Common Market*)
9. **La CGT**   La Conféderation générale du travail (*a French labor union*)
10. **BCBG**   Bon chic bon genre (*a French yuppy*)

✤ **Comment est-ce qu'on écrit ... ?** Your partner will ask you to spell the words below. Give the correct spelling.

Modèle: être
VOTRE PARTENAIRE: **Comment est-ce qu'on écrit «être»?**
VOUS: **«Être» s'écrit E accent circonflexe–T–R–E.**

1. français	5. professeur	9. téléphone
2. monsieur	6. vieux	10. j'habite
3. belge	7. hôtel	11. canadienne
4. mademoiselle	8. très	12. asseyez-vous

Buts communicatifs

1. Asking and Responding to "How are you?"

Questions

more formal   Comment allez-vous?
Vous allez bien?

first-name basis   Comment ça va?°   *How's it going?*
Ça va?

Réponses

Je vais très bien°, merci.   *I'm fine.*
Ça va bien.   *Very good.*
Comme ci, comme ça.°   *So-so.*
Pas très bien.°   *Not very well.*
Assez mal.°   *Rather poorly.*
Je suis fatigué(e).°   *I'm tired.*
Je suis un peu malade.°   *I'm a little sick.*

Remarque: It is very important to try to tailor your language to fit the situation. For example, with a friend or another student, you would normally ask **Ça va?** or **Comment ça va?** For someone whom you address as **Monsieur, Madame,** or **Mademoiselle,** you would normally say **Comment allez-vous?**

I L   Y   A   U N   G E S T E

Comme ci, comme ça. The gesture for **Comme ci, comme ça** (**Couci-couça** in familiar French speech) is very similar to **assez.** Open one or both hands, palms down, and slightly rotate them. This is often accompanied by a slight shrug, and the lips are pursed.

1. **Attention au style.** Greet the following people and find out how they are.

Modèle: Monsieur Talbot (le matin à 8 h)
Bonjour, Monsieur. Comment allez-vous?

1. Paul (le soir à 7 h)
2. Madame Dupont (à midi)
3. Karine (à minuit)
4. Mademoiselle Monot (le matin à 9 h 30)
5. Monsieur Talbot (l'après-midi à 4 h)
6. le professeur de français (le matin à 11 h)
7. votre meilleur(e) ami(e) (le soir à 10 h)
8. le (la) président(e) de votre université (à midi)

2. **Vous allez bien?** Ask the following people how they are doing. Be careful to choose between the familiar and the formal questions. Your partner will provide the other person's answer.

Modèle: Marie (a little sick)
  VOUS: **Comment ça va, Marie?**
  MARIE: **Oh! je suis un peu malade.**

1. Madame Philippe (tired)
2. Paul (rather poorly)
3. Monsieur Dupont (sick)
4. Mademoiselle Bernard (very well)
5. Anne (so-so)
6. votre professeur de français (...)
7. votre meilleur(e) ami(e) (...)
8. le (la) président(e) de l'université (...)

2. Giving and Responding to Compliments

Quelques° compliments	*some*
Vous parlez très bien le français.°	*You speak French very well.*
Vous dansez très bien.	
Vous chantez° bien.	*sing*
Vous skiez vraiment° bien.	*really*
Vous nagez comme un poisson.°	*You swim like a fish.*

COMME UN POISSON DANS L'EAU

Quelques réponses	
Vous trouvez?°	*Do you think so?*
Pas encore.°	*Not yet.*
Ah! vraiment?°	*Really?*
Oh! quelquefois peut-être.°	*Sometimes perhaps.*
Oh! pas toujours.°	*Not always.*
Oh! je ne sais pas.°	*I don't know.*

Remarque: There are several ways to express an idea. For instance, there are at least three ways to compliment someone's French:

Votre français est excellent.	*Your French is excellent.*
Vous parlez bien le français.	*You speak French well.*
Vous êtes bon (bonne) en français.	*You are good in French.*

3. **Un compliment.** Give a compliment to each of the people pictured below. Another student will take the role of the person in the drawing and will provide a culturally appropriate rejoinder.

Modèle:

—Vous parlez bien le français.
—Vous trouvez? Oh! je ne sais pas.

1.

2.

3.

4.

A. Les verbes en -er

■ All verb infinitives are made up of a **stem** and an **ending.** To use verbs in the present tense, one removes the ending from the infinitive and adds new endings to the resulting stem. Verbs that use the same endings are often classifed according to the last two letters of their infinitive. By far the most common class of verbs is the group ending in **-er.**

parler (*to speak*)	stem	endings
je	parl	**e**
tu	parl	**es**
il/elle/on	parl	**e**
nous	parl	**ons**
vous	parl	**ez**
ils/elles	parl	**ent**

tomber (*to fall*)	stem	endings
je	tomb	**e**
tu	tomb	**es**
il/elle/on	tomb	**e**
nous	tomb	**ons**
vous	tomb	**ez**
ils/elles	tomb	**ent**

■ Whether you are talking to a friend (**tu**), or about yourself (**je**), or about one or more other persons (**il, elle, ils, elles**), the verb is pronounced the same because the endings are silent.

<table>
<tr><td>Tu danses avec Amy?</td><td>Are you dancing with Amy?</td></tr>
<tr><td>Je ne danse pas du tout.</td><td>I don't dance at all.</td></tr>
<tr><td>Il danse bien, non?</td><td>He dances well, doesn't he?</td></tr>
<tr><td>Éric et Lucie dansent.</td><td>Éric and Lucie are dancing.</td></tr>
</table>

■ If you are using the **nous** or **vous** form, the verb is pronounced differently. The -**ez** ending is pronounced [e] and the -**ons** ending is pronounced [ɔ̃].

<table>
<tr><td>Vous dansez avec Marc?</td><td>Do you dance with Marc?</td></tr>
<tr><td>Nous ne dansons pas très souvent.</td><td>We don't dance very often.</td></tr>
</table>

■ Remember that the present tense has only *one* form in French, while it has several forms in English.

<table>
<tr><td>je danse</td><td>I dance, I do dance, I am dancing</td></tr>
<tr><td>j'habite</td><td>I live, I do live, I am living</td></tr>
</table>

■ Before a vowel sound, the final -**n** of **on** and the final -**s** of **nous, vous, ils,** and **elles** are pronounced and linked to the next word.

<table>
<tr><td>On [n]écoute la radio?</td><td>Is someone listening to the radio?</td></tr>
<tr><td>Nous [z]étudions le français.</td><td>We are studying French.</td></tr>
<tr><td>Vous [z]habitez ici?</td><td>Do you live here?</td></tr>
</table>

Vocabulaire: Activités

chanter	*to sing*
chercher (mes amis)	*to look for (my friends)*
danser	*to dance*
écouter (la radio)	*to listen (to the radio)*
étudier (le français)	*to study (French)*
jouer (au tennis)	*to play (tennis)*
manger	*to eat*
nager	*to swim*
parler (français)	*to speak (French)*
patiner	*to skate*
pleurer	*to cry*
regarder (la télé)	*to watch, to look at (TV)*
skier	*to ski*
travailler (beaucoup)	*to work (a lot)*
voyager	*to travel*

Note: Verbs ending in **-ger** add an **-e-** before the ending in the form used with **nous: nous mangeons, nous nageons, nous voyageons.**

4. **Comparaisons.** Tell what the following people do and then compare yourself to them. Use **Et moi aussi, ...** or **Mais moi, ...** to tell whether or not the statement is also true for you.

Modèle: Pierre et Anne/habiter à Marseille
Ils habitent à Marseille. Mais moi, je n'habite pas à Marseille.

1. vous/nager comme un poisson
2. Tony/parler bien le français
3. Monsieur et Madame Dupont/danser très bien
4. tu/étudier le français
5. vous/chanter vraiment bien
6. tu/regarder souvent la télévision
7. le professeur/skier mal
8. Karine et Patrick/travailler beaucoup
9. Sébastien/tomber souvent

5. **Non, pas du tout.** Respond to each question with a negative and follow up with an affirmative answer using the words in parentheses. Supply your own affirmative response for items 6 and 7.

Modèle: Je danse mal? (bien)
Non, pas du tout. Vous ne dansez pas mal; vous dansez bien.

1. Vous écoutez la radio? (le professeur)
2. Le professeur voyage beaucoup? (travailler)
3. Je chante très mal? (assez bien)
4. Vous chantez avec le professeur? (parler français avec le professeur)
5. Nous étudions un peu? (beaucoup)
6. Vous habitez à Paris? (...)
7. Nous étudions l'espagnol? (...)

Vocabulaire: Quelques amis (Some friends)

mon ami	*my (male) friend*
mon amie	*my (female) friend*
mes amis	*my friends*
ma mère	*my mother*
mon père	*my father*
le professeur	*the (male or female) teacher*
les étudiants	*the students*

6. **Mes amis.** Tell about your family and your acquaintances by choosing an item from each list to create as many factual sentences as you can. You may make any of them negative.

Modèle: **Nous ne dansons pas mal.**

	chanter bien
	travailler beaucoup
	écouter souvent la radio
les étudiants	étudier le français
le professeur	skier bien
je	danser mal
nous	patiner beaucoup
ma mère	habiter en France
mon père	parler français
mes amis	nager souvent
	voyager
	pleurer souvent
	regarder souvent la télévision

7. **Tu parles bien le français!** Pay compliments to the following friends. Use **tu** for each individual; use **vous** for more than one person.

Modèles: Éric skie bien.
Tu skies bien!

Yann et Sophie dansent bien.
Vous dansez bien!

1. Laurence est très jolie.
2. Christophe parle très bien l'espagnol.
3. David est bon en français.
4. François et Michel parlent bien l'anglais.
5. Ils travaillent beaucoup aussi.
6. Anne et Marie sont bonnes en maths.
7. Elles chantent bien aussi.
8. Olivier est très beau.
9. Luc skie comme un champion olympique.

8. **Identification.** Answer the following questions as factually as possible.

Modèle: Qui parle bien le français?
Le professeur parle bien le français.
Mes amis parlent bien le français.

1. Qui étudie le français?
2. Qui ne nage pas bien?
3. Qui ne skie pas du tout?
4. Qui chante très bien?
5. Qui n'étudie pas souvent?
6. Qui regarde souvent la télévision?
7. Qui écoute souvent la radio?
8. Qui étudie les mathématiques?

ENTRE AMIS Avec un(e) ami(e)

Practice the following situation with as many members of the class as possible.

1. Pay your partner a compliment.
2. Your partner will give a culturally appropriate response to the compliment and then pay you a compliment in return.
3. Give an appropriate response.

3. Offering, Accepting, and Refusing

Pour offrir une boisson°   *To offer a drink*

Voulez-vous boire quelque chose?
Voulez-vous un verre d'orangina°?   *orange soda*
Voulez-vous un verre de (d') ... ?
    bière°?   *beer*
    eau°?   *water*
    jus d'orange°?   *orange juice*
    lait°?   *milk*

Voulez-vous une tasse de ... ?
    café?
    chocolat chaud°?   *hot chocolate*

Pour accepter ou refuser quelque chose°   *To accept or refuse something*

Je veux bien.
Volontiers.°   *Gladly.*
S'il vous plaît.
Oui, avec plaisir.°   *Yes, with pleasure.*
Oui, c'est gentil à vous.°   *Yes, that's nice of you.*

Merci.°   *No, thank you.*
Non, merci.°   *No, thank you.*

Note: Les jeunes Américains aiment beaucoup le lait. Mais, en général, les jeunes Français n'aiment pas le lait.

9. **Voulez-vous boire quelque chose?** Use the list of words to create a dialogue in which one person offers something to drink and the other responds appropriately.

Modèles: Coca-Cola
—**Voulez-vous un verre de coca?**
—**Volontiers.**

coffee
—**Voulez-vous une tasse de café?**
—**Non, merci.**

1. water
2. tea
3. orange soda
4. wine
5. milk
6. orange juice
7. hot chocolate
8. coffee
9. beer

10. **Qu'est-ce que vous voulez?** (*What do you want?*) Examine the drink menu of **La Bague d'or** (*The Golden Ring*) and order something.

Modèles: **Je voudrais une tasse de thé.**
Je voudrais un verre de coca-cola, s'il vous plaît.

LA BAGUE D'OR
Brasserie alsacienne

BOISSONS	Prix courants
Vin rouge	5,15 F
Riesling (Vin d'Alsace)	8,20 F
Jus de fruits	7,00 F
Bière (pression)	4,00 F
Café	3,10 F
Thé	4,00 F
Chocolat chaud	5,25 F
Coca-cola	7,00 F
Orangina	5,00 F
Eau minérale (Perrier)	3,00 F

Service (15%) compris

B. L'article défini: *le, la, l'* et *les*

■ You have already learned that all nouns in French have gender—that is, they are classified grammatically as either masculine or feminine. You also know that you need to remember the gender for each noun you learn. One of the functions of French articles is to mark the gender (masculine or feminine) and the number (singular or plural) of a noun.

forms of the definite article	when to use	examples
le	before a masculine noun	le thé
la	before a feminine noun	la bière
l'	before a masculine or feminine noun that begins with a vowel sound	l'eau
les	before all plural nouns, masculine or feminine	les boissons

■ When they are used to refer to specific things or persons, **le, la, l'**, and **les** all correspond to the English definite article *the*.

Le professeur écoute **les** étudiants.	*The teacher listens to the students.*
L'université de Paris est excellente.	*The University of Paris is excellent.*

■ **Le, la, l'**, and **les** are also used in a general way before nouns, even when in English the word *the* would not be used.

Le lait est bon pour **la** santé.	*Milk is good for your health.*
Elle regarde souvent **la** télé.	*She often watches TV.*
J'étudie **le** chinois.	*I'm studying Chinese.*

■ All languages are masculine. Many are derived from the adjective of nationality. All verbs except **parler** require **le** before the name of a language. With **parler**, **le** is normally kept if there is an adverb directly after the verb, but is normally omitted if there is no adverb directly after the verb.

Ils **étudient le** russe.	*They are studying Russian.*
Ma mère **parle bien le** français.	*My mother speaks French well.*
Mon père **parle** français **aussi.**	*My father speaks French too.*

11. **Beaucoup d'activités.** Describe what people do (or do not do) by combining elements from each column. Use the appropriate definite article wherever necessary. You may make any sentence negative.

Modèles: **Nous écoutons la radio.**
Les étudiants n'écoutent pas le professeur.

je
le professeur
tu   étudier   français
vous   écouter   femmes
les femmes   regarder   radio
les hommes   parler   anglais
nous   parler bien   professeur
les étudiants   parler avec   étudiants
mon ami(e)   chanter avec   hommes
ma mère   danser avec   espagnol
mon père   télévision

12. **Nous parlons français.** Evaluate the language ability of people you know by combining items from each list. If you are unsure, guess.

Modèle: **Mes amis ne parlent pas du tout le japonais.**

mon ami(e)		très bien	l'anglais
je		bien	le russe
mon professeur		assez bien	l'espagnol
nous	parler	un peu	le français
mes amis		mal	l'italien
ma mère		ne ... pas du tout	le japonais
mon père			l'allemand

ENTRE AMIS **Une réception**

You are at a reception at the French consulate.

1. Greet your partner and find out his/her name.
2. Offer him/her something to drink.
3. S/he will accept appropriately.
4. Toast each other.
5. Compliment each other on your ability in French.
6. Respond appropriately to the compliment.

4. Expressing Likes and Dislikes

Qu'est-ce que° tu aimes, Sophie?	Qu'est-ce que tu n'aimes pas?	*what*
J'aime beaucoup le vin blanc°.	Je n'aime pas le vin rosé.	*white wine*
J'aime un peu l'eau minérale.	Je déteste° le coca.	*hate*
J'adore voyager.	Je n'aime pas beaucoup travailler.	
J'aime bien danser.	Je n'aime pas du tout chanter.	

❖ **Et vous?** Qu'est-ce que vous aimez?
Qu'est-ce que vous n'aimez pas?

Remarques:

1. When there are two verbs in succession, the second is not conjugated. It remains in the infinitive form.

<table>
<tr><td>Mon ami déteste nager dans l'eau froide.</td><td>My friend hates to swim in cold water.</td></tr>
<tr><td>Les étudiants aiment parler français.</td><td>The students like to speak French.</td></tr>
<tr><td>Francis désire danser.</td><td>Francis wants to dance.</td></tr>
</table>

2. The use of **le, la, l'**, and **les** to express a generality occurs particularly after verbs expressing preferences.

<table>
<tr><td>Marie adore le chocolat chaud.</td><td>Marie loves hot chocolate.</td></tr>
<tr><td>Elle aime les boissons chaudes.</td><td>She likes hots drinks.</td></tr>
<tr><td>Mais elle déteste la bière.</td><td>But she hates beer.</td></tr>
<tr><td>Et elle n'aime pas l'eau minérale.</td><td>And she doesn't like mineral water.</td></tr>
</table>

13. **Qu'est-ce qu'ils aiment?** Tell, as truthfully as possible, what the following people like and don't like by combining items from each of the three lists. Guess, if you don't know for certain. How many sentences can you create?

Modèles: **Mes amis détestent le lait.**
Je n'aime pas du tout skier.

		skier
		travailler
		la bière
		le français
		la télévision
	adorer	
mes amis	aimer beaucoup	chanter
le professeur	aimer un peu	patiner
je	ne pas aimer du tout	danser
nous	détester	le lait
		l'université
		voyager
		nager
		tomber

14. **Vous aimez danser?** Use the words below to interview the person sitting next to you. Find out if s/he likes to dance, to swim, etc. Use **aimer** in every question.

Modèle: dance

VOUS: **Vous aimez danser?**
VOTRE PARTENAIRE: **Oui, j'aime (beaucoup) danser.** ou
Non, je n'aime pas (beaucoup) danser.

1. sing	6. study French
2. swim	7. work
3. watch television	8. travel
4. ski	9. play tennis
5. study	10. speak French

Vocabulaire: Quelques boissons populaires

le café	*coffee*
le chocolat chaud	*hot chocolate*
le citron pressé	*lemonade*
l'eau minérale *f.*	*mineral water*
le jus d'orange	*orange juice*
le thé	*tea*
le coca	*Coca-Cola*
la limonade	*lemon-lime soda*
l'orangina *m.*	*an orange soda*
la bière	*beer*
le kir	*kir*
le vin	*wine*

Note: La limonade française est très différente de la limonade américaine. Elle ressemble beaucoup à la boisson **7-UP**. La boisson américaine *lemonade* est **le citron pressé** en France.

15. **Vous aimez le café?** Interview another person to find out which drinks s/he likes or dislikes, then be prepared to report as many answers as you can remember.

16. **En général, les étudiants ...** Decide whether you agree (**C'est vrai**) or disagree (**C'est faux**) with the following statements. If you disagree, correct the statement.

Modèle: En général, les étudiants détestent voyager.
C'est faux. En général, ils aiment beaucoup voyager.

1. En général, les étudiants n'aiment pas du tout danser.
2. En général, les étudiants détestent la pizza.
3. En général, les étudiants aiment beaucoup étudier.
4. En général, les étudiants n'aiment pas beaucoup regarder la télévision.
5. En général, les étudiants aiment nager.
6. En général, les étudiants aiment skier.
7. En général, les étudiants aiment beaucoup patiner.
8. En général, les étudiants détestent chanter.
9. En général, les étudiants aiment parler français avec le professeur.
10. En général, les étudiants désirent habiter à New York.

17. **Comment trouvez-vous le café français?** *(What do you think of French coffee?)* Your partner will ask you to give your opinion about something you have tasted. Use **aimer, adorer,** or **détester** in an answer that reflects your own opinion. Or make up an imaginary opinion. You might also say **Je ne sais pas, mais ...** and offer an opinion about something else that is related, instead.

Modèle: les tamalis mexicains
VOTRE PARTENAIRE: **Comment trouvez-vous les tamalis mexicains?**
VOUS: **J'aime beaucoup les tamalis mexicains.** ou
Je ne sais pas, mais j'adore les enchiladas.

1. le thé anglais
2. le chocolat suisse
3. la pizza italienne
4. l'eau minérale française
5. le jus d'orange de Floride
6. le café de Colombie
7. la limonade française
8. la bière allemande
9. le vin français

C. Les questions avec réponse *oui* ou *non*

■ In spoken French, by far the most frequently used way of asking a question that can be answered *yes* or *no* is by simply raising the voice at the end of the sentence.

Vous parlez français?	*Do you speak French?*
Tony habite ici?	*Does Tony live here?*
Karen est américaine?	*Is Karen American?*
Hélène danse bien?	*Does Hélène dance well?*

■ **Est-ce que** is often placed at the beginning of a sentence to form a question. It becomes **Est-ce qu'** before a vowel sound.

Est-ce que vous parlez français?	*Do you speak French?*
Est-ce que Tony habite ici?	*Does Tony live here?*
Est-ce que Karen est américaine?	*Is Karen American?*
Est-ce qu'Hélène danse bien?	*Does Hélène dance well?*

■ The phrase **n'est-ce pas?** (*right?, aren't you?, doesn't he?,* etc.), added at the end of a sentence, expects an affirmative answer.

Tu parles français, **n'est-ce pas?**	*You speak French, don't you?*
Tony habite ici, **n'est-ce pas?**	*Tony lives here, doesn't he?*
Karen est américaine, **n'est-ce pas?**	*Karen is American, isn't she?*
Hélène danse bien, **n'est-ce pas?**	*Hélène dances well, doesn't she?*

■ Another question form, which is used more often in written French than in speech and which is characteristic of a more formal speech style, is *inversion* of the verb and its *pronoun* subject. When inversion is used, there is a hyphen between the verb and the pronoun.

Parlez-vous français?	*Do you speak French?*
Chantez-vous bien?	*Do you sing well?*
Êtes-vous américain(e)?	*Are you American?*

Note: If the third person (**il, elle, on, ils, elles**) is used in inversion, there is always a [t] sound between the verb and the subject pronoun. If the verb ends in a vowel, a written **-t-** is added between the final vowel of the verb and the initial vowel of the pronoun. If the verb ends in **-t**, no extra **-t-** is necessary.

Danse-**t**-il?	*Is he dancing?*
Aime-**t**-elle voyager?	*Does she like to travel?*

But:	Dansent-**ils?**	*Are they dancing?*
	Est-**elle** française?	*Is she French?*
	Sont-**ils** américains?	*Are they American?*

For Recognition Only:

■ If the subject is a noun, the inversion form can be produced by adding the pronoun of the same number and gender after the verb.

noun + verb + pronoun

Karen est-elle américaine?	*Is Karen American?*
Thierry aime-t-il la bière?	*Does Thierry like beer?*
Nathalie et Stéphane aiment-ils danser?	*Do Nathalie and Stéphane like to dance?*

Chapitre 2

18. **Comment?** *(What did you say?)* We are often obliged to repeat a question when someone doesn't hear or understand us. For each question with inversion, ask a question beginning with **Est-ce que** and a question ending with **n'est-ce pas.**

Modèles: Aimez-vous l'eau minérale?

VOTRE PARTENAIRE:	**Comment?**
VOUS:	**Est-ce que vous aimez l'eau minérale?**
VOTRE PARTENAIRE:	**Comment?**
VOUS:	**Vous aimez l'eau minérale, n'est-ce pas?**

Paul désire-t-il une tasse de café?

VOTRE PARTENAIRE:	**Comment?**
VOUS:	**Est-ce qu'il désire une tasse de café?**
VOTRE PARTENAIRE:	**Comment?**
VOUS:	**Il désire une tasse de café, n'est-ce pas?**

1. Peggy désire-t-elle un verre de lait?
2. Serge et Anne aiment-ils le thé?
3. Travailles-tu ici?
4. Vos parents et vous habitez-vous à Chicago?
5. Chantal étudie-t-elle le français?
6. Monique et Anne désirent-elles un verre d'eau?
7. Aiment-elles le chocolat chaud?
8. Étudiez-vous beaucoup?
9. Christophe parle-t-il bien?
10. Désirez-vous danser?

19. **Une enquête entre amis** *(A survey among friends).* Use the following list to determine the likes and dislikes of two classmates. Be prepared to report back the results of your "survey" to the class. Are there any items on which all the students agree completely?

Modèles: skier   —Est-ce que tu aimes skier?
                    —Oui, j'adore skier.

le jogging   —Est-ce que tu aimes le jogging?
                    —Non, je n'aime pas le jogging.   ou
                    Non, je déteste le jogging. Je n'aime pas les sports.

1. parler français	6. la politique
2. parler avec le professeur de français	7. l'université
3. voyager	8. étudier le français
4. regarder la télévision	9. nager dans l'eau froide
5. chanter en français	10. travailler beaucoup

20. **Les Dupont.*** Here are a few facts about the Dupont family. Interview a classmate to find out if this information is also true for him/her.

Modèle: Gérard et Martine Dupont sont français.

vous: **Es-tu français(e) aussi?**

votre partenaire: **Non, je ne suis pas français(e).**

1. Gérard et Martine sont mariés.
2. Martine adore voyager.
3. Les Dupont habitent à Marseille.
4. Gérard Dupont aime la limonade.
5. Martine Dupont parle un peu l'anglais.
6. Monsieur et Madame Dupont aiment beaucoup danser.
7. Les Dupont voyagent beaucoup.

ENTRE AMIS À un bal

*Practice the following situation with as many members of the class as possible. You are at a dance and are meeting people for the first time. Use **vous**.*

1. Say good evening and introduce yourself.
2. Find out if your partner likes to dance.
3. Ask your partner if s/he wants to dance. (S/he does.)
4. Tell your partner that s/he dances well.
5. Find out what your partner likes to drink.
6. Offer your partner something.
7. Toast each other.
8. Compliment each other on your ability in French.
9. Respond appropriately to the compliment.

*An **-s** is not added to family names in French; the article **les** indicates the plural.

Révision et Intégration

A. **Trouvez quelqu'un qui ...** *(Find someone who ...).* Interview your class-mates in French to find someone who ...

Modèle: speaks French **Est-ce que tu parles français?**

1. likes coffee	5. studies a lot	9. likes to travel
2. swims often	6. doesn't ski	10. cries sometimes
3. doesn't like beer	7. is tired	11. skates
4. sings poorly	8. hates to work	

B. **À vous.** How would you respond to the following questions and comments?

1. Parlez-vous français?
2. Comment allez-vous?
3. Où habitez-vous?
4. Voulez-vous boire quelque chose?
5. Si oui, qu'est-ce que vous désirez boire?
6. Vous parlez très bien le français!
7. Vous étudiez l'espagnol, n'est-ce pas?
8. Aimez-vous voyager?
9. Est-ce que vous aimez danser?
10. Qu'est-ce que vous n'aimez pas?

ENTRE AMIS Un(e) invité(e) belge

The family next door has a French-speaking exchange student from Belgium living with them. They have invited you to meet their guest. Initiate and maintain a conversation. You must find out five things about this person.

C. *Rédaction:* **Mon cher** *(dear)* **professeur de français.** Write a letter to your French teacher, who is not feeling very well. Try to cheer him/her up: greet him/her; convince him/her that you like French; tell him/her that you study a lot; pay him/her a few compliments. Close with **Bien amicalement** *(Yours truly).*

The following reading selection is taken directly from the *Gab*, a weekly newspaper published in Besançon. It is not vital that you understand every word.

A. **Étude du vocabulaire.** There are words in French that we refer to as **faux amis** *(false friends, false cognates)*, since they mean something different from the English word they seem to resemble. Study the following sentences and match the **faux ami**, in bold print, with the correct meaning in English: *understanding, reading, sensitive.*

La lecture est mon passe-temps préféré.
Florence est timide et très **sensible**.
Nous aimons les professeurs **compréhensifs**.

B. **Quelques questions importantes.** List (in English or in French) five questions that you would like answered before you accept a blind date. Then read the advertisement **Seul(e) et las(se) de l'être.**

SEUL(E) ET LAS(SE) DE L'ÊTRE*

VOUS ASPIREZ À NOUER UNE RÉLATION SENTIMENTALE DURABLE

Simplement, facilement, vous pouvez connaître quelqu'un
qui comme vous est motivé par une vie de couple stable.

Depuis 1975
ANDRÉE MOUGENOT CONSEILLÈRE DIPLOMÉE
10 RUE DE LA RÉPUBLIQUE BESANÇON
fait des heureux

Retournez tout simplement le bon ci-dessous, vous recevrez gratuitement sans aucune marque extérieure un exemple de proposition de mise en relation.

JE SUIS

Nom et prénom..................................	Célibataire ☐ Veuf(ve) ☐ Divorcé(e) ☐
Adresse	J'aime recevoir ☐ Sortir ☐ Danser ☐
....	Le sport ☐ La nature ☐ Bricoler ☐
Age .... Taille	Jardiner ☐ Voyager ☐ La lecture ☐
Profession	La musique ☐

JE CHERCHE

Célibataire ☐ Veuf(ve) ☐ Divorcé(e) ☐	Simple ☐ Gai(e) ☐ Loyal(e) ☐ Calme ☐
Âgé de .... ans à........	Amusant(e) ☐ Tendre ☐ Sensible ☐
Études souhaitées	Compréhensif(ve) ☐ Affectueux(se) ☐
Profession souhaitée	Sincère ☐ Tolérant(e) ☐ Conciliant(e) ☐
....	Passionné(e) ☐ Dynamique ☐
Autres caractéristiques	
....	

Alone and tired of it.   Le Gab n° 648 (Besançon)

C. **Familles de mots** *(Word families).* Can you guess the meanings of the following words? One member of each word family is found in the reading.

1. comprendre, compréhensif, compréhensive, la compréhension
2. recevoir, une réception
3. sortir, une sortie
4. lire, un lecteur, une lectrice, la lecture

D. **Autoportrait** *(Self-portrait).* Describe *yourself* using five adjectives from the **Je cherche** section of the reading.

Modèle: **célibataire, loyal(e), ...**

E. **Une description personnelle.** Provide the information requested in the following form.

♥♥♥

Je suis _____

J'aime _____

Je cherche un(e) ami(e) _____

Vocabulaire actif

Quelque chose à boire

la bière	*beer*	le jus d'orange	*orange juice*
une boisson	*drink*	le kir	*kir*
le café	*coffee*	le lait	*milk*
le chocolat chaud	*hot chocolate*	la limonade	*lemon-lime soda*
le citron pressé	*lemonade*	l'orangina	*orangina (an orange soda)*
le coca	*Coca-Cola*	le thé	*tea*
la crème de cassis	*blackcurrant liqueur*	le vin (rouge, blanc, rosé)	*(red, white, rosé) wine*
l'eau *(f.)* (minérale)	*(mineral) water*		

D'autres noms

un cours	*course; class*	la pizza	*pizza*	une tasse	*cup*
un état	*state*	un poisson	*fish*	la télévision (la télé)	*television (TV)*
une heure	*hour*	la politique	*politics*	un verre	*glass*
le jogging	*jogging*	la radio	*radio*		

Adjectifs

bon (bonne)	*good*	excellent(e)	*excellent*	froid(e)	*cold*
chaud(e)	*hot*	fatigué(e)	*tired*	malade	*sick*
cher (chère)	*dear*	faux (fausse)	*false; wrong*	vrai(e)	*true*

Articles définis

le, la, l', les   *the*

Pronoms

quelque chose   *something*   quelqu'un   *someone*

Verbes de préférence

adorer	*to adore; to love*	désirer	*to want*
aimer	*to like; to love*	détester	*to hate; to detest*

D'autres verbes

chanter	*to sing*	jouer (au tennis)	*to play (tennis)*	skier	*to ski*
chercher	*to look for*	manger	*to eat*	tomber	*to fall*
danser	*to dance*	nager	*to swim*	travailler	*to work*
donner	*to give*	parler	*to speak*	trouver	*to find; to be of the opinion*
écouter	*to listen to*	patiner	*to skate*		
étudier	*to study*	pleurer	*to cry*	voyager	*to travel*
habiter	*to live; reside*	regarder	*to watch; to look at*		

Adverbes

alors	*then, therefore, so*	ici	*here*	quelquefois	*sometimes*
beaucoup	*a lot*	mal	*poorly, badly*	souvent	*often*
bien	*well; fine*	peut-être	*maybe; perhaps*	un peu	*a little bit*
en général	*in general*	pourquoi	*why*	vraiment	*really*
ensemble	*together*	puis	*then; next*		

Prépositions

avec	*with*	dans	*in*
comme	*like; as*	pour	*for; in order to*

Conjonction

mais   *but*

Pour demander à quelqu'un comment il va

Comment allez-vous?	*How are you?*	Assez bien.	*Fairly well.*
Vous allez bien?	*Are you well?*	Je suis fatigué(e).	*I am tired.*
(Comment) ça va?	*How is it going?*	Je suis un peu malade.	*I am a little sick.*
Je vais très bien.	*I'm fine.*	Pas très bien.	*Not very well.*
Ça va bien.	*(I'm) fine.*	Assez mal.	*Rather poorly.*
Comme ci, comme ça.	*So-so.*		

Pour répondre à un compliment

Vous trouvez?	*Do you think so?*	Quelquefois peut-être.	*Sometimes perhaps.*
Pas encore.	*Not yet.*	Pas toujours.	*Not always.*
Ah! vraiment?	*Really?*	Je ne sais pas.	*I don't know.*

Pour offrir, accepter et refuser quelque chose

Voulez-vous boire quelque chose?	*Do you want to drink something?*	Oui, avec plaisir.	*Yes, with pleasure.*
Je veux bien.	*Gladly. Yes, thanks.*	Oui, c'est gentil à vous.	*Yes, that's nice of you.*
Volontiers.	*Gladly.*	Merci.	*No, thank you.*
S'il vous plaît.	*Please.*	Non, merci.	*No, thank you.*
		Je voudrais ...	*I would like ...*

D'autres expressions utiles

Comment?	*What (did you say?)*	je crois	*I believe*
est-ce que ... ?	*(question marker)*	Je ne sais pas.	*I don't know.*
n'est-ce pas?	*right? are you? don't they? etc.*	Je viens de ...	*I come from ...*
Comment est-ce qu'on écrit ... ?	*How do you spell ... ?*	... s'écrit ...	*... is spelled ...*
Comment trouvez-vous ... ?	*What do you think of ... ?*	par semaine	*per week*
Qu'est-ce que tu aimes?	*What do you like?*	les étudiants	*the students*
Qu'est-ce que vous voulez?	*What do you want?*	ma mère	*my mother*
Vous êtes d'où?	*Where are you from?*	même(s)	*-self (-selves)*
Quelle bonne surprise!	*What a good surprise!*	mes amis	*my friends*
À votre santé!	*(Here's) to your health!*	mon ami(e)	*my friend*
À la vôtre!	*(Here's) to yours!*	mon père	*my father*
Au fait ...	*By the way ...*		
Bien amicalement	*Yours truly*		
des cours de conversation	*conversation courses*		

La famille

Buts communicatifs
Identifying family and friends
Sharing numerical
  information
Talking about people and
  things at home

Structures utiles
L'article indéfini: **un, une** et
  des
Les nombres de 0 à 29
Le verbe **avoir**
Les nombres de 30 à 79
Les expressions **il y a** et **voilà**
Les adjectifs possessifs **mon,
  ton, notre** et **votre**
La négation + **un** (**une, des**)
La possession avec **de**
Les adjectifs possessifs **son** et
  leur

Culture
La langue et la culture
Les pronoms **tu** et **vous**
Pour gagner du temps

Coup d'envoi

Prise de contact   **Une photo de ma famille**

christophe

Monique

Paul

Marie

MARIE:	Avez-vous des frères ou des sœurs?°	*Do you have any brothers or sisters?*
CHRISTOPHE:	J'ai° un frère et une sœur.	*I have*
MONIQUE:	J'ai une sœur, mais je n'ai pas de° frère.	*I don't have any*
PAUL:	Moi, je n'ai pas de frère ou de sœur.	
MARIE:	Voilà° ma famille. Ma sœur s'appelle° Chantal et mon frère s'appelle Robert. Mes parents s'appellent Bernard et Sophie.	*Here is / My sister's name is*

❖ **Et vous?** Avez-vous des frères ou des sœurs?
Avez-vous une photo de votre famille?
Qui est sur la photo?°

Who is in the picture?

Conversation

L'arrivée à la gare

Lori Becker est une étudiante américaine qui vient en France pour passer un an° dans une famille française. Elle descend du train à la gare° Saint-Laud à Angers. Madame Delille et sa fille, Émilie, attendent° son arrivée.

    year
    railroad station

    are waiting for

MME DELILLE:	Mademoiselle Becker?
LORI:	Oui. Bonjour, Madame. Vous êtes bien Madame Delille?°
MME DELILLE:	Oui. Bonjour, Mademoiselle. Vous êtes fatiguée, sans doute°?
LORI:	Pas trop°. J'ai dormi° un peu dans le train.
MME DELILLE:	Et voilà ma fille, Émilie.
LORI:	Bonjour, Émilie. Tu as quel âge?°
	(L'enfant lève le pouce et deux doigts.°)
MME DELILLE:	Elle a trois ans.
LORI:	C'est une petite fille charmante.°
	(un peu plus tard°)
MME DELILLE:	Vous avez des frères ou des sœurs?
LORI:	J'ai deux frères mais je n'ai pas de sœur.
MME DELILLE:	Et comment s'appellent vos frères?°
LORI:	Ils s'appellent Paul et Thomas. Vous avez d'autres enfants°, Madame Delille?
MME DELILLE:	Oui, nous avons sept enfants.
LORI:	Comment? Combien?°
MME DELILLE:	Sept.
LORI:	Mon Dieu°! Vraiment?
MME DELILLE:	Pourquoi? Qu'est-ce qu'il y a?°
LORI:	Euh ... rien°. J'aime beaucoup les enfants.

You're Mme Delille, aren't you?

probably

too much / I slept

How old are you?
The child holds up her thumb and two fingers.
She's a charming little girl. / a little later

And what are your brothers' names?

other children

How many?

God

What's the matter?
nothing

✚ **Jouez ces rôles.** Role-play the conversation exactly as it is with a partner. Once you have practiced it several times, role-play the conversation using one partner's identity in place of Lori's.

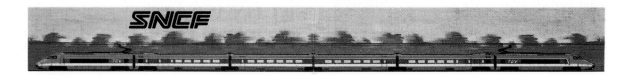

✤ Why does Lori say "**Mon Dieu!**"?

a. She is swearing.
b. She is praying.
c. This expression is not offensive in French. It is used to express surprise.

✤ Why does Lori use **tu** with Émilie Delille?

a. They have really met before and are good friends.
b. The French almost always use **tu** with a child.
c. Lori considers Émilie an inferior.

La langue et la culture

Each language has its own unique way of expressing reality. The fact that French uses the verb **avoir** (*to have*) when expressing age, whereas English uses the verb *to be*, is only one of many examples that prove that languages are not copies of each other. Similarly, the expression **Mon Dieu!** (*Wow!*) is milder in French than its literal English equivalent *My God!* The French way is not right or wrong, nor is it more or less logical than its English counterpart.

Les pronoms *tu* et *vous*

French has two pronouns that mean *you* and that can be used to address an individual. The choice reflects the nature of the relationship, including degree of formality and respect. **Tu** is typically used when speaking to one's blood relatives as well as to close friends, fellow students, children, and animals. **Vous** is normally used when speaking to someone who does not meet the above criteria (e.g., in-laws, employers, teachers, or business acquaintances). It expresses a more formal relationship or a greater social distance than **tu**. In addition, **vous** is always used to refer to more than one person.

Visitors to French-speaking countries would be well advised to use **vous** even if first names are being used, unless they are invited to use the **tu** form. In the *Conversation*, Lori correctly uses **vous** with Madame Delille and **tu** with Émilie.

Pour gagner du temps (*To stall for time*)

A helpful strategy for the language learner is to acquire and use certain expressions and gestures that allow him or her to "buy time" to think without destroying the conversational flow or without resorting to English. Like the cup of coffee we sip during a conversation to give us a chance to organize our thoughts, there are a number of useful expressions for "buying time" in French. The number one gap-filler is **euh,** which is the French equivalent of the English *uh* or *umm.*

Vocabulaire: **Pour gagner du temps** (*To stall for time*)

alors	*then; therefore, so*		euh	*uh; umm*
ben	*well*		hein?	*huh?*
comment?	*what (did you say)?*		mais ...	*but ...*
eh bien	*well then*		tiens!	*well, well!*
et ...	*and ...*		voyons	*let's see*

IL Y A UN GESTE

Euh. **Euh** rhymes with **deux.** It is pronounced with the lips well rounded. The sound is often drawn out. Its purpose is to fill a conversational void until the speaker finds something to say.

❖ **À vous.** How would you respond to the following?

1. Comment s'appellent vos parents?
2. Vous avez des frères ou des sœurs?
3. Si oui, comment s'appellent-ils (elles)?
4. Où habitent-ils (elles)?

ENTRE AMIS Des frères ou des sœurs?

1. Introduce yourself and tell what you can about yourself.
2. Find out what you can about your partner.
3. Find out if your partner has brothers or sisters.
4. If so, find out their names.

Prononciation

L'Accent et le rythme (suite)

■ Remember: When pronouncing French sentences, it is good practice to pay particular attention to the facts that: (1) French rhythm is even (just like counting), (2) syllables normally end in a vowel sound, and (3) the final syllable of a group of words is lengthened.

❖ Count before repeating each of the following expressions.

un, deux, trois, quatre, cinq, SIX

Je suis a-mé-ri-CAIN.
Elle est cé-li-ba-TAIRE.
Vous tra-va-illez beau-COUP?

un, deux, trois, quatre, cinq, six, SEPT

Je m'a-ppelle Ka-rine As-PEL.
Vous ha-bi-tez à Pa-RIS?
des cours de con-ver-sa-TION
Je n'aime pas beau-coup le VIN.

Les sons [e], [ɛ], [ə], [a], [wa]

■ The following words contain some important and very common vowel sounds.

❖ Practice saying these words after your instructor, paying particular attention to the highlighted vowel sound.

[e] □ écriv*ez*, z*é*ro, rép*é*t*ez*, écout*ez*, nationalit*é*, t*é*l*é*phone, divorc*é*
    □ ouvr*ez*, entr*ez*, ferm*ez*, ass*ez*, assey*ez*-vous, excus*ez*-moi
    □ présent*er*, habit*er*, écout*er*, arrêt*er*, commenc*er*, continu*er*
    □ *et*

[ɛ] □ p*e*rsonne, prof*e*sseur, hôt*e*l, univ*e*rsité, *e*spagnol, *e*lle, canadi*e*nne
    □ cr*è*me, fr*è*re, ch*è*re, discr*è*te
    □ *ê*tre, *ê*tes
    □ angl*ai*se, franç*ai*se, célibat*ai*re, l*ai*de, cert*ai*nement

[ə] □ l*e*, l*e*vez-vous, pr*e*nez, r*e*gardez, qu*e*, d*e*, j*e*, n*e*, votr*e* santé, m*e*

Note: encor*e̸*, heur*e̸*, femm*e̸*, homm*e̸*, un*e̸*, ami*e̸*, famill*e̸*, entr*e̸* amis

[a]   □ l*a,* *a*llez, *a*mie, *a*méricain, *a*ssez, m*a*tin, c*a*n*a*dien, qu*a*tre, s*a*lut, d'*a*ccord

      □ *à,* voil*à*

[wa]   □ Franç*oi*s, m*oi,* tr*oi*s, v*oi*là, Mademo*i*selle, au rev*oi*r, bons*oi*r

      □ v*oy*age

■ Now go back and look at how these sounds are spelled and in what kinds of letter combinations they appear. What patterns do you notice?

■ It is always particularly important to pronounce **la** [la] and **le** [lə] correctly, since each marks a different gender and the meaning of a word may depend on which is used.

<table>
<tr><td>**la** tour = *tower*</td><td>**la tour** Eiffel</td></tr>
<tr><td>**le** tour = *tour, turn*</td><td>**le Tour** de France</td></tr>
</table>

Buts communicatifs

1. Identifying Family and Friends

—Je vous présente° mon amie, Anne Martin.   *I present to you*
   Elle a° une sœur qui habite près d'ici.   *has*
—Comment s'appelle-t-elle?
—Elle s'appelle Catherine. Et elle a des cousins
   qui habitent à Angers.
—Comment s'appellent-ils?
—Ils s'appellent Delille.

✦   **Et vous?** Présentez un(e) ami(e).

Remarque: When you use **qui,** the verb that follows agrees with the person(s) to whom **qui** refers.

Elle a des cousins qui **habitent** à Angers.

Arbre généalogique d'une famille française

Jean et Monique Martin — Marie et Georges Duhamel

Éric Bernard et Chantal — Michel — Pierre et Anne — Catherine et Alain Dubois

Christophe — Karine — David — Sylvie — Nathalie — Stéphane

Vocabulaire: Une famille française

des parents	*parents; relatives*
un mari et une femme	*a husband and a wife*
un père et une mère	*a father and a mother*
un(e) enfant	*a child (male or female)*
un fils et une fille	*a son and a daughter*
un frère et une sœur	*a brother and a sister*
des grands-parents	*grandparents*
un grand-père	*a grandfather*
une grand-mère	*a grandmother*
des petits-enfants	*grandchildren*
un petit-fils et une petite-fille	*a grandson and a granddaughter*
un oncle et une tante	*an uncle and an aunt*
un neveu et une nièce	*a nephew and a niece*
un(e) cousin(e)	*a cousin (male or female)*
des beaux-parents	*stepparents (or in-laws)*
un beau-père	*a stepfather (or father-in-law)*
une belle-mère	*a stepmother (or mother-in-law)*
un beau-frère	*a stepbrother (or brother-in-law)*
une belle-sœur	*a stepsister (or sister-in-law)*

Notes:

1. Most plurals of nouns are formed by adding -s. In compound words for family members, an -s is added to both parts of the term: **des grands-pères, des belles-mères.**
2. The words **neveu** and **beau** form their plurals with an -x: **des neveux, des beaux-frères.**
3. The word **fils** is invariable in the plural: **des fils, des petits-fils.**

A. L'article indéfini: *un, une* et *des*

■ The French equivalent of the English article *a* (*an*) is **un** for masculine nouns and **une** for feminine nouns.

un frère	**un** train	**un** orangina
une sœur	**une** table	**une** limonade

■ The final **-n** of **un** is normally silent. Liaison is required when **un** precedes a vowel sound.

un [n]étudiant

■ The consonant **-n-** is always pronounced in the word **une.** If it precedes a vowel sound, it is linked to that vowel.

une femme   [yn fam]   *But:*   une étudiante   [y ne ty djãt]

■ The plural of **un** and **une** is **des.**

singulier:	un frère	une sœur
pluriel:	**des** frères	**des** sœurs

■ **Des** corresponds to the English *some* or *any.* However, these words are often omitted in English. **Des** is not omitted in French.

J'ai **des** amis à Paris.   *I have (some) friends in Paris.*

■ Liaison is required when **des** precedes a vowel sound.

des [z]étudiants
des [z]enfants

■ In a series, the article *must* be repeated before each noun.

un homme et **une** femme	*a man and (a) woman*
une mère et **des** enfants	*a mother and (some) children*

1. **Présentations.** How would you introduce the following people?

Modèle: Mademoiselle Blondel/F/frère à New York
Je vous présente Mademoiselle Blondel.
Elle est française.
Elle a un frère qui habite à New York.

1. Madame Brooks/GB/sœur à Toronto
2. Mademoiselle Jones/USA/parents près de Chicago
3. Monsieur Callahan/CDN/frère à Milwaukee
4. Monsieur Lefont/B/fils près d'ici
5. Madame Perez/MEX/petits-enfants près d'El Paso
6. Mademoiselle Keita/SN/cousins à New York
7. un ami
8. une amie
9. votre père ou votre mère

2. **Quelque chose à boire?** Order the following items.

Modèle: citron pressé
Je voudrais un citron pressé, s'il vous plaît.

1. tasse de thé
2. café
3. bière
4. verre d'eau
5. jus d'orange
6. tasse de chocolat chaud
7. coca
8. limonade
9. orangina

B. Les nombres de 0 à 29

0	zéro	10	dix	20	vingt
1	un	11	onze	21	vingt et un
2	deux	12	douze	22	vingt-deux
3	trois	13	treize	23	vingt-trois
4	quatre	14	quatorze	24	vingt-quatre
5	cinq	15	quinze	25	vingt-cinq
6	six	16	seize	26	vingt-six
7	sept	17	dix-sept	27	vingt-sept
8	huit	18	dix-huit	28	vingt-huit
9	neuf	19	dix-neuf	29	vingt-neuf

HUIT, MON NUMÉRO DE CHARME

■ All numbers are invariable except **un**. Remember to replace the number **un** with **une** before a feminine noun, even in a compound number.

un oncle	trois oncles	vingt et un cousins
une tante	trois tantes	**vingt et une** cousines

■ When numbers from 1 to 10 stand alone, the final consonants of **un, deux,** and **trois** are silent, but all others are pronounced. The **-x** at the end of **six** and **dix** is pronounced [s].

un̸   deux̸   trois̸

But: quatre   cinq   six   sept   huit   neuf   dix

■ Certain numbers have a different pronunciation when they precede a noun:

□ The final consonant of **six, huit,** and **dix** is not pronounced before a consonant.

six̸ personnes   huit̸ jours   dix̸ verres

□ When the following noun begins with a vowel sound, the final consonant is always pronounced and linked to the noun. Note that with **quatre,** both final consonants are linked and the final **-e** is not pronounced.

un [n]homme	cinq [k]hommes	huit [t]hommes
deux [z]hommes	six [z]hommes	neuf [f]hommes
trois [z]hommes	sept [t]hommes	dix [z]hommes
quatre [tR]hommes		vingt [t]hommes

□ The -f in **neuf** is pronounced as [v] only before the words **ans** (*years*) and **heures** (*hours*).

	neuf [v]ans	neuf [v]heures
But:	neuf [f]enfants	neuf [f]hommes

■ The final -t in **vingt** is silent when the number stands alone, but is pronounced in the compound numbers built on it.

vingt	[vɛ̃]
vingt et un	[vɛ̃ te ɛ̃]
vingt-deux	[vɛ̃t dø]

C. Le verbe *avoir*

J'ai des cousins à Marseille.
Tu as des amis à Paris?
Nous avons un neveu qui habite près de Chicago.

	avoir (to *have*)		
j'	**ai**	nous	**avons**
tu	**as**	vous	**avez**
il/elle/on	**a**	ils/elles	**ont**

■ Liaison is required in **on a, nous avons, vous avez, ils ont,** and **elles ont.**

on [n]a
nous [z]avons

■ Do not confuse **ils ont** and **ils sont.** In liaison, the -s in **ils** is pronounced [z] and is linked to the following verb.

	Ils [z]ont des enfants.	*They **have** children.*
But:	**Ils sont** charmants.	*They **are** charming.*

■ Use **Je n'ai pas de (d')** ... to say *I don't have a ...* or *I don't have any ...*

Je n'ai pas de père.	*I don't have a father.*
Je n'ai pas de frère.	*I don't have any brothers.*
Je n'ai pas d'enfants.	*I don't have any children.*

3. **Combien de parents?** Tell how many relatives the following people have. Combine items from each list to create as many factual sentences as you can. You may make any sentence negative.

Modèles: **Ma tante a cinq enfants.**
Nous n'avons pas d'enfant.

		cousin(s)
		cousine(s)
		neveu(x)
je		nièce(s)
nous		sœur(s)
mes parents		frère(s)
ma grand-mère	avoir	tante(s)
mon grand-père		oncle(s)
ma tante		petit(s)-fils
mon oncle		petite(s)-fille(s)
		beau(x)-frère(s)
		belle(s)-sœur(s)
		enfant(s)

4. **Un recensement** (*A census*). The following people are being interviewed by the census taker. Follow the model with a partner to complete each interview.

Modèle: Mademoiselle Messin/2 sœurs, 0 frères/Jeanne et Perrine
LE RECENSEUR: **Avez-vous des frères ou des sœurs, Mademoiselle?**
MLLE MESSIN: **J'ai 2 sœurs mais je n'ai pas de frère.**
LE RECENSEUR: **Comment s'appellent-elles?**
MLLE MESSIN: **Elles s'appellent Jeanne et Perrine.**

1. Monsieur Dupont/2 enfants: 2 filles, 0 fils/Anne et Marie
2. Marc/2 frères, 0 sœur/Henri et Luc
3. Madame Martin/1 enfant: 1 fils, 0 fille/Mathieu
4. Monsieur Marot/2 enfants: 1 fils, 1 fille/Christophe et Hélène
5. Marie/1 frère, 1 sœur/Robert et Louise
6. vos parents
7. votre meilleur(e) ami(e)
8. vos grands-parents
9. vous

5. **La famille de David.** Use the genealogical chart on page 73 to create sentences describing David's family ties.

Modèle: **David a des parents qui s'appellent Pierre et Anne.**

ENTRE AMIS Ta famille

1. Find out if your partner has brothers or sisters.
2. If so, find out their names.
3. Find out where they live.
4. Find out if your partner has children.
5. If so, find out their names.
6. Introduce your partner to another person. Tell as much as you can about your partner and his/her family.

2. Sharing Numerical Information

Quel âge ont tes parents, Christelle?	Ils ont quarante-sept ans et quarante-cinq ans.
Quel âge a ta sœur?	Elle a dix-huit ans.
Quel âge as-tu?	J'ai vingt ans.

❖ **Et vous?** Quel âge ont les membres de votre famille? Quel âge avez-vous?

Remarques:

1. The verb **avoir** is used when asking or giving someone's age.

   | Quel âge **a** ta petite amie? | *How old is your girlfriend?* |
   | Quel âge **a** ton meilleur ami? | *How old is your best friend?* |

2. In inversion, remember to insert a **-t-** before **il, elle,** and **on.**

   | | Quel âge ont-elles? | *How old are they?* |
   | *But:* | Quel âge a-**t**-elle? | *How old is she?* |

3. The word **an(s)** must be used when giving someone's age.

   | J'ai vingt et un **ans.** | *I am twenty-one.* |

D. Les nombres de 30 à 79

30	trente	50	cinquante	70	soixante-dix
31	trente et un	51	cinquante et un	71	soixante et onze
32	trente-deux	52	cinquante-deux	72	soixante-douze
33	trente-trois	53	cinquante-trois	73	soixante-treize
etc.		etc.		74	soixante-quatorze
40	quarante	60	soixante	75	soixante-quinze
41	quarante et un	61	soixante et un	76	soixante-seize
42	quarante-deux	62	soixante-deux	77	soixante-dix-sept
43	quarante-trois	63	soixante-trois	78	soixante-dix-huit
etc.		etc.		79	soixante-dix-neuf

6. **Parlez-moi de votre famille** (*Tell me about your family*). Describe the people listed below. Use the model as a guide. If you don't have a brother, etc., say so.

Modèle: un frère
J'ai un frère qui s'appelle Bill.
Il habite à Boston.
Il est grand et assez beau.
Il a vingt-trois ans.

1. une sœur
2. un frère
3. un oncle
4. une tante
5. des cousins
6. une cousine
7. des amis
8. un(e) camarade de chambre
9. un(e) petit(e) ami(e)
10. des parents

E. Les expressions *il y a* et *voilà*

Voilà la famille Laplante.
Il y a **combien de** personnes dans la famille Laplante?
Il y a quatre personnes.
Il y a **combien de** garçons et **combien de** filles?
Il y a deux filles mais **il n'y a pas de** garçon.

■ **Voilà** can mean either *there is (are)* or *here is (are)*. **Il y a** means *there is (are)*. While **voilà** and **il y a** are both translated *there is* or *there are* in English, they are used quite differently.

■ **Voilà** and **voici** (*here is, here are*) point something out. They bring it to another person's attention. There is usually an accompanying physical movement—a nod of the head or a pointing of the finger.

Voici mon fils et ma fille.	*Here are my son and daughter.*
Voilà ma voiture.	*There's my car.*

■ **Il y a** simply states that something exists or tells how many there are.

Il y a un livre sur la table.	*There is a book on the table.*
Il y a cinq filles et deux garçons dans la famille Delille.	*There are five girls and two boys in the Delille family.*

■ The negative of **il y a un** (**une, des**) is **il n'y a pas de.**

Il n'y a pas de voiture ici.	*There aren't any cars here.*
Il n'y a pas de cours aujourd'hui.	*There isn't any class today.*

Attention: Do not use **de** if **il n'y a pas** is followed by a number.

Il n'y a pas trois filles; il y a cinq filles.	*There aren't three girls; there are five girls.*

■ There are several ways to use **il y a** in a question.

> **Il y a** un livre sur la table?
> **Est-ce qu'il y a** un livre sur la table?
> **Y a-t-il** un livre sur la table?
>
> } *Is there a book on the table?*

■ **Il y a** is often used with **combien de.**

> **Il y a combien de** garçons?
> **Combien de** garçons **est-ce qu'il y a?**
> **Combien de** garçons **a-t-il?**

7. **Les Delille.** Complete the following sentences using either **il y a** or **voilà.**

Modèle: ___Voilà___ ma fille qui s'appelle Émilie.

1. ___ deux enfants dans votre famille?
2. Non, Mademoiselle, ___ sept enfants.
3. ___ une photo de ma famille.
4. ___ ma mère. Elle est jolie, n'est-ce pas?
5. ___ combien de filles dans votre famille?
6. Où sont-elles? Ah! ___ vos filles!

8. **À vous.** Answer the following questions as factually as possible.

1. Quel âge avez-vous?
2. Combien de personnes y a-t-il dans votre famille?
3. Quel âge ont les membres de votre famille?
4. Combien d'étudiants y a-t-il au cours de français? Combien d'hommes et combien de femmes y a-t-il?
5. Quel âge a votre professeur de français? (Imaginez!)
6. Il y a combien d'enfants dans la famille de votre meilleur(e) ami(e)? Quel âge ont-ils?

F. Les adjectifs possessifs *mon, ton, notre* et *votre*

—Comment s'appellent **tes** parents?
—**Mes** parents s'appellent Marcel et Jacqueline.
—Combien d'enfants y a-t-il dans **ta** famille?
—Il y a trois enfants dans **ma** famille: deux garçons et une fille.
—Quel âge a **ton** frère? Quel âge a **ta** sœur?
—**Mon** frère a dix-huit ans et **ma** sœur a douze ans.
—Où habitent **vos** grands-parents?
—**Nos** grands-parents habitent à Saumur.

adjectifs possessifs

en anglais	*masculin*		*féminin*		*pluriel (m. et f.)*	
my	mon		ma		mes	
your	ton	père	ta	mère	tes	parents
our	notre		notre		nos	
your	votre		votre		vos	

■ Possessive adjectives agree in gender and number with the nouns they modify (the "possessions"). **Notre** and **votre** are used for both masculine and feminine singular nouns.

> Denise, **ton** père est gentil.   *Denise, your father is nice.*
> Alain, **ta** mère est gentille aussi!   *Alain, your mother is nice also!*
> Nathalie, **tes** parents sont   *Nathalie, your parents are*
>   très gentils aussi.   *very nice too.*

■ In the singular, **ma** and **ta** become **mon** and **ton** when used directly before a feminine word beginning with a vowel sound.

> **ma** meilleure amie   *But:* **mon** amie

■ Liaison occurs if the word following **mon, ton, mes, tes, nos,** or **vos** begins with a vowel sound.

> mon petit ami   vos bons amis
> *But:* mon [n]ami   vos [z]amis

■ As with **quatre,** the final -e of **notre** and **votre** is not pronounced before a vowel sound, but the final consonants are linked to the next word.

> notre [tR]ami

9.   **Qui?** Try to identify people from among your friends and relatives who "fit" the following questions. Use possessive adjectives in each response. Be sure that verbs agree with subjects, and that adjectives agree with nouns.

Modèle: Qui chante bien?
Mes parents chantent bien.   ou   **Notre professeur chante bien.**

1. Qui est grand?
2. Qui parle français?
3. Qui ne skie pas?
4. Qui adore le sport?
5. Qui n'aime pas beaucoup la bière?
6. Qui désire être professeur?

10. **À vous.** Show a real (or imaginary) picture of your family and point out parents, brothers, sisters, cousins, uncles, and aunts. Give each person's age as well.

Modèle: **Voilà ma sœur, Kristen. Elle a seize ans.**

> ENTRE AMIS Dans ta famille
>
> 1. Ask your partner how many people there are in his/her family.
> 2. Find out their names.
> 3. Find out how old they are.
> 4. Find out where they live.

3. Talking about People and Things at Home

Qu'est-ce qu'il y a ...
        dans votre maison°?   *house*
        dans votre appartement°?   *apartment*
        dans votre chambre°?   *bedroom*
        dans votre garage?
Il y a ...

11. **Les renseignements** (*Information*). Olivier is giving some information about people in his neighborhood. Help him to complete the sentences. Use the verb **avoir** and a number. Where no number is indicated, use **un, une,** or **des** as appropriate.

Modèle: Les Dupont/deux enfants/chat
Les Dupont ont deux enfants et un chat.

1. Charles/radio antique
2. Je/enfants extraordinaires
3. Les Dubois/trois télévisions/stéréo/ordinateur
4. Madame Delille/mari/sept enfants
5. Nous/petit appartement/voiture
6. Monsieur Martin/femme/deux enfants
7. Mes grands-parents/grande maison/quatre chambres
8. Les Delille/chat/chien/deux réfrigérateurs/cuisinière à gaz/lave-vaisselle
9. Madame Davis/voiture japonaise/vélo français

G. La négation + *un* (*une, des*)

■ After a negation, **un** (**une, des**) usually becomes **de** (**d'**).

Vous avez **un** ordinateur?   Non, je n'ai pas **d'**ordinateur.
Vous avez **une** voiture?   Non, je n'ai pas **de** voiture.
Vous avez **des** frères ou **des** sœurs?   Non, je n'ai pas **de** frère
                                      ou **de** sœur.

Note: This rule does not apply after **être.**

Christophe n'est pas **un** enfant.
La voiture n'est pas **une** Ford.
Ce ne sont pas **des** amis.

■ Also, **le, la, l', les** and the possessive adjectives (**mon, ma, mes**, etc.), do not change after a negation.

> Je n'aime pas **le** thé.   Mon frère n'aime pas **notre** chien.

■ When contradicting a negative statement or question, use **si** instead of **oui**.

> Il n'y a pas de sandwichs ici.   **Si**, il y a des sandwichs.
> Vous n'avez pas d'ordinateur?   **Si**, j'ai un ordinateur.
> Vous n'aimez pas le café?   **Si**, j'aime le café.

12. **Le riche et le pauvre.** Guy has everything, but Philippe has practically nothing. Explain how they differ.

Modèle: voiture
Guy a une voiture, mais Philippe n'a pas de voiture.

1. appartement
2. machine à laver
3. petite amie
4. ordinateur
5. amis
6. voiture
7. chien
8. lave-vaisselle
9. mobylette

13. **Bavardages** (*Gossip*). Someone has made up gossip about you and your neighbors. Correct these falsehoods.

Modèle: Monsieur Dupont a des filles.
Pas du tout! Il n'a pas de fille.

1. Les Dupont ont un lave-vaisselle.
2. Marie a un petit ami.
3. Nous avons un ordinateur.
4. Vous détestez le café.
5. Monsieur Martin a des enfants.
6. Christophe et Alice ont un chien.
7. Votre voiture est une Renault.
8. Vous avez un(e) fiancé(e) qui habite à Paris.
9. Le professeur de français a une moto.

14. **As-tu ... ?** Your partner will interview you according to the model. If you really do have the item in question, say so. If not, give a negative answer and then name something that you do have.

Modèle: une voiture
　　　　VOTRE PARTENAIRE: **As-tu une voiture?**
　　　　　　　　　　VOUS: **Non, je n'ai pas de voiture mais j'ai une moto.**

1. une moto japonaise
2. une maison
3. un chien
4. un cousin à Lyon
5. un ordinateur
6. un fauteuil
7. des amis qui habitent à Paris
8. des parents à Marseille
9. un frère (une sœur) qui parle français
10. un ami qui chante très mal

15. **Si ou non?** Respond to the following statements. Be careful to use **si** if you wish to contradict a negative statement.

Modèle: Vous n'avez pas de frère.
Si, j'ai un frère (des frères).　ou
Non, je n'ai pas de frère.

1. Vous n'avez pas de sœur.
2. Vous n'habitez pas dans un appartement.
3. Vous n'avez pas de stéréo.
4. Vous n'étudiez pas beaucoup.
5. Le professeur n'est pas gentil.
6. Madame Delille n'a pas beaucoup d'enfants.
7. Il n'y a pas de radio dans votre chambre.
8. Vous ne parlez pas anglais.

16. **À vous.** Answer the following questions.

1. Combien de filles y a-t-il dans votre famille?
2. Combien de garçons y a-t-il?
3. Y a-t-il un fauteuil dans votre chambre?
4. Combien de chaises y a-t-il dans votre chambre?
5. Y a-t-il un chien ou un chat dans votre maison?
6. Qu'est-ce qu'il y a dans votre chambre?
7. Qu'est-ce qu'il y a dans le garage du professeur? (Imaginez!)

ENTRE AMIS   Une interview

1. Find out if your partner has a dog or a cat.
2. If so, find out the name of the animal and how old it is.
3. Find out if your partner has a refrigerator in his/her room.
4. Find out if s/he has a TV in his/her room.
5. If so, ask if s/he watches television often.
6. Try to find one additional item which your partner has and one item which s/he does not have.
7. Turn to another person and gossip about your partner. Tell what you found out.

H. La possession avec *de*

C'est le mari **de** Mme Delille.	*It's Mme Delille's husband.*
Ce n'est pas la maison **de** René.	*It's not René's house.*
C'est la maison **des** parents **de** René.	*It's René's parents' house.*

■ The preposition **de** (**d'**) is used to indicate possession or relationship. French has no possessive -'s ending: *Marie's sister* has to be expressed in French as *the sister of Marie.*

la sœur **de** Marie	*Marie's sister*
la voiture **d'**Alain	*Alain's car*

■ When the word referring to the "owner" is not a proper name, an article or a possessive adjective precedes it.

possession + **de** + { article / possessive adjective } + "owner"

la chambre de **la** grand-mère	*the grandmother's room*
la moto de **mon** ami	*my friend's motorcycle*

■ The preposition **de** contracts with the articles **le** and **les**, but there is no contraction with the articles **la** and **l'**.

de + le	→	**du**	du professeur
de + les	→	**des**	des étudiants
de + la	→	**de la**	de la femme
de + l'	→	**de l'**	de l'enfant

C'est une photo **du** professeur.   *It's a picture of the teacher.*
C'est la maison **des** parents d'Éric.   *It's Éric's parents' house.*
C'est la chat **de la** mère de Céline.   *It's Céline's mother's cat.*
C'est la voiture **de l'**oncle de Pascal.   *It's Pascal's uncle's car.*

17. **Nos possessions.** Complete the following sentences by filling in the blanks.

1. Le vélo ____ Laurence est dans le garage.
2. La voiture ____ père ____ Anne est bleue.
3. La photo ____ oncle et ____ tante ____ Guy est sur le bureau ____ grands-parents ____ Guy.
4. Le chat ____ frère ____ Chantal est sur le lit ____ parents ____ Chantal.
5. Où est la calculatrice ____ sœur ____ Sandrine?
6. C'est la stéréo ____ enfants ____ professeur.
7. La moto ____ mon frère est dans notre garage.

18. **J'ai trouvé une radio** (*I found a radio*). A number of objects have been found. Ask a question to try to identify the owners. Your partner will answer negatively and will decide who *is* the owner.

Modèle: J'ai trouvé une radio. (Jeanne)
            VOUS: **J'ai trouvé une radio. C'est la radio de Jeanne?**
   VOTRE PARTENAIRE: **Non, ce n'est pas la radio de Jeanne.**
                         C'est la radio de Kevin.

1. J'ai trouvé une voiture. (Madame Dufour)
2. J'ai trouvé une radio. (professeur)
3. J'ai trouvé un chat. (Karine)
4. J'ai trouvé une moto. (l'ami de Michèle)
5. J'ai trouvé un chien. (les parents de Denis)
6. J'ai trouvé une calculatrice. (Frédérique)
7. J'ai trouvé un vélo. (la sœur de Sophie)

19. **Où est-ce?** Patrick's family has a number of possessions. Ask where each item is.

Modèle: La sœur de Patrick a un vélo.　　**Où est le vélo de la sœur de Patrick?**

1. Les sœurs de Patrick ont une télévision.
2. Le frère de Patrick a une voiture.
3. L'oncle de Patrick a un chien.
4. Les cousins de Patrick ont une stéréo.
5. Les enfants de Patrick ont un ordinateur.
6. La cousine de Patrick a un appartement.
7. Les parents de Patrick ont une voiture allemande.
8. Le père de Patrick a un bureau.
9. La tante de Patrick a un petit chat.
10. Les parents de Patrick ont une belle maison.

I. Les adjectifs possessifs *son* et *leur*

As-tu une photo de la famille de Léa?	Voilà une photo de **sa** famille.
Où est le père de Léa?	Voilà **son** père.
Où est la mère de Léa?	Voilà **sa** mère.
Où sont les grands-parents de Léa?	Voilà **ses** grands-parents.
Où est la fille de M. et Mme Dupont?	Voilà **leur** fille. C'est Léa!
Où sont les cousins des Dupont?	Voilà **leurs** cousins.

adjectifs possessifs			
en anglais	*masculin*	*féminin*	*pluriel (m. et f.)*
his/her *their*	son leur ⎫ père	sa leur ⎫ mère	ses leurs ⎫ parents

■ **Son, sa,** and **ses** can mean either *his* or *her.* As with **mon, ma,** and **mes,** the choice of form depends on whether the "possession" is masculine or feminine, singular or plural. It makes no difference what the gender of the "owner" is.

son lit   *his bed* or *her bed*
sa chambre   *his room* or *her room*
ses chaises   *his chairs* or *her chairs*

■ **Leur** and **leurs** mean *their* and are used when there is more than one "owner." Both forms are used for either masculine or feminine "possessions."

leur lit   **leur** chambre   **leurs** lits   **leurs** chambres

Note: Be sure not to use **ses** when you mean **leurs.**

ses parents   *his parents* or *her parents*
leurs parents   *their parents*

■ In the singular, **sa** becomes **son** when used directly before a feminine word beginning with a vowel sound.

sa meilleure amie   *But:* **son** amie

■ Liaison occurs if the word following **son, ses,** or **leurs** begins with a vowel sound.

son petit ami   ses bons amis   leurs parents
But: son [n]ami   ses [z]amis   leurs [z]amis

■ Sometimes the identity of the "owner" would be unclear if a possessive adjective were used. In such cases, it is better to use the possessive construction with **de.**

Pierre et Marie habitent
   avec **sa** mère.   (*Pierre's mother? Marie's mother?*)
Pierre et Marie habitent
   avec la mère **de Marie.**   (*clearly Marie's mother*)

Buts communicatifs

20. **La chambre de qui?**   Clarify the identity of the "owner" in each of the following phrases by completing the following expressions with the appropriate form of **de** + *article défini*.

Modèle: sa chambre. La chambre de qui?   La chambre ___du___ frère de Marc.

1. leur photo. La photo de qui?   La photo ____ enfants de ma tante.
2. son nom. Le nom de qui?   Le nom ____ jeune fille.
3. sa moto. La moto de qui?   La moto ____ mari d'Anne.
4. leurs livres. Les livres de qui?   Les livres ____ étudiants.
5. son chien. Le chien de qui?   Le chien ____ oncle d'Isabelle.
6. sa maison. La maison de qui?   La maison ____ ami de Laurent.
7. ses amies. Les amies de qui?   Les amies ____ sœur de Denis.
8. son chat. Le chat de qui?   Le chat ____ petite amie de Jean-Luc.
9. sa voiture. La voiture de qui?   La voiture ____ étudiante riche.
10. son bureau. Le bureau de qui?   Le bureau ____ professeur.

21. **Comment s'appellent-ils?**   Ask the names of the following people, using a possessive adjective in each question. Your partner will supply the answer.

Modèles: le cousin de Nathalie? (Stéphane)
            vous: **Comment s'appelle son cousin?**
   votre partenaire: **Il s'appelle Stéphane.**

   les cousines de Nathalie? (Christelle et Sandrine)
            vous: **Comment s'appellent ses cousines?**
   votre partenaire: **Elles s'appellent Christelle et Sandrine.**

1. le père de Nathalie? (Michel)
2. la sœur d'Éric? (Isabelle)
3. la mère d'Éric et d'Isabelle? (Monique)
4. les frères de Nathalie? (Christophe et Sébastien)
5. les sœurs de Nathalie? (Sylvie et Céline)
6. le chien de Nathalie? (Fidèle)
7. les grands-parents de Nathalie? (Marie et Pierre Coifard; Louis et Jeanne Dupuis)
8. les parents de votre meilleur(e) ami(e)?
9. les amis de vos parents?

CELEBRITES

PERES ET ENFANTS : LA FETE !

22. **Encore des photos de famille.** You are showing a number of family pictures to a friend. Answer your friend's questions by pointing people out in the pictures.

Modèle: Où est le mari de ta sœur?
Voilà son mari.

1. Où sont les parents de ton beau-frère?
2. Où est le frère de ta tante?
3. Où est la femme de ton cousin?
4. Où est la sœur de ton père?
5. Où sont les enfants de ta cousine?
6. Où est le mari de ta cousine?
7. Où sont les parents de tes cousins?
8. Où est le fils de ton cousin?
9. Où sont les sœurs et les frères de ta mère?
10. Où est la maison de tes grands-parents?

23. **Où sont-ils?** Answer the questions using possessive adjectives.

Modèle: Où est le fils des Dupont? (dans sa chambre)
Leur fils est dans sa chambre.

1. Où est la fille des Dupont? (dans sa chambre)
2. Où sont les enfants des Dupont? (dans leurs chambres)
3. Où est l'appartement des Dupont? (à Paris)
4. Où est la voiture de Madame Dupont? (dans le garage)
5. Où est la cousine de Monsieur Dupont? (à Nantes)
6. Où sont les chiens des Dupont? (à la maison)

24. **À vous.** Answer the questions using possessive adjectives.

Modèle: Où est la maison de votre ami(e)?
Sa maison est à Denver.

1. Où sont les maisons de vos amis?
2. Comment s'appelle votre meilleur(e) ami(e)?
3. Quel âge a votre ami(e)?
4. Combien de personnes y a-t-il dans la famille de votre ami(e)?
5. Comment s'appellent les parents de votre ami(e)?
6. Où est-ce que les parents de votre ami(e) habitent?
7. Qu'est-ce qu'il y a dans la maison des parents de votre ami(e)?

avec Tamara →

ENTRE AMIS Ton (ta) meilleur(e) ami(e)

1. Find out the name of your partner's best friend.
2. Find out where that friend lives.
3. Find out if that friend has a house, an apartment, a car, etc.
4. Find out all that you can about that friend's family, e.g., if s/he has brothers or sisters; their names, ages, etc.

Révision et Intégration

A. **Ma chambre.** Décrivez votre chambre. Qu'est-ce qu'il y a dans votre chambre?

B. **Trouvez quelqu'un qui ...** Interview your classmates in French to find someone who ...

Modèle: speaks French   **Est-ce que tu parles français?**

1. has a computer
2. has no brothers or sisters
3. has a dog or a cat or a fish
4. likes children a lot
5. is 21 or older
6. has a sister named Nicole
7. has a brother named Christopher
8. lives in an apartment
9. has grandparents who live in another state or province

C. **À vous.** Answer the following questions.

1. Combien d'étudiants y a-t-il au cours de français?
2. Combien de personnes y a-t-il dans votre famille?
3. Comment s'appellent deux de vos ami(e)s?
4. Où habitent-ils?
5. Quel âge ont-ils?
6. Sont-ils étudiants? Si oui, ont-ils une chambre à l'université? Étudient-ils le français ou une autre langue?
7. Avez-vous des amis qui ont un appartement? Si oui, qu'est-ce qu'il y a dans leur appartement?

8. Avez-vous un ami qui est marié? Si oui, comment s'appelle sa femme? Quel âge a-t-elle?
9. Avez-vous une amie qui est mariée? Si oui, comment s'appelle son mari? Quel âge a-t-il?
10. Avez-vous des amis qui ont des enfants? Si oui, combien d'enfants ont-ils? Comment s'appellent leurs enfants? Quel âge ont-ils?

ENTRE AMIS Un(e) de mes ami(e)s

Show your partner a picture of one of your friends and describe that person as completely as possible. Include information concerning name, age, physical description, address, and marital status. Talk about your friend's family, friends, and possessions.

D. *Rédaction:* **Votre correspondant**(e). Write a letter to a pen pal in Québec to describe your family. Begin your letter with the word **Cher**(**Chère**) (*Dear*) and end with **Bien amicalement** (*Yours truly*).

Lecture

A. **Prédictions.** Study the picture above and the title and first line of the reading on the next page. Can you predict what the reading is about?

B. À votre avis (*In your opinion*). Try to answer the following questions before reading the article.

1. Do French students normally have part-time jobs?
2. Which foreign language do most French students study?
3. What do university students do after class in France?
4. What might one watch on French TV at 10:00 P.M.?
5. Can you mention a few uses for foreign-language skills?
6. Why would a French family have foreign students living with them?
7. Are there graduate assistants at your university? If so, what do they do?

C. **Les adverbes.** Many adverbs in English end with the suffix **-ly.** Similarly, many French adverbs are formed by adding the ending **-ment** to an adjective. Scan the reading to find three such adverbs.

Deux Étudiants

Marie Dubonnet est une jeune Française de 19 ans qui habite avec ses parents près de l'université de Besançon où elle étudie. Ses parents ont une grande maison et Marie est leur fille unique.[1] Ils ont des chambres libres[2] et c'est pourquoi il y a très souvent des étudiants français ou étrangers[3] qui habitent chez les Dubonnet.

Il est assez rare que les étudiants travaillent en France. Pourtant,[4] Marie a un petit job, le soir, entre[5] 5 heures et 7 heures. Elle garde les enfants d'un couple qui travaille. À l'université, elle a décidé d'étudier l'anglais, qui est la langue choisie par[6] la majorité des étudiants français. Marie désire être interprète et voyager beaucoup. Elle ne veut pas du tout être professeur.

Par contre,[7] un des jeunes étrangers qui habitent avec la famille Dubonnet désire vivement[8] être professeur. Il s'agit de[9] James Davidson, 22 ans. Il est américain et ses parents habitent à San Francisco.

James est assistant d'anglais à la faculté des lettres[10] de l'université de Besançon. Il donne dix heures de cours de conversation anglaise par semaine et Marie Dubonnet est dans un de ses groupes. Comme les autres étudiants, James et Marie sont souvent au café après[11] leurs cours. Ils parlent de beaucoup de choses et sont très contents d'être ensemble. Quelquefois, mais rarement, ils regardent ensemble les informations[12] à 10 heures du soir à la télévision, mais ils sont obligés de passer[13] beaucoup de temps[14] à étudier.

1. *only* 2. *free; vacant* 3. *foreign* 4. *However* 5. *between* 6. *chosen by* 7. *on the other hand* 8. *eagerly* 9. *It's* (lit. *It's a matter of*) 10. *College of Liberal Arts* 11. *after* 12. *news* 13. *spend* 14. *time.*

D. **Reprise.** Go back to exercise B and answer the questions based on what you have read.

E. **Vrai, faux, ou je ne sais pas.** Decide if each of the following statements is true, false, or if it was impossible to tell from the reading. If any of the statements are false, correct them.

1. Dans cette lecture, les Dubonnet sont une famille nombreuse.
2. Marie étudie le français.
3. James désire être professeur.
4. Ses parents sont anglais.
5. Les deux étudiants travaillent.
6. Beaucoup d'étudiants travaillent en France.
7. Marie n'aime pas parler anglais.
8. Marie et James sont célibataires.
9. Marie travaille deux heures par jour.
10. La majorité des étudiants français étudient l'anglais.
11. Marie et James sont fiancés.
12. Ils regardent souvent la télévision ensemble.

F. **Questions.** Answer the following questions in French.

1. Comment s'appellent les parents de Marie?
2. Quel âge a Marie?
3. Marie a combien de frères et de sœurs?
4. Pourquoi y a-t-il des étudiants qui habitent chez les Dubonnet?
5. Pourquoi James est-il en France?
6. Où est-ce que Marie et James travaillent?
7. Quand (*when*) sont-ils au café?
8. Quand regardent-ils la télévision?

G. **Familles de mots.** One member of each of the following word families is found in the reading. Can you guess the meaning of these words?

1. libérer, libre, la liberté
2. étudier, un étudiant, une étudiante, des études
3. travailler, un travailleur, une travailleuse, le travail
4. voyager, un voyageur, une voyageuse, un voyage

H. **Comparaisons culturelles.** What similarities or differences between students in France and students in North America can you deduce from what you have read?

Vocabulaire actif

Possessions

un appartement	*apartment*	un livre	*book*
un bureau	*desk*	une machine à laver	*washing machine*
une calculatrice	*calculator*	une maison	*house*
une chaise	*chair*	une mobylette	*moped, motorized bicycle*
une chambre	*bedroom*	une moto	*motorcycle*
un chat	*cat*	un ordinateur	*computer*
un chien	*dog*	un réfrigérateur	*refrigerator*
une cuisinière	*stove*	un sofa	*sofa*
un fauteuil	*armchair*	une stéréo	*stereo*
un garage	*garage*	un vélo	*bicycle*
un lave-vaisselle	*dishwasher*	une voiture	*automobile*
un lit	*bed*		

La famille

un beau-frère	*stepbrother (or brother-in-law)*	un grand-père	*grandfather*
un beau-père	*stepfather (or father-in-law)*	des grands-parents (*m. pl.*)	*grandparents*
des beaux-parents (*m. pl.*)	*stepparents (or in-laws)*	un mari	*husband*
		une mère	*mother*
une belle-mère	*stepmother (or mother-in-law)*	un neveu	*nephew*
une belle-sœur	*stepsister (or sister-in-law)*	une nièce	*niece*
un(e) cousin(e)	*cousin*	un oncle	*uncle*
un(e) enfant	*child*	des parents (*m. pl.*)	*parents; relatives*
une famille	*family*	un père	*father*
une femme	*wife*	une petite-fille	*granddaughter*
une fille	*daughter*	un petit-fils	*grandson*
un fils	*son*	des petits-enfants (*m. pl.*)	*grandchildren*
un frère	*brother*	une sœur	*sister*
une grand-mère	*grandmother*	une tante	*aunt*

D'autres personnes

un(e) camarade de chambre	*roommate*	un garçon	*boy*
un(e) enfant	*child*	un(e) petit(e) ami(e)	*boyfriend/girlfriend*
un(e) étudiant(e)	*student*	une petite fille	*little girl*
une fille	*girl*		

D'autres noms

l'âge (*m.*)	*age*	un membre	*member*
un an	*year*	une photo	*photograph*
la gare	*(train) station*	un train	*train*

Chapitre 3

Adjectifs possessifs

mon, ma, mes	*my*	notre, nos	*our*
ton, ta, tes	*your*	votre, vos	*your*
son, sa, ses	*his; her*	leur, leurs	*their*

Nombres

zéro	*zero*	dix	*ten*	vingt	*twenty*
un/une	*one*	onze	*eleven*	vingt et un	*twenty-one*
deux	*two*	douze	*twelve*	vingt-deux	*twenty-two*
trois	*three*	treize	*thirteen*	trente	*thirty*
quatre	*four*	quatorze	*fourteen*	quarante	*forty*
cinq	*five*	quinze	*fifteen*	cinquante	*fifty*
six	*six*	seize	*sixteen*	soixante	*sixty*
sept	*seven*	dix-sept	*seventeen*	soixante-dix	*seventy*
huit	*eight*	dix-huit	*eighteen*	soixante et onze	*seventy-one*
neuf	*nine*	dix-neuf	*nineteen*	soixante-douze	*seventy-two*

D'autres adjectifs

autre	*other*
charmant(e)	*charming*
gentil(le)	*nice*

Articles indéfinis

un/une	*a, an*
des	*some; any*

Verbes

avoir	*to have*
passer (un an)	*to spend (a year)*

Adverbes

combien (de)	*how many; how much*
encore	*still; again; more*
trop (de)	*too much; too many*

Préposition

sur *on*

Conjonction

si *if*

Expressions utiles

Comment s'appelle-t-il (elle)?	*What's his (her) name?*
Comment s'appellent-ils (elles)?	*What are their names?*
Il (elle) s'appelle ...	*His (her) name is ...*
Ils (elles) s'appellent ...	*Their names are ...*
il y a	*there is (are)*
Je vous présente ...	*Let me introduce you to ...*
Qu'est-ce qu'il y a ... ?	*What is there ... ?*
Qu'est-ce qu'il y a?	*What's the matter?*
Quel âge avez-vous? (a-t-il?, etc).	*How old are you? (is he?, etc.)*
sans doute	*probably*
Si!	*Yes!*
sur la photo	*in the picture*
voici	*here is; here are*

L'identité

Buts communicatifs
Describing personal attributes
Describing clothing
Describing people and things
Describing what you do at
  home
Identifying someone's
  profession

Structures utiles
Quelques groupes d'adjectifs
Ne ... jamais
Les adjectifs de couleur
L'adjectif démonstratif
La place de l'adjectif
Le verbe **faire**
Les mots interrogatifs **qui,**
  que et **quel**

Culture
Au pair
Le franglais

Coup d'envoi

Prise de contact

Qu'est-ce que c'est?
(Quel est ce vêtement?°)

What is this article of clothing?

C'est ...

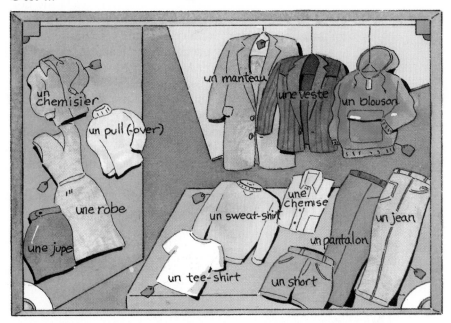

Ce sont° ...

These are

✢ **Et vous?** Qu'est-ce que vous portez?°
Moi, je porte ...

What are you wearing?

Lettre

Une lettre au professeur

Lori Becker adresse une lettre à son professeur américain, Madame Walter.

Angers, le 2 octobre

Chère Madame,

Me voilà en France! Je suis jeune fille au pair[1] chez[2] les Delille, une famille qui habite à Angers. Cela me donne[3] beaucoup de travail parce que[4] les Delille ont sept enfants! Mais ils sont tous[5] très gentils dans cette[6] famille et je suis vraiment contente d'être là[7]. Je garde deux des enfants pendant que[8] leurs parents travaillent et je fais[9] aussi un peu de ménage[10]. Mais c'est Mme Delille qui fait la cuisine[11] et les enfants font la vaisselle[12] après[13] le dîner.

Ces[14] enfants sont des «professeurs de français» formidables[15]. Ils me posent souvent des questions[16] pour tester mon vocabulaire. Ils me demandent[17], par exemple, «Qu'est-ce que c'est?», «Comment est-ce qu'on écrit ... ?», etc. Comme ça[18], je fais beaucoup de progrès. Il faut[19] travailler mais je m'amuse beaucoup[20].

J'ai remarqué que[21] les jeunes Français s'habillent[22] comme les jeunes Américains. Ils portent souvent un pull, un tee-shirt ou un sweat-shirt. Et tout le monde[23] porte un jean.

Je vous remercie de tout ce que vous avez fait[24] pour moi. On me dit[25] quelquefois «Bravo, Lori» et «Tu parles bien le français.» Quelle chance[26] pour moi d'être ici!

Bien amicalement, votre étudiante,

Lori Becker

1. *nanny* 2. *at the house of* 3. *that gives me* 4. *because* 5. *all* 6. *this* 7. *here* 8. *while* 9. *do* 10. *housework* 11. *does the cooking* 12. *do the dishes* 13. *after* 14. *these* 15. *great* 16. *often ask me questions* 17. *They ask me* 18. *that way* 19. *It is necessary* 20. *I have a lot of fun* 21. *I noticed that* 22. *dress* 23. *everybody* 24. *Thank you for all you have done* 25. *They tell me* 26. *What luck*

✤ **Compréhension.** Taking turns, read the following statements with your partner. Decide whether they are true (**C'est vrai**) or false (**C'est faux**). If a sentence is false, correct it.

1. Lori Becker habite à Angers.
2. Elle habite chez ses parents.
3. Elle travaille pour les Delille.
4. Elle fait la cuisine et la vaisselle.
5. Elle n'aime pas les questions des enfants.
6. Les vêtements des jeunes Français sont très différents des vêtements des jeunes Américains.
7. Lori aime être en France.

✤ Pourquoi est-ce que Lori fait le ménage et garde les enfants de Madame Delille?

a. Elle est masochiste.
b. Elle est très gentille et désire aider (*help*) la famille Delille.
c. Il y a souvent des jeunes filles qui habitent avec une famille française et qui travaillent pour payer leur chambre et leurs repas (*meals*).

Au pair

Many young women from foreign countries work as **jeunes filles au pair** in France. They are able to spend a year abroad by agreeing to work in a French home. In exchange for room and board, but only a token salary, they do some light housework and help to take care of the children. Lori is **au pair chez les Delille.**

Le franglais

Borrowing inevitably takes place when languages come in contact. The Norman conquest in 1066 introduced thousands of French words into English and many English words have been borrowed by the French. While some of these French cognates are obvious in meaning (**le chewing-gum, un tee-shirt, un sweat-shirt**), others may surprise you: **un smoking,** for instance, means *a tuxedo*. Official measures have been adopted in France to try to stem the flow of English expressions. Currently, for example, the term **le logiciel** is being encouraged rather than the English cognate **le software**.

LA SWEATERIE

Le bonheur d'être en sweat.

IL Y A UN GESTE

Bravo! The "thumbs up" gesture is used in French to signify approval.

✦ **À vous.** Describe to your partner what your classmates are wearing.

Modèle: VOTRE PARTENAIRE: **Qu'est-ce que Sean porte aujourd'hui** (*today*)?
VOUS: **Il porte ...**

ENTRE AMIS J'aime beaucoup vos chaussures. Elles sont très belles.

1. Compliment your partner on some article of clothing s/he is wearing.
2. S/he should respond in a culturally appropriate manner.
3. Point to two other articles of clothing and ask what they are.
4. If s/he doesn't know, s/he should say **Je ne sais pas.**
5. If s/he *is* able to name the articles, be sure to say that s/he speaks French well.

Prononciation

Les voyelles nasales: [ɛ̃], [ɑ̃] et [ɔ̃]

■ Note the pronunciation of the following words:

[ɛ̃]
- □ *im*possible, *im*probable, *in*telligent, c*in*quante, v*in*, v*in*gt, m*in*ce
- □ s*ym*pathique, s*ym*phonie, s*yn*thèse
- □ f*aim,* améric*ain,* maroc*ain,* mexic*ain,* tr*ain*
- □ h*ein*
- □ canadi*en,* itali*en,* bi*en,* je vi*en*s, chi*en,* combi*en,* ti*en*s

[ɑ̃]
- □ ch*am*bre, *an,* fr*an*çais, ch*an*ter, m*an*ger, gr*an*d, pend*an*t, étudi*an*te, t*an*te, dem*an*dent
- □ *en*sem*ble, m*em*bre, par ex*em*ple, *en, en*core, comm*en*t, souv*en*t

Exception: exam*en* [ɛgzamɛ̃]

[ɔ̃]
- □ t*om*ber, c*om*bien, n*om,* prén*om,* *on,* *on*t, c*on*versation, n*on,* *on*cle, *on*ze

■ Now go back and look at how these sounds are spelled and in what kinds of letter combinations they appear. What patterns do you notice?

■ Unless the letters **m** and **n** are directly followed by a written vowel, they are not normally pronounced. They serve instead to indicate that the preceding vowel is nasal.

c*in*quante   *en*semble   c*om*bien

Note: When written **m** or **n** (or **mm** or **nn**) *is* followed by a written vowel, the preceding vowel is *not* nasal. Practice saying the following words after your teacher, paying particular attention to the highlighted vowel sound. In these words, the highlighted vowel sound is *not* nasal.

*a*mi	cr*è*me	l*i*monade	comme	*u*ne
*a*méricain	m*ê*me	ch*i*nois	comment	*u*niversité
Mad*a*me	*ai*me	pat*i*ner	téléphone	br*u*ne
ex*a*men	améric*ai*ne	cuis*i*nière	bonne	lunettes
c*a*nadien	cert*ai*nement	cous*i*ne	personne	f*u*me

✛ In each of the following pairs of words, one of the words contains a nasalized vowel and one does not. Pronounce each word correctly.

1. impossible/immobile
2. minuit/mince
3. faim/aime
4. marocain/marocaine
5. canadienne/canadien
6. une/un
7. ambulance/ami
8. anglaise/année
9. crème/membre
10. dentiste/Denise
11. combien/comment
12. bonne/bon

Buts communicatifs

1. Describing Personal Attributes

Comment est votre meilleur(e) ami(e)? Est-il (elle) ...

calme	ou	nerveux (nerveuse)?	
charmant(e)	ou	désagréable?	
discret (discrète)	ou	bavard(e)°?	*talkative*
généreux (généreuse)	ou	avare°?	*miserly*
gentil(le)	ou	méchant(e)°?	*mean*
heureux (heureuse)	ou	triste°?	*sad*
intelligent(e)	ou	stupide?	
intéressant(e)	ou	ennuyeux (ennuyeuse)°?	*boring*
optimiste	ou	pessimiste?	
patient(e)	ou	impatient(e)?	
travailleur (travailleuse)	ou	paresseux (paresseuse)°?	*lazy*

✠ **Et vous?** Comment êtes-vous? Comment sont vos professeurs?

IL Y A UN GESTE

Ennuyeux. The gesture for **ennuyeux** is made by rubbing the knuckles back and forth on the side of the jaw. This rubbing of the "beard" is used to indicate that something is so boring that one could grow a beard while it is happening.

Paresseux. The thumb and index fingers of one hand "caress" an imaginary hair in the palm of the other hand. This gesture signifies that someone is so lazy that a hair could grow in his/her palm.

1. **La famille de Sandrine.** Correct the following false impressions, beginning with **Mais pas du tout!** Make sure each adjective agrees with the noun it modifies.

Modèle: Le frère de Sandrine est désagréable.
Mais pas du tout! Il est charmant.

1. Sandrine est paresseuse.
2. Ses parents sont ennuyeux.
3. Leurs enfants sont très stupides.
4. La mère de Sandrine est triste et pessimiste.
5. Ses frères sont désagréables.
6. La sœur de Sandrine est méchante.
7. Son père est impatient.
8. Sa famille est bavarde.

A. Quelques groupes d'adjectifs

féminin	*masculin*
discrète(s)	discret(s)
ennuyeuse(s)	ennuyeux
généreuse(s)	généreux
heureuse(s)	heureux
nerveuse(s)	nerveux
paresseuse(s)	paresseux
travailleuse(s)	travailleur(s)
gentille(s)	gentil(s)
intellectuelle(s)	intellectuel(s)
active(s)	actif(s)
sportive(s)	sportif(s)
naïve(s)	naïf(s)
veuve(s)	veuf(s)

■ The -l in the masculine form **gentil** is not pronounced. The final consonant sound of the feminine form **gentille** is [j], like the English **y** in *yes*.

gentil　　[ʒãti]　　　　gentille　　[ʒãtij]

■ In written French, some feminine adjectives (ending in -e- + consonant + -e) are distinguishable from their masculine forms not only by a final -e, but also by a grave accent on the -e- before the consonant.

chère　　cher　　　　discrète　　discret

■ Some French adjectives are invariable. There is no change to indicate gender or number.

deux femmes **snob**　　　　des chaussures **chic**

LE COQ SPORTIF

2. **Qui est comme ça?** Answer the following questions. Make sure each adjective agrees with the subject.

Modèle: Qui est patient dans votre famille?
Ma mère est patiente.
Mes sœurs sont patientes aussi.

1. Qui est travailleur dans votre famille?
2. Qui est bavard dans votre cours de français?
3. Qui est quelquefois triste?
4. Qui est généreux et optimiste?
5. Qui est sportif?
6. Qui est discret?
7. Qui est snob?
8. Comment sont vos parents?
9. Avez-vous des amis qui sont intellectuels? Si oui, comment s'appellent-ils?
10. Et vous? Comment êtes-vous?

3. **Un test de votre personnalité.** Complete the questionnaire by answering **oui** or **non**. Then read the analysis that follows and write a paragraph to describe yourself.

	oui	*non*
1. Vous parlez beaucoup avec certaines personnes, mais vous refusez de parler avec tout le monde.	——	——
2. Vous aimez beaucoup les sports, mais vous détestez étudier et travailler.	——	——
3. Vous détestez jouer, danser ou chanter avec les autres, mais vous aimez bien étudier.	——	——
4. Vous avez beaucoup d'argent (*money*), mais vous ne donnez pas d'argent à vos amis.	——	——
5. Vous n'avez pas d'argent, mais vous n'êtes jamais (*you are never*) triste.	——	——
6. Votre conversation est agréable et vous parlez avec tout le monde.	——	——
7. Vous étudiez beaucoup, vous aimez parler français et vous pensez que (*think that*) votre professeur de français est charmant.	——	——

paresseux

SPORTIF

intellectuel

Une analyse de vos réponses

1. Si vous répondez **oui** au numéro 1, vous êtes extroverti(e) et bavard(e), mais vous êtes aussi un peu snob.
2. Si vous répondez **oui** au numéro 2, vous êtes sportif (sportive), mais paresseux (paresseuse) aussi. Vous n'avez probablement pas de bonnes notes (*good grades*).
3. Un **oui** au numéro 3, et vous êtes introverti(e), mais aussi travailleur (travailleuse). Vous avez probablement des notes excellentes.
4. Un **oui** au numéro 4, et vous êtes avare et pessimiste. Vous n'avez probablement pas beaucoup d'amis.
5. Si vous répondez **oui** au numéro 5, vous êtes optimiste et heureux (heureuse), mais peut-être aussi un peu naïf (naïve).
6. Si vous répondez **oui** au numéro 6, vous n'êtes pas du tout ennuyeux (ennuyeuse). Vos amis sont contents d'être avec vous.
7. Enfin (*finally*), si votre réponse est **oui** au numéro 7, vous êtes certainement très intelligent(e), charmant(e) et intéressant(e). Les professeurs de français adorent les étudiant(e)s comme vous.

B. *Ne ... jamais*

Mon amie **n'**est **jamais** méchante.	*My friend is never mean.*
Mon petit ami **ne** porte **jamais** de chaussettes.	*My boyfriend never wears socks.*

■ **Ne ... jamais** (*never*) is placed around the conjugated verb just like **ne ... pas**. It is one of the possible answers to the question **Quand?** (*When?*).

> **Quand** est-ce que tu étudies?
> Je **n'**étudie **jamais!**

Note: **Jamais** can be used alone to answer a question.

> Quand est-ce que tu pleures?
> **Jamais!**

Vocabulaire: Adverbes qui répondent à *Quand?*

aujourd'hui	*today*	souvent	*often*
maintenant	*now*	quelquefois	*sometimes*
toujours	*always*	rarement	*rarely*
d'habitude	*usually*	(ne ...) jamais	*never*
généralement	*generally*		

4. **Comment sont-ils?** Describe the following people with as many true sentences as you can create. Use items from the lists below (or their opposites). Make all necessary changes, paying special attention to the form of the adjectives.

Modèle: **Mes parents ne sont jamais impatients.**
Ils sont toujours patients.

		méchant
mes parents		triste
je	ne ... jamais	paresseux
mon petit ami	rarement	bavard
ma petite amie	quelquefois	impatient
mes amis	souvent	pessimiste
mon professeur	d'habitude	ennuyeux
nous (les étudiants)	toujours	désagréable
le (la) président(e) de l'université		avare

5. **Cinq personnes que j'aime.** Write a description of five people you like. How much can you tell about each one?

Modèle: **Charles Thomas est mon ami.**
Charles est petit et un peu gros.
Il est très gentil et intelligent.
Mais il est aussi un peu paresseux.
Voilà pourquoi il n'est pas du tout sportif.

> E N T R E   A M I S Qui est la personne sur la photo?
>
> 1. Show your partner a picture (real or imaginary) of someone.
> 2. Identify that person (name, age, address).
> 3. Describe his/her personality.
> 4. Give a physical description as well.
> 5. Tell what the person is wearing in the picture.

2. Describing Clothing

Voilà Jean-Pierre.
Qu'est-ce qu'il porte?

Il porte un complet, une chemise,
  une cravate, une montre, une ceinture,
  des chaussettes et des chaussures.

Voilà Marie-Claire.
Qu'est-ce qu'elle porte?

Elle porte un chapeau, un foulard,
  un imperméable, des gants et des bottes.
  Elle porte aussi des lunettes.

❖ **Et vous?** Qu'est-ce que vous portez aujourd'hui?

6. **Qu'est-ce que c'est?** Identify the following items.

Modèles:

—Qu'est-ce que c'est?
—C'est une ceinture.

—Qu'est-ce que c'est?
—Ce sont des chaussures.

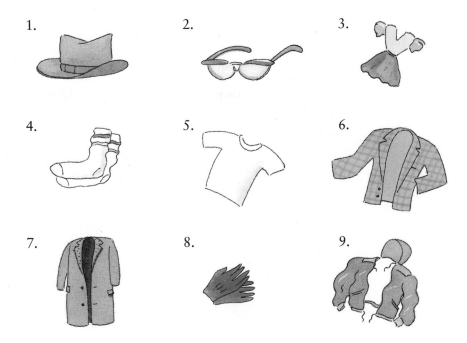

1.   2.   3.

4.   5.   6.

7.   8.   9.

7. **Qu'est-ce qu'ils portent?** Combine words from each column to create as
many factual sentences as you can.

Modèles: **Le professeur ne porte jamais de jean.**
             Je porte souvent un tee-shirt.

nous			jean
je			robe
les étudiants		ne ... jamais	sweat-shirt
le professeur	porter	rarement	pull
mon ami(e)		quelquefois	veste
les jeunes filles		souvent	chaussettes
les garçons		d'habitude	short
		toujours	tee-shirt
			lunettes
			chapeau
			blouson

C. Les adjectifs de couleur

De quelle couleur est le pantalon de Jean-Pierre?
Il est **gris**. C'est un pantalon **gris**.

De quelle couleur est sa chemise?
Elle est **bleue**. C'est une chemise **bleue**.

De quelle couleur sont ses chaussures?
Elles sont **noires**. Ce sont des chaussures **noires**.

✦ **Et vous?** De quelle couleur sont vos vêtements?

Vocabulaire: Quelques couleurs

	Féminin	*Masculin*		*Féminin*	*Masculin*
□	blanche	blanc	◼	bleue	bleu
◼	brune	brun	◼	jaune	jaune
◼	grise	gris	◼	noire	noir
◼	verte	vert	◼	orange	orange
◼	violette	violet	◼	rose	rose
□	beige	beige	◼	rouge	rouge

Note: Plurals of colors are formed by adding **-s**. Exceptions in this list are **gris**, which already ends in **-s**, and **orange**, which is invariable: **des éléphants** *gris;* **des cheveux** *orange.*

8.

De quelle couleur sont leurs vêtements? Ask your partner about the color of the following articles of clothing.

Modèles: les chaussures de Jérôme (brun)
               VOUS: **De quelle couleur sont ses chaussures?**
VOTRE PARTENAIRE: **Elles sont brunes. Ce sont des chaussures brunes.**

le pull de Martine (bleu)
               VOUS: **De quelle couleur est son pull?**
VOTRE PARTENAIRE: **Il est bleu. C'est un pull bleu.**

1. la cravate de Denis (jaune et bleu)
2. la robe de Françoise (vert)
3. la veste de Jean (gris)

4. l'imperméable d'Annette (blanc)
5. les chaussettes (*f.*) d'un(e) étudiant(e) dans la salle de classe
6. la chemise d'une autre personne
7. les chaussures (*f.*) de votre partenaire
8. les vêtements (*m.*) du professeur

Vocabulaire: Pour décrire (*to describe*) les vêtements

bizarre	*weird, funny-looking*
bon marché	*inexpensive*
cher (chère)	*expensive*
chic	*stylish*
confortable	*comfortable*
élégant(e)	*elegant*
ordinaire	*ordinary, everyday*
propre	*clean*
sale	*dirty*
simple	*simple, plain*

Note: **Chic** and **bon marché** are invariable. They do not change in the feminine or in the plural: **Ce sont des chaussures *chic*, mais elles sont *bon marché*.**

I L   Y   A   U N   G E S T E

Cher! The open right hand is held with the palm toward the body. It is shaken vigorously to indicate that something is quite expensive.

9. **Comment sont leurs vêtements?** Ask your partner what the following articles of clothing are like.

Modèle: la robe de Simone (cher)
           VOUS: **Comment est sa robe?**
     VOTRE PARTENAIRE: **Elle est chère. C'est une robe chère.**

1. la veste de Martin (élégant)
2. les chaussures d'un clown (bizarre)
3. le sweat-shirt de la fille de Monsieur Dupont (propre)
4. la robe de Pascale (chic)
5. les tennis (*m. pl.*) d'un(e) étudiant(e) dans la salle de classe
6. l'imperméable de l'inspecteur Colombo
7. les vêtements du professeur
8. vos vêtements

10. **À vous.** Answer the following questions.

1. Qu'est-ce que vous portez aujourd'hui?
2. De quelle couleur sont vos vêtements?
3. Décrivez les vêtements que vous portez.
4. Décrivez les vêtements d'un(e) autre étudiant(e).
5. Qu'est-ce que le professeur porte d'habitude?
6. De quelle couleur sont ses vêtements?
7. Qui ne porte pas de jean au cours de français?
8. Qui porte rarement des chaussures bon marché?
9. Qu'est-ce que les étudiants portent pour skier ou pour patiner?

11. **Qui est-ce?** Describe as completely as possible the clothing of a fellow classmate.

Modèle: **Cette personne porte un pull jaune et un pantalon vert. Elle porte des chaussures brunes. Elle ne porte pas de chaussettes. Ses vêtements ne sont peut-être pas très élégants mais ils sont propres.**

ENTRE AMIS Au téléphone

You are meeting a friend for dinner in twenty minutes.

1. Call to find out what s/he is wearing.
2. Find out the colors of his/her clothing.
3. Describe what you are wearing as completely as possible.

√ **D. L'adjectif démonstratif**

Cette femme est très intelligente.	*That (this) woman is very intelligent.*
Ce vin est excellent!	*This (that) wine is excellent.*
Vous aimez **cet** appartement?	*Do you like this (that) apartment?*
Qui sont **ces** deux personnes?	*Who are those (these) two people?*

	singulier	*pluriel*
masculin:	ce (cet)	ces
féminin:	cette	ces

■ The demonstrative adjectives are the equivalent of the English adjectives *this (that)* and *these (those).*

ce garçon	*this boy*	or	*that boy*
cet ami	*this (male) friend*	or	*that (male) friend*
cette amie	*this (female) friend*	or	*that (female) friend*
ces amis	*these friends*	or	*those friends*

■ **Cet** is used before masculine singular words that begin with a vowel sound. It is pronounced exactly like **cette**.

cet homme	*this man*	or	*that man*
cet autre professeur	*this other teacher*	or	*that other teacher*

■ If the context does not distinguish between the meanings *this* and *that* or *these* and *those*, it is possible to make the distinction by adding **-ci** (for *this/these*) or **-là** (for *that/those*) to the noun.

J'aime beaucoup cette chemise-**ci**.	*I like this shirt a lot.*
Ces femmes-**là** sont françaises.	*Those women are French.*

12. **Au grand magasin** (*At the department store*). While shopping, you over-hear a number of comments but are unable to make out all the words. Try to complete the following sentences using one of the demonstrative adjectives **ce, cet, cette,** or **ces,** as appropriate.

1. Vous aimez ____ chaussures? Oui, mais je déteste ____ chemise.
2. ____ pantalon est beau. Mais ____ jupes sont très chères.
3. ____ jean est trop petit pour ____ homme-là.
4. Je ne sais pas comment s'appelle ____ vêtement-là.
5. ____ robes sont jolies, mais ____ sweat-shirt est laid.
6. J'aime beaucoup ____ pull-là, mais je trouve ____ veste trop longue.

13. **Non, je n'aime pas ça.** Your shopping has made you tired and grouchy. Respond to your friend's questions or comments by saying that you dislike the item(s) in question. Use a demonstrative adjective in each response and invent a reason for your disapproval.

Modèle: Voilà une robe rouge.
Je n'aime pas beaucoup cette robe; elle est trop chère.

1. Voilà une belle cravate.
2. Voilà un ordinateur!
3. Oh! la petite calculatrice!
4. C'est un beau chapeau!
5. Tu aimes les chaussures vertes?
6. Voilà des chaussettes blanches intéressantes.
7. J'adore le chemisier bleu.
8. Tu aimes la veste de ce monsieur?

3. Describing People and Things

un oeil = one eye

De quelle couleur sont les yeux° et les cheveux° de Michèle?   *eyes/hair*
(əvø)
Elle a les yeux bleus.
Elle a les cheveux blonds.

les chevaux)
horse

De quelle couleur sont les yeux et les cheveux de Thierry? (Derek)
Il a les yeux verts et les cheveux roux°.   *red*

De quelle couleur sont les yeux et les cheveux de Monsieur Monot?
Il a les yeux noirs, mais il n'a pas de cheveux.
Il est chauve°.   *bald*

✤ **Et vous?** De quelle couleur sont vos yeux et vos cheveux?

Remarques:

1. Use the definite article **les** with the verb **avoir** to describe the color of a person's hair and eyes.

   Thierry **a les** yeux verts et **les** cheveux roux.

2. The word **cheveu** is almost always used in the plural, which is formed by adding **-x**.

   Michèle a **les cheveux** blonds.

3. Note that the adjective used to describe red hair is **roux** (**rousse**), never **rouge**.

   Il a les cheveux **roux**.   Notre petite-fille est **rousse**.

14. **Leurs yeux et leurs cheveux.** Complete the following sentences with a form of the verb **être** or **avoir**, as appropriate.

1. Mon père ____ les yeux bleus. Il ____ chauve.
2. Brigitte et Virginie ____ les cheveux roux.
3. Vous ____ les yeux noirs.
4. De quelle couleur ____ les yeux de votre mère?
5. Elle ____ les yeux verts.
6. Mes oncles ____ les cheveux blonds, mais ils ____ aussi un peu chauves.
7. Mes sœurs ____ les yeux bleus.

15. **De quelle couleur ... ?** Ask and answer questions with a partner based on the list below. If you don't know the answer, guess.

Modèles: vos yeux

VOUS: **De quelle couleur sont vos yeux?**
VOTRE PARTENAIRE: **J'ai les yeux verts.**

les cheveux de votre oncle

VOUS: **De quelle couleur sont les cheveux de votre oncle?**
VOTRE PARTENAIRE: **Il n'a pas de cheveux. Il est chauve.**

1. vos yeux
2. vos cheveux
3. les yeux de votre meilleur(e) ami(e)
4. les cheveux de votre meilleur(e) ami(e)
5. les yeux et les cheveux d'un(e) autre étudiant(e)
6. les cheveux de vos grands-parents
7. les yeux et les cheveux de vos frères et sœurs (ou de vos amis)
8. les yeux et les cheveux du professeur de français

ENTRE AMIS Dans ma famille

1. Find out how many people there are in your partner's family.
2. Find out their names and ages.
3. Find out the color of their hair.
4. Find out their eye color.

✓ E. La place de l'adjectif

un livre **intéressant**	*an interesting book*
une femme **charmante**	*a charming woman*
un **bon** livre	*a good book*
l'**autre** professeur	*the other teacher*

■ Most adjectives (including colors and nationalities) follow the noun they modify.

un homme **charmant**	un garçon **bavard**
une femme **intelligente**	une fille **sportive**
une robe **bleue**	une voiture **française**

■ Certain very common adjectives, however, normally precede the noun.

1. Some that you already know are:

autre	grand	joli
beau	gros	petit
bon	jeune	vieux

2. Two others that usually precede the noun are:

masculin singulier	*féminin singulier*	*masculin pluriel*	*féminin pluriel*	*équivalent anglais*
mauvais	**mauvaise**	**mauvais**	**mauvaises**	*bad*
nouveau	**nouvelle**	**nouveaux**	**nouvelles**	*new*

3. **Beau, vieux,** and **nouveau** each have a special masculine singular form (**bel, vieil, nouvel**) for use when they precede a noun beginning with a vowel sound. These special forms are pronounced exactly like the feminine forms.

un **bel** homme   un **vieil** ami   un **nouvel** appartement

4. Adjectives ending in a silent consonant are linked by liaison to words beginning with a vowel sound. When linked, a final **-s** or **-x** is pronounced [z] and a final **-d** is pronounced [t].

un mauvais [z]hôtel   deux vieux [z]amis   un grand [t]hôtel

For Recognition Only

▪ In formal spoken and written French, **des** is replaced by **de** if a plural adjective comes *before* the noun.

	des professeurs intelligents	des voitures françaises
Mais:	de bons professeurs intelligents	d'autres voitures françaises

▪ A few adjectives can be used either before or after the noun. Their position determines the exact meaning of the adjective.

un **ancien** professeur	*a former teacher*
un château **ancien**	*an ancient castle*
le **pauvre** garçon	*the unfortunate boy*
le garçon **pauvre**	*the boy who has no money*

16. **C'est vrai.** Restate the following sentences.

Modèles: Les chaussures de Monsieur Masselot sont sales.
C'est vrai. Il a des chaussures sales.

L'appartement de Monsieur Masselot est vieux.
C'est vrai. Il a un vieil appartement.

1. L'appartement de Monsieur Masselot est beau.
2. Les enfants de Monsieur Masselot sont jeunes.
3. La femme de Monsieur Masselot est intelligente.
4. Les parents de Monsieur Masselot sont charmants.
5. Le chat de Monsieur Masselot est gros.
6. Le chien de Monsieur Masselot est méchant.
7. La voiture de Monsieur Masselot est mauvaise.
8. L'ordinateur de Monsieur Masselot est nouveau.

9. L'appartement de Monsieur Masselot est grand.
10. Le réfrigérateur de Monsieur Masselot est petit.
11. La cravate de Monsieur Masselot est bleue.
12. Les chaussettes de Monsieur Masselot sont bizarres.

17. **Quelques compliments.** Select items from each of the lists to pay a few compliments. How many compliments can you create? Make all necessary changes.

Modèles: **C'est une jolie robe.**
Tu as des chaussures chic.

		robe	joli
		maison	élégant
		appartement	bon
tu as	un	vêtements	magnifique
c'est	une	chemise	intéressant
ce sont	des	chemisier	superbe
		chaussettes	beau
		chaussures	formidable
		jean	chic

18. **Une identité secrète.** Choose the name of someone famous that everyone will recognize. The other students will attempt to guess the identity of this person by asking questions. Answer only **oui** or **non**.

Modèle: **C'est une femme?**
Est-ce qu'elle est belle?
A-t-elle les cheveux roux?
Est-ce qu'elle porte souvent des vêtements élégants?
etc.

ENTRE AMIS Mon ami(e)

Interview your partner to find out as much as you can about his/her best friend's personality and physical appearance. Inquire also about the clothing that the friend usually wears.

4. Describing What You Do at Home

Que fais°-tu chez toi°, Catherine? *do/at home*
    Je regarde la télé ou j'écoute la radio.
    J'étudie et je fais mes devoirs°. *my homework*
    Je fais souvent la cuisine°. *the cooking*
    Je parle avec mes parents.
    Je fais quelquefois la vaisselle°. *the dishes*
    Je fais rarement le ménage°. *housework*

✤ **Et vous?** Que faites-vous chez vous?

F. Le verbe *faire*

Je déteste **faire** les courses, mais j'aime **faire** la liste.	*I hate doing the shopping, but I like making the list.*
Ma mère **fait** les provisions.	*My mother does the shopping.*
Mes sœurs **font** la cuisine.	*My sisters do the cooking.*
Et c'est moi qui **fais** la vaisselle.	*And I'm the one who does the dishes.*

faire (to do; to make)			
je	fais	nous	faisons
tu	fais	vous	faites
il/elle/on	fait	ils/elles	font

■ The -ai- in **nous faisons** is pronounced [ə] as in **le, de,** etc.

■ The plural **les devoirs** means *homework.* The singular **la vaisselle** means *the dishes.*

Je fais toujours **mes devoirs.**	*I always do my homework.*
Je ne fais jamais **la vaisselle.**	*I never do the dishes.*

■ There are a number of idiomatic uses of the verb **faire.**

Je ne **fais** jamais **la sieste.**	*I never take a nap.*
Veux-tu **faire une promenade?**	*Would you like to take a walk (ride)?*
Quel temps fait-il?	*What is the weather like?*
Il fait chaud.	*It's hot out.*
Faites attention!	*Pay attention!* or *Watch out!*

■ A question using **faire** does not necessarily require the verb **faire** in the response.

Que **faites**-vous?
Je patine, je chante, je regarde la télé, j'écoute la radio, etc.

19. **Nous faisons beaucoup de choses.** Use the list below to create as many factual sentences as you can.

Modèles: **Mon petit ami ne fait jamais de promenade.**
Ma mère ne fait jamais la sieste.
Nous faisons souvent les courses.

mes amis			la vaisselle
mon petit ami		toujours	la sieste
ma petite amie		d'habitude	les courses
ma mère	faire	souvent	la cuisine
mon père		quelquefois	une promenade
nous (ma famille)		rarement	le ménage
je		ne ... jamais	les provisions
			attention

20. **À vous.** Answer the following questions.

1. Faites-vous toujours vos devoirs pour le cours de français?
2. Quand faites-vous la sieste?
3. Faites-vous une promenade après le dîner?
4. Est-ce que c'est le mari ou la femme qui fait d'habitude le ménage aux USA?
5. Qui aime faire les courses dans votre famille?
6. Aimez-vous faire la cuisine? Si non, qu'est-ce que vous aimez faire?
7. Aimez-vous la cuisine italienne?
8. Qui fait d'habitude la cuisine dans votre famille?
9. Qui fait d'habitude les provisions pour votre famille?

E N T R E   A M I S   Chez toi

1. Find out where your partner lives.
2. Find out who does the grocery shopping and who does the cooking at his/her house.
3. Ask if s/he likes French cooking.
4. Find out what s/he does or doesn't like to do.

---

5. Identifying Someone's Profession

—Qu'est-ce que tu veux faire dans la vie,° Chantal?

What do you want to do in life?

—Je voudrais être reporter. Et toi?

—Je ne sais pas encore.°

I don't know yet.

✤ **Et vous?** Qu'est-ce que vous voulez faire dans la vie?

Aimez-vous les mots et les langues?
Voulez-vous être ...

interprète°	interprète	*translator, interpreter*
journaliste	journaliste	
reporter	_____	
écrivain°	_____	*writer*

Est-ce que vous aimez le commerce?
  Voulez-vous être ...

homme d'affaires°	femme d'affaires°	*businessman/*
secrétaire	secrétaire	*businesswoman*
vendeur°	vendeuse	*salesperson*
cadre°	_____	*executive*

Vous aimez les sciences?
  Voulez-vous être ...

chercheur°	chercheuse	*researcher*
dentiste	dentiste	
infirmier°	infirmière	*nurse*
pharmacien	pharmacienne	
ingénieur°	_____	*engineer*
médecin°	_____	*physician*

Êtes-vous bon(ne) en maths?
  Voulez-vous être ...

comptable°	comptable	*accountant*
informaticien°	informaticienne	*data processor*
programmeur°	programmeuse	*computer programmer*
banquier	_____	

Désirez-vous aider les autres?
  Voulez-vous être ...

assistant social°	assistante sociale	*social worker*
avocat°	avocate	*lawyer*
homme politique°	femme politique	*politician*
fonctionnaire°	fonctionnaire	*civil servant*
instituteur°	institutrice	*primary school teacher*
agent de police	_____	
pasteur°	_____	*protestant minister*
prêtre°	_____	*priest*
professeur°	_____	*lycée or university teacher/rabbi*
rabbin°	_____	
_____	religieuse°	*nun*
_____	ménagère°	*housewife*

Aimez-vous le travail manuel°?   *manual work*
  Voulez-vous être ...

cuisinier°	cuisinière	*cook*
ouvrier°	ouvrière	*laborer*
agriculteur°	_____	*farmer*
garagiste°	_____	*auto mechanic*
menuisier°	_____	*carpenter*

Vous aimez les arts ou les sports?
Voulez-vous être ...

acteur	actrice	
architecte	architecte	
artiste	artiste	
athlète	athlète	
chanteur	chanteuse	
danseur	danseuse	
musicien	musicienne	
peintre°	peintre	*painter*
sculpteur	_____	

Remarques:

1. There are two ways to identify someone's profession:

☐ One can use a name or a subject pronoun + **être** + profession, without any article.

Céline **est chanteuse.**	*Céline is a singer.*
Je **suis pharmacienne.**	*I am a pharmacist.*
Il **est garagiste.**	*He is an auto mechanic.*

☐ For *he, she,* and *they,* one can also say **c'est** (**ce sont**) + indefinite article + profession.

C'est un cadre.	*He (she) is an executive.*
Ce n'est pas un employé;	*He isn't an employee;*
c'est le patron.	*he's the boss.*
Ce sont des fonctionnaires.	*They are civil servants.*

2. To give more detail, one can use a possessive adjective or an article with an adjective. **C'est** (**ce sont**), not **il/elle est** (**ils/elles sont**), is used.

C'est ton secrétaire?	*Is he your secretary?*
Monique est une athlète **excellente.**	*Monique is an excellent athlete.*
Ce sont des chefs **français.**	*They are French chefs.*

3. Certain professions are used only with masculine articles and adjectives (**un, mon, ce**). For a woman, one can either use the masculine articles and adjectives or add the word **femme** before these words.

Elle est médecin.   C'est **un** médecin.   C'est **une femme** médecin.

21. **Qu'est-ce qu'il faut faire?** (*What do you have to do?*) The following sentences tell what preparation is needed for different careers. Complete the sentences with the name of the appropriate career(s).

Modèle: Il faut étudier la biologie pour être **médecin, dentiste** ou **infirmier.**

1. Il faut étudier la pédagogie pour être ...
2. Il faut étudier le droit (*law*) pour être ...
3. Il faut étudier la comptabilité pour être ...
4. Il faut étudier le commerce pour être ...
5. Il faut étudier le journalisme pour être ...
6. Il faut étudier l'agriculture pour être ...
7. Il faut étudier l'informatique (*computer science*) pour être ...
8. Il faut étudier la chimie (*chemistry*) pour être ...
9. Il faut parler deux ou trois langues pour être ...
10. Il faut désirer aider les autres pour être ...
11. Il faut avoir une personnalité agréable pour être ...
12. Il faut faire très bien la cuisine pour être ...
13. Il faut taper (*type*) rapidement pour être ...

22. **Cinq personnes que je connais** (*Five people I know*). Give a description of five people you know. How much can you tell about each one? Be sure to include information about what they do and what they want to do.

Modèle: **Anne Smith est étudiante. C'est une jeune fille travailleuse et très gentille. Elle a les cheveux roux et les yeux verts. Elle étudie le français parce qu'elle désire être femme d'affaires. Elle fait bien la cuisine et elle adore la cuisine française.**

23. **Un petit sketch.** In groups of three, read or role-play the following sketch and then answer the questions at the end.

Madame Bernard et son fils, Jean, font les courses.
Voilà Madame Moineau qui arrive.

MME BERNARD:	Tiens, c'est Madame Moineau. Bonjour, Madame.
MME MOINEAU:	Quelle bonne surprise, Madame Bernard! Bonjour, Monsieur. C'est votre fils évidemment, Madame. C'est le portrait de son père.
MME BERNARD:	Oui, je vous présente mon fils, Jean.
JEAN BERNARD:	Bonjour, Madame.
MME BERNARD:	Nous faisons les courses en famille. Mon fils ne travaille pas aujourd'hui.
MME MOINEAU:	Vous travaillez au (*at the*) garage Peugeot, n'est-ce pas?
JEAN BERNARD:	Non, je travaille maintenant aux (*at the*) Nouvelles Galeries, Madame.
MME MOINEAU:	Ah! Et qu'est-ce que vous faites?
JEAN BERNARD:	Je suis vendeur.
MME BERNARD:	Et vos enfants, Madame Moineau? Que font-ils?
MME MOINEAU:	Ma fille est infirmière et mon fils est étudiant en médecine.
JEAN BERNARD:	Excusez-moi, s'il vous plaît, mais j'ai rendez-vous (*I have an appointment*) à 2 heures.
MME MOINEAU:	Certainement, jeune homme. Bonne journée!
JEAN BERNARD:	Vous aussi, Madame. Au revoir, Madame. Au revoir, Maman.

Questions

1. Combien d'enfants Madame Moineau a-t-elle?
2. Que font ses enfants?
3. Où Jean Bernard travaille-t-il?
4. Qu'est-ce qu'il fait?
5. Est-ce que Jean ressemble à sa mère?
6. Que font Jean et sa mère aujourd'hui?
7. Qu'est-ce que Jean fait cet après-midi?

G. Les mots interrogatifs *qui, que* et *quel*

Qui fait la cuisine dans votre famille?	*Who does the cooking in your family?*
Que faites-vous après le dîner?	*What do you do after dinner?*
À **quelle** heure dînez-vous?	*At what time do you eat dinner?*

■ **Qui** (*who, whom*) is a pronoun. Use it in questions as the subject of a verb or as the object of a verb or preposition.

Qui est-ce?	*Who is it?*
Qui regardez-vous?	*At whom are you looking?*
Avec **qui** parlez-vous?	*With whom are you talking?*

■ **Que** (*what*) is also a pronoun. Use it in questions as the object of a verb. It will be followed either by inversion of the verb and subject or by **est-ce que**. There are therefore two forms of this question: **Que ... ?** and **Qu'est-ce que ... ?**

Que font-ils?	
Qu'est-ce qu'ils font?	*What do they do?*

■ **Quel** (*which, what*) is an adjective. It is always used with a noun and agrees with the noun. Its forms are **quel, quelle, quels, quelles**.

Quel temps fait-il?	*What is the weather like?*
Quelles actrices aimez-vous?	*Which actresses do you like?*

Note: The noun may either follow **quel** or be separated from it by the verb **être**.

Quels vêtements portez-vous?	*Which clothes are you wearing?*
Quelle est votre **adresse**?	*What is your address?*

24. **Quelles questions!** Ask questions using the appropriate form of **quel** with the words provided below.

Modèle: profession
Quelle est votre profession?

1. heure/maintenant
2. à/heure/vous mangez
3. temps
4. nationalité
5. âge
6. vêtements/vous portez/quand il fait chaud
7. numéro (*m.*)/de téléphone
8. de/couleur/yeux

25. *Qui, que* ou *quel?* Complete the following sentences.

1. ___ fait le ménage chez toi?
2. ___ font vos parents?
3. ___ âge ont vos amis?
4. De ___ couleur sont les cheveux du professeur?
5. Avec ___ parlez-vous français?
6. À ___ heure dînez-vous d'habitude?
7. ___ désirez-vous faire dans la vie?
8. ___ faites-vous après le dîner?

26. À vous. Answer the following questions.

1. Avez-vous des frères ou des sœurs? Si oui, que font-ils à la maison? Qu'est-ce qu'ils désirent faire dans la vie?
2. Que voulez-vous faire dans la vie?
3. Qu'est-ce que vous étudiez ce semestre?
4. Qu'est-ce que votre meilleur(e) ami(e) désire faire dans la vie?
5. Qui fait la cuisine chez vous?
6. À quelle heure faites-vous vos devoirs d'habitude?
7. Que font vos amis après le dîner?
8. Qui ne fait jamais la vaisselle?

27. **Une nouvelle identité.** Give yourself a new identity and give the information requested in the form below as completely as possible.

Révision et Intégration

A. **Portraits personnels.** Answer the following questions.

1. Décrivez les membres de votre famille.
2. Décrivez votre meilleur(e) ami(e).
3. Décrivez une personne dans la salle de classe. Demandez à votre partenaire de deviner (*guess*) l'identité de cette personne.

B. **Trouvez quelqu'un qui ...** Interview your classmates in French to find someone who ...

Modèle: wants to be a doctor

VOUS: **Est-ce que tu désires être médecin?**
UN(E) AUTRE ÉTUDIANT(E): **Oui, je désire être médecin.** ou
Non, je ne désire pas être médecin.

1. likes to wear jeans and a sweatshirt
2. is wearing white socks now
3. never wears a hat
4. has green eyes
5. likes to cook
6. hates to do housework
7. wants to be a teacher
8. takes a nap in the afternoon

C. La fin du voyage (*The end of the trip*). Describe the drawing below as completely as possible.

Modèle: **Il y a un petit homme qui porte un chapeau.**

Vocabulaire supplémentaire

une brosse à cheveux	*hairbrush*
une brosse à dents	*toothbrush*
un peigne	*comb*
un rasoir	*razor*
un tube de dentifrice	*tube of toothpaste*
des ciseaux (*m. pl.*)	*scissors*
une serviette	*briefcase*
une valise	*suitcase*

D. À vous. Answer the following questions.

1. De quelle couleur sont les vêtements que vous portez aujourd'hui?
2. Qu'est-ce que vos amis portent d'habitude en classe?
3. Quels vêtements aimez-vous porter quand il fait chaud?
4. De quelle couleur sont les yeux et les cheveux de votre meilleur(e) ami(e)?

5. Qui a les yeux bleus et les cheveux bruns?
6. Que faites-vous à la maison?
7. Que font les autres membres de votre famille chez vous?
8. Que voulez-vous faire dans la vie?
9. Qu'est-ce que votre meilleur(e) ami(e) désire faire?

ENTRE AMIS Une recommandation

You have agreed to recommend one of your friends for a job **au pair.** *A prospective employer calls you. Answer his/her questions, giving ...*

1. a positive character reference
2. a physical description
3. one or more of your friend's career goals

E. *Rédaction:* **Deux de mes camarades.** Using Lori Becker's letter (p. 102) as a model, write a letter to your pen pal in Québec to describe two of your classmates who are also studying French. Be sure to mention what they do (and don't do). Indicate their career goals as well (guess if you don't know).

Lecture

Offres d'emplois

1	2
Bébé, un an et demi, cherche fille au pair de nationalité américaine ou canadienne, expérience avec enfants. Appelez Cunin en fin de matineé 43.07.47.26.	Professeurs anglophones pour enseigner l'anglais aux lycéens étrangers en France, école internationale, château. Deux sessions: du 30 juin au 21 juillet; du 25 juillet au 14 août. Tél. 41.93.21.62.
3	4
Nous recherchons des secrétaires bilingues. Appelez l'Agence bilingue Paul Grassin au 42.76.10.14.	Famille offre logement et repas en échange de baby-sitting le soir et certains week-ends. Les journées sont libres. Écrivez BP 749, 49000 Angers.

A. **Les petites annonces** (*The want ads*). Scan the classified ads above to find out what kind of job each one is advertising. Guess which one would pay the most.

B. **Cela vous intéresse?** (*Does this interest you?*)   Reorder the classified ads on page 135 according to how much they appeal to you (which ones you would apply for and in what order). Be prepared to explain your reasons.

C. **Votre petite annonce.**   Write a classified ad to say you are looking for work in France. Mention your personal description and experience and include the fact that you speak French. Be sure to tell how you can be contacted.

Lecture

A. **Un coup d'œil** (*a glance*) **sur la lecture.**   Scan the following reading until you find one similarity between the presidencies of France and the United States. Then reread the selection thoroughly to find other similarities.

Le président de la République française

Un président de la République, qu'est-ce que c'est?

En France on est président pour sept ans. Mais beaucoup de gens[1] trouvent que ce temps est trop long et désirent réduire[2] cette période à 5 ans. En tout cas[3], pour être candidat, il faut d'abord être français. Il faut ensuite avoir au moins[4] vingt-trois ans et ne pas avoir été condamné[5] par la justice. Il faut finalement payer 10.000 F quand on annonce sa candidature.

Comment le président est-il élu[6]?

Tous les Français âgés de dix-huit ans ou plus ont le droit[7] de voter pendant les élections présidentielles. Le président est toujours élu par une majorité des électeurs. Souvent les Français votent deux fois:[8] il y a une première élection pour sélectionner les deux candidats finalistes et une deuxième élection pour décider qui va être président.

Que fait le président?

C'est le président qui nomme le premier ministre, le chef[9] du gouvernement. Le président est le chef des armées. Il dirige aussi la diplomatie, c'est-à-dire[10] les discussions et les relations de la France avec les autres pays,[11] il signe les lois,[12] et il donne des conseils[13] quand il y a des problèmes entre les institutions du gouvernement. Le président a aussi des pouvoirs[14] spéciaux dans des cas particuliers, par exemple en temps de guerre.[15]

adapté du *Journal des Enfants* (L'Alsace)

1. *people* 2. *reduce* 3. *in any case* 4. *at least* 5. *have been sentenced* 6. *elected*
7. *the right* 8. *twice* 9. *head* 10. *that is to say* 11. *countries* 12. *laws* 13. *advice*
14. *powers* 15. *in wartime*

B. **Les adverbes de transition.** Use the context of the following paragraph to guess the meanings of the italicized adverbs.

First 〔handwritten〕

Je n'ai pas ma calculatrice! Où est-elle? *D'abord*, je cherche la calculatrice dans ma chambre. Elle n'est pas là. *Et puis*, je cherche la calculatrice dans la cuisine. Elle n'est pas là. *Ensuite*, je cherche la calculatrice dans mon bureau. Elle n'est pas là. *Finalement*, je trouve ma calculatrice. Elle est sur le fauteuil!

then / Next / Finally 〔handwritten〕

C. What are the main themes in the reading selection?

D. **Vrai ou faux?** Decide whether the following statements are true or false. If a statement is false, correct it.

f 1. On est président de la République pendant cinq ans. 7
✓ 2. Il faut être français pour être président de la France.
✓ 3. Il faut avoir 23 ans pour être président de la France.
f 4. En France il faut avoir 21 ans pour voter. 18
✓ 5. Les Français votent souvent deux fois dans la même (*same*) élection.
f 6. Le Président est le chef du gouvernement français.
✓ 7. Le Président dirige la diplomatie et c'est le chef des armées.

François Mitterrand, président de la République

E. **Familles de mots.** One member of each of the following word families was in the reading. Now that you have read the selection, can you guess the meanings of the others in the same family?

1. diriger, un directeur, une directrice, la direction
2. élire, élu, un électeur, une électrice, une élection
3. décider, une décision
4. réduire, une réduction
5. nommer, un nom, une nomination
6. conseiller, un conseiller, une conseillère, un conseil
7. pouvoir, le pouvoir

F. **Faites une liste.** With your partner, list the similarities and differences that you found between the French presidency and that of the United States.

G. **Opinions.** Discuss the following questions.

1. Why do you think some people would like to shorten the length of the presidential period in France? What are the advantages and disadvantages of a shorter presidential term?
2. Are there any aspects of the French presidential system that you would like to see instituted in the United States? Which ones? Why?
3. Which system do you like better in general? Why?

Vocabulaire actif

Quelques professions

un cadre	*executive*
un(e) employé(e)	*employee*
un(e) fonctionnaire	*civil servant*
un homme d'affaires/une femme d'affaires	*businessman/businesswoman*
un homme politique/une femme politique	*politician*
un infirmier/une infirmière	*nurse*
un médecin	*doctor*
un ouvrier/une ouvrière	*laborer*
un(e) patron(ne)	*boss*
un vendeur/une vendeuse	*salesman/saleswoman*

Vêtements

des baskets (*m. pl.*)	*high-top sneakers*	un jean	*(pair of) jeans*
un blouson	*windbreaker, jacket*	une jupe	*skirt*
des bottes (*f.*)	*boots*	des lunettes (*f. pl.*)	*eyeglasses*
une ceinture	*belt*	un manteau	*coat*
un chapeau	*hat*	une montre	*watch*
des chaussettes (*f.*)	*socks*	un pantalon	*(pair of) pants*
des chaussures (*f.*)	*shoes*	un pull-over (un pull)	*sweater*
une chemise	*shirt*	une robe	*dress*
un chemisier	*blouse*	un short	*(pair of) shorts*
un complet	*suit*	un sweat-shirt	*sweatshirt*
une cravate	*tie*	un tee-shirt	*tee-shirt*
un foulard	*scarf*	des tennis (*m. pl.*)	*tennis shoes*
des gants (*m.*)	*gloves*	une veste	*sportcoat*
un imperméable	*raincoat*	un vêtement	*an article of clothing*

D'autres noms

une adresse	*address*	une note	*note; grade, mark*
les cheveux (*m. pl.*)	*hair*	un numéro de téléphone	*telephone number*
une chose	*thing*	une promenade	*walk; ride*
une couleur	*color*	les provisions (*f. pl.*)	*groceries*
les courses (*f. pl.*)	*errands, shopping*	la sieste	*nap*
la cuisine	*cooking; food*	le temps	*weather*
les devoirs (*m. pl.*)	*homework*	le travail manuel	*manual work*
le dîner	*dinner*	la vaisselle	*dishes*
un magasin	*store*	la vie	*life*
le ménage	*housework*	les yeux (*m. pl.*)	*eyes*

Adjectifs démonstratifs

ce/cet (cette)	*this; that*
ces	*these; those*

Adjectifs de couleur

beige	*beige*	noir(e)	*black*
blanc (blanche)	*white*	orange	*orange*
bleu(e)	*blue*	rose	*pink*
blond(e)	*blond*	rouge	*red*
brun(e)	*brown*	roux (rousse)	*red(-haired)*
gris(e)	*grey*	vert(e)	*green*
jaune	*yellow*	violet(te)	*purple*

Pour décrire les vêtements

bon marché	*inexpensive*	confortable	*comfortable*
cher (chère)	*dear; expensive*	propre	*clean*
chic	*chic; stylish*	sale	*dirty*

Description personnelle

avare	*miserly*	intéressant(e)	*interesting*
bavard(e)	*talkative*	naïf (naïve)	*naive*
calme	*calm*	sportif (sportive)	*athletic*
chauve	*bald*	travailleur (travailleuse)	*hard-working*
discret (discrète)	*discreet; reserved*	méchant(e)	*nasty; mean*
ennuyeux (ennuyeuse)	*boring*	nerveux (nerveuse)	*nervous*
extroverti(e)	*outgoing*	paresseux (paresseuse)	*lazy*
généreux (généreuse)	*generous*	triste	*sad*
heureux (heureuse)	*happy*		

D'autres adjectifs

formidable	*great, fantastic*
mauvais(e)	*bad*
nouveau/nouvel (nouvelle)	*new*

Pronoms

cela (ça)	*that*
toi	*you*
tout le monde	*everybody*

Verbes

aider	*to help*	faire les provisions	*to do the grocery shopping*
demander	*to ask*		
dîner	*to eat dinner*	faire la sieste	*to take a nap*
faire	*to do; to make*	porter	*to wear; to carry*
faire attention	*to pay attention*	poser une question	*to ask a question*
faire une promenade	*to take a walk; to take a ride*	remarquer	*to notice*

Adverbes

aujourd'hui	*today*	là	*there*
comment	*how; what*	maintenant	*now*
d'habitude	*usually*	quand	*when*
généralement	*generally*	rarement	*rarely*
jamais (ne ... jamais)	*never*	toujours	*always*

Prépositions

après   *after*
chez   *at the home of*

Conjonctions

parce que   *because*
pendant que   *while*
que   *that*

Mots interrogatifs

que ... ?   *what ... ?*
qu'est-ce que ... ?   *what ... ?*
quel(le) ... ?   *which ... ?*

Expressions utiles

chez toi   *at your house*
Comment est (sont) ... ?   *What is (are) ... like?*
De quelle couleur est (sont) ... ?   *What color is (are) ... ?*
en classe   *in class; to class*
Il fait chaud.   *It's hot out.*
Il faut ...   *It is necessary ...*
J'ai rendez-vous.   *I have an appointment (meeting).*
Quel temps fait-il?   *What is the weather like?*
Quelle chance!   *What luck!*
Qu'est-ce que c'est?   *What is this?*

Escale 1

LE QUÉBEC

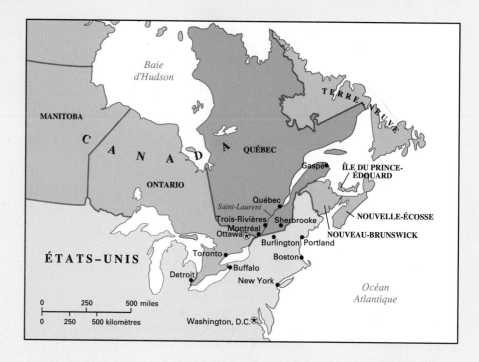

STATUT LÉGAL: **province canadienne**

LANGUE OFFICIELLE: **français (langue unique de 60% de la population; 35% parle français et anglais)**

MONNAIE: **dollar canadien**

CAPITALE: **Québec**

CENTRES URBAINS PRINCIPAUX: **Montréal, Québec, Trois-Rivières**

SUPERFICIE: **1.540.680 km², (la plus vaste des 10 provinces canadiennes; équivalente à celle de l'Alaska; 2 fois plus grande que le Texas)**

POPULATION: **6.540.276 (= 1/4 de la population canadienne; équivalente à celle de la Caroline du Nord)**

RELIGION: **catholique (88%)**

INDUSTRIES: **exploitation minière, asbeste, hydroélectricité, pêche, agriculture, industrie forestière**

CLIMAT: **tempéré, type continental, pas très humide; 4 saisons très marquées**

FLEUVE PRINCIPAL: **Saint-Laurent**

Test on monday. 5??
Wednesday november 4th

describe parents
what clothes to wear? in certain weather
color of my eyes + hair / or others
future proffession

province canadiene.

1. Vrai ou faux?
Dites si les phrases suivantes sont vraies ou fausses. Si une phrase est fausse, corrigez-la.

f 1. Le Québec est un pays indépendant.
f 2. La capitale du Québec est Montréal. Québec
  3. Le Québec est une des dix provinces canadiennes.
  4. La capitale du Canada est au Québec.
✓ 5. Le Québec est plus grand que l'état de New York.
f 6. La population du Québec est plus grande que la population de l'état de New York.
f 7. L'anglais et le français sont les langues officielles du Québec.
✓ 8. La capitale du Québec s'appelle aussi «Québec».
✓ 9. Le plus grand fleuve du Québec s'appelle le Saint-Laurent.

study adj
where they go
before after

2. Que savez-vous?
Nommez ...

1. les états américains qui sont près du Québec.
2. les provinces canadiennes voisines du Québec.
3. une ville américaine directement au sud de Montréal.
4. une ville américaine directement au sud de Québec.
5. la grande baie au nord-ouest du Québec.

8° De quelle colour est/sont
sa chemise
la chemise de George

Le Château Frontenac, Montréal

cette
ce
cet
ces

ce sont
c'est

translate from English to French

opposites adj's.

⑤.

que, qu'est-ce que, qui, quel, quelles, quels
comment

143

L'histoire du Québec

Découverte et colonisation

C'est en 1535 que l'explorateur français Jacques Cartier découvre le fleuve Saint-Laurent et la terre qui l'entoure. Cartier prend possession de cette terre nouvelle au nom du roi de France. En 1608, Samuel de Champlain construit une habitation sur un roc qui forme une citadelle naturelle près du Saint-Laurent. C'est la première communauté française en Amérique du Nord, et Champlain est le fondateur de la Nouvelle-France. Cette première ville s'appelle Québec.

En conséquence de la guerre de Sept Ans en Europe, les Anglais font la guerre contre les Français au Canada. En 1759, l'armée anglaise est finalement victorieuse sur les plaines d'Abraham à Québec. Montréal tombe aussi quelques semaines plus tard. En 1763 la France signe le traité de Paris et abandonne à l'Angleterre ses colonies situées à l'est du Mississippi. En plus, les Anglais obligent un grand nombre des Français qui habitent le Québec et l'Acadie (aujourd'hui, le Nouveau-Brunswick) à quitter le Canada. Beaucoup de ces francophones s'installent en Louisiane, une autre colonie française. Ce sont les descendants de ces Acadiens-là qu'on appelle aujourd'hui les «Cajuns».

En 1867, le Québec et trois autres provinces forment le nouveau «Dominion du Canada», une nouvelle nation indépendante. En 1912, le Québec double sa superficie avec l'addition de tout le territoire à l'est de la Baie d'Hudson.

Deux cents ans de domination anglaise

De 1763 à 1867, le Québec est une colonie anglaise. Alors, les Français du Québec se sentent toujours sous la domination des Anglais. Leur vie est agricole et ils sont catholiques; ce sont les Anglais protestants qui ont le pouvoir politique et économique. Même après l'indépendance du Canada, les francophones restent une minorité au Canada et ils participent très peu au gouvernement. Ils gagnent le droit de garder leur propre langue et leurs écoles catholiques et ils sauvegardent leur culture française avec des familles nombreuses; une famille de vingt enfants n'est pas rare. Le résultat: à la fin du dix-huitième siècle il y a seulement 10.000 francophones au Canada. Ils sont 7.250.000 aujourd'hui! Mais pendant ce temps, le pouvoir reste toujours chez les anglophones, qui contrôlent le gouvernement et 95 pour cent des entreprises au Québec.

La fin du vingtième siècle

Au vingtième siècle, il se passe chez les Québécois francophones une prise de conscience et une période active qu'on appelle la «Révolution tranquille». En 1969, le Parlement canadien déclare le français une des deux langues officielles du Canada, avec l'anglais. Mais pour le peuple québécois, c'est trop peu et trop tard. Depuis presque deux siècles ils ont l'impression qu'on les considère comme une minorité sans importance. Ils désirent vivement avoir les mêmes possibilités éducatives, professionnelles, etc., que les Anglais. Entre 1974 et 1985, le parti québécois est le parti majoritaire au Parlement québécois. En 1977, la Loi 101 fait du français la seule langue officielle au Québec. Si une entreprise a plus de cinquante employés, il faut

La cathédrale de Notre-Dame,
Montréal

utiliser le français pour toute correspondance commerciale. Les écoles vont être presque toutes francophones. Même les enseignes des magasins
doivent être en français. En 1980, par contre, les
Québécois rejettent l'indépendance dans un référen-
dum provincial.

Quel sera l'avenir de cette belle province? Travailleurs, fiers de leur passé et de leur langue française, les Québécois doivent conserver leur identité
culturelle et linguistique et leur réputation d'un
peuple accueillant.

3. Avez-vous compris? Répondez.

1. Quelle est la date de l'établissement de la première colonie française
   en Amérique du Nord? Est-ce que cette date est avant ou après l'arrivée des Pèlerins à Plymouth, en Nouvelle-Angleterre?
2. Quel pays a pris possession du Québec après la guerre de Sept Ans?
3. Est-ce que la population francophone augmente ou diminue pendant les dix-neuvième et vingtième siècles?
4. Quelle est la langue officielle du Canada: l'anglais? le français? les
   deux?
5. Depuis combien de temps (*For how long*) le français est-il la seule
   langue officielle du Québec?

La ville de Montréal est le centre de la francophonie en Amérique du Nord; deux tiers (2/3) de la population parle français comme langue maternelle. Montréal, où habitent vingt pour cent de la population québécoise, se situe sur une île. C'est la deuxième ville du Canada, après Toronto. Et c'est la deuxième ville francophone du monde, après Paris.

Chaque année, beaucoup de touristes visitent Montréal, une ville à la fois moderne et historique. Au centre de la ville, le Vieux-Montréal est un hommage au passé. Ses églises, ses restaurants et ses vieilles maisons attirent beaucoup de visiteurs.

Mais Montréal est aussi une ville très moderne. Sous les gratte-ciel du centre-ville existe toute une ville souterraine de restaurants, boutiques, cinémas, cafés, et même un métro!

4. À vous. Répondez.

1. Quelle est la plus grande ville francophone du monde? Et la deuxième?
2. Est-ce qu'il y a un métro dans votre ville?
3. Imaginez la raison pour laquelle il existe une «ville souterraine» à Montréal. Est-ce qu'il y a des magasins et des restaurants souterrains dans votre ville?

NOTE CULTURELLE
Parlez-vous québécois?

La France a abandonné le Québec à l'Angleterre il y a 200 ans. À cause de cette longue séparation de la France, la langue qu'on parle au Québec aujourd'hui n'est pas identique à celle qu'on parle à Paris. Voici quelques exemples des différences entre le français parisien et le «québécois».

En France on dit ...	*Au Québec on dit ...*
le week-end	la fin de semaine
s'amuser	avoir du fun
les myrtilles	les bleuets[1]
une voiture	un char
l'essence	le gaz
faire des achats	magasiner
bavarder	jaser
faire de l'autostop	faire du pouce[2]
un hot-dog	un chien chaud

1. petit fruit bleu trouvé surtout en Nouvelle-Angleterre et au Québec.
2. chaque personne a un *pouce* et quatre doigts sur la main.

JE ME SOUVIENS

Quoi de neuf?

Buts communicatifs
Expressing future time
Telling time
Explaining your schedule
Locating places

Structures utiles
À + article défini
Le verbe **aller**
L'heure
Les jours de la semaine
Quelques prépositions de lieu
Les prépositions de lieu avec
 une ville ou un pays
Les mots interrogatifs **où** et
 quand

Culture
Quelques malentendus
 culturels
Le commencement et la fin
 d'une conversation

Coup d'envoi

Qu'est-ce que vous allez faire?

Qu'est-ce que tu vas faire° le week-end prochain°, Sylvie?	*What are you going to do/next weekend*
Je vais sortir vendredi° soir.	*I'm going to go out on Friday*
Je vais danser parce que j'adore danser.	
Je vais déjeuner dimanche° avec mes amis.	*I'm going to have lunch on Sunday*
Je vais aller à la bibliothèque.°	*I'm going to go to the library.*
Je vais étudier et faire mes devoirs.	
Mais je ne vais pas rester° dans ma chambre tout le week-end°.	*to stay* *the whole weekend*

✤ **Et vous?** Qu'est-ce que vous allez faire le week-end prochain? Où allez-vous étudier?

Conversation

Une sortie

C'est vendredi après-midi. Lori rencontre° son   *meets*
amie Denise après son cours de littérature
française.

LORI: Salut, Denise. Comment vas-tu?

DENISE: Bien, Lori. Quoi de neuf?°   *What's new?*

       (*Elles s'embrassent° trois fois°.*)   *kiss/times*

LORI: Pas grand-chose°, mais c'est vendredi et je ne vais   *not much*
       pas passer° tout le week-end dans ma chambre.   *spend*
       Tu as envie d'aller au cinéma?°   *Do you feel like going*
                                                       to the movies?

DENISE: Quand ça?

LORI: Ce soir ou demain° soir?   *tomorrow*

DENISE: Ce soir je ne suis pas libre°. Mais demain   *free*
       peut-être. Tu vas voir° quel film?   *to see*

LORI: Cela m'est égal.° Il y a toujours un bon   *I don't care.*
       film au cinéma Variétés.

DENISE: D'accord°, très bien. À quelle heure?   *okay*

LORI: Vers 7 heures et demie, si ça va.°   *Around 7:30, if that's*
       Rendez-vous devant° le cinéma.   *okay./in front of*

DENISE: C'est parfait°.   *perfect*

LORI: Bonne soirée, Denise, et à demain soir.

DENISE: Merci, Lori. Au revoir!

✛   **Jouez ces rôles.** Répétez la conversation avec votre partenaire. Utilisez vos
    noms et le nom d'un cinéma près de chez vous.

✤ Pourquoi est-ce que Lori et Denise s'embrassent trois fois?

a. Elles sont superstitieuses.
b. À Angers on embrasse ses amis trois fois.
c. En France on embrasse tout le monde.

Quelques malentendus culturels

A possible misunderstanding may result from the use of expressions that seem to be equivalent in two languages. In parts of the United States, for example, the expression *see you later* is used as an alternate to *good-bye*, without necessarily implying any real meeting in the near future. This has proven to be frustrating for French visitors, for whom *see you later* is interpreted as meaning *see you soon*. Likewise, any North American who uses the French expression **À tout à l'heure** should realize that this

implies that the people in question will be meeting again very soon.

This example is perhaps a useful springboard to understanding one of the basic differences between North Americans and the French: while typically more hesitant to extend an invitation to their home and certainly more reluctant to chat with strangers, once an invitation is extended or a conversation begun, the French take it seriously. North Americans may complain about not being invited to French homes right away, but they themselves have readily and casually extended invitations to

"come and see us" and have then been surprised when French acquaintances write to say they are actually coming.

Le commencement et la fin d'une conversation

While *good afternoon* can be used as a greeting in English, its literal French translation (**bon après-midi**) is used only when taking leave of someone. When saying hello, the only common expressions in French are **bonjour, bonsoir,** and **salut.** When saying good-bye, however, the range of possible expressions is much more extensive as can be seen in the list below.

à bientôt	*see you soon*
à demain	*see you tomorrow*
à la prochaine	*until next time, be seeing you*
à tout à l'heure	*see you in a little while*
au plaisir (de vous revoir)	*(I hope to) see you again*
au revoir	*good-bye, see you again*
bon après-midi	*have a good afternoon*
bonne journée	*have a good day*
bonne nuit	*pleasant dreams (lit. good night)*
bonne soirée	*have a good evening*
bonsoir	*good evening, good night*
salut	*bye(-bye)* (fam.)

IL Y A UN GESTE

La bise. The French kiss their friends and relatives on both cheeks. This is referred to as **faire la bise.** The number of times that their cheeks touch varies, however, from one region to another: twice in Besançon, three or four times in Angers, and four times in Quimper! In Paris, the number varies from two to four, most likely because people have moved to the capital from different regions.

Cela m'est égal. A shrug is used with the expression **Cela (Ça) m'est égal.** The lips are pursed and the hands are opened, palms up, to convey the meaning *It's all the same to me.*

Au revoir. When waving good-bye, the open palm, held at about ear level, is normally turned toward the person to whom one is waving. It is often moved toward the other person.

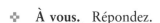

✤ **À vous.** Répondez.

1. Comment allez-vous?
2. Allez-vous rester dans votre chambre ce soir?
3. À quelle heure allez-vous faire vos devoirs?
4. Qu'est-ce que vous allez faire demain soir?
5. Avez-vous envie d'aller au cinéma?

ENTRE AMIS Le week-end prochain

1. Greet your partner.
2. Find out how s/he is doing.
3. Find out what s/he is going to do this weekend.
4. Find out if s/he wants to go to a movie.
5. If so, agree on a time.
6. Be sure to vary the way you say good-bye.

Prononciation

Les syllabes ouvertes

■ There is a strong tendency in French to end spoken syllables with a vowel sound. It is therefore important to learn to link a pronounced consonant to the vowel that follows it.

| il a | [i la] | votre ami | [vɔ tʀa mi] |
| elle a | [ɛ la] | femme américaine | [fa ma me ʀi kɛn] |

Reminder: The above is also true in the case of liaison. Liaison must occur in the following situations:

	Alone	*With liaison*
1. when a pronoun is followed by a verb	nous	nous [z]a vons
	vous	vous [z]êtes
	ils	ils [z]ha bitent
2. when a verb and pronoun are inverted	est-	est- [t]elle
	ont-	ont- [t]ils
	sont-	sont- [t]ils
3. when an article or adjective is followed by a noun	un	un [n]homme
	des	des [z]en fants
	deux	deux [z]heures
	trois	trois [z]ans
	mon	mon [n]a mi
	petit	petit [t]a mi
4. after one-syllable adverbs or prepositions	très	très [z]im por tant
	en	en [n]A mé rique
	dans	dans [z]une fa mille

Buts communicatifs

1. Expressing Future Time

Qu'est-ce que tu vas faire samedi° prochain, Julien?	*Saturday*
D'abord° je vais jouer au tennis avec mes amis.	*first (of all)*
Ensuite° nous allons étudier° à la bibliothèque.	*next/we're going to study*
Je n'aime pas manger seul°, alors après°, nous allons dîner ensemble au restaurant universitaire.	*alone/so after(wards)*
Enfin°, nous allons regarder la télé.	*finally*

✛ **Et vous?** Qu'est-ce que vous allez faire?

Note: Le restaurant universitaire, qu'on appelle d'habitude **le Resto U**, est très bon marché. C'est parce que la France subventionne (*subsidizes*), en partie, les repas (*meals*) des étudiants. Si on a une carte d'étudiant, on bénéficie d'une réduction du prix des repas.

A. À + article défini

Céline ne travaille pas **à la** bibliothèque.	*Céline doesn't work at the library.*
Elle travaille **au** restaurant universitaire.	*She works in the dining hall.*

■ The preposition **à** can mean *to, at,* or *in,* depending on the context. When used with **la** and **l'**, it does not change, but when used with **le** and **les,** it is contracted to **au** and **aux.**

à	+	le	**au**	au restaurant
à	+	les	**aux**	aux toilettes
à	+	la	**à la**	à la maison
à	+	l'	**à l'**	à l'hôtel

■ Liaison occurs when **aux** precedes a vowel sound.

aux [z]États-Unis

Vocabulaire: Quelques endroits (*A few places*)

un aéroport	*airport*
une banque	*bank*
un bâtiment	*building*
une bibliothèque	*library*
un bistro	*bar and café*
une boulangerie	*bakery*
un bureau de poste	*post office*
un bureau de tabac	*tobacco shop*
une cafétéria	*cafeteria*
un campus	*campus*
un centre commercial	*shopping center, mall*
un cinéma	*movie theater*
un couloir	*hall, corridor*
une école	*school*
une église	*church*
un endroit	*place*
une épicerie	*grocery store*
une gare	*railroad station*
un gymnase	*gymnasium*
un hôtel	*hotel*
une librairie	*bookstore*
une pharmacie	*pharmacy*
une piscine	*swimming pool*
une résidence (universitaire)	*dormitory*
un restaurant	*restaurant*
une salle de classe	*classroom*
les toilettes (*f. pl.*)	*restroom*
une ville	*city*

un théâtre (plays)
un village (village/smaller)

hotel ibis

1. Qu'est-ce que c'est? Identifiez les endroits suivants.

Modèle:

C'est une église.

1.

2.

3.

4.

5.

6.

2. Où allez-vous? Posez la question. Votre partenaire va répondre selon le modèle (*according to the model*).

Modèle: restaurant (bibliothèque)
—**Allez-vous au restaurant?**
—**Non, je ne vais pas au restaurant; je vais à la bibliothèque.**

1. bureau de poste (pharmacie)
2. église (centre commercial)
3. restaurant (cinéma)
4. librairie (bibliothèque)
5. hôtel (appartement de ma sœur)
6. cours de français (maison de mes parents)
7. gare (aéroport)

3. **Qu'est-ce que vous allez faire?** Indiquez vos projets avec **Je vais à** + article défini et les mots donnés (*given*). Utilisez aussi les mots **d'abord, ensuite** et **après**.

Modèle: restaurant, centre commercial, cinéma
D'abord je vais au restaurant, ensuite je vais au centre commercial et après je vais au cinéma.

1. école, bibliothèque, épicerie
2. banque, centre commercial, aéroport
3. bureau de poste, pharmacie, librairie
4. église, résidence, piscine

ENTRE AMIS D'abord, ensuite, après

1. Tell your partner that you are going to go out.
2. S/he will try to guess three places where you are going.
3. S/he will try to guess in what order you are going to the three places.

B. Le verbe *aller*

Je vais en classe à 8 heures.	*I go to class at eight o'clock.*
Allez-vous en ville ce soir?	*Are you going into town this evening?*
Les petits Français ne **vont** pas à l'école le mercredi.	*French children don't go to school on Wednesday.*

aller (*to go*)			
je	**vais**	nous	**allons**
tu	**vas**	vous	**allez**
il/elle/on	**va**	ils/elles	**vont**

■ The fundamental meaning of **aller** is *to go.*

> Où **vas-tu?**   *Where are you going?*

■ The verb **aller** is also used to inquire and tell about health and well-being.

> **Comment allez-vous?**   *How are you?*
> **Je vais bien,** merci.   *I'm fine, thanks.*
> **Ça va,** merci.   *Fine, thanks.*

■ The verb **aller** is also very often used with an infinitive to indicate the future, especially the near future.

> Qu'est-ce que **tu vas faire** ce soir?   *What are you going to do this evening?*
>
> **Je vais étudier,** comme d'habitude.   *I'm going to study, as usual.*
>
> **Nous allons passer** un test demain.   *We are going to take a test tomorrow.*

Note: In the negative of this construction, **ne ... pas** is placed around the verb **aller,** not around the infinitive.

> Thierry **ne va pas déjeuner** demain.   *Thierry won't eat lunch tomorrow.*

4. **Comment vont-ils?** Utilisez le verbe **aller** pour poser des questions. Votre partenaire va répondre.

Modèle:

> VOUS: **Comment va ton frère?**
> VOTRE PARTENAIRE: **Il va très bien, merci.** ou
> **Quel frère? Je n'ai pas de frère.**

		tes parents
		ton père
		ta mère
		ta sœur
comment	aller	ton frère
		ton ami(e) qui s'appelle ...
		tes cousins
		ton professeur de français
		tu

Vocabulaire: Quelques expressions de temps (futur)

tout à l'heure	*in a little while*
dans une heure	*one hour from now*
ce soir	*tonight*
avant le dîner	*before dinner*
après le dîner	*after dinner*
demain	*tomorrow*
demain matin	*tomorrow morning*
dans trois jours	*three days from now*
le week-end prochain	*next weekend*
la semaine prochaine	*next week*

5. **Que vont-ils faire la semaine prochaine?** Qu'est-ce qu'ils vont faire et qu'est-ce qu'ils ne vont pas faire la semaine prochaine? Créez (*create*) des phrases.

Modèle: **La semaine prochaine, mes parents vont regarder la télévision, mais ils ne vont pas skier.**

		dîner au restaurant
		regarder la télévision
		aller aux cours
		passer un test
mes parents		jouer au tennis
mon père		étudier à la bibliothèque
ma mère	(ne ... pas) aller	déjeuner au restaurant
mes amis		faire un voyage en Suisse
nous		travailler beaucoup
je		avoir un «A» au test
		nager à la piscine
		parler français

6. **À vous.** Répondez.

1. Quand allez-vous regarder la télévision?
2. Quand allez-vous sortir avec vos amis?
3. Quand allez-vous passer un test?
4. Quand est-ce que vous allez manger?
5. Où allez-vous déjeuner demain midi?
6. Où et à quelle heure allez-vous dîner demain soir?
7. Allez-vous dîner seul(e) ou avec une autre personne?
8. Quand allez-vous étudier? Avec qui?
9. Qu'est-ce que vous allez faire samedi soir prochain?
10. Qu'est-ce que vous allez faire dimanche après-midi?

ENTRE AMIS Est-ce que tu vas jouer au
tennis?

1. Tell your partner that you are not going to stay
in your room this weekend.
2. S/he will try to guess three things you are going
to do.
3. S/he will try to guess in what order you will do
them.

2. Telling Time

Quelle heure est-il° maintenant?   *What time is it?*
    Il est 10 heures et demie.°   *It's half past ten.*
    Je vais au cours de français à 11 heures.
    Je déjeune à midi.
    Je vais à la bibliothèque à une heure.
    Je vais au gymnase à 4 heures.

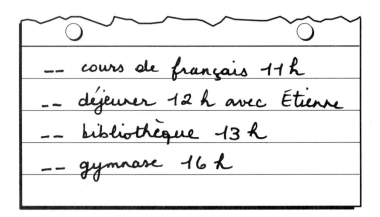

    -- cours de français 11 h
    -- déjeuner 12 h avec Étienne
    -- bibliothèque 13 h
    -- gymnase 16 h

❖   **Et vous?**   À quelle heure déjeunez-vous?
            À quelle heure allez-vous à la bibliothèque?
            À quelle heure allez-vous au gymnase?
            À quelle heure allez-vous au cours de français?
            Quelle heure est-il maintenant?

Remarque: The word **heure** has more than one meaning.

J'étudie trois **heures** par jour.	*I study three hours a day.*
De quelle **heure** à quelle **heure**?	*From what time to what time?*
De 15 **heures** à 18 **heures**.	*From three until six o'clock.*

C. L'heure

■ You have already learned to tell time in a general way. Now that you know how to count to 60, you can be more precise. There are two methods of telling time. The first is an official 24-hour system, which can be thought of as a digital watch on which the hour is always followed by the minutes. The other is an informal 12-hour system that includes the expressions **et quart** (*quarter past, quarter after*), **et demi**(e) (*half past*), **moins le quart** (*quarter to, quarter till*), **midi**, and **minuit**.

Système officiel	*Système ordinaire*
neuf heures une	neuf heures une
neuf heures quinze	neuf heures et quart
neuf heures trente	neuf heures et demie
neuf heures quarante-cinq	dix heures moins le quart
douze heures trente	midi et demi
treize heures trente	une heure et demie
dix-huit heures cinquante et une	sept heures moins neuf
vingt-trois heures quarante-cinq	minuit moins le quart

■ In both systems, the feminine number **une** is used to refer to hours and minutes because both **heure** and **minute** are feminine.

1 h 21	**une** heure vingt et **une**

■ In the 12-hour system, **moins** is used to give the time from 1 to 29 minutes *before* the hour. For 15 minutes *before* or *after* the hour, the expressions **moins le quart** and **et quart**, respectively, are used. For 30 minutes past the hour, one says **et demie**.

9 h 40	dix heures **moins** vingt
9 h 45	dix heures **moins le quart**
10 h 15	dix heures **et quart**
10 h 30	dix heures **et demie**

Note: After **midi** and **minuit**, which are both masculine, **et demi** is spelled without a final -e: midi **et demi**.

■ The phrases **du matin, de l'après-midi,** and **du soir** are commonly used in the 12-hour system to specify A.M. or P.M. when it is not otherwise clear from the context.

trois heures **du matin** (3 h)	dix heures **du matin** (10 h)
trois heures **de l'après midi** (15 h)	dix heures **du soir** (22 h)

7. **Quelle heure est-il?** Donnez les heures suivantes. S'il y a deux possibilités, donnez les deux.

Modèle: 13 h 35
Il est treize heures trente-cinq.
Il est deux heures moins vingt-cinq de l'après-midi.

1. 2 h 20
2. 4 h 10
3. 15 h 41
4. 1 h 17
5. 6 h 55
6. 1 h 33
7. 22 h 05
8. 3 h 45
9. 11 h 15
10. 10 h 30

8. **Décalages horaires** (*Differences in time*). Vous êtes à Paris et vous voulez téléphoner à des amis. Mais quelle heure est-il chez vos amis? Demandez à votre partenaire.

Décalages horaires
(calculés par rapport à l'heure de Paris)

Anchorage	- 10	Nouméa	+10
Athènes	+ 1	Nome	- 10
Bangkok	+ 6	New York	- 6
Chicago	- 7	Papeete	- 11
Denver	- 8	Rome	0
Halifax	- 5	San Francisco	- 9
Le Caire	+ 1	Santiago	- 5
Londres	- 1	Séoul	+ 7
Manille	+ 7	Sydney	+ 9
Mazatlan	- 8	Téhéran	+ 3
Mexico	- 7	Tokyo	+ 8
Montréal	- 6	Vancouver	- 9

Modèle: 3 h du matin à Paris. Et à Bangkok?

> VOUS: **S'il est trois heures du matin à Paris, quelle heure est-il à Bangkok?**
>
> VOTRE PARTENAIRE: **Il est neuf heures du matin à Bangkok.**

1. 23 h à Paris. Et à Anchorage?
2. 6 h du matin à Paris. Et à Montréal?
3. 4 h de l'après-midi à Paris. Et à Londres?
4. 18 h 30 à Paris. Et à Séoul?
5. 2 h de l'après-midi à Paris. Et à Mexico?
6. 3 h 20 du matin à Paris. Et à Chicago?
7. 15 h 45 à Paris. Et à New York?
8. 11 h du matin à Paris. Et à Tokyo?

9. **À vous.** Répondez.

1. Quelle heure est-il maintenant?
2. À quelle heure déjeunez-vous d'habitude?
3. Allez-vous faire vos devoirs ce soir? Si oui, de quelle heure à quelle heure?
4. Combien d'heures étudiez-vous par jour?
5. À quelle heure allez-vous dîner ce soir?
6. Allez-vous sortir ce soir? Si oui, à quelle heure? Avec qui?
7. Allez-vous regarder la télévision ce soir? Si oui, de quelle heure à quelle heure? Quelles émissions (*programs*) allez-vous regarder?

ENTRE AMIS À l'aéroport

1. Ask your partner what time it is.
2. Ask if s/he is going to Paris. (S/he is.)
3. Ask what time it is in Paris.
4. Ask at what time s/he is going to arrive in Paris.
5. Find out what s/he is going to do in Paris.

3. Explaining Your Schedule

Quel jour est-ce aujourd'hui?
C'est ...

lundi°	*Monday*
mardi°	*Tuesday*
mercredi	
jeudi°	*Thursday*
vendredi	
samedi	
dimanche	

Quel jour est-ce demain?

D. Les jours de la semaine

■ Days of the week are not capitalized in French.

■ The calendar week begins on Monday and ends on Sunday.

lundi	mardi	mercredi	jeudi	vendredi	samedi	dimanche
				1	2	3
4	5	6	7	8	9	10
11	12	13	14	15	16	17
18	19	20	21	22	23	24
25	26	27	28	29	30	

■ When referring to a specific day, neither an article nor a preposition is used.

Demain, c'est **vendredi.**	*Tomorrow is Friday.*
C'est **vendredi** demain.	*Tomorrow is Friday.*
J'ai envie de sortir **vendredi** soir.	*I feel like going out Friday evening.*
J'ai l'intention d'étudier **samedi.**	*I plan to study Saturday.*

■ To express the meaning *Saturdays, every Saturday, on Saturdays,* etc., the article **le** is used with the name of the day.

Je n'ai pas de cours **le samedi.**	*I don't have class on Saturdays.*
Le mardi, mon premier cours est à 10 heures.	*On Tuesdays, my first class is at ten o'clock.*

■ Similarly, to express the meaning *mornings, every morning, in the morning,* etc., with parts of the day, **le** or **la** is used before the noun.

Le matin, je vais au cours de français.	*Every morning, I go to French class.*
L'après-midi, je vais à la bibliothèque.	*Afternoons, I go to the library.*
Le soir, je fais mes devoirs.	*In the evening, I do my homework.*
La nuit, je suis au lit.	*At night, I'm in bed.*

10. **Le samedi soir.** Qu'est-ce qu'ils ont envie de faire le samedi soir? Utilisez l'expression **avoir envie de** dans chaque phrase (*each sentence*).

Modèles: **Le samedi soir les étudiants ont envie de sortir.**
Le samedi soir nous n'avons pas envie d'étudier.

les étudiants
le professeur   (ne ... pas) avoir envie de
je
nous

sortir
étudier
danser
aller à la bibliothèque
aller au cinéma
rester à la maison
dîner avec des amis
manger une pizza
faire le ménage
faire les courses
travailler
écouter la radio
regarder la télévision

11. À vous. Répondez.

1. Quels sont les jours où vous allez au cours de français?
2. À quelle heure avez-vous ce cours?
3. Quels sont les jours où vous n'avez pas de cours?
4. Qu'est-ce que vous avez l'intention de faire le week-end prochain?
5. Allez-vous quelquefois au gymnase? Si oui, quels jours et à quelle heure?
6. À quelle heure avez-vous votre premier cours le mardi?
7. Quand est-ce que vous allez à la bibliothèque?
8. Quand écoutez-vous la radio?
9. Quand avez-vous envie de regarder la télévision?

Vocabulaire: Quelques cours

l'art (*m.*)	*art*
la chimie	*chemistry*
le commerce	*business*
la comptabilité	*accounting*
la gestion	*management*
la gymnastique	*gymnastics*
l'histoire (*f.*)	*history* (story)
l'informatique (*f.*)	*computer science*
la littérature	*literature*
les mathématiques (*f. pl.*)	*math*
la musique	*music*
la pédagogie	*education, teacher preparation*
la philosophie	*philosophy*
la psychologie	*psychology*
les sciences (*f. pl.*)	*science*
les sciences économiques (*f. pl.*)	*economics*
les sciences politiques (*f. pl.*)	*political science*

12. **Mon emploi du temps** (*My schedule*). Indiquez votre emploi du temps pour ce semestre. Indiquez le jour, l'heure et le cours.

Modèle: **Le lundi à dix heures, j'ai un cours de français.**
Le lundi à onze heures, j'ai un cours de mathématiques.
Le lundi à une heure, j'ai un cours d'histoire.

13. **As-tu un cours de commerce?** Essayez de deviner (*try to guess*) deux des cours de votre partenaire. Demandez ensuite quels jours et à quelle heure votre partenaire va à ces cours. Votre partenaire va répondre à vos questions.

Modèle: **As-tu un cours d'histoire?**
Quels jours vas-tu à ce cours?
À quelle heure vas-tu à ce cours?

E N T R E   A M I S   Ton emploi du temps

1. Find out what time it is.
2. Find out what day it is today.
3. Find out what classes your partner has today.
4. Find out when your partner goes to the library.
5. Find out if your partner works and, if so, on what days.
6. Find out if your partner feels like going to the movies tonight.

4. Locating Places

Où se trouve° la souris?   *is located*

La souris est loin
du fromage.

La souris est près
du fromage.

La souris est devant
le fromage.

La souris est derrière
le fromage.

La souris est sur
le fromage.

La souris est sous
le fromage.

La souris est dans
le fromage.

Où se trouve le fromage?
Le fromage est dans
la souris.

E. Quelques prépositions de lieu

Les toilettes se trouvent **dans** le couloir.	*The restroom is in the hall.*
Les toilettes sont **à côté de** la salle de classe.	*The restroom is next to the classroom.*
Le cinéma se trouve **au** centre commercial.	*The movie theater is at the mall.*
L'aéroport est **loin du** campus.	*The airport is far from the campus.*
La boulangerie est **près du** bureau de poste.	*The bakery is near the post office.*
La piscine est **derrière** la bibliothèque.	*The swimming pool is behind the library.*

à	*at; in; to*		**dans**	*in*
à côté de	*beside*		**entre**	*between; among*
derrière	*behind*	≠	**devant**	*in front of*
loin de	*far from*	≠	**près de**	*near*
sous	*under*	≠	**sur**	*on*

■ **À côté, loin,** and **près** can all drop the **de** and stand alone.

	Nous habitons **à côté** d'une église.	*We live next to a church.*
But:	**L'église est à côté.**	*The church is next door.*

14. **Où se trouvent ces endroits?** Répondez à la question posée par (*asked by*) votre partenaire.

Modèle: La bibliothèque (près/bâtiment des sciences)
VOTRE PARTENAIRE: **Où se trouve la bibliothèque?**
VOUS: **Elle est près du bâtiment des sciences.**

1. le bâtiment administratif (près/bibliothèque)
2. la pharmacie (à côté/église)
3. les résidences universitaires (sur/campus)
4. le restaurant universitaire (dans/résidence)
5. le cinéma (à/centre commercial)
6. le bureau de poste (derrière/pharmacie)
7. le centre commercial (loin/campus)
8. les toilettes (devant/salle de classe)

15. **En ville.** Regardez le plan (*map*) de la ville. Demandez où se trouvent les endroits suivants. Votre partenaire va expliquer où ils se trouvent.

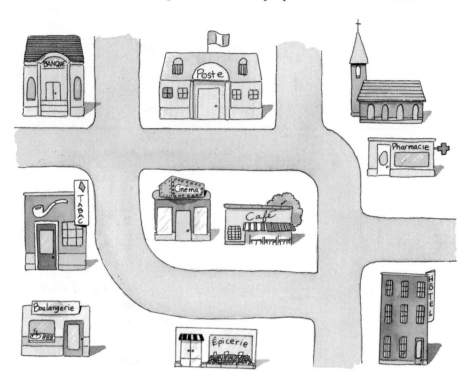

Modèle: cinéma

VOUS: **Où se trouve le cinéma, s'il vous plaît?**

VOTRE PARTENAIRE: **Il est à côté du café. Il est devant l'épicerie.**

1. café
2. épicerie
3. église
4. boulangerie
5. bureau de poste

6. bureau de tabac
7. banque
8. cinéma
9. pharmacie
10. hôtel

16. **Votre campus.** Faites rapidement le plan de votre campus. Expliquez où se trouvent cinq endroits différents.

Modèle: **Voilà la résidence qui s'appelle Brown Hall. Elle est près de la bibliothèque.**

> **ENTRE AMIS** Vous êtes un(e) nouvel(le) étudiant(e)
>
> 1. Find out where the shopping center is.
> 2. Find out where the dining hall is.
> 3. Find out if your partner is going to study this evening.
> 4. Find out where the library is.

F. Les prépositions de lieu avec une ville ou un pays

■ Use **à** to say that you are in a city or are going to a city.

Je suis **à** Paris.   Je vais **à** New York.

Note: In cases where the name of a city contains the definite article (**Le Mans, Le Caire, La Nouvelle-Orléans**), the article is retained and the normal contractions occur where necessary.

Emmanuelle habite à **La Nouvelle-Orléans.**
Nous allons **au Mans.**

■ To say you are in or going to an American *state* or a Canadian *province*, use **dans l'état de** or **dans la province de.**

J'habite **dans l'état de** New York.
Je voyage **dans la province de** Terre-Neuve.

■ To say you are in or going to a *country*, the preposition varies. Use **en** before feminine countries or countries that begin with a vowel sound, use **au** before masculine countries, and use **aux** when the name of the country is plural.

en France   **au** Canada   **aux** États-Unis
en Israël   **au** Mexique

Note: Most countries ending in **-e** are feminine. An exception is **le Mexique.**

Quelques langues et quelques pays

On parle ...		en ...	
	allemand	**en** ...	Allemagne
	anglais		Angleterre
	français et flamand		Belgique
	chinois		Chine
	espagnol		Espagne
	français		France
	anglais et irlandais		Irlande
	italien		Italie
	russe		Russie
	suédois		Suède
	français, allemand et italien		Suisse
On parle ...	français et anglais	**au** ...	Canada
	japonais		Japon
	français et arabe		Maroc
	espagnol		Mexique
	français et wolof		Sénégal
On parle ...	anglais, espagnol et français	**aux** ...	États-Unis

■ When talking about more than one country, use a preposition before each one.

> On parle français **en** France, **en** Belgique, **au** Canada, **au** Maroc, **au** Sénégal, etc.

■ When there is no preposition with a country, state, or province, the definite article must be used.

> **La France** est un beau pays.   J'adore **le Canada**.

Note: **Israël** is an exception.

> **Israël** est à côté de la Syrie.

17. **Où habitent-ils?** Dans quel pays les personnes suivantes habitent-elles?

Modèle: Vous êtes français.
Vous habitez en France.

1. Lucie est canadienne.
2. Les Dewonck sont belges.
3. Phoebe est anglaise.
4. Pepe et María sont mexicains.
5. Yao est japonaise.

6. Yolande est sénégalaise.
7. Sean et Deirdre sont irlandais.
8. Caterina est italienne.
9. Hassan est marocain.
10. Nous sommes américains.

18. **Qui sont ces personnes? Où habitent-elles?** Vous êtes à l'aéroport d'Orly et vous écoutez des touristes de divers pays. Devinez leur nationalité et où ils vont.

Modèle: Il y a deux hommes qui parlent espagnol.
Ils sont peut-être espagnols ou mexicains.
Ils vont probablement en Espagne ou au Mexique.

1. Il y a un homme et une femme qui parlent français.
2. Il y a deux enfants qui parlent anglais.
3. Il y a une jeune fille qui parle russe.
4. Il y a trois garçons qui parlent arabe.
5. Il y a une personne qui parle suédois.
6. Il y a un homme qui parle allemand.
7. Il y a deux couples qui parlent flamand.
8. Il y a deux jeunes filles qui parlent italien.
9. Il y a un homme et une femme qui parlent japonais.

G. Les mots interrogatifs *où* et *quand*

■ A question using **quand** or **où** is formed like any other question, using inversion or **est-ce que.**

Où habitent-ils?
Où est-ce qu'ils habitent?

Quand arrive-t-elle?
Quand est-ce qu'elle arrive?

Note: In **Quand est-ce que**, the -d is pronounced [t]. When **quand** is followed by inversion, there is no liaison.

■ With a *noun* subject, the inversion order is *noun + verb + subject pronoun.*

Où tes parents habitent-ils?
Quand ta sœur arrive-t-elle?

■ In addition, if there is only one verb and no object, the noun subject and the verb may be inverted.

> Où **habitent tes parents?**
> Quand **arrive ta sœur?**

19. **Où et quand?** Pour chaque phrase, posez une question avec **où**. Votre partenaire va inventer une réponse. Ensuite, posez une question avec **quand**. Votre partenaire va inventer une réponse à cette question aussi.

Modèle: Mon frère va faire un voyage.
> vous: **Où est-ce que votre frère va faire un voyage?**
> votre partenaire: **Il va faire un voyage en France.**
> vous: **Quand est-ce qu'il va faire ce voyage?**
> votre partenaire: **Il va faire ce voyage la semaine prochaine.**

1. Je vais dîner.
2. Mon cousin travaille.
3. Mes amis étudient.
4. Mon amie a envie de nager.
5. Nous allons au cinéma.

20. **À vous.** Répondez.

1. Où les étudiants de votre université habitent-ils?
2. Où se trouve la bibliothèque sur votre campus?
3. Quels bâtiments se trouvent près de la bibliothèque?
4. Où se trouve la salle de classe pour le cours de français?
5. Quand avez-vous votre cours de français?
6. Où les étudiants dînent-ils d'habitude le dimanche soir?
7. Où allez-vous vendredi prochain? Pourquoi?

> E N T R E A M I S   Un pays où on ne parle pas anglais
>
> 1. Tell your partner you are going to a country where English is not spoken.
> 2. S/he will try to guess where.
> 3. S/he will try to guess which language(s) are spoken there.
> 4. S/he will ask when you are going to that country.

Révision et Intégration

A. **Au revoir.** Combien de synonymes de l'expression **au revoir** savez-vous (*do you know*)?

B. **Les pays.** Répondez.

1. Pouvez-vous nommer (*Can you name*) cinq pays où on parle français?
2. Nommez deux pays en Europe, deux pays en Asie et deux pays en Afrique.
3. Dans quels pays se trouvent ces villes: Dakar? Genève? Trois-Rivières? Lyon? Montréal? Prairie du Chien? Rabat? Bruxelles? Des Moines? Bâton Rouge?

C. **À vous.** Répondez.

1. Qu'est-ce que vous avez envie de faire ce week-end? (trois choses)
2. Qu'est-ce que vous allez probablement faire?
3. Qu'est-ce que vos amis aiment faire le samedi soir?
4. Qu'est-ce que vous faites le lundi? (trois choses)
5. Quels sont les jours où vous allez à votre cours de français?
6. À quelle heure allez-vous à ce cours?
7. Dans quel bâtiment avez-vous ce cours? Où se trouve ce bâtiment?
8. Quel jour aimez-vous le mieux (*the best*)? Pourquoi?

ENTRE AMIS   Une enquête *(A survey)*

Interview your classmates to find ...

1. someone who has a dog or a cat
2. someone who takes a nap in the afternoon
3. the person who has the most brothers or sisters
4. someone who likes to do the housework
5. the person who lives the farthest from school
6. a person who is going to do something interesting on Friday evening
7. a person who is going to do something boring on Friday evening
8. someone who does homework on Friday night

D. *Rédaction:* L'université Laval à Québec. You are going to go to Québec City. Write another letter to your pen pal there. Be sure to include a number of questions that will help you learn something about that city and the campus of Laval University. Mention your own schedule and try to find out something about your friend's.

A. Les langues. Identifiez un pays (ou des pays) où on parle les langues suivantes.

Modèle: le japonais

VOTRE PARTENAIRE: **Où est-ce qu'on parle japonais?**
VOUS: **On parle japonais au Japon.**

1. le français
2. l'anglais
3. l'espagnol
4. le russe
5. le chinois

B. Savez-vous ... ? (*Do you know ... ?*) Avant de lire, essayez de répondre (*try to answer*) aux questions suivantes.

1. Où se trouve le bâtiment de l'Organisation des Nations Unies?
2. Quels pays sont membres du Conseil de Sécurité de l'ONU?
3. Quelles langues parle-t-on pendant les réunions du Conseil de Sécurité?

L'anniversaire de l'ONU

NEW YORK: le 24 octobre. On célèbre aujourd'hui l'anniversaire de l'Organisation des Nations Unies. Fondée en 1945, cette organisation sert à développer la coopération entre les pays membres et à proposer des solutions aux problèmes sociaux, culturels et humanitaires.

La France et le français jouent un rôle très important à l'ONU. Le français est l'une des six langues officielles. Les cinq autres sont l'anglais, le chinois, l'espagnol, le russe et l'arabe. Mais pendant les réunions du Conseil de Sécurité on parle seulement deux langues: l'anglais et le français. Alors notre français a encore beaucoup de prestige.

C'est le Conseil de Sécurité de l'ONU qui a la responsabilité de maintenir la paix à travers le monde.[1] Pour accomplir cette mission, le Conseil recrute des forces de surveillance. Chacun des pays membres fournit un contingent de soldats et l'ONU les expédie[2] dans des pays où il y a des conflits. Les cinq membres permanents du Conseil de Sécurité sont la Chine, les États-Unis, la France, la Grande-Bretagne et l'URSS.

Si, pendant un voyage aux États-Unis, vous passez par la ville de New York, ne manquez[3] pas d'aller visiter le bâtiment des Nations Unies. Il est situé à côté de l'East River.

Bon anniversaire aux Nations Unies!

1. throughout the world   2. sends   3. miss

C. **Vrai ou faux?** Décidez si les phrases suivantes sont vraies ou fausses. Si une phrase est fausse, corrigez-la (*correct it*).

1. L'espagnol est une des six langues officielles des Nations Unies.
2. On parle espagnol pendant les réunions du Conseil de Sécurité.
3. Le bâtiment des Nations Unies se trouve à New York.
4. La Russie est un des cinq membres permanents du Conseil de Sécurité.
5. Le Japon est un des cinq membres permanents du Conseil de Sécurité.

D. **Questions.** Répondez.

1. Quelles sont les langues officielles de l'ONU?
2. Quel âge a l'ONU?
3. Quelle est la date de l'anniversaire des Nations Unies?
4. Pourquoi y a-t-il une Organisation des Nations Unies?

E. **Discussions.** Répondez.

1. Est-ce que l'auteur est français? Expliquez votre réponse.
2. Est-ce que l'ONU fait bien son travail?
3. À votre avis (*in your opinion*), quels autres pays devraient être (*should be*) membres du Conseil de Sécurité?

Vocabulaire actif

Cours

la chimie	*chemistry*	l'informatique (*f.*)	*computer science*
le commerce	*business*	la littérature	*literature*
la comptabilité	*accounting*	la pédagogie	*education, teacher preparation*
la gestion	*management*	les sciences (*f. pl.*)	*science*
la gymnastique	*gymnastics*	les sciences économiques (*f. pl.*)	*economics*

Endroits

un aéroport	airport	une église	church
une banque	bank	un endroit	place
un bâtiment	building	une épicerie	grocery store
une bibliothèque	library	un gymnase	gymnasium
un bistro	bar and café; bistro	une librairie	bookstore
une boulangerie	bakery	un pays	country
un bureau de poste	post office	une pharmacie	pharmacy
un bureau de tabac	tobacco shop	une piscine	swimming pool
une cafétéria	cafeteria	une résidence (universitaire)	dormitory
un campus	campus	un restaurant	restaurant
un centre commercial	shopping center, mall	une salle de classe	classroom
un cinéma	movie theater	les toilettes (f. pl.)	restroom
un couloir	hall; corridor	une ville	city
une école	school		

Jours de la semaine

lundi (m.)	Monday
mardi (m.)	Tuesday
mercredi (m.)	Wednesday
jeudi (m.)	Thursday
vendredi (m.)	Friday
samedi (m.)	Saturday
dimanche (m.)	Sunday

Divisions du temps

l'heure (f.)	(clock) time
une minute	minute
une semaine	week
un week-end	weekend

Langues

l'arabe	Arabic
le flamand	Flemish
le wolof	Wolof

Pays

l'Allemagne (f.)	Germany	les États-Unis (m. pl.)	United States	le Maroc	Morocco
l'Angleterre (f.)	England	la France	France	le Mexique	Mexico
la Belgique	Belgium	l'Irlande (f.)	Ireland	la Russie	Russia
le Canada	Canada	Israël (m.)	Israel	le Sénégal	Senegal
la Chine	China	l'Italie (f.)	Italy	la Suède	Sweden
l'Espagne (f.)	Spain	le Japon	Japan	la Suisse	Switzerland

D'autres noms

un emploi du temps	schedule	un rendez-vous	appointment; date
un film	film, movie	une souris	mouse
le fromage	cheese	un voyage	trip, voyage

Adjectifs

libre	free	prochain(e)	next
parfait(e)	perfect	seul(e)	alone; only
premier (première)	first		

Chapitre 5

Verbes

aller	*to go*	déjeuner	*to have lunch*
aller en ville	*to go into town*	faire un voyage	*to take a trip*
avoir envie de	*to want to; to feel like*	passer (un test)	*to take (a test)*
avoir l'intention de	*to plan to*	rester	*to stay*

Adverbes

avant	*before*	enfin	*finally*
d'abord	*at first*	ensuite	*next, then*
demain	*tomorrow*		

Expressions de lieu

à côté	*next door; to the side*	entre	*between, among*
à côté de	*next to, beside*	loin de	*far from*
derrière	*behind*	sous	*under*
devant	*in front of*		

Autre préposition

vers (8 heures) *approximately, around (8 o'clock)*

Expressions de temps

Quelle heure est-il?	*What time is it?*
Quel jour est-ce?	*What day is it?*
Il est ... heure(s).	*It is ... o'clock.*
Il est midi (minuit).	*It is noon (midnight).*
et demi(e)	*half past*
et quart	*quarter past, quarter after*
moins le quart	*quarter to, quarter till*
ce soir	*tonight*
dans une heure (trois jours, etc.)	*one hour (three days, etc.) from now*
tout à l'heure	*in a little while*
tout le week-end	*all weekend (long)*

D'autres expressions utiles

Cela (ça) m'est égal.	*I don't care.*
D'accord.	*Okay.*
Je vais sortir.	*I'm going to go out.*
Où se trouve (se trouvent) ... ?	*Where is (are) ... ?*
pas grand-chose	*not much*
Quoi de neuf?	*What's new?*
si ça va	*if that's okay*

6

Vos *activités*

Buts communicatifs
Relating past events
Describing your study habits
Describing your weekend
  activities

Structures utiles
Le passé composé avec **avoir**
Les verbes **écrire** et **lire**
Ne ... rien
Jouer de et **jouer à**
Temps, heure et **fois**
Les pronoms accentués
Les verbes **dormir, partir** et
  sortir

Culture
La famille et la maison
Relativité culturelle: La
  maison

Coup d'envoi

Qu'avez-vous fait hier?

Qu'est-ce que tu as fait hier,° Sébastien?

What did you do yesterday?

J'ai téléphoné à deux amis.
J'ai fait mes devoirs.
J'ai étudié pendant° trois heures.

for

J'ai déjeuné à midi et j'ai dîné à
7 heures du soir.
J'ai regardé un peu la télévision.
Mais je n'ai pas fait le ménage.
Et je n'ai pas passé d'examen°.

test

✤ **Et vous?** Qu'est-ce que vous avez fait?

Une lettre à des amis

Lori a écrit une lettre à deux de ses camarades du cours de français aux États-Unis.

Angers, le 15 décembre

Chers John et Cathy,

Merci beaucoup de vos lettres. Que le temps passe vite![1] Je suis en France depuis déjà trois mois.[2] Vous avez demandé si j'ai le temps[3] de voyager. Oui, mais je suis très active et très occupée. J'ai toujours tant[4] de choses à faire. C'est la vie, n'est-ce pas?

Dimanche dernier,[5] j'ai accompagné ma famille française à Saumur chez les parents de Mme Delille. Nous avons passé trois heures à table! Cette semaine, j'ai lu une pièce[6] de Molière pour mon cours de littérature et j'ai écrit une dissertation.[7] J'ai aussi fait le ménage et j'ai gardé[8] les enfants pour Mme Delille. Samedi, heureusement,[9] j'ai fait la grasse matinée![10]

Vous avez demandé si j'ai remarqué[11] des différences entre la France et les États-Unis. Beaucoup. Chez les Delille, par exemple, les portes à l'intérieur de la maison sont toujours fermées,[12] les toilettes ne sont pas dans la salle de bain[13] et les robinets[14] sont marqués «C» et «F». J'ai déjà oublié[15] deux fois[16] que «C» ne veut pas dire «cold». Aïe!

Dites bonjour[17] pour moi à Madame Walter, s.v.p. Bonnes vacances!

Votre amie «française»,

Lori

1. How time flies! 2. I've already been in France for three months 3. time 4. so many 5. last 6. I read a play 7. I wrote a (term) paper 8. watched, looked after 9. fortunately 10. I slept in 11. I noticed 12. closed 13. bathroom 14. faucets 15. I already forgot 16. times 17. say hello

✤ **Compréhension.** Décidez si les phrases suivantes sont vraies ou fausses. Si une phrase est fausse, corrigez-la.

1. Lori a déjà passé trois mois en France.
2. En France on passe beaucoup de temps à table.
3. Lori a beaucoup de temps libre.
4. On ferme les portes dans une maison française.
5. «C» sur un robinet veut dire «chaud».
6. «F» sur un robinet veut dire «français».

À propos

✤ Pourquoi est-ce que les portes sont fermées à l'intérieur d'une maison française?

a. Les Français désirent être différents des autres.
b. Les Français préfèrent l'ordre et l'intimité (*privacy*).
c. Les Français ont peur des voleurs (*are afraid of thieves*).

La famille et la maison

Living in France has meant more to Lori than just learning the French language. She has also had the opportunity to become part of a French family and has had to learn to cope with a number of cultural differences. According to the French proverb, **Charbonnier est maître chez lui,** "A man's home is his castle" (lit., *A coalminer is master in his own house*). This proverb gives an insight into French attitudes about the home. There is no need in French for a separate word to distinguish between *house* and *home*. Both are **la maison,** and **la maison** is seen as a refuge from the storm of the world outside, a place to find comfort and solace and to put order into one's existence.

Given the French attitude about **la maison,** it is not surprising to find social and architectural indications of that need for order. There is a set time for meals, and family members are expected to be there. There is an order to a French meal that is quite different from the everything-on-one-plate-at-one-time eating style prevalent in English-speaking North America. The walls around French houses, the shutters on the windows, and the closing of the doors inside the home are other examples of the French desire for order and clearly established boundaries. What an honor, therefore, when one is invited into a French home as a guest!

Relativité culturelle: La maison

The home is undoubtedly the scene of the greatest number of cultural contrasts. There are, therefore, some potentially troublesome adjustments.

In France	*In North America*
Doors are closed, especially the bathroom door, even when no one is in the room.	Doors inside a house are often left open.
Since the toilet is often not in the bathroom, one has to be more specific about whether one is looking for **la salle de bain** or **les toilettes.**	Since the toilet, tub, and shower are all in the bathroom, one person may inconvenience the rest of the family.
Hands can be scalded trying to test "cold" water from a faucet marked "C."	Turning on a faucet marked "C" will not make the water get hot (**chaud**) no matter how long one waits.
There are no screens on windows.	Screens on windows don't allow the wide-open feeling one gets from French windows.

IL Y A UN GESTE

J'ai oublié! The palm of the hand is raised against the temple. This gesture conveys the meaning that you have forgotten something or have made a mistake.

C'est la vie. A gesture often accompanies the expression **C'est la vie:** the shoulders are shrugged, and the head is slightly tilted to one side. Sometimes the lips are pursed as well, and the palms are upturned. The idea is *That's life and I can't do anything about it.*

Aïe! The exclamation **aïe!** (*ouch!*) is used to express pain, disappointment, or shock. You usually grit your teeth when saying **aïe!**

✤ **À vous.** Donnez une réponse personnelle.

1. Où avez-vous dîné hier soir?
2. Combien de temps avez-vous passé à table?
3. Qu'est-ce que vous avez fait après le dîner?

ENTRE AMIS Hier

1. Ask what your partner did yesterday.
2. S/he will tell you at least two things.
3. Choose one of the things s/he did and find out as much as you can about it (at what time, where, etc.).

Prononciation

Les sons [u] et [y]

■ Because of differences in meaning in words such as **tout** and **tu,** it is very important to distinguish between the vowel sounds [u] and [y]. The following words contain these two important vowel sounds. Practice saying these words after your teacher, paying particular attention to the highlighted vowel sound.

[**u**] □ bonj*ou*r, r*ou*ge, c*ou*rs, éc*ou*ter, j*ou*er, tr*ou*ver, v*ou*lez, je v*ou*drais, t*ou*-j*ou*rs, beauc*ou*p, p*ou*rquoi, s*ou*vent, c*ou*sin, c*ou*sine, d*ou*te, *ou*vrier, bl*ou*son, f*ou*lard, c*ou*leur, c*ou*rse, n*ou*veau, auj*ou*rd'hui, c*ou*loir, s*ou*s, t*ou*t, *ou*blié

  □ *où*

[**y**] □ j*u*s, *u*ne, ét*u*dier, ét*u*diants, t*u,* b*u*reau, calc*u*latrice, voit*u*re, s*u*r, j*u*pe, l*u*nettes, p*u*ll-over, n*u*méro, difficu*l*té, br*u*ne, st*u*pide, camp*u*s, *u*niversi-taire, m*u*sique, R*u*ssie, min*u*te, d*u,* occ*u*pé, j'ai l*u,* littérature

■ The [u] sound, represented by written **ou** or **où,** is close to the sound in the English word *tooth.*

     n*ou*s   r*ou*ge   *où*

■ The [y] sound is represented by a single written **-u-.** There is, however, no English "equivalent" for this French sound. To produce it, round your lips as if drinking through a straw; then, without moving your lips, pronounce the vowel in the word **ici.**

     d*u*   *u*ne   sal*u*t   v*u*e

Note: In the expression j'ai **eu** (*I had*) the word **eu** is pronounced [y].

❖ In each of the following pairs of words, one of the words contains the [u] sound, the other the [y] sound. Pronounce each word correctly.

1. sur/sous
2. jour/jupe
3. vous/vu
4. pure/pour
5. tout/tu
6. russe/rousse
7. roux/rue
8. ou/eu

Buts communicatifs

1. Relating Past Events

Avez-vous déjà° skié cette année°?   *already/year*
    Oui, j'ai déjà skié.
    Non, je n'ai pas encore skié.

	oui	*non*
Avez-vous déjà chanté en français?	____	____
Avez-vous déjà dansé la valse?	____	____
Avez-vous déjà mangé des crêpes?	____	____
Avez-vous déjà joué au tennis?	____	____
Avez-vous déjà travaillé dans un restaurant?	____	____
Avez-vous déjà fumé° un cigare? *smoked*	____	____
Avez-vous déjà été absent(e) ce semestre?	____	____
Avez-vous déjà eu 25 ans?	____	____
Avez-vous déjà fait vos devoirs pour demain?	____	____

A. Le passé composé avec *avoir*

Hier soir, **Michel a regardé** la télévision.	*Last night, Michel watched television.*
Et puis **il a fait** ses devoirs.	*And then he did his homework.*
Pendant combien de temps **a-t-il étudié?**	*How long did he study?*
Il a étudié pendant deux heures.	*He studied for two hours.*

■ The passé composé (*compound past*) is used to tell about or narrate specific events that have already taken place. Depending on the context, its English translation may be any one of several possibilities.

J'ai mangé une pomme. ⎰ *I ate an apple.*
                            I did eat an apple.
                            I have eaten an apple.

■ The passé composé is formed with the present tense of an auxiliary verb (normally **avoir**) and a past participle.

manger (*au passé composé*)	
j'ai **mangé**	nous avons **mangé**
tu as **mangé**	vous avez **mangé**
il/elle/on a **mangé**	ils/elles ont **mangé**

■ The past participles of all -er verbs are pronounced the same as the infinitive. They are spelled by replacing the -er ending of the infinitive with -é.

$$\text{étudier} + \text{-é} \rightarrow \text{étudié}$$
$$\text{manger} + \text{-é} \rightarrow \text{mangé}$$
$$\text{jouer} + \text{-é} \rightarrow \text{joué}$$

■ The past participles of many verbs that *don't* end in -er must be memorized.

eu (avoir)   **été** (être)   **fait** (faire)

J'**ai eu** la grippe pendant trois jours!	*I had the flu for three days!*
Anne et Guy **ont fait** la cuisine ensemble.	*Anne and Guy did the cooking together.*

■ In the negative, **ne ... pas** (**ne ... jamais**) is placed around the auxiliary verb.

ne (n') + auxiliary verb + **pas (jamais)** + past participle

Il **n'a pas** écouté la radio.	*He didn't listen to the radio.*
Nous **n'avons pas** fait de promenade.	*We didn't take a walk.*
La plupart des étudiants **n'ont jamais** fumé de cigare.	*Most students have never smoked a cigar.*

■ Questions in the passé composé are formed the way they are in the present tense. Note, however, that in all cases of inversion, only the auxiliary verb and the subject pronoun are involved. The past participle follows the inverted pronoun.

Il a fait ses devoirs?	
Est-ce qu'il a fait ses devoirs?	*Has he (Marc) done his*
A-t-il fait ses devoirs?	*homework?*
Marc a-t-il fait ses devoirs?	

1. **Mais il a fait ça hier.** Demandez si David fait les choses suivantes aujourd'hui. Votre partenaire va répondre que David a fait ces choses hier.

Modèle: parler avec ses parents
VOUS: **Est-ce que David parle avec ses parents aujourd'hui?**
VOTRE PARTENAIRE: **Non, mais il a parlé avec ses parents hier.**

1. travailler
2. jouer au tennis
3. être absent
4. avoir une lettre de ses grands-parents
5. dîner avec Véronique
6. manger une pizza
7. faire la vaisselle
8. regarder la télé

2. **Véronique.** Pierre aime Véronique et il pose des questions parce qu'elle a dîné avec David hier soir. Répondez à ses questions selon le modèle.

Modèle: Véronique a-t-elle dîné seule? (avec David)
Non, elle n'a pas dîné seule; elle a dîné avec David.

1. Ont-ils dîné au restaurant? (chez David)
2. David a-t-il fait la cuisine? (la vaisselle)
3. Ont-ils mangé un sandwich? (une pizza)
4. Véronique a-t-elle détesté la pizza? (aimé)
5. Ont-ils dansé après le dîner? (regardé la télévision)
6. Avez-vous aimé cet exercice? (détesté)

3. **La plupart des étudiants.** Qu'est-ce que la plupart des étudiants ont fait hier? Décidez.

Modèle: fumer une cigarette
VOTRE PARTENAIRE: **Est-ce que la plupart des étudiants ont fumé une cigarette hier?**
VOUS: **Non, la plupart des étudiants n'ont pas fumé de cigarette.**

1. chanter en français
2. être malade
3. travailler
4. avoir la grippe
5. regarder la télévision
6. pleurer
7. faire le ménage
8. étudier

Vocabulaire: Expressions de temps (passé)

tout à l'heure	*a little while ago*
ce matin	*this morning*
hier soir	*last night*
hier	*yesterday*
hier matin	*yesterday morning*
lundi dernier	*last Monday*
le week-end dernier	*last weekend*
la semaine dernière	*last week*
le mois dernier	*last month*
l'année dernière	*last year*
il y a deux (trois, etc.) ans	*two (three, etc.) years ago*
il y a longtemps	*a long time ago*
la dernière fois	*the last time*
pendant les vacances	*during vacation*

Notes:

1. **Il y a,** used with an expression of time, means *ago*: **il y a deux mois** (*two months ago*); **il y a trois ans** (*three years ago*).
2. In general, the word **an** is used when counting the number of years: **un an, deux ans,** etc. The word **année** is used when referring to a specific year: **cette année, l'année dernière,** etc.

4. **Il y a combien de temps?** Qu'avons-nous fait? Que n'avons-nous pas fait? Utilisez un élément de chaque colonne pour composer des phrases affirmatives ou négatives.

Modèles: **Mes parents ont fait un voyage il y a deux ans.**
Mes parents n'ont jamais parlé français.

	skier	
	faire un voyage	ne ... jamais
je	avoir des vacances	il y a ...
mes parents	dîner au restaurant	... dernier (dernière)
mon meilleur ami	avoir une lettre	pendant les vacances
ma meilleure amie	être absent(e)(s)	hier (...)
nous	faire la vaisselle	ce matin
	parler français	tout à l'heure
	étudier pendant trois heures	

5. **La dernière fois.** Demandez quand votre partenaire a fait ces choses pour la dernière fois. Il (elle) va répondre.

Modèle: être absent(e)

VOUS: **Quelle est la dernière fois que vous avez été absent(e)?**

VOTRE PARTENAIRE: **J'ai été absent(e) la semaine dernière.** ou
Je n'ai jamais été absent(e).

1. étudier seul(e)
2. fumer
3. passer un examen
4. être malade
5. téléphoner à un ami
6. avoir «A» à l'examen
7. passer trois heures à table
8. nager à la piscine
9. manger une pizza

6. **À vous.** Répondez.

1. Pendant combien de temps avez-vous étudié hier soir?
2. Pendant combien de temps avez-vous regardé la télévision?
3. Quelle est la dernière fois que vous avez téléphoné à un(e) ami(e)? Pendant combien de temps avez-vous parlé au téléphone?
4. Quelle est la dernière fois que vous avez eu la grippe? Pendant combien de temps avez-vous été malade?
5. Quelle est la dernière fois que vous avez été absent(e)?
6. Pendant combien de jours avez-vous été absent(e) ce semestre?

E N T R E A M I S Hier soir

1. Find out where your partner ate last night.
2. Find out if s/he watched TV.
3. Ask if s/he listened to the radio.
4. Find out if s/he did her homework.
5. If so, find out where.
6. If so, find out how long s/he studied.

2. Describing Your Study Habits

	oui	non
J'aime étudier seul(e).	___	___
Je fais mes devoirs à la bibliothèque.	___	___
J'écris° souvent des dissertations. *write*	___	___
Je passe au moins° trois heures à étudier. *at least*	___	___
Je lis° au moins un livre par semaine. *read*	___	___
J'écoute la radio pendant que j'étudie.	___	___
Je regarde la télé pendant que j'étudie.	___	___

Remarque: Use **passer** + unit(s) of time + **à** + infinitive to express how long you spend doing something.

Nous **avons passé deux heures à manger.**   *We spent two hours eating.*

D'habitude, Marc **passe quatre heures à faire** ses devoirs.   *Marc usually spends four hours doing his homework.*

B. Les verbes *écrire* et *lire*

J'aime **lire** les romans policiers.	*I like to read detective stories.*
J'ai passé trois heures à **lire** hier soir.	*I spent three hours reading last night.*
Quelles langues **lisez-vous?**	*What languages do you read?*
Éric lit le journal pendant qu'il mange.	*Éric reads the newspaper while he eats.*
Mes parents n'**écrivent** pas souvent.	*My parents don't write often.*
À qui **écrivez-vous** régulièrement?	*To whom do you write regularly?*
Comment est-ce qu'**on écrit** le mot «lisent»?	*How do you spell the word "lisent"?*

écrire (*to write*)	
j'	**écris**
tu	**écris**
il/elle/on	**écrit**
nous	**écrivons**
vous	**écrivez**
ils/elles	**écrivent**

passé composé: j'**ai écrit**

lire (*to read*)	
je	**lis**
tu	**lis**
il/elle/on	**lit**
nous	**lisons**
vous	**lisez**
ils/elles	**lisent**

passé composé: j'**ai lu**

■ Note the pronunciation distinction between the third person singular and plural forms.

il écri̶t̶ [ekRi]   elle li̶t̶ [li]
ils [z]écriv̶e̶n̶t̶ [ekRiv]   elles lis̶e̶n̶t̶ [liz]

■ The verb **décrire** (*to describe*) is conjugated like **écrire**.

Nous **décrivons** nos familles au professeur.

L I R E

38, AV. HOCHE, 75008 PARIS. TEL : (16.1).42.89.05.98

Vocabulaire: Des choses à lire ou à écrire

une bande dessinée	*comic strip*
une carte postale	*postcard*
une dissertation	*(term) paper*
un journal	*newspaper*
une lettre	*letter*
un livre	*book*
un magazine	*magazine*
une pièce	*play*
un poème	*poem*
un roman	*novel*
un roman policier	*detective story*

Note: The plural of **journal** is **journaux**: Je lis deux *journaux* par jour.

7. **Qu'est-ce qu'ils lisent? Qu'est-ce qu'ils écrivent?** Faites des phrases complètes avec les éléments donnés.

Modèles: **Mon amie Christelle lit deux romans par semaine.**
Mes parents n'écrivent jamais de dissertation.

mon ami(e) ...		bande dessinée		
je		carte postale		
nous		livre		jour
les professeurs		roman		semaine
mes parents	écrire	magazine	par	mois
mon camarade de chambre	lire	journal		semestre
ma camarade de chambre		lettre		an
		poème		
		pièce		
		dissertation		

C. *Ne ... rien*

■ The opposite of **quelque chose** is **ne ... rien** (*nothing, not anything*).

Mangez-vous **quelque chose?**	*Are you eating something?*
Non, je **ne** mange **rien.**	*No, I am not eating anything.*

■ **Ne ... rien** works like **ne ... pas** and **ne ... jamais;** that is, **ne** and **rien** are placed around the conjugated verb. This means that in the passé composé, **ne** and **rien** surround the auxiliary verb and the past participle follows **rien.**

Je **ne** vais **rien** écrire.	*I'm not going to write anything.*
Je **n'**ai **rien** écrit hier soir.	*I didn't write anything last night.*

■ **Rien** can follow a preposition.

> Je n'ai pensé **à rien.**   *I didn't think about anything.*
> Je **ne** pense **à rien.**   *I'm not thinking about anything.*

■ Unlike English, French allows the use of more than one negative word in a sentence.

> Il **ne** fait **jamais rien!**   *He never does anything!*

■ Like **jamais, rien** can be used alone to answer a question.

> Qu'est-ce que tu as lu? **Rien.**

For Recognition Only

■ **Quelque chose** and **rien** can be made slightly more specific by the addition of **de** + *masculine adjective* or of **à** + *infinitive*. The two constructions can even be combined.

Jean lit **quelque chose** *d'intéressant.*	Éric **ne** lit **rien** *d'intéressant.*
Il a **quelque chose** *à lire.*	Il n'a **rien** *à lire.*
Il a **quelque chose** *d'intéressant à lire.*	Il n'a **rien** *d'intéressant à lire.*

8.   **Une personne paresseuse.** Éric ne fait rien. Répondez aux questions suivantes avec le mot **rien.**

Modèles: Qu'est-ce qu'il fait le vendredi soir?   **Il ne fait rien.**
Qu'est-ce qu'il a fait vendredi dernier?   **Il n'a rien fait.**
Qu'est-ce qu'il va faire vendredi prochain?   **Il ne va rien faire.**

1. Qu'est-ce qu'il étudie à la bibliothèque?
2. Qu'est-ce qu'il écrit pour son cours de français?
3. Qu'est-ce qu'il lit pendant le week-end?
4. Qu'est-ce qu'il va faire cet après-midi?
5. Qu'est-ce qu'il va écrire ce soir?
6. Qu'est-ce qu'il va lire pour ses cours?
7. Qu'est-ce qu'il a écrit pendant les vacances?
8. Qu'est-ce qu'il a lu l'année dernière?
9. Qu'est-ce qu'il a mangé ce matin?

9. **Ces travailleurs.** Sylvie et David sont très travailleurs et ils n'ont pas eu le temps la semaine dernière de faire des choses amusantes. Posez une question au passé composé. Votre partenaire va utiliser **rien** dans sa réponse.

Modèle: regarder quelque chose à la télé
VOUS: **Est-ce qu'ils ont regardé quelque chose à la télé?**
VOTRE PARTENAIRE: **Non, ils n'ont rien regardé.**

1. écouter quelque chose à la radio
2. écrire des poèmes
3. chanter quelque chose ensemble
4. lire un roman policier
5. faire quelque chose en ville

10. **À vous.** Répondez.

1. Qu'est-ce que vous lisez le matin d'habitude?
2. Qu'est-ce que vous avez écrit la semaine dernière?
3. Qu'avez-vous lu hier soir?
4. Avez-vous écouté la radio ce matin? Si oui, pendant combien de temps?
5. Avez-vous des amis qui regardent la télé pendant qu'ils étudient?
6. Qu'est-ce que vous regardez à la télévision pendant que vous étudiez?
7. Combien de temps passez-vous d'habitude à préparer vos cours?
8. Lisez-vous souvent des magazines? Si oui, quels magazines?
9. Combien de dissertations écrivez-vous par semestre?

E N T R E   A M I S Es-tu très bon(ne) en français?

1. Find out if your partner reads and writes French.
2. Find out how long s/he studied last night.
3. Find out what s/he studied last night.
4. Ask your partner how to spell some word in French.
5. Compliment your partner on his/her French.

3. Describing Your Weekend Activities

Qu'est-ce que vous faites pendant le week-end?

		oui	non
Je passe le week-end à étudier.		____	____
Je reste dans ma chambre.		____	____
Je pars° du campus.	*leave*	____	____
Je sors° avec mes amis.	*go out*	____	____
Je vais au cinéma.		____	____
Je joue du piano.		____	____
Je joue au golf.		____	____
Je dors° beaucoup.	*sleep*	____	____
Je fais la grasse matinée le samedi.		____	____

D. *Jouer de* et *jouer à*

Vocabulaire: Quelques instruments de musique

un accordéon	*accordion*
une batterie	*drums*
une flûte	*flute*
une guitare	*guitar*
un piano	*piano*
un saxophone	*saxophone*
une trompette	*trumpet*
un violon	*violin*

Note: To *play a musical instrument* is expressed by **jouer de** + definite article + musical instrument. The definite article is retained in the negative before the name of the instrument.

Mon frère **joue du** saxophone, mais il ne **joue** pas **de la** guitare.	*My brother plays the saxophone but he doesn't play the guitar.*
De quoi **jouez**-vous?	*What (instrument) do you play?*
Moi, je ne **joue de** rien.	*I don't play anything.*

Chapitre 6

Vocabulaire: **Quelques jeux** (*Several games*)

le basket-ball (le basket)   *basketball*
le bridge   *bridge*
les cartes (*f. pl.*)   *cards*
les dames (*f. pl.*)   *checkers*
les échecs (*m. pl.*)   *chess*
le football (le foot)   *soccer*
le football américain   *football*
le golf   *golf*
le hockey   *hockey*
la pétanque   *lawn bowling (bocce)*
le rugby   *rugby*
le tennis   *tennis*

Note: La pétanque est un jeu de boules très populaire en France. On joue à la pétanque à l'extérieur, par exemple près des cafés. Pour marquer des points, il faut placer les boules le plus près possible du cochonnet (*small wooden ball*).

■ *To play a game* is expressed by **jouer à** + definite article + game.

—Mon amie **joue au** golf le lundi, elle **joue à la** pétanque le mercredi et elle **joue aux** cartes le vendredi soir. Mais elle ne **joue** jamais **aux** échecs.
—À quoi **jouez**-vous?
—Moi, je ne **joue à** rien.

11. **Tout le monde joue.** À quoi jouent-ils? De quoi jouent-ils? Faites des phrases complètes avec les éléments donnés.

Modèles: **Les Canadiens jouent au hockey.**
Ma sœur ne joue pas de l'accordéon.

les Français			la pétanque
Jack Nicklaus			l'accordéon
Larry Bird			le piano
ma sœur			les cartes
mon frère		de	le saxophone
les violonistes	(ne ... pas) jouer	à	le basket-ball
les Américains			la guitare
les Canadiens			les échecs
un accordéoniste			le violon
Jean-Pierre Rampal			le golf
je			le hockey
mon ami(e) ...			la flûte

12. **À vous.** Répondez.

1. Quel est votre instrument de musique préféré?
2. Quel est votre sport préféré?
3. Jouez-vous d'un instrument de musique? Si oui, de quoi jouez-vous?
4. Êtes-vous sportif (sportive)? Si oui, à quoi jouez-vous?
5. Avez-vous des amis qui jouent aux cartes? Si oui, à quel jeu de cartes jouent-ils?
6. Avez-vous des amis qui jouent d'un instrument de musique? Si oui, de quoi jouent-ils?

CONSERVATOIRE
NATIONAL SUPÉRIEUR DE
musique
P A R I S

ENTRE AMIS Tu joues?

1. Find out if your partner plays a musical instrument.
2. If so, find out how well s/he plays.
3. Find out which games your partner plays.
4. Invite him/her to play one of the games.
5. Agree on a day and a time.
6. Tell your partner "I'll see you soon."

E. *Temps, heure et fois*

■ Depending on the context, the French use different words to express what, in English, could always be expressed by the word *time*.

□ **L'heure,** as you already know, means *clock time.*

> Quelle **heure** est-il? *What time is it?*

Reminder: **Heure** can also mean *hour* and *o'clock.*

> J'ai étudié pendant trois **heures.** *I studied for three hours.*
> Il est deux **heures.** *It is two o'clock.*

□ **La fois** means *time* in a countable or repeated sense.

> Combien de **fois** par an? *How many times per year?*
> la dernière **fois** *the last time*

□ **Le temps** means *time* in a general sense.

Je n'ai pas **le temps** d'étudier.	*I don't have time to study.*
Avez-vous **le temps** de voyager?	*Do you have time to travel?*
Combien de **temps** avez-vous?	*How much time do you have?*

Reminder: **Temps** can also mean *weather.*

Quel **temps** fait-il aujourd'hui?	*What's the weather like today?*

13. **Hier soir.** Utilisez **temps, heure** ou **fois** pour compléter ce dialogue.

1. J'ai passé quatre ___ à faire mes devoirs.
2. Avez-vous eu assez de ___ pour regarder la télévision?
3. Non, parce que mes parents ont téléphoné trois ___ .
4. À quelle ___ ont-ils téléphoné la première ___ ?
5. À six ___ .
6. Combien de ___ par mois allez-vous chez vos parents?
7. Trois ou quatre ___ .
8. Avez-vous dîné hier soir? Oui, à sept ___ .
9. Combien de ___ avez-vous passé à table?
10. Une ___ .

14. À vous. Répondez.

1. Combien de temps passez-vous à faire vos devoirs d'habitude?
2. Pendant combien d'heures avez-vous étudié hier soir? Combien de temps avez-vous passé à faire vos devoirs pour le cours de français?
3. À quelle heure avez-vous dîné? Combien de temps avez-vous passé à table?
4. Combien de temps par semaine passez-vous avec votre meilleur(e) ami(e)?
5. Combien de fois par mois allez-vous au cinéma?
6. Combien de temps avez-vous passé à la bibliothèque la semaine dernière?
7. Combien de fois par semaine jouez-vous aux cartes?
8. Combien de fois par semaine jouez-vous d'un instrument de musique?
9. Combien de fois par mois faites-vous la grasse matinée?

ENTRE AMIS La curiosité

1. Find out what your partner does on the week-end.
2. Find out how much time s/he spends studying.
3. Find out if s/he plays a musical instrument. If so, what instrument and how often.

F. Les pronoms accentués

■ *Stress pronouns* (**les pronoms accentués**) are used in certain circumstances where a subject pronoun cannot be used. Each stress pronoun has a corresponding subject pronoun.

je	→	**moi**	nous	→	**nous**
tu	→	**toi**	vous	→	**vous**
il	→	**lui**	ils	→	**eux**
elle	→	**elle**	elles	→	**elles**

■ Stress pronouns are used in the following circumstances:

□ to stress the subject of a sentence

Moi, je n'aime pas le café.   *I don't like coffee.*
Ils aiment le thé, **eux.**   *They like tea.*

Moi, je choisis le soleil !

□ in a compound subject

Mes parents et **moi,** nous   *My parents and I live here.*
  habitons ici.
Lui et **elle** ont deux enfants.   *He and she have two children.*

□ after a preposition

chez **moi**   *at my house*   pour **lui**   *for him*
entre **nous**   *between us*   sans **elles**   *without them*

Note: A stress pronoun after the expression **être à** indicates possession.

Ce livre est **à moi.**   *This book belongs to me.*
Il est **à toi,** ce pull?   *Is this sweater yours?*

□ after **c'est** and **ce sont**

C'est **moi.**   *It is I (me).*
Ce n'est pas **elle.**   *It is not she (her).*

Note: **C'est** is used with **nous** and **vous.** **Ce sont** is used only with **eux** and **elles.**

C'est nous.   *It is we (us).*
Ce sont eux.   *It is they (them).*

□ alone or in phrases without a verb

Lui!   *Him!*
Et **toi?**   *And you?*
Elle aussi.   *So does she. So has she. So is she. She too.*
Moi non plus.   *Me neither. Nor I.*

□ with the suffix **-même(s)**

toi-même   *yourself*
eux-mêmes   *themselves*

15. **Eux aussi.** La famille de Paul fait exactement ce qu'il fait (*what he does*). Utilisez un pronom accentué pour répondre à la question. Si la première phrase est affirmative, répondez affirmativement. Si la première phrase est négative, répondez négativement.

Modèles: Paul a fait le ménage. Et sa sœur?
Elle aussi.

Paul n'a pas regardé la télévision. Et son frère?
Lui non plus.

1. Paul n'a pas lu le journal ce matin. Et ses sœurs?
2. Paul écrit des lettres. Et ses parents?
3. Paul ne fait jamais la grasse matinée. Et sa sœur?
4. Il a déjà mangé. Et son frère?
5. Paul n'aime pas les cigares. Et ses parents?
6. Il va souvent au cinéma le vendredi soir. Et sa sœur?

16. **Au restaurant.** Répondez à la question. Utilisez **être à** et un pronom accentué dans chaque réponse.

Modèle: C'est votre chapeau, Madame?   **Oui, ce chapeau est à moi.**

1. C'est le restaurant de Monsieur Coutand?
2. C'est notre table?
3. C'est la table de tes amis?
4. C'est ta chaise?
5. Ce sont nos verres?
6. C'est ma tasse?

17. **À vous.** Répondez aux questions suivantes. Utilisez un pronom accentué dans chaque réponse.

1. Faites-vous la cuisine vous-même?
2. Déjeunez-vous d'habitude avec ou sans votre meilleur(e) ami(e)?
3. Avez-vous dîné chez cet(te) ami(e) hier soir?
4. Avez-vous passé les dernières vacances chez vos parents?
5. Vos amis et vous, allez-vous souvent au cinéma?
6. Vos amis parlent-ils quelquefois en français?
7. Faites-vous vos devoirs avec ou sans vos amis?

G. Les verbes *dormir, partir* et *sortir*

Je ne **dors** pas bien.	*I don't sleep well.*
Quand **partez-vous** en vacances?	*When are you leaving on vacation?*
Avec qui Annie **sort-elle** vendredi?	*With whom is Annie going out on Friday?*

dormir *(to sleep)*	partir *(to leave)*	sortir *(to go out)*
je **dors**	je **pars**	je **sors**
tu **dors**	tu **pars**	tu **sors**
il/elle/on **dort**	il/elle/on **part**	il/elle/on **sort**
nous **dormons**	nous **partons**	nous **sortons**
vous **dormez**	vous **partez**	vous **sortez**
ils/elles **dorment**	ils/elles **partent**	ils/elles **sortent**

■ Note the pronunciation distinction between the third person singular and plural forms.

elle dort [doR]	il part [paR]	elle sort [sɔR]
elles dorment [dɔRm]	ils partent [paRt]	elles sortent [sɔRt]

■ The past participle of **dormir** is **dormi.**

J'ai **dormi** pendant huit heures.

Note: **Partir** and **sortir** use **être** as the auxiliary in the passé composé and will be studied in the past tense in Chapter 7.

18. **Notre vie à l'université.** Utilisez les phrases suivantes pour poser des questions à votre partenaire.

Modèle: tu/sortir souvent

VOUS: **Est-ce que tu sors souvent?**
VOTRE PARTENAIRE: **Oui, je sors souvent.** ou
Non, je ne sors pas souvent.

1. tu/dormir quelquefois pendant les cours
2. tes professeurs/dormir pendant les cours
3. tu/sortir le vendredi soir avec tes amis
4. tes amis et toi/partir du campus le week-end
5. les étudiants/sortir tous les soirs *(every night)*
6. le professeur de français/partir souvent en vacances

19. **La vie des étudiants.** Répondez aux questions suivantes.

1. Combien d'heures dormez-vous d'habitude par nuit?
2. Pendant combien de temps avez-vous dormi hier soir?
3. Qui ne dort pas le samedi matin?
4. Qui fait la grasse matinée?

5. Qui dort mal avant un examen important? Pourquoi?
6. Les étudiants sortent-ils quelquefois pendant la semaine? Si oui, où vont-ils? Si non, pourquoi pas?
7. Où les étudiants partent-ils le week-end s'ils ne restent pas sur le campus?
8. Quand allez-vous partir en vacances cette année?

ENTRE AMIS Le week-end prochain

1. Ask your partner what s/he usually does on weekends.
2. Find out what s/he is doing next Saturday.
3. S/he will say s/he is not doing anything.
4. Ask if s/he wants to go out.
5. Give information as to where you are going and at what time.

Révision et Intégration

A. **Mon week-end.** Décrivez votre week-end habituel. Que faites-vous d'habitude?

B. **Notre vie à l'université.** Posez des questions. Votre partenaire va répondre. Attention au présent et au passé composé.

Modèle: parler français avec tes amis pendant le cours de français
VOUS: **Est-ce que tu parles français avec tes amis pendant le cours de français?**
VOTRE PARTENAIRE: **Oui, je parle français avec eux.** ou
Non, je ne parle pas français avec eux.

1. dormir bien quand il y a un examen
2. aller souvent à la bibliothèque après le dîner
3. écouter la radio quelquefois pendant que tu étudies
4. être absent(e) le mois dernier
5. jouer aux cartes avec tes amis le week-end dernier

6. faire la grasse matinée samedi dernier
7. faire la vaisselle d'habitude après le dîner
8. sortir avec tes amis ce soir

C. **Trouvez quelqu'un qui ...** Interviewez les autres étudiants pour trouver quelqu'un qui ...

1. écoute la radio pendant qu'il étudie
2. joue de la guitare
3. lit un journal le matin
4. a déjà écrit une dissertation ce semestre
5. a dîné au restaurant la semaine dernière
6. a eu la grippe l'année dernière
7. va sortir vendredi prochain
8. ne sort jamais le dimanche soir

D. **À vous.** Répondez.

1. Qu'est-ce que vous allez faire ce week-end s'il fait beau?
2. Qu'est-ce que la plupart des étudiants font le vendredi soir?
3. Avez-vous regardé la télévision hier soir? Si oui, combien de temps avez-vous passé devant la télévision?
4. Quelle est la dernière fois que vous avez dîné au restaurant? Combien de temps avez-vous passé à table?
5. Combien de fois avez-vous été malade cette année?
6. Jouez-vous d'un instrument de musique? Si oui, de quel instrument jouez-vous?
7. À quoi joue-t-on au Canada et aux États-Unis? Jouez-vous aussi à ce(s) sport(s)?

ENTRE AMIS Les résolutions du Nouvel An

Make a list of five things you have done in the past year and a list of five things you are going to do differently next year. Your partner(s) will try to guess what you have written by asking specific questions.

E. *Rédaction:* **Une lettre à ma famille française.** Imagine that you have been accepted as an exchange student to spend next summer (**l'été prochain**) with a French family. Write a letter to your host family. Introduce yourself and tell them about your past and about your life at the university. Be sure to talk about your study habits and your weekend activities.

Lectures

A. **Étude du vocabulaire.** Study the following sentences and match the word in bold print with its correct English equivalent: *to clean up, to move, the south of France, meals, knife, trees, fingers, all.*

1. Je ne sais pas **tous** les mots français.
2. Un homme attaque deux jeunes filles au **couteau**.
3. Quand on est paralysé, on n'est pas capable de **bouger**.
4. Les enfants comptent souvent sur les **doigts** pour faire l'addition.
5. Marseille est dans le **Midi**.
6. Pour **nettoyer** la maison, il faut faire le ménage.
7. Il y a beaucoup d'**arbres** dans une forêt.
8. Le déjeuner et le dîner sont des **repas**.

B. **Un coup d'œil sur les lectures.** Skim each of the following selections to find: (1) an example of personal charity and (2) the reward that was given.

Un homme courageux

PARIS: Aziz Soubhane a 17 ans. Il est marocain, mais il habite en France depuis sept ans et fait ses études au Lycée d'enseignement professionnel privé de Notre-Dame, à la Loupe, en Eure-et-Loir.

Aziz a désarmé un homme qui attaquait au couteau deux jeunes filles anglaises dans le métro. Aziz a été le seul à bouger; les autres passagers n'ont pas levé le petit doigt.

Pour son courage, Aziz a reçu le «Prix servir» du Rotary-club de Paris et un chèque de 10 000 francs. C'est l'adjoint au maire[1] de Paris qui a donné le prix à Aziz.

Ce jeune homme est un très bon exemple pour nous.

adapté du *Journal des Enfants (L'Alsace)*

1. *deputy mayor*

Les soldats ont planté des arbres

TOULON: L'été dernier, des feux ont détruit[1] une grande partie de la forêt dans le Midi de la France. Le 29 décembre, on a vu[2] des soldats américains aider tous les volontaires de la région à nettoyer la forêt et à replanter des arbres. En une journée, ils ont replanté 5 000 arbres près de la ville d'Hyères, dans la région du Var.

Le 2 janvier, le maire de la ville a donné un grand méchoui[3] (un repas où on mange du mouton) à tous les volontaires. Les 165 soldats américains sont en escale à Toulon en ce moment. Ils ont profité de leur temps libre pour aider les Français.

adapté du Journal des Enfants (L'Alsace)

1. *fires destroyed*   2. *saw*   3. *a North African specialty in which a whole lamb is roasted over an open pit of live coals for several hours*

C.

Vrai ou faux?   Si une phrase est fausse, corrigez-la.

1. Aziz n'est pas français.
2. Il étudie dans une école publique.
3. Les soldats américains ont aidé les Français.
4. Les soldats ont été obligés d'aider les Français.
5. Les soldats ont travaillé une semaine.

D.

Questions.   Répondez.

1. Qui sont les «bons Samaritains» dans ces deux articles?
2. Qu'est-ce qu'Aziz a fait? Et les soldats américains?
3. Est-ce que les autres personnes dans le métro ont aidé Aziz?
4. Qui a travaillé avec les soldats américains?
5. Qu'est-ce qu'on a donné à Aziz après son acte de courage?
6. Qu'est-ce qu'on a donné aux soldats après leur travail?

E.

Familles de mots.   Essayez de deviner le sens des mots suivants.

1. détruire, la destruction
2. donner, un don, un donneur, une donneuse
3. enseigner, l'enseignement (*m.*), un enseignant, une enseignante
4. voir, vu, la vue, une vision

F.

Discussion.

1. Identify three aspects of French culture mentioned in these newspaper articles that are similar to or different from American culture.
2. Are North African people and their cultures viewed favorably or unfavorably in these articles? Explain your answer.

Vocabulaire actif

Instruments de musique

un accordéon	*accordion*	une guitare	*guitar*	une trompette	*trumpet*
une batterie	*drums*	un piano	*piano*	un violon	*violin*
une flûte	*flute*	un saxophone	*saxophone*		

Jeux

le basket-ball (le basket)	*basketball*	les échecs (*m. pl.*)	*chess*	le hockey	*hockey*
le bridge	*bridge*	le football (le foot)	*soccer*	un jeu	*game*
les cartes (*f. pl.*)	*cards*	le football américain	*football*	la pétanque	*lawn bowling*
les dames (*f. pl.*)	*checkers*	le golf	*golf*	le rugby	*rugby*

Choses à lire ou à écrire

une bande dessinée	*comic strip*	une lettre	*letter*	un poème	*poem*
une carte postale	*postcard*	un magazine	*magazine*	un roman	*novel*
une dissertation	*(term) paper*	un mot	*word*	un roman policier	*detective story*
un journal	*newspaper*	une pièce	*play*		

Divisions du temps

une année	*year*	un mois	*month*	le temps	*time; weather*
une fois	*one time*	un semestre	*semester*	les vacances (*f. pl.*)	*vacation*

D'autres noms

un examen	*test, exam*	une cigarette	*cigarette*	une salle de bain	*bathroom*
un exercice	*exercise*	la grippe	*flu*	la valse	*waltz*
un cigare	*cigar*	un robinet	*faucet*		

Adjectifs

dernier (dernière)	*last*	fermé(e)	*closed*	occupé(e)	*busy*

Verbes

accompagner	*to accompany*	fumer	*to smoke*
décrire	*to describe*	lire	*to read*
dormir	*to sleep*	oublier	*to forget*
écrire	*to write*	partir	*to leave*
être à	*to belong to*	préparer (un cours)	*to prepare (a lesson)*
faire la grasse matinée	*to sleep in, sleep late*	sortir	*to go out*
fermer	*to close*	téléphoner (à qqn)	*to telephone (someone)*

Adverbes

au moins	*at least*	longtemps	*a long time*
déjà	*already*	récemment	*recently*
heureusement	*fortunately*	rien (ne ... rien)	*nothing, not anything*
hier	*yesterday*	tant	*so much; so many*
hier soir	*last night*	tout à l'heure	*a little while ago; in a little while*

Pronoms accentués

moi	*I, me*	nous	*we, us*
toi	*you*	vous	*you*
lui	*he, him*	eux	*they, them*
elle	*she, her*	elles	*they, them (female)*

Prépositions

par	*per; by; through*
pendant	*for; during*
sans	*without*

Expressions de temps

il y a ... ans (mois, etc.).	*... years (months, etc.) ago.*
Je suis ici depuis ... mois (heures, etc.).	*I've been here for ... months (hours, etc.).*
Pendant combien de temps ... ?	*How long ... ?*
tous les soirs	*every night*

D'autres expressions utiles

À quoi jouez-vous?	*What (game, sport) do you play?*
Aïe!	*Ouch!*
à l'intérieur de	*inside of*
à table	*at dinner, at the table*
à un examen	*on an exam*
au téléphone	*on the telephone*
Bonnes vacances!	*Have a good vacation!*
C'est la vie!	*That's life!*
De quoi jouez-vous?	*What (instrument) do you play?*
en vacances	*on vacation*
la plupart (de)	*most (of)*
moi non plus	*nor I, me neither*
par exemple	*for example*
Pourquoi pas?	*Why not?*
... veut dire ...	*... means ...*

Où êtes-vous allé(e)?

Buts communicatifs
Relating past events
  (continued)
Describing your background
Stating what you just did

Structures utiles
Le passé composé avec **être**
Le pronom **y**
Le verbe **venir**
Les prépositions de lieu avec
  une ville ou un pays (suite)
Les mois de l'année, les
  saisons, le temps
Venir de + infinitif

Culture
L'amabilité
Relativité culturelle: Le
  contact avec les autres

Coup d'envoi

Prise de contact   **J'ai fait un voyage**

Où es-tu allée l'été° dernier, Stéphanie?   *summer*
    Je suis allée en Europe.
Parle-moi de ce voyage, s'il te plaît.
    Eh bien! Je suis arrivée à Londres
    le 15 juin°.   *June*
    J'ai passé quinze jours en Angleterre.
    Puis je suis partie pour Paris
    le premier juillet°.   *July first*
    Je suis restée chez des amis qui habitent
    à Paris.
    Nous sommes sortis ensemble et nous
    avons visité quelques musées°.   *a few museums*
    Enfin je suis revenue° le 10 août°.   *I came back/August*

✛ **Et vous?** Qu'est-ce que vous avez fait l'été dernier?

Mademoiselle Thompson est arrivée à Angers

*Mademoiselle Thompson est partie de Paris pour
aller à Angers et elle est descendue° du train à la
gare Saint-Laud. Elle demande des renseignements°
à un agent de police.*

got off
information

MLLE THOMPSON:	Pardon, Monsieur l'agent.°	*Excuse me, officer.*
AGENT DE POLICE:	À votre service, Mademoiselle.	
MLLE THOMPSON:	Je cherche l'hôtel de Champagne.	
AGENT DE POLICE:	Vous ne connaissez° pas la ville?	*know*
MLLE THOMPSON:	Non, je viens d'arriver.°	*I have just arrived.*
AGENT DE POLICE:	Vous êtes arrivée par le train?	
MLLE THOMPSON:	Oui.	
AGENT DE POLICE:	Bien. L'hôtel n'est pas loin de la gare. Vous allez tout droit° au feu°.	*straight ahead/traffic light*
	Puis vous tournez° à droite° dans la rue° Denis-Papin. Vous allez voir° votre hôtel.	*turn/right/street* *you'll see*
MLLE THOMPSON:	Encore un renseignement, s'il vous plaît?	
AGENT DE POLICE:	Mais certainement, Mademoiselle.	
MLLE THOMPSON:	Il y a un bureau de poste près d'ici?	
AGENT DE POLICE:	Regardez là-bas°, à gauche°. C'est tout près°.	*over there/on the left* *very near*
MLLE THOMPSON:	Merci, Monsieur. Vous êtes très aimable°.	*kind*
AGENT DE POLICE:	Mais je vous en prie.° Je suis là pour ça.	*Don't mention it.*

✤ **Jouez ces rôles.** Répétez la conversation avec votre partenaire. Vous cherchez la pharmacie.

À propos

✤ Pourquoi est-ce que l'agent de police répond **À votre service** et **Mais je vous en prie** à Mademoiselle Thompson?

a. Les agents de police sont toujours polis (*polite*).
b. Il pense que Mademoiselle Thompson est française.
c. Il désire aider Mademoiselle Thompson parce qu'elle est polie.

L'amabilité (*Kindness*)

The policeman is very helpful to Miss Thompson. Despite common stereotypes, the French are quite willing to help strangers in need of assistance and are ordinarily pleasant in doing so. While they have occasionally been accused of being haughty and unreceptive to contact with foreigners, this reputation is probably unfair. It is generally tourists who stay only a few days in a very large city, such as Paris, who come away with this impression.

Nevertheless, there are undeniable differences in national character. For many Americans, for example, saying hello to strangers and ready use of first names are normal ways of acting. The forming of deep, personal friendships, however, is another matter, and many foreigners claim that it is hard to do this with Americans. For the French, while surface contacts are more formal, once personal relationships are established, they are normally long-lasting.

Relativité culturelle: Le contact avec les autres

Although often quite minor, cultural differences can be very irritating to visitors who are already struggling with the language and who are often frustrated in their attempts to convey all that they would like to say. There are, therefore, some potentially troublesome adjustments.

In France	*In North America*
People seem reticent to break the ice and chat with new acquaintances; they don't smile at people they don't know.	In spite of instant warm receptions, close relationships seem very hard to establish. Friendliness seems to be only on the surface.
People shake hands with friends or kiss them every time they meet.	Friends don't shake hands or kiss each time they meet.
There are many acquaintances with whom it is incorrect to use **tu,** even if you address them by their first names.	First names are used in the vast majority of contacts, both personal and professional, and there is no way, with the word *you,* to distinguish between different types of relationships.

Coup d'envoi   **213**

IL Y A UN GESTE

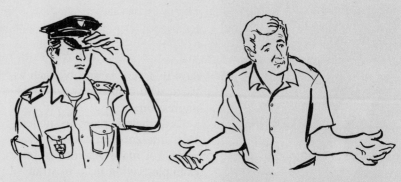

À votre service. A polite policeman indicates a willingness to be of service by a tip of his cap or at least a nod of his head.

Je vous en prie. With palms open and fingers spread, the hands are held at the waist level and the shoulders are shrugged. This indicates that you are pleased to oblige or be of service and that it is not worth mentioning. The lips are extended and well rounded.

❖ **À vous.** Répondez.

1. Pardon. Où est le bureau de poste, s'il vous plaît?
2. Il y a une pharmacie près d'ici?
3. Merci beaucoup. Vous êtes très aimable.

ENTRE AMIS Vous cherchez un bâtiment

1. Stop your partner and tell him/her which building you are looking for.
2. Get directions.
3. Find out also where the restroom is.
4. Say thank you and add that s/he is very kind.

Les sons [ɔ] et [o]

■ French has an open [ɔ] sound and a closed [o] sound. The following words contain these sounds.

✤ Practice saying the words after your instructor, paying particular attention to the highlighted sound.

[ɔ] □ *o*range, b*o*nne, c*o*mme, al*o*rs, s*o*mmes, c*o*nnaissez, enc*o*re, p*o*ste, per-s*o*nnes, acc*o*rdéon, h*o*ckey, p*o*stale, d*o*rmir, s*o*rtir, n*o*tre, n*o*te, j*o*gging

[o] □ radi*o*, pian*o*, m*o*t, v*o*s, gr*o*s
  □ ch*o*se, quelque ch*o*se, r*o*se
  □ h*ô*tel, à la v*ô*tre, dr*ô*le
  □ ch*au*d, f*au*x, *au* fait, d'*au*tres, *au* moins, à g*au*che, il f*au*t, f*au*x, f*au*sse, j*au*ne
  □ *eau*, b*eau*coup, b*eau*, chap*eau*

✤ Now go back and look at how these sounds are spelled and in what kinds of letter combinations they appear. What patterns do you notice?

■ The sound [ɔ] is almost always followed by a pronounced consonant.

téléph*o*ne ad*o*re p*o*stale n*o*te d*o*rment m*o*de *o*ctobre

■ The sound [o] is used in several circumstances.

o as the word's final sound	pian*o*, m*o*t
o + [z]	ch*o*se, r*o*se
ô	h*ô*tel, v*ô*tre
au	*au* fait, il f*au*t
eau	l'*eau*, b*eau*coup

✤ Say the following pairs of words, making sure to pronounce the [ɔ] and [o] sounds correctly.

1. nos/notre
2. robinet/rose
3. votre/vôtre
4. chaud/chocolat
5. beau/bonne

Buts communicatifs

1. Relating Past Events (*continued*)

Tu es sortie vendredi dernier, Nathalie?
    Oui, je suis sortie.
Où es-tu allée?
    Je suis allée au restaurant et chez des amis.
À quelle heure es-tu rentrée° chez toi?   *did you go back*
    Je suis rentrée à minuit.

✤ **Et vous?**   Vous êtes sorti(e) le week-end dernier?
               Si oui, où êtes-vous allé(e)?
               À quelle heure êtes-vous rentré(e)?

A. Le passé composé avec *être*

Êtes-vous **arrivée** par le train?	*Did you arrive by train?*
Non, je **suis venue** en voiture.	*No, I came by car.*
Paul et Karine **sont sortis** hier soir?	*Did Paul and Karine go out last night?*
Oui, mais ils **sont rentrés** à 9 heures.	*Yes, but they came home at nine o'clock.*
Mon père **est né** à Paris en 1935.	*My father was born in Paris in 1935.*
Mais sa famille **est partie** avant la guerre.	*But his family left before the war.*
En 1985 il **est tombé** malade.	*He got sick in 1985.*
Il **est mort** en 1986.	*He died in 1986.*

■ While most verbs use **avoir** to form the passé composé (see Chapter 6), there are a limited number that use **être**. These verbs are intransitive; that is, they do not take a direct object. The most common are listed on the opposite page.

Vocabulaire: Quelques verbes qui forment le passé composé avec *être*

Extra credit on test

passer   to spend

Infinitif		*Participe passé*
✓aller	*to go*	allé
✓venir	*to come*	venu
✓revenir (ici)	*to come back (here)*	revenu
✓retourner (là)	*to go back; to return (there)*	retourné
✓rentrer	*to go (come) back; to go (come) home*	rentré
✓arriver	*to arrive; to happen*	arrivé
✓rester (à la maison)	*to stay, remain (at home)*	resté
✓partir	*to leave*	parti
✓monter (dans une voiture)	*to go up; to get into (a car)*	monté
✓descendre (d'une voiture)	*to go down; to get out (of a car)*	descendu
✓tomber	*to fall*	tombé
✓entrer (dans la salle)	*to enter (the room)*	entré
✓sortir (de la salle)	*to go out (of the room)*	sorti
✓naître	*to be born*	né
✓mourir	*to die*	mort
✓devenir	to become	

■ Past participles used with **être** agree in gender and number with the subject, just as if they were adjectives. To show agreement, add **-e** (feminine singular), **-s** (masculine plural), or **-es** (feminine plural).

Masculin

Je suis **né** à Paris.
Tu es **né** à New York.
Il est **né** à Montréal.
Nous sommes **nés** à Boston.
Vous êtes **né(s)** à Angers.
Ils sont **nés** à Halifax.

Féminin

Je suis **née** à Paris.
Tu es **née** à New York.
Elle est **née** à Montréal.
Nous sommes **nées** à Boston.
Vous êtes **née(s)** à Angers.
Elles sont **nées** à Halifax.

■ Most of these verbs are used with a preposition when they precede the name of a place.

Sandrine est entrée **dans** la salle de classe en avance.
Moi, je suis arrivé **au** cours de français à l'heure.
Mais Nicolas est retourné **chez** lui pour son livre. Alors, il est arrivé en retard.

Sandrine went into the classroom early.
I arrived at the French class on time.
But Nicolas went back home for his book. So, he came late.

1. **Le week-end dernier.** Utilisez les expressions suivantes pour parler du week-end dernier. Utilisez la forme négative si vous voulez.

Modèles: **Le professeur est sorti avec des amis.**
Nous ne sommes pas restés à la maison.

je	aller au cinéma
nous	tomber malade(s)
mon ami	rentrer après minuit
mon amie	sortir avec des amis
mes parents	rester à la maison
mon professeur	entrer à la bibliothèque
les étudiants	descendre en ville

2. **Il n'a pas fait ça.** Thierry ne fait jamais rien. Expliquez selon le modèle.

Modèle: Les autres (partir pour le Canada)/Et Thierry?
**Les autres sont partis pour le Canada, mais Thierry n'est pas parti
pour le Canada.**

1. vous (aller au concert)/Et Thierry?
2. nous (sortir hier soir)/Et Thierry?
3. Marie et Monique (arriver à l'heure)/Et Thierry?
4. ses amis (tomber malades)/Et Thierry?
5. Madame Dubuque (monter dans un taxi)/Et Thierry?
6. les étudiants (rester sur le campus)/Et Thierry?

3. **L'histoire de Mademoiselle Thompson.** Racontez (*tell*) comment Mademoiselle Thompson a trouvé son hôtel. Attention au choix (*choice*) entre **avoir** et **être**.

Modèles: passer trois jours à Paris
Elle a passé trois jours à Paris.

partir de Paris
Elle est partie de Paris.

1. voyager par le train
2. arriver à Angers
3. descendre du train à la gare Saint-Laud
4. demander des renseignements à un agent
5. aller tout droit au feu
6. tourner à droite dans la rue Papin
7. trouver son hôtel
8. retourner à la gare
9. entrer au bureau de poste

4. **Qu'est-ce que tu as fait la semaine dernière?** Utilisez **tu** et les expressions suivantes pour interviewer votre partenaire.

Modèle: manger une pizza
VOUS: **As-tu mangé une pizza la semaine dernière?**
VOTRE PARTENAIRE: **Oui, j'ai mangé une pizza.** ou
Non, je n'ai pas mangé de pizza.

1. aller au cinéma
2. étudier à la bibliothèque
3. regarder la télévision
4. passer un test
5. tomber malade
6. entrer dans un bistro
7. descendre en ville
8. lire un journal
9. monter dans un avion (*airplane*)

5. **La plupart des étudiants.** Qu'est-ce que la plupart des étudiants ont fait la semaine dernière? Utilisez les expressions suivantes pour la question et pour la réponse.

Modèle: manger une pizza   —**Est-ce que la plupart des étudiants ont mangé une pizza la semaine dernière?**
                 —**Oui, ils ont mangé une pizza.**   ou
                    Non, ils n'ont pas mangé de pizza.

1. retourner chez eux
2. rester dans leur chambre
3. écrire une lettre
4. venir au cours de français
5. travailler
6. sortir avec leurs amis
7. faire leurs devoirs
8. réviser pour un test
9. téléphoner à leurs parents
10. arriver au cours en hélicoptère

6. **À vous.** Répondez.

1. Êtes-vous resté(e) sur le campus le week-end dernier?
2. Qu'est-ce que vous avez fait le week-end dernier?
3. Quelle est la dernière fois que vous êtes sorti(e) avec vos amis? Où êtes-vous allés? Qu'est-ce que vous avez fait? À quelle heure êtes-vous rentrés?
4. Vos parents ont-ils déjà visité votre campus? Si oui, quand sont-ils venus?
5. Êtes-vous d'habitude à l'heure quand vous arrivez au cours?
6. Quelle est la dernière fois que vous êtes arrivé(e) au cours en retard?
7. Qui aime arriver en avance au cours de français?

Vue de Paris la nuit

7. **Le voyage des Masselot.** Racontez l'histoire suivante au passé composé.

Monsieur et Madame Masselot font un voyage à Lyon. D'abord ils sortent de leur appartement et ils traversent (*cross*) la rue Mirabeau. Ensuite ils montent dans un taxi pour aller à la gare. Quand ils arrivent à la gare, ils trouvent leur train et ils cherchent leurs places. Enfin le train part. Ils ne mangent rien pendant le voyage, mais Madame Masselot commande (*orders*) une tasse de café. Après deux heures et demie, leur train arrive à la gare Lyon-Perrache.

ENTRE AMIS La dernière fois

1. Find out when the last time was that your partner went out.
2. Ask where s/he went.
3. Find out what s/he did.
4. See how much other information you can obtain.

B. Le pronom y

Ta sœur est **en France**?	Oui, elle **y** est.
Va-t-elle souvent **à Paris**?	Non, elle n'**y** va pas souvent.
Quand vas-tu **en France**?	J'**y** vais dans un mois.
Ton frère est resté **chez lui**?	Non, il n'**y** est pas resté.
Est-il allé **au cinéma**?	Oui, il **y** est allé.
Tu vas rester **dans ta chambre**?	Non, je ne vais pas **y** rester.

■ **Y** (*there*) is very often used in place of expressions that tell where something is located (**à l'université, dans la voiture,** etc.). The pronoun **y** replaces both the preposition (**à, chez, dans, en, sur,** etc.) and the name of the place.

Nous allons **au cinéma**.   Nous **y** allons.

■ **Y** is placed directly before the conjugated verb. This means that in the passé composé, it goes in front of the auxiliary.

Nous y allons la semaine prochaine.	*We are going there next week.*
Nous n'y allons pas demain.	*We are not going there tomorrow.*
J'y suis allé.	*I went there.*
Ma mère n'y est jamais allée.	*My mother has never gone there.*

■ When there is more than one verb, **y** is placed directly in front of the verb to which it is related (usually the infinitive).

Je vais y aller.	*I am going to go there.*
Je ne vais pas y rester.	*I am not going to stay there.*
J'ai envie d'y passer un mois.	*I feel like spending a month there.*
Je n'ai pas l'intention d'y habiter.	*I don't plan to live there.*

8. **Non, je n'y vais pas.** Un(e) étudiant(e) demande **Vas-tu à la pharmacie?** Un(e) autre répond **Non, je n'y vais pas; je vais ... (au centre commercial, à l'église,** etc.). Inventez beaucoup de questions.

9. **Où es-tu allé(e) hier?** Qu'est-ce que votre partenaire a fait hier? Devinez. Posez les questions au passé composé. Votre partenaire va utiliser **y** dans chaque (*each*) réponse.

Modèle: aller à l'église
VOUS: **Es-tu allé(e) à l'église hier?**
VOTRE PARTENAIRE: **Oui, j'y suis allé(e).** ou
Non, je n'y suis pas allé(e).

1. aller chez le médecin
2. étudier à la bibliothèque
3. nager à la piscine
4. aller à la poste
5. descendre en ville
6. monter dans ta voiture
7. retourner chez tes parents
8. aller au cinéma
9. dîner au restaurant
10. rester chez toi

10. **Où vas-tu aller demain?** Qu'est-ce que votre partenaire va faire demain? Refaites l'exercice 9, mais posez les questions au futur (avec **aller**). Votre partenaire va utiliser y dans chaque réponse.

Modèle: aller à l'église

VOUS: **Vas-tu aller à l'église?**

VOTRE PARTENAIRE: **Oui, je vais y aller.** ou
Non, je ne vais pas y aller.

11. **À vous.** Répondez. Utilisez y dans chaque réponse.

1. Êtes-vous sur le campus maintenant?
2. Êtes-vous allé(e) à la bibliothèque hier soir? Si oui, à quelle heure y êtes-vous entré(e)? Combien de temps y êtes-vous resté(e)?
3. Combien de fois par semaine allez-vous au cours de français? Y allez-vous demain?
4. Êtes-vous resté(e) chez vous pendant les dernières vacances?
5. La plupart des étudiants ont-ils dîné au restaurant hier soir?
6. Avez-vous envie d'aller en France un jour? Y êtes-vous déjà allé(e)? Si oui, combien de temps y avez-vous passé?
7. Allez-vous au cinéma ce soir? Si oui, avec qui y allez-vous?

E N T R E A M I S Au campus et à la maison

Use **y,** *if possible, in your answers.*

1. Ask if your partner went to the library last night.
2. Find out if s/he is going there this evening.
3. Find out the same information with respect to the gymnasium, the post office, and the grocery store.
4. Find out if your partner is going home next weekend.
5. Find out when s/he went home last.
6. Find out what s/he did when s/he went home.

2. Describing Your Background

D'où viennent ces personnes?
  Alain et Sylvie viennent de Nantes.
  Michael vient d'Angleterre. Il vient de Londres.
  Tom vient des États-Unis et Rose vient du Canada.
  Il vient de l'état d'Iowa et elle vient de la province d'Ontario.

✤ **Et vous?** D'où venez-vous?

C. Le verbe *venir*

Est-ce que **Monique vient** de France?	*Does Monique come from France?*
Non, **elle vient** du Canada.	*No, she comes from Canada.*
Elle est devenue médecin.	*She became a doctor.*
Elle n'est pas ici mais **elle revient** à 6 heures.	*She isn't here but she's coming back at six o'clock.*

venir (*to come*)			
je	**viens**	nous	**venons**
tu	**viens**	vous	**venez**
il/elle/on	**vient**		
ils/elles	**viennent**		

passé composé: je **suis venu**(e)

■ Note the pronunciation distinction between the third person singular and plural forms.

vient [vjɛ̃]   viennent [vjɛn]

■ The verbs **revenir** (*to come back*) and **devenir** (*to become*) are conjugated like **venir.**

12. **Tout le monde est parti.** Demandez quand ils reviennent. Votre partenaire va répondre.

Modèle: tu (à 15 h 30)
                    VOUS: **Quand est-ce que tu reviens?**
        VOTRE PARTENAIRE: **Je reviens à quinze heures trente.**

1. Stéphanie (à 12 h 45)   5. le patron (demain matin)
2. Colette et Karine (à midi)   6. vos amis (mercredi)
3. nous (la semaine prochaine)   7. vous (dans une heure)
4. tu (ce soir)

D. Les prépositions de lieu avec une ville ou un pays (suite)

D'où viennent vos parents?   *Where do your parents come from?*
Mon père est originaire **du**   *My father is a native of*
  Canada.   *Canada.*
Ma mère vient **des** États-Unis.   *My mother comes from*
                                       the United States.

Je viens **de** Bruxelles.   *I come from Brussels.*
Monsieur et Madame Luc   *Monsieur and Madame Luc*
  viennent **de** France.   *come from France.*

■ You have already learned to use prepositions to express *to* or *at* with a city, state, province, or country (See Chapter 5). When telling where a person is *from,* some form of **de** is used.

□ **de** with cities:
      de Paris, **d'**Angers

□ **de** with feminine countries or countries that begin with a vowel sound:
      de France, **d'**Iran

□ **du** with masculine countries:
      du Mexique, **du** Canada

□ **des** with plural countries:
      des États-Unis

■ Use **de l'état de** or **de la province de** to say which U.S. state or Canadian province someone is from.

> Mon meilleur ami vient **de l'état d'**Arizona.
> Je viens **de la province de** Québec.

■ Use the expression **d'où** with **venir** to inquire where someone comes from.

> **D'où vient** Guy—du Canada ou de France?

	Je viens ...	*J'habite ...*/*Je vais ...*
ville	de	à
pays féminin ou pays qui commence par une voyelle	de	en
pays masculin	du	au
pays pluriel	des	aux
état	de l'état de	dans l'état de
province	de la province de	dans la province de

> Je viens **d'**Atlanta. Je vais **à** New York.
> María vient **d'**Espagne. Elle habite **en** France.
> Emilio téléphone **du** Mexique **au** Canada.
> Nous venons **des** États-Unis. Nous allons **aux** Pays-Bas en vacances.
> John vient **de l'état de** Nebraska mais il habite **dans l'état d'**Arizona.
> Denise vient **de la province d'**Ontario, mais elle habite **dans la province de** Québec.

13. **André va voyager.** Il a l'intention de donner de ses nouvelles (*keep in touch*) à ses parents et à ses amis. Qu'est-ce qu'il va faire?

Modèle: écrire/Italie   **Il va écrire d'Italie.**

1. téléphoner/Allemagne
2. poster une lettre/Moscou
3. écrire une carte postale/Japon
4. téléphoner/Mexique
5. écrire/état de New York
6. écrire un message/province d'Ontario
7. poster une cassette/Liverpool

14. **André est retourné chez lui.** Il a contacté ses parents et ses amis pendant son voyage. Qu'est-ce qu'il a fait?

Modèle: écrire/Rome
Il a écrit de Rome.

1. téléphoner/Berlin
2. poster une lettre/Russie
3. écrire une carte postale/Tokyo
4. téléphoner/Mexico
5. écrire/États-Unis
6. écrire un message/Canada
7. poster une cassette/Angleterre

15. **D'où viennent-ils?** La liste des passagers du vol (*flight*) Air France n° 0748 inclut des personnes de différents pays. Expliquez d'où viennent ces personnes et où elles habitent maintenant.

Modèle: Sandrine (Paris/New York)
Sandrine vient de Paris, mais elle habite à New York maintenant.

1. Ralph (Canada/États-Unis)
2. Alice (Belgique/France)
3. Helmut et Ingrid (Allemagne/Italie)
4. William (Angleterre/Irlande)
5. José et María (Mexique/États-Unis)
6. Nancy (Iowa/Connecticut)
7. Gertrude (Ontario/Manitoba)
8. Judy et Bill (Michigan/Allemagne)
9. James (Californie/New Jersey)
10. Pierre (France/Canada)

16. **À vous.** Répondez.

1. De quelle ville venez-vous?
2. De quelle(s) ville(s) viennent vos parents?
3. D'où vient votre meilleur(e) ami(e)?
4. D'où viennent vos grands-parents?
5. D'où vient votre professeur de français? (Devinez.)
6. D'où viennent deux autres étudiants du cours de français?

Buts communicatifs 227

Vocabulaire: Les mois de l'année, les saisons, le temps

Les mois de l'année	Les saisons	Le temps
janvier février mars	l'hiver	Il fait froid. Il neige. Il fait du vent.
avril mai juin	le printemps	Il pleut. Il fait frais.
juillet août septembre	l'été	Il fait beau. Il fait chaud.
octobre novembre décembre	l'automne	Il fait encore beau. Il commence à faire froid.

Note: The opposite of **il fait beau** is **il fait mauvais**. The negation of **il fait du vent** is **il ne fait pas *de* vent**.

E. Les mois de l'année, les saisons, le temps

■ Names of months begin with lower-case letters in French. Use the preposition **en** before the months to mean *in*.

    en février   **en** août   **en** septembre

■ Use **en** also with all seasons except **le printemps**.

    en été   **en** automne   **en** hiver

But: **au** printemps

■ The French represent the date by giving the day first, then the month.

Le bébé est né **le premier mai**.	*The baby was born on the first of May.*
Mon anniversaire est **le dix février**.	*My birthday is the tenth of February.*
Lucie est née **le vingt-cinq avril**.	*Lucie was born on April twenty-fifth.*

Note: Use **le premier** (*... first, the first of ...*), but then **le deux, le trois**, etc.

Le palais de Versailles en hiver

17. **En quelle saison sont-ils nés?** Expliquez quand et en quelle saison les personnes suivantes sont nées.

Modèle: Monique (15/4)
Elle est née le quinze avril. Elle est née au printemps.

1. Martin Luther King, fils (15/1)
2. Véronique (3/9) et Michel (23/9)
3. Anne (25/8) et Stéphanie (2/11)
4. Christophe (18/10)
5. George Washington (22/2)

18. **Quelle est la date?** Votre partenaire va poser une question. Donnez la réponse.

Modèle: Noël   VOTRE PARTENAIRE: **Quelle est la date de Noël?**
                      VOUS: **C'est le vingt-cinq décembre.**

1. ton anniversaire
2. l'anniversaire de ton (ta) meilleur(e) ami(e)
3. le Jour de l'An (*New Year's Day*)
4. le commencement du printemps
5. le commencement de l'été
6. le commencement de l'automne
7. le commencement de l'hiver
8. le commencement des vacances d'été à votre université
9. la fête nationale (*national holiday*) américaine
10. la fête nationale canadienne
11. la fête nationale française

19. **Quel temps fait-il?** Posez des questions. Si votre partenaire ne sait pas la réponse, il (elle) va deviner.

Modèle: février/chez toi

VOUS: **Quel temps fait il en février chez toi?**

VOTRE PARTENAIRE: **Il fait froid et il neige.**

1. été/chez toi
2. hiver/Montréal
3. automne/Chicago
4. printemps/Washington, D.C.
5. août/Maroc
6. avril/Paris
7. décembre/Acapulco

20. **À vous.** Répondez.

1. En quelle saison êtes-vous né(e)?
2. En quel mois êtes-vous né(e)?
3. En quel(s) mois les membres de votre famille sont-ils nés?
4. En quelle saison est-ce qu'il pleut chez vous?
5. En quelle saison est-ce qu'il commence à faire froid chez vous?
6. Quelle est votre saison préférée? Pourquoi?
7. Qu'est-ce que vous avez fait l'été dernier?

ENTRE AMIS D'où viennent-ils?

1. Find out where your partner comes from.
2. Find out if that is where s/he was born.
3. Find out where your partner lives now.
4. Find out his/her birthdate.
5. Find out if your partner has ever been to France, Canada, or some other French-speaking country.
6. Ask if your partner wants to go to one of those places with you next summer.

Tu as déjà mangé, Thierry?
>   Oui, il y a trente minutes. Je viens
>   de manger.°   *I just ate.*
Tes amis ont téléphoné?
>   Oui, il y a quinze minutes. Ils viennent
>   de téléphoner.°   *They just called.*

❖   **Et vous?**   Qu'est-ce que vous venez de faire?
>   Est-ce que vous venez de parler français?

F. *Venir de* + infinitif

■ **Venir de** followed by an infinitive means *to have just.*

Je **viens d'arriver.**	*I have just arrived.*
Ils **viennent de manger.**	*They just ate.*
Qu'est-ce que tu **viens de faire?**	*What did you just do?*

21.   **Qu'est-ce qu'ils ont fait?**   Chaque phrase est assez vague. Posez une question qui commence par **Qu'est-ce que** pour demander une précision. Ensuite votre partenaire va suggérer (*suggest*) une réponse à la question.

Modèle: Mes amis viennent de manger quelque chose.
>   VOUS: **Qu'est-ce qu'ils ont mangé?**
>   VOTRE PARTENAIRE: **Ils ont mangé une pizza.**

1. Pierre vient de lire quelque chose.
2. Nous venons de regarder quelque chose.
3. Je viens d'étudier quelque chose.
4. Mon frère et ma sœur viennent de trouver quelque chose.
5. Je viens d'écrire quelque chose.
6. Nous venons de faire quelque chose.

vient de paraître

Buts communicatifs   **231**

22. **Elle vient de téléphoner.** Votre camarade de chambre vient de rentrer chez vous. Répondez **oui** à ses questions et utilisez **venir de** dans chaque réponse.

Modèle: Martine a téléphoné?   **Oui, elle vient de téléphoner.**

1. Est-elle rentrée chez elle?
2. Est-ce qu'elle a déjà dîné?
3. Vous avez parlé de moi?
4. A-t-elle trouvé ma lettre?
5. Est-ce qu'elle a lu ma lettre?
6. Tu as expliqué pourquoi je n'ai pas téléphoné?

23. **La naissance du bébé** (*The baby's birth*). Vous êtes le frère de Brigitte et vos parents vous téléphonent de la maternité (*maternity hospital*). Vous posez des questions au passé composé. Votre partenaire joue le rôle des parents et utilise **venir de** pour répondre.

Modèle: Brigitte et Jean-Phillipe/partir de chez eux
     LE FRÈRE: **Est-ce que Brigitte et Jean-Phillipe sont partis de chez eux?**
  LES PARENTS: **Oui, ils viennent de partir de chez eux.**

1. Brigitte et Jean-Philippe/aller à la maternité
2. Jean-Philippe/parler à une infirmière
3. le médecin/arriver
4. Brigitte/avoir son bébé
5. Matthieu/naître
6. les autres grands-parents/entrer dans la salle d'attente (*waiting room*)

PRINTEMPS
d'un nouveau BONHEUR,
FETE
  qui éclôt
    dans notre VIE,
C'EST L'ENFANT !

BRIGITTE et
JEAN - PHILIPPE
sont heureux
de vous annoncer
la naissance de
Matthieu
le 17 Mai 1989

Révision et Intégration

A. **Les mois et les saisons**

1. Nommez les mois de l'année.
2. Nommez les saisons de l'année.
3. Parlez du temps qu'il fait pendant chaque (*each*) saison.
4. Pour chaque saison, mentionnez une activité qu'on fait.

B. **Le week-end dernier.** Faites une liste de vos activités du week-end dernier. Essayez ensuite de deviner ce que votre partenaire a écrit.

C. **À vous.** Répondez.

1. Quelle est la date de votre anniversaire?
2. De quel pays venez-vous?
3. Dans quelle ville êtes-vous né(e)?
4. D'où viennent vos parents?
5. Quand les membres de votre famille sont-ils nés?
6. À quelle heure êtes-vous arrivé(e) au cours de français la dernière fois? Y êtes-vous arrivé(e) en retard, à l'heure ou en avance?
7. Êtes-vous déjà allé(e) dans un pays où on parle français? Si oui, où, et avec qui?
8. Qu'est-ce que vous venez d'étudier au cours de français?
9. Avez-vous déjà voyagé par le train ou en avion? Où êtes-vous allé(e)?

ENTRE AMIS Une enquête *(A survey)*

Interview other students to find ...

1. someone who was born in another state
2. someone who comes from a large city
3. someone who has been to a French-speaking country
4. someone who spent last summer on campus
5. someone who did not go out last Friday evening
6. someone who stayed in his/her room last night
7. someone who went to the library last night
8. someone who did not watch television last night
9. someone who has just eaten

D. *Rédaction:* **Une lettre.** Write a letter to the French family with whom you spent the summer to tell them that you just arrived home. Describe your trip home (the name of the hotel you stayed in near the airport, how much time you spent at the airport, when your plane left, etc.). Be sure to thank them.

Lecture

A. **Étude du vocabulaire.** Study the following sentences and match the word in bold print with its correct English equivalent: *worldwide, the Netherlands, close, level, war, reconciliation, citizens.*

1. Beaucoup de soldats sont morts à la **guerre**.
2. On parle hollandais aux **Pays-Bas**.
3. Les **citoyens** américains votent le mardi.
4. La Première Guerre **mondiale** a commencé en 1914 et s'est terminée en 1918.
5. Il y a eu un **rapprochement** entre l'Est et l'Ouest.
6. Le **niveau** de vie des habitants de certains pays africains est très bas.
7. Le Premier ministre est normalement en collaboration **étroite** avec le Président.

B. **Prédictions.** Study the map and then read the first sentence of the selection. Can you predict what the article is about?

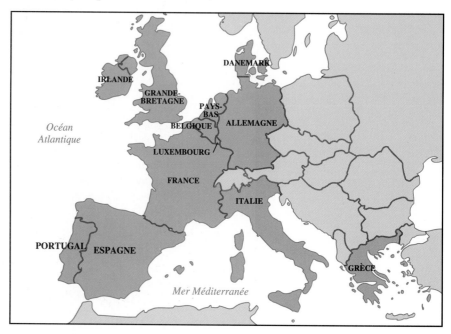

La Communauté économique européenne

C'est pendant la Seconde Guerre mondiale que les gouvernements de la Belgique, du Luxembourg et des Pays-Bas ont institué une union économique entre les trois pays (le Benelux). Ensuite, le 13 septembre 1947, la France et l'Italie ont décidé de constituer une union douanière[1]; un traité a été conclu le 26 mars 1949. Mais les différences sociales et économiques qui existaient entre les deux pays ne permettaient pas d'aller plus loin. Avec la République Fédérale d'Allemagne, ces cinq pays ont signé un traité en 1957 pour former un marché commun. Le traité qui institue la Communauté économique européenne (le Marché commun), signé à Rome le 25 mars 1957, est entré en application le 1er janvier 1958. Cette nouvelle Communauté «a pour mission, par l'établissement d'un marché commun et par le rapprochement progressif des États membres, de promouvoir un développement harmonieux des activités économiques dans l'ensemble de la Communauté, une expansion continue et équilibrée[2] du niveau de vie, et des relations plus étroites entre les États.»

Actuellement[3], la CEE est le premier importateur mondial et aussi le premier exportateur. Elle est composée de douze pays membres dont[4] l'Allemagne, la Belgique, le Danemark, l'Espagne, la France, la Grande-Bretagne, la Grèce, l'Irlande, l'Italie, le Luxembourg, les Pays-Bas et le Portugal. Il n'est cependant[5] pas impossible que d'autres pays décident de se joindre à eux.

Mais quels avantages y a-t-il dans cette union pour les 320 millions de citoyens des pays de la CEE? L'Europe de 1992 leur[6] offre la promesse d'un seul[7] passeport et la possibilité d'un seul système monétaire et d'un vrai marché commun.

1. customs union   2. stable   3. today   4. including   5. however   6. to them   7. a single

C. **Qu'avez-vous compris?** With a partner, try to recall as much as you can about the article. What is the main idea of each paragraph? What details support these main ideas?

D. **Questions.** Répondez.

1. Quel est le premier importateur du monde?
2. En quelle année a-t-on signé le Traité de Rome?
3. Quels sont les pays qui ont signé ce traité?
4. Combien de pays sont membres du Marché commun aujourd'hui?
5. Quels sont ces pays?
6. Que veut dire «CEE»?
7. Pourquoi y a-t-il une CEE?

E. **Familles de mots.** Give the probable meanings of the following words.

1. le monde, mondial(e)
2. la douane, douanier (douanière)
3. conclure, la conclusion
4. permettre, la permission
5. promouvoir, la promotion
6. la possibilité, possible

F. **Discussion**

1. What are the likely difficulties of an arrangement such as the European Economic Community? What are the advantages?
2. Compare the EEC with the relationship between North American countries. What similarities and differences can you find?

Vocabulaire actif

Les mois de l'année

janvier *m.*	*January*	juillet *m.*	*July*
février *m.*	*February*	août *m.*	*August*
mars *m.*	*March*	septembre *m.*	*September*
avril *m.*	*April*	octobre *m.*	*October*
mai *m.*	*May*	novembre *m.*	*November*
juin *m.*	*June*	décembre *m.*	*December*

Les saisons de l'année

le printemps	*spring*	l'hiver *m.*	*winter*
l'été *m.*	*summer*	une saison	*season*
l'automne *m.*	*fall*		

D'autres noms

un agent de police	*policeman*	une guerre	*war*
un anniversaire	*birthday*	le monde	*world*
un avion	*airplane*	un musée	*museum*
un bébé	*baby*	une place	*seat*
la fête nationale	*national holiday*	un renseignement	*item of information*
un feu	*traffic light*	une rue	*street*

Adjectifs

aimable	*kind; nice*
chaque	*each*

Verbes

arriver	*to arrive; to happen*	poster	*to mail*
commander	*to order*	rentrer	*to go (come) back; to go (come) home*
commencer	*to begin*	retourner	*to go back; to return*
descendre	*to go down; to get out of*	revenir	*to come back*
devenir	*to become*	tourner	*to turn*
entrer	*to enter*	traverser	*to cross, to go across*
monter	*to go up; to get into*	venir	*to come*
mourir	*to die*	venir de ...	*to have just ...*
naître	*to be born*		

Adverbes

enfin *finally*
puis *then; next*

Pronom

y *there*

Expressions météorologiques

Il fait froid.	*It's cold.*	Il fait mauvais.	*The weather is bad.*
Il fait chaud.	*It's hot (warm).*	Il fait du vent.	*It's windy.*
Il fait frais.	*It's cool.*	Il pleut.	*It's raining.*
Il fait beau.	*It's nice out.*	Il neige.	*It's snowing.*

Expressions utiles

à droite (de)	*to the right (of)*
à gauche (de)	*to the left (of)*
à l'heure	*on time*
à votre service	*at your service*
dans la rue Papin	*on Papin Street*
D'où venez-vous?	*Where do you come from?*
en avance	*early*
en retard	*late*
en voiture	*by car*
Il commence à faire froid.	*It's starting to get cold.*
Je vous en prie.	*Don't mention it; You're welcome; Please do.*
là-bas	*over there*
par le train	*by train*
Parlez-moi de ce voyage.	*Tell me about this trip.*
tout droit	*straight ahead*
tout près	*very near*
Vous allez voir ...	*You are going to see ...*
Vous ne connaissez pas la ville?	*Don't you know the city?*

On mange bien en France

But communicatifs
Ordering a French meal
Discussing quantities
Expressing an opinion
Expressing a preference

Structures utiles
L'article partitif
Ne ... plus
Le verbe **prendre**
Les expressions de quantité
Le verbe **boire**
Quelques expressions avec
  avoir
Les verbes comme **préférer**

Culture
L'apéritif
L'art d'apprécier le vin
Tout se fait autour d'une
  table
Un repas français
Sans façon
Relativité culturelle: Les
  repas

Coup d'envoi

Quelque chose à manger?

Tu as faim,° Bruno?   *Are you hungry*
Qu'est-ce que tu vas prendre?°   *What are you going*
     Qu'est-ce qu'il y a?   *to have?*
Il y a ...
     du pain°.   *bread*
     des hors-d'œuvre°.   *appetizers*
     de la soupe.
     du poisson.
     de la viande°.   *meat*
     des légumes°.   *vegetables*
     de la salade.
     du fromage.

✤ **Et vous?** Qu'est-ce que vous allez prendre?
        Je voudrais ...
        Merci, je n'ai pas faim.

Une réception à l'université

Tony Carter et Karine Aspel prennent l'apéritif°   *are having a drink*
chez Madame Cuvier, secrétaire de la faculté des
lettres°.   *College of Humanities*

MME CUVIER: Que voulez-vous boire, Tony? J'ai du vin, de la
limonade, du jus de pomme°, de la bière ...   *apple*

TONY: Quel choix!° Comment s'appelle ce vin?   *What a choice!*

MME CUVIER: C'est du beaujolais. Et voilà une bouteille° de
bordeaux.   *bottle*

TONY: Puis-je essayer° le beaujolais, s'il vous plaît?   *May I try*

MME CUVIER: Certainement, voilà.
(Il lève° son verre et elle verse° du vin.)   *lifts / pours*

TONY: Merci beaucoup.

MME CUVIER: Je vous en prie. Alors, Karine? Qu'est-ce que
vous allez prendre?

KARINE: Je crois que° je voudrais de l'eau minérale.   *I think that*
Puis-je me servir?°   *May I serve myself?*

MME CUVIER: Mais bien sûr°, servez-vous°.   *of course / serve*
(Karine se sert et puis Tony lève son verre.)   *yourself*

TONY: À votre santé, mes amies.
(Ils boivent.°)   *They drink.*

MME CUVIER: Que pensez-vous° de ce petit vin, Tony?   *What do you think*

TONY: Il est délicieux.
(Un peu plus tard)

MME CUVIER: Encore à boire?°   *More to drink?*

TONY: Non, merci.

KARINE: Merci. Je n'ai plus soif.°   *I'm no longer thirsty.*

MME CUVIER: C'est vrai?

KARINE: Oui, vraiment. Sans façon.°   *Honestly.*

MME CUVIER: Alors, je n'insiste pas.°   *I won't insist.*

❖   **Jouez ces rôles.** Répétez la conversation avec vos partenaires. Utilisez vos
noms et remplacez **beaujolais** et **eau minérale** par d'autres boissons.

À propos

✤ Pourquoi est-ce que Tony lève son verre quand Madame Cuvier va verser du vin?

a. Tony est très poli. Cela fait partie (*is part of*) du savoir-vivre (*code of good manners*).
b. C'est plus facile (*easier*) pour Madame Cuvier.
c. Tony ne veut pas renverser (*knock over*) son verre.

L'apéritif

A before-dinner drink is sometimes offered. This might be **un kir, un porto** (*port wine*), **un jus de pomme,** etc.

L'art d'apprécier le vin

Wine is an integral part of French social life and there are a number of polite gestures, such as lifting one's glass when wine is to be poured, that are associated with wine appreciation.

Tout se fait autour d'une table (*Everything takes place around a table*)

It does not take long in France to realize how much time is spent sitting around a table. Not only is a table the place to enjoy a meal or share a drink, it is also a primary spot for business deals, serious discussion, pleasant companionship, courtship, and child rearing! It is not surprising, therefore, to find that the table has a place of honor in France, whether it is in **la cuisine** (*kitchen*), **la salle à manger** (*dining room*), **le restaurant, le café, le bistro,** or **la cafétéria.**

Un repas français (*A French meal*)

A good example of the presence of structure in French lives is the order of a French meal:
les hors-d'œuvre / la soupe (pâté, raw vegetables, onion soup, etc.)
le plat principal (meat or fish, and a vegetable)
la salade (always a green salad with oil and vinegar dressing)
le fromage (small piece of one of the many popular cheeses)
le dessert (fruit, cake, yogurt, etc.).
There are often five separate courses at both lunch and dinner, although these are not necessarily heavy meals. After the **hors-d'œuvre**, the **plat principal** is served. There may be more than one **plat principal** (e.g., fish *and* meat). **La salade** normally comes next, followed by **le fromage** and **le dessert**. In a light meal, either the cheese or the dessert may be omitted. Any variation in the order of the French meal is almost always minor. In some regions, such as **Angers,** the salad is often eaten with the main course. The number of courses in a French

In France	*In North America*
Eating several courses, even light ones, means that you have to stop after each course and wait for the next. Much more time is spent at the table.	Everything may be served at once and, therefore, much less time is spent at the table.
A green salad is served *after* (occasionally with) the **plat principal**. It is not eaten as a first course.	If there is a salad, it is eaten at the start of the meal.
There is only one type of dressing (oil and vinegar) served with a salad.	There is a variety of salad dressings available. What is referred to as *French dressing* is nothing like what is served with a salad in France.
Milk is not offered as a beverage during meals.	Bread is not always served with the meal.
Coffee is not served during lunch or dinner. It is served, without cream, at the end of these meals.	Coffee is occasionally served right away at the start of the meal.
Café au lait is served only at breakfast. This mixture of 1/2 coffee and 1/2 warm milk is served in a bowl.	Many people put milk in their coffee at every meal.

meal reflects not only the French feeling for structure, but also the French appreciation of savoring each taste individually.

Sans façon

Refusing additional servings is often quite difficult in France. The French are gracious hosts and are anxious that their guests have enough to eat and drink. There is therefore a need to find ways to convey politely that you are full. Do not, incidentally, say **Je suis plein**(e) (literally, *I am full*), since this would convey that you were either drunk or pregnant. When all else fails (e.g., **Merci; Non merci; Vraiment; Je n'ai plus faim/soif; J'ai très bien mangé/bu**, etc.), the expression **Sans façon** (*Honestly; No kidding*) will usually work. Of course, if you feel like having a second serving, you may say **Volontiers!** or **Je veux bien.**

Relativité culturelle: Les repas

Since eating plays such an enormous social role in France, it is important to adapt to the French way of eating. Find listed above some potentially troublesome adjustments for North Americans in France and for people from France in North America.

IL Y A UN GESTE

Quelque chose à manger? The thumb and the first two fingers are pointed toward your mouth to indicate an invitation to have something to eat.

Encore à boire? A fist is made with the thumb extended to somewhat resemble a bottle. Then the thumb is pointed toward a glass as an invitation to have more to drink.

Miam, délicieux! The classical French gesture for expressing appreciation for excellent food or drink is to join the tips of the fingers on one hand and to lightly touch them to the lips. The hand is then drawn away from the lips while the lips form a kiss.

❖ **À vous.** Répondez.

1. Avez-vous soif?
2. Voulez-vous de la limonade? (Répondez affirmativement.)
3. Que pensez-vous de cette limonade?
4. Encore de la limonade?

ENTRE AMIS Tu as faim?

1. Find out if your partner is hungry. (S/he is.)
2. Ask if s/he wants something to eat.
3. S/he will ask what there is.
4. Tell what there is.
5. Find out what s/he is going to have.

Prononciation

Les sons [k], [s], [z], [ʃ], [ʒ] et [ɲ]

■ The following words contain some related French consonant sounds. Practice saying the words after your teacher, paying particular attention to the highlighted sound. As you pronounce the words for one sound, look at how that sound is spelled and in what kinds of letter combinations it appears. What patterns do you notice?

[k]
    □ *café, encore, bicyclette, chic*
    □ *cinq, quelquefois*
    □ *kir, vodka*

[s]
    □ *sa, sur, discret, skier, conversation, valse, fils, mars*
    □ *pressé, poisson*
    □ *citron, exercice, bicyclette*
    □ *ça, français, garçon*
    □ *six, dix, soixante*

[z]
    □ *maison, vase, poison, magasin*
    □ *zéro, seize, magazine*

[ʃ]
    □ *chaud, blanche, méchant*
    □ *short, sweat-shirt*

[ʒ]
    □ *jouer, toujours, déjeuner, déjà*
    □ *orange, général, garage, refrigérateur*

[ɲ]
    □ *espagnol, Allemagne, renseignement*

■ In most situations, -s- is pronounced [s]. But when it appears between two vowels, it is pronounced as [z].

soir	salade	seul	classe	considération
But: vase	présente	raison	chose	musée

■ As in English, -c- is usually pronounced [k], but becomes [s] when it precedes the letters -e, -i, or -y. To create the [s] sound of -c- in some words where it is not followed by e, i, or y, it is written as ç.

encore	cassis	comment	Maroc	crème
But: France	voici	bicyclette	français	François

■ Finally, as in English, the letter -g- is usually pronounced [g], but becomes [ʒ] when it precedes the letters -e, -i, or -y. To create the [ʒ] sound of -g- in some words where it is not followed by e, i, or y, an -e is added after it.

regarder	golf	guitare	grippe	église
But: gentil	orangina	gymnase	mangeons	voyageons

✦ Pronounce the following words correctly.

1. chocolat, commerce, chaussures, citron, bicyclette, ça, garçon, chercher, chance, avec
2. cinq, cinquante, quelques, pourquoi, Belgique, quart, chaque, question, banque
3. kir, vodka, skier, baskets, hockey
4. excellent, saxophone, examen, exercice, six, dix, soixante
5. Sénégal, orange, mangeons, voyageur, garage, gauche, âge, ménage, agent, gymnastique
6. surprise, Suisse, sous, semestre, saison, sieste, poisson, plaisir, ensuite
7. conversation, télévision, fonctionnaire, attention, provisions, dissertation
8. zéro, onze, magazine, douze
9. jupe, jeune, je, janvier, aujourd'hui, déjeuner, déjà
10. espagnol, Allemagne, accompagner, renseignement

un porc = pig
de un boeuf = steer

Buts communicatifs

1. Ordering a French Meal

Client(e)	Garçon/Serveuse°	waiter/waitress
Qu'est-ce que vous avez comme ...	Il y a ...	
hors-d'œuvre?	des crudités°	raw vegetables
	du pâté°	pâté (meat spread)
	de la salade de tomates	
soupes?	de la soupe de tomates	
	de la soupe à l'oignon	
plats principaux?	de la truite°	trout
	du saumon°	salmon
	du bœuf°	beef
	du porc	
	du poulet°	chicken
légumes?	des haricots verts°	green beans
	des petits pois°	peas
	des épinards°	spinach
	des frites°	French fries
	du riz°	rice
fromages?	de l'emmenthal°	Swiss cheese
	du camembert	
	du chèvre°	goat cheese
	du brie	
desserts?	des fruits	
	de la glace°	ice cream
	de la pâtisserie°	pastry
	de la tarte°	pie
	du gâteau°	cake
	une poire	*pear*

❖ **Et vous?** Avez-vous décidé? Qu'est-ce que vous allez commander?
Je vais prendre ...

(s) le plat principal

(no bone) une escalope
une côtelette (bone)
du porc rôti (roasted)

du boeuf — rôti / un steack / un steck / un bifteck
tartare (cru) (raw)

du poulet — rôti

un parfum — (perfume) flavor

Remarques:

1. The words **hors-d'œuvre** and **haricot** begin with the letter **h-** but are treated as if they began with a pronounced consonant. Liaison does not take place after words like **les** and **des,** nor is the letter **-e** dropped in words like **le** and **de.**

    Nous aimons **les/hors-d'œuvre.**   Il n'y a pas **de haricots.**

2. **Hors-d'œuvre** is invariable in the plural.

    un **hors-d'œuvre**   des **hors-d'œuvre**

A. L'article partitif

Apportez-moi **du** pain, s'il vous plaît.	*Please bring me some bread.*
Vous voulez **de la** moutarde?	*Do you want (some) mustard?*
Vous avez **de l'**argent?	*Do you have (any) money?*
Je vais manger **des** frites.	*I'm going to eat (some) French fries.*

■ You have already learned about definite articles and indefinite articles in French. There is a third type of article in French called **l'article partitif** (*the partitive article*) that is used when a noun represents a certain quantity, or a part, of a larger whole. In English, we sometimes use the words *some* or *any* to represent this idea, but sometimes we use no article at all.

Je voudrais **du** gâteau.	*I would like cake (but just some of it).*
Le professeur a **de la** patience.	*The professor has patience (not all the patience in the world, just a portion of it).*
Jean a **des** idées.	*Jean has ideas (but not all the ideas in the whole world).*

partitive article	when to use	examples
du	before a masculine singular noun	**du** pain
de la	before a feminine singular noun	**de la** salade
de l'	before a masculine or feminine singular noun that begins with a vowel sound	**de l'**eau
des	before all plural nouns, masculine or feminine	**des** frites

■ Like the indefinite article, the partitive article usually becomes **de** after a negation.

<table>
<tr><td>Est-ce qu'il y a **de l'**eau minérale?</td><td>*Is there any mineral water?*</td></tr>
<tr><td>Non, il n'y a **pas d'**eau minérale.</td><td>*No, there isn't any mineral water.*</td></tr>
</table>

Note: This rule does not apply after **être.**

Ce n'est pas **du** vin, ce n'est pas **de la** limonade, ce n'est pas **de l'**eau. C'est **du** lait.

■ In a series, the article must be repeated before each noun.

Vous voulez **de la** glace, **de la** tarte ou **du** gâteau?

1. Qu'est-ce que c'est? Identifiez les choses suivantes.

Modèles:

 C'est du pain.

 Ce sont des petits pois.

1. 2. 3.

4. 5. 6.

2. **Qu'est-ce que vous commandez?** Dites au garçon ou à la serveuse que vous aimez la chose indiquée. Ensuite demandez quels sont les choix. Il (elle) va mentionner deux choix. Décidez.

Modèle: vegetables

VOUS: **J'aime beaucoup les légumes. Qu'est-ce que vous avez comme légumes?**

GARÇON/SERVEUSE: **Nous avons des petits pois et des épinards.**

VOUS: **Je voudrais des petits pois, s'il vous plaît.**

1. appetizers	3. fish	5. wine	7. desserts
2. meat	4. vegetables	6. cheese	

3. **Ils viennent de pique-niquer.** Qu'est-ce qu'ils ont apporté (*brought*)? Qu'est-ce qu'ils n'ont pas apporté?

Modèle: Les Delille (pain, salade)
Les Delille ont apporté du pain, mais ils n'ont pas apporté de salade.

1. Séverine (salade, fromage)
2. Roland (haricots verts, moutarde)
3. Serge et Christelle (fromage, vin rouge)
4. Patricia (poisson, vin blanc)
5. Zoé et Pierre (fruits, pâtisserie)
6. Vous (... , ...)

Buts communicatifs

4. **Un(e) touriste va au restaurant.** Jouez la scène suivante en complétant les phrases avec **du, de la, de l', des, de** ou **d'**.

—Vous avez décidé?
—Oui, je voudrais ____ pâté, ____ truite, ____ frites et ____ épinards.
—Et comme boisson?
—Apportez-moi ____ café, s'il vous plaît.
—Mais c'est impossible! Il n'y a jamais ____ café avec le plat principal.
—Qu'est-ce qu'il y a?
—Nous avons ____ vin ou ____ eau minérale.
—Vous n'avez pas ____ orangina?
—Si, si vous insistez. Et comme dessert?
—Je crois que je voudrais ____ gâteau.
—Nous n'avons pas ____ gâteau. Il y a ____ glace et ____ fruits.
—Merci, je ne vais pas prendre ____ dessert.

B. *Ne ... plus*

■ The opposite of **encore** is **ne ... plus** (*no more, not any more, no longer*).

Avez-vous **encore** soif?	*Are you still thirsty?*
Non, je **n'**ai **plus** soif et je **n'**ai **plus** faim.	*No, I'm not thirsty any more and I'm no longer hungry.*

■ **Ne ... plus** works like the other negations you have learned; that is, **ne** and **plus** are placed around the conjugated verb. This means that in the passé composé, **ne** and **plus** surround the auxiliary verb and the past participle follows **plus**.

Je regrette; nous **n'**avons **plus** de glace.	*I'm sorry; we have no more ice cream.*
Je **ne** vais **plus** manger de dessert.	*I am not going to eat any more dessert.*
Delphine **n'**a **plus** parlé à Sylvie après leur dispute.	*Delphine didn't talk to Sylvie any more after their argument.*

5. **Encore à manger ou à boire?** Offrez encore à manger ou à boire. Votre partenaire va refuser poliment.

Modèles: bière
—**Encore de la bière?**
—**Sans façon, je n'ai plus soif.**

pâtisserie
—**Encore de la pâtisserie?**
—**Merci, je n'ai plus faim.**

1. café	4. pâté	7. glace	10. beaujolais
2. eau	5. viande	8. poisson	11. salade
3. limonade	6. frites	9. légumes	12. fromage

Qu'est-que vous prenez comme dessert?

6. **Le restaurant impossible.** Il n'y a plus beaucoup à manger ou à boire. Le garçon (la serveuse) répond toujours **Je regrette** et suggère autre chose. Insistez! Expliquez que vous n'aimez pas ce qu'il (elle) propose.

Modèle: poisson (viande)

VOUS: **Avez-vous du poisson?**

GARÇON/SERVEUSE: **Je regrette, nous n'avons plus de poisson; mais nous avons de la viande.**

VOUS: **Mais je voudrais du poisson! Je n'aime pas la viande.**

1. coca (vin)
2. soupe (hors-d'œuvre)
3. épinards (frites)
4. truite (saumon)
5. pâté (crudités)

6. pâtisserie (glace)
7. chocolat chaud (café)
8. haricots verts (petits pois)
9. orangina (limonade)

I L Y A U N G E S T E

L'addition, s'il vous plaît (*Check, please*). When the French want to signal to a waiter or waitress that they want the check, they pretend to be writing on the open palm of one hand. This is discretely held up for the waiter to see.

E N T R E A M I S L'addition, s'il vous plaît

You have just finished your meal in a French restaurant. You signal the waiter/waitress.

1. Ask the waiter/waitress for your bill.
2. S/he will verify the items you ordered.
3. Confirm or correct what s/he says.

C. Le verbe *prendre*

Nous prenons souvent l'autobus.	*We often take the bus.*
Je prends un café.	*I'm having a cup of coffee.*
Mes amis ne **prennent** pas le petit déjeuner.	*My friends don't eat breakfast.*
Qui a **pris** mon crayon?	*Who took my pencil?*

prendre (*to take; to eat, drink*)			
je	**prends**	nous	**prenons**
tu	**prends**	vous	**prenez**
il/elle/on	**prend**	ils/elles	**prennent**
passé composé: j'ai **pris**			

■ Note the pronunciation distinction between the third person singular and plural forms.

il prend	[prɑ̃]
ils prennent	[prɛn]

■ The verbs **apprendre** (*to learn*) and **comprendre** (*to understand*) are conjugated like **prendre**.

Quelle langue **apprenez-vous?**	*What language are you learning?*
J'apprends le français.	*I'm learning French.*
Peggy **comprend** bien le français.	*Peggy understands French well.*
Comprennent-ils toujours le professeur?	*Do they always understand the teacher?*
Pardon, je n'ai pas **compris.**	*Excuse me, I didn't understand.*

Note: To learn to do something is **apprendre à** + infinitive.

Nous **apprenons à parler** français.	*We are learning to speak French.*

7. **Les voyageurs.** Les personnes suivantes vont voyager. Expliquez quelle langue elles apprennent.

Modèle: Je vais en France.
Alors j'apprends le français.

1. Mes parents vont en Italie.
2. Mon cousin va en Allemagne.
3. Ma sœur va au Mexique.
4. Mon oncle et ma tante vont en Russie.
5. Mes amis et moi allons en Belgique.
6. Vous allez en Chine.
7. Je vais au Maroc.

1/27/93 → **8.** **La plupart des étudiants.** Interviewez votre partenaire à propos de (*regarding*) la plupart des étudiants de votre cours de français. Attention au présent et au passé composé.

Modèles: apprendre le français
—**Est-ce que la plupart des étudiants apprennent le français?**
—**Bien sûr, ils apprennent le français.**

apprendre le français à l'âge de quinze ans
—**Est-ce que la plupart des étudiants ont appris le français à l'âge de quinze ans?**
—**Non, ils n'ont pas appris le français à l'âge de quinze ans.**

1. prendre quelquefois un verre de vin au petit déjeuner
2. prendre le petit déjeuner ce matin
3. comprendre toujours le professeur de français
4. apprendre l'espagnol à l'âge de cinq ans
5. prendre souvent un taxi
6. prendre un taxi hier
7. comprendre cet exercice

9. **À vous.** Répondez.

1. Vos amis prennent-ils le petit déjeuner d'habitude? Si oui, qu'est-ce qu'ils prennent comme boisson?
2. D'habitude, qu'est-ce que vous prenez comme boisson au petit déjeuner? au déjeuner? au dîner?
3. Qu'est-ce que vous avez pris comme boisson ce matin?
4. Qu'est-ce que la plupart des Français prennent comme boisson au dîner?
5. Qu'est-ce que vous allez prendre si vous dînez dans un restaurant français?
6. Si vous commandez un dessert, que prenez-vous d'habitude?
7. Comprenez-vous toujours un menu français?
8. Avez-vous appris à faire la cuisine?

2. Discussing Quantities

Qu'est-ce qu tu manges, Solange?
    Je mange ...
        trop de glace.
        beaucoup de frites.
        assez de poisson.
        un peu de gâteau.
        peu d'épinards.
    Je mange ...

un morceau° de pizza.	*piece*
une tranche de jambon°.	*slice of ham*
une assiette° de crudités.	*plate*
une boîte de bonbons°.	*box of candy*
une boîte de petit pois	can of peas
une boîte de lait	carton of milk

✤ **Et vous?** Qu'est-ce que vous mangez?
    Je mange ...
    Qu'est-ce que vous buvez°? *you drink*
    Je bois° ... *I drink*

Remarque: The plural of **un morceau** is **des morceaux**.

Thomas a mangé cinq **morceaux** de pizza.

D. Les expressions de quantité

■ You have already been using expressions of quantity through this course. There are two kinds of expressions of quantity: specific measures (**une tasse, un verre,** etc.) and indefinite expressions of quantity (**assez, beaucoup,** etc.).

■ To use these expressions of quantity with nouns, insert **de** (but no article) before the noun.

Une bouteille de vin, s'il vous plaît.	*A bottle of wine please.*
Une douzaine d'œufs, s'il vous plaît.	*A dozen eggs, please.*
Il faut **un kilo de porc.**	*We need a kilo of pork.*
Trois kilos de pommes de terre aussi.	*Three kilos of potatoes also.*
Je voudrais **un morceau de pain.**	*I'd like a piece of bread.*
Ils n'ont pas **beaucoup d'amis.**	*They don't have a lot of friends.*
Combien de frères ou **de sœurs** avez-vous?	*How many brothers and sisters do you have?*

■ **Trop, beaucoup, assez,** and **peu** can be used with either singular or plural nouns. *Un* **peu** can only be used with singular nouns, those that cannot be counted. To express the idea of a small amount with a plural noun (which *can* be counted), use **quelques** (*a few, some*) without **de.**

	Voulez-vous **un peu de** fromage?	*Would you like a little cheese?*
But:	Voulez-vous **quelques** frites?	*Would you like a few French fries?*

■ The indefinite expressions of quantity can also be used with verbs, without the addition of **de.**

Je chante **beaucoup.**	*I sing a lot.*
Rip van Winkle a **trop** dormi.	*Rip van Winkle slept too much.*
Nous avons **assez** travaillé!	*We have worked enough!*

■ To express how much you like or dislike a thing, the definite article (not **de**) is used before the noun.

Je n'aime pas **beaucoup le** lait.	*I don't much like milk.*
Mon frère aime **trop la** glace.	*My brother likes ice cream too much.*

■ **Peu de** can be introduced by the word **très** to make it more emphatic. **Très** cannot be used with the other expressions of quantity.

Il a mangé **très peu de** brocoli.

E. Le verbe *boire*

Quel vin **boit-on** avec du poisson?
Nous buvons un peu de thé.
Nos amis mangent de la salade et **ils boivent** de l'eau.
Hélène a trop bu!

	boire (*to drink*)		
je	**bois**	nous	**buvons**
tu	**bois**	vous	**buvez**
il/elle/on	**boit**		
ils/elles	**boivent**		
	passé composé: j'**ai bu**		

■ Note the pronunciation distinction between the third person singular and plural forms.

elle boit   [bwa]
elles boivent   [bwav]

10. **Les goûts et les couleurs** (*Tastes and colors*). Faites des précisions en utilisant (*by using*) les expressions de quantité entre parenthèses.

Modèles: **Nous buvons du vin.** (peu)   **Nous aimons les fruits.** (beaucoup)
Nous buvons peu de vin.   **Nous aimons beaucoup les fruits.**

1. Ma sœur boit de l'orangina. (trop)
2. Elle aime l'orangina. (beaucoup)
3. Nos parents prennent du café. (un peu)
4. Vous avez de la salade? (assez)
5. Jean n'aime pas le vin. (beaucoup)
6. Il boit de l'eau. (peu)
7. Tu as de l'argent? (un peu)
8. J'aime le poisson. (assez)
9. Du vin blanc, s'il vous plaît. (un verre)
10. Marie désire des hors-d'œuvre. (quelques)
11. Je voudrais de la viande et du vin. (quatre tranches/une bouteille)

verb / de preference

11. **Dans ma famille.** Décrivez les habitudes culinaires de votre famille.

Modèles: **Nous mangeons beaucoup de glace.**
Ma sœur boit très peu de lait.

mes parents		trop	épinards
ma sœur		beaucoup	fruits
mon frère	manger	assez	limonade
je	boire	peu	lait
nous		très peu	glace
		jamais	salade
			poisson
			eau
			chocolat chaud
			pommes de terre

12. **Sur le campus.** Utilisez une expression de quantité pour répondre à chaque question.

Modèle: **Les étudiants ont-ils du temps libre?**   **Ils ont très peu de temps libre.**

1. Avez-vous des amis à l'université?
2. Est-ce que les étudiants de votre université boivent de la bière?
3. Aiment-ils le coca light?
4. Est-ce que vos amis boivent du thé?
5. Vos amis mangent-ils du fromage?
6. Les étudiants mangent de la pizza, n'est-ce pas?
7. Les étudiants ont-ils des devoirs?

13. **L'appétit vient en mangeant** (*Eating whets the appetite*). Complétez les paragraphes avec **le, la, l', les, du, de la, de l', des, de** et **d'**.

1. Françoise est au restaurant. Elle va manger ____ hors-d'œuvre, ____ poisson, ____ viande, ____ salade, un peu ____ fromage et beaucoup ____ glace. Elle va boire ____ vin blanc avec ____ poisson et ____ vin rouge avec ____ viande et ____ fromage. Mais elle ne va pas manger ____ soupe parce qu'elle n'aime pas ____ soupe.

2. Monsieur et Madame Blanc ne boivent jamais ____ café. Ils détestent ____ café mais ils aiment beaucoup ____ thé. Quelquefois ils boivent ____ vin, mais jamais beaucoup. Leurs enfants adorent ____ orangina et ____ coca-cola classique. Malheureusement (*unfortunately*), il n'y a jamais ____ orangina ou ____ coca chez eux. Les parents pensent que ____ coca et ____ orangina ne sont pas bons pour les dents (*teeth*). Alors leurs enfants boivent ____ lait ou ____ eau.

Note: Les Québécois disent «déjeuner» pour **petit déjeuner,** «dîner» pour **déjeuner** et «souper» pour **dîner.**

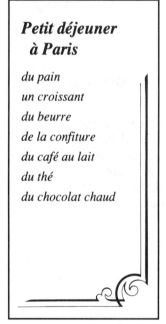

Petit déjeuner à Paris

du pain
un croissant
du beurre
de la confiture
du café au lait
du thé
du chocolat chaud

Petit déjeuner à Québec

du jus de fruits (orange, pomme, canneberge)
des céréales (froides or chaudes)
un œuf
du jambon ou du bacon
du pain grillé
des crêpes
du beurre
de la confiture
du sirop d'érable
du café
du thé
du lait
du chocolat chaud

ENTRE AMIS Petit déjeuner chez vous

1. Greet your partner and offer him/her some **café au lait.** (S/he accepts).
2. Tell your partner what you are having for breakfast.
3. Find out if s/he likes the **café au lait.**
4. If so, offer some more. If not, offer something else to drink.

CAFE PERFECTION

3. Expressing an Opinion

Que penses-tu de ce fromage, René?
    Miam°, il est délicieux.   *Yum*
Que penses-tu de ces épinards?
    Ils sont assez bons.
Que penses-tu de la pizza aux anchois°?   *anchovies*
    Berk°, elle est affreuse°!   *Yuck / awful*

❖ **Et vous?**

Que pensez-vous du thé au citron? Est-il ... délicieux? bon? affreux?
Que pensez-vous des croissants français? Sont-ils ... délicieux? bons? affreux?
Que pensez-vous de la glace au chocolat? Est-elle ... délicieuse? bonne? affreuse?
Que pensez-vous des soupes froides? Sont-elles ... délicieuses? bonnes? affreuses?

14. Qu'en penses-tu? (*What do you think of it/of them?*) Vous êtes à une soirée avec un(e) ami(e). Donnez votre opinion des choses indiquées et demandez l'opinion de votre ami(e).

Modèles: hors-d'œuvre

VOUS: **Je trouve ces hors-d'œuvre assez bons. Qu'en penses-tu?**

VOTRE AMI(E): **Je suis d'accord. Ils sont délicieux.**

pâtisserie

VOUS: **Je trouve cette pâtisserie affreuse! Qu'en penses-tu?**

VOTRE AMI(E): **Mais pas du tout. Elle est excellente.**

1. fromage
2. bière
3. café
4. glace
5. fruits (*m.*)
6. poisson
7. légumes (*m.*)
8. vin
9. viande
10. salade

E N T R E A M I S Que penses-tu de ...

1. Give your partner something to eat and drink.
2. Toast your partner.
3. Ask what s/he thinks of the food.
4. Find out what s/he thinks of the drink.
5. Offer some more.

F. Quelques expressions avec *avoir*

■ A number of idiomatic expressions in French use **avoir** with a noun where English would use *to be* with an adjective.

Feelings		*Opinions/Judgments*	
j'ai faim	*I am hungry*	j'ai raison	*I am right*
j'ai soif	*I am thirsty*		*I am wise*
j'ai froid	*I am cold*	j'ai tort	*I am wrong*
j'ai chaud	*I am hot*		*I am unwise*
j'ai sommeil	*I am sleepy*		
j'ai peur	*I am afraid*		

■ **Peur, raison,** and **tort** can be used alone, but are often followed by **de** and an infinitive. **Peur** can also be followed by **de** and a noun.

Paul **a tort de** fumer.	*Paul is wrong to smoke.*
Tu **as raison d'**étudier souvent.	*You are wise to study often.*
Nous **avons peur d'**échouer.	*We are afraid of failing.*
Je n'ai pas peur des examens.	*I am not afraid of tests.*

■ When an infinitive is negative, both **ne** and **pas** precede it.

Il a eu tort de **ne pas étudier.**	*He was wrong not to study.*

15. **Explications.** Donnez une explication ou exprimez votre opinion. Complétez les phrases suivantes avec une des expressions idiomatiques avec le verbe **avoir.**

Modèle: Olivier ne porte pas de manteau en novembre. Il ...
Il a chaud. ou
Il a tort.

1. Je suis fatigué. J' ...
2. Ah! quand nous pensons à une bonne pizza au fromage, nous ...
3. Christelle pense qu'on parle espagnol au Portugal. Elle ...
4. Mon frère ... des gros chiens.
5. Vous pensez que notre professeur est charmant? Ah! vous ...
6. Nous allons boire quelque chose parce que nous ...
7. Cet après-midi je voudrais aller à la piscine. J' ...
8. C'est le mois de décembre et nous ...

16. **Si c'est comme ça** (*If that's the way it is*). Utilisez une ou deux expressions avec **avoir** pour compléter les phrases suivantes.

2/2/93

Modèle: Si on travaille beaucoup, on ...
Si on travaille beaucoup, on a faim et soif.

1. On a envie de manger quelque chose si on ...
2. Si on ne va pas aux cours, on ...
3. Si on ne porte pas de manteau en décembre, on ...
4. Si on pense que deux fois quatre font quarante-quatre, on ...
5. S'ils font leurs devoirs, les étudiants ...
6. On transpire (*perspire*) si on ...
7. Si on ne boit pas d'eau, on ...
8. Si on pense que les professeurs sont méchants, on ...

17. À vous. Répondez.

1. À quel(s) moment(s) de la journée avez-vous faim? Que faites-vous quand vous avez faim?
2. À quel(s) moment(s) de la journée avez-vous soif ? Que faites-vous?
3. Où vont les étudiants de votre université quand ils ont soif?
4. À quel(s) moment(s) de la journée avez-vous sommeil? Que faites-vous?
5. Pendant quels cours avez-vous envie de dormir?
6. Quel vêtement portez-vous si vous avez froid?
7. Que faites-vous si vous avez chaud?
8. Avez-vous peur d'échouer?
9. Avez-vous peur avant un examen? Si oui, de quels examens avez-vous peur?
10. Vos professeurs ont-ils toujours raison?

18. Microconversation: À table. Madame Verdier est la «mère française» de Paul Thomas. Elle encourage Paul à manger et à boire. Suivez le modèle et faites les changements nécessaires.

Modèle: viande

MME VERDIER: **Encore de la viande, Paul?**

PAUL: **Merci, Madame. Je n'ai vraiment plus faim.**

MME VERDIER: **Mais si! Prenez encore un peu de viande.**

PAUL: **Non, vraiment. C'était *(It was)* délicieux mais j'ai bien mangé. Sans façon.**

MME VERDIER: **Très bien. Je n'insiste plus.**

1. vin
2. poisson
3. salade
4. orangina
5. glace
6. café

ENTRE AMIS Un examen

1. Tell your partner that there is a test next week.
2. Find out if s/he is afraid.
3. Find out if s/he is going to study this weekend.
4. Depending on the answer, say whether you think s/he is wise or unwise.

4. Expressing a Preference

Quelles sorte de sandwichs préfères-tu, Valérie?
     Je préfère les sandwichs au fromage.
Quelles sorte de pizzas préfères-tu?
     Je préfère les pizzas aux champignons°.   *mushrooms*
Quelle sorte de glace préfères-tu?
     Je préfère la glace à la fraise°.   *strawberry*

✤   **Et vous?**   Que préférez-vous?
     Moi, je préfère les sandwichs ...
         au beurre°   *with butter*
         au beurre d'arachide°   *with peanut butter*
         à la confiture°   *with jam*
         au fromage
         au jambon
         au ketchup
         à la mayonnaise
         à la moutarde
         au pâté
     Et je préfère les pizzas ...
         au fromage
         aux champignons
         aux anchois
         à l'ail°   *with garlic*
     Et je préfère la glace ...
         au chocolat
         à la vanille
         à la fraise

Remarque: Use **à** and the definite article to specify the important ingredients of something.

une omelette **au fromage**	*a cheese omelet*
une crêpe **au beurre et à la confiture**	*a crepe with butter and jam*
une pizza **aux champignons**	*a mushroom pizza*
un sandwich **au beurre d'arachide**	*a peanut butter sandwich*

19. **Quel choix!** Vous êtes dans une pizzeria à Paris. Demandez à la serveuse ou au garçon le choix qu'elle (il) offre. Elle (il) va répondre. Ensuite commandez quelque chose.

Modèle: pizzas

VOUS: **Quelles sortes de pizzas avez-vous?**
SERVEUSE/GARÇON: **Nous avons des pizzas au jambon, aux champignons et au fromage.**
VOUS: **Je voudrais une pizza au fromage et au jambon, s'il vous plaît.**

1. sandwichs
2. omelettes
3. pizzas

4. glaces
5. crêpes

20. **Mes préférences.** Écrivez trois petits paragraphes pour décrire ...

1. les choses que vous aimez beaucoup
2. les choses que vous mangez si vous avez très faim
3. les choses que vous ne mangez jamais

G. Les verbes comme *préférer*

Vous préférez la glace ou la pâtisserie?
Je préfère le chocolat hollandais.

Do you prefer ice cream or pastry?
I prefer Dutch chocolate.

Espérez-vous aller en France un jour?
Oui, et **j'espère** aller au Canada aussi.

Do you hope to go to France sometime?
Yes, and I hope to go to Canada also.

Répétez, s'il vous plaît.
Mon fils répète toujours les mêmes phrases!

Repeat please.
My son always repeats the same sentences!

■ The verbs **préférer** (*to prefer*), **espérer** (*to hope*), **répéter** (*to repeat; to practice*), and **exagérer** (*to exaggerate*) are all conjugated as regular **-er** verbs except that before a silent ending (as in the present tense of the **je, tu, il/elle/on,** and **ils/elles** forms), the **-é-** before the ending becomes **-è-**.

<table>
<tr><td colspan="4">préférer (to prefer)</td></tr>
<tr><td colspan="2">silent endings</td><td colspan="2">pronounced endings</td></tr>
<tr><td>je</td><td>préfère</td><td>nous</td><td>préférons</td></tr>
<tr><td>tu</td><td>préfères</td><td>vous</td><td>préférez</td></tr>
<tr><td>il/elle/on</td><td>préfère</td><td></td><td></td></tr>
<tr><td>ils/elles</td><td>préfèrent</td><td></td><td></td></tr>
<tr><td colspan="4">passé composé: j'ai préféré</td></tr>
</table>

21. **Qu'est-ce que tu préfères?** Interviewez une autre personne selon le modèle.

Modèle: aller au cinéma ou faire tes devoirs
          VOUS: **Est-ce que tu préfères aller au cinéma ou faire tes devoirs?**
    VOTRE PARTENAIRE: **Je préfère faire mes devoirs, naturellement.**
          VOUS: **Masochiste!**

1. le samedi soir ou le lundi matin
2. faire la vaisselle ou faire la cuisine
3. New York ou Los Angeles
4. la politique ou les mathématiques
5. partir en vacances ou travailler
6. étudier ou jouer au tennis
7. le cinéma ou le théâtre
8. le petit déjeuner ou le dîner
9. voyager ou rester à la maison
10. les sandwichs ou les omelettes
11. le coca ou le coca light
12. apprendre les mathématiques ou apprendre le français
13. regarder la télévision ou écouter la radio
14. la truite ou les anchois

22. **Microconversation: Vous déjeunez au restaurant.** Qu'est-ce qu'il y a à manger et à boire? Il y a toujours un choix. Vous préférez autre chose, mais il faut choisir (*you have to choose*). Suivez (*follow*) le modèle.

Modèle: le fromage

VOUS: **Qu'est-ce que vous avez comme fromage?**
GARÇON: **Nous avons du brie et du gruyère.**
VOUS: **Je préfère le chèvre. Vous n'avez pas de chèvre?**
GARÇON: **Je regrette, mais le brie et le gruyère sont très bons.**
VOUS: **Très bien, je vais prendre un petit morceau de brie,
s'il vous plaît.**

(*Un peu plus tard*)

GARÇON: **Comment trouvez-vous le brie?**
VOUS: **Je pense qu'il est excellent!**

1. les hors-d'œuvre
2. la glace
3. la viande
4. les légumes
5. le fromage
6. les desserts
7. la pizza
8. les sandwichs (*m.*)
9. les omelettes (*f.*)

ENTRE AMIS Au snack-bar

1. Find out if your partner is hungry. (S/he is.)
2. Find out if s/he likes sandwiches, pizza, ice cream, etc.
3. Find out what kind of sandwich, etc., s/he prefers.
4. Tell your partner what you are going to order.

Révision et Intégration

A. À la carte

1. Nommez trois sortes de pizza.
2. Nommez trois sortes de sandwichs.
3. Nommez trois sortes de légumes.
4. Nommez trois sortes de plats principaux.

B. À vous. Répondez.

1. Où allez-vous si vous avez faim ou soif?
2. Aimez-vous les sandwichs? Si oui, quelle sorte de sandwich préférez-vous?
3. Qu'est-ce que vous préférez comme pizza?
4. Si vous allez au restaurant, qu'est-ce que vous commandez d'habitude? Qu'est-ce que vous refusez de manger?
5. Avez-vous pris le petit déjeuner ce matin? Si oui, qu'est-ce que vous avez mangé? Qu'est-ce que vous avez bu?
6. Qu'est-ce que vous buvez le soir d'habitude?
7. Qu'est-ce que vous pensez du vin de Californie? du vin de New York? du vin français?
8. Qu'est-ce que vous pensez du fromage américain? Du fromage français?
9. Que pensez-vous des repas (*meals*) au restaurant universitaire?
10. À quel moment avez-vous sommeil? Pourquoi?
11. Qu'est-ce que vous espérez faire dans la vie?

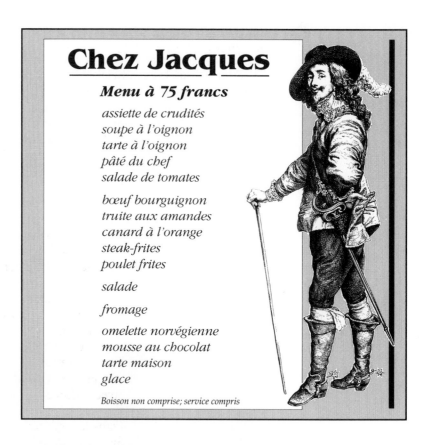

Chez Jacques

Menu à 75 francs

assiette de crudités
soupe à l'oignon
tarte à l'oignon
pâté du chef
salade de tomates

bœuf bourguignon
truite aux amandes
canard à l'orange
steak-frites
poulet frites

salade

fromage

omelette norvégienne
mousse au chocolat
tarte maison
glace

Boisson non comprise; service compris

ENTRE AMIS Le menu, s'il vous plaît

You are a waiter (waitress). Use the menu provided and wait on two customers. When you have finished taking their order, tell the chef (the teacher) what they are having.

C. *Rédaction:* **L'espionnage dans un restaurant français.** You are a spy (**espion / espionne**). Working under cover, you have been asked to learn all you can about the couple seated at the table next to you. They are discussing food and drink but may be using a code. Some of their choices seem highly unusual. Take notes and copy down the dialogue that you hear.

A. **Imaginez une scène.** Deux personnes prennent le petit déjeuner ensemble. Imaginez cette scène. Répondez aux questions suivantes.

1. Qu'est-ce qu'il y a sur la table?
2. Qui sont les deux personnes?
3. Que font-elles?
4. Que boivent-elles?
5. De quoi est-ce qu'elles parlent?
6. Quel temps fait-il?

Déjeuner du Matin

Il a mis[1] le café
Dans la tasse
Il a mis le lait
Dans la tasse de café
Il a mis le sucre
Dans le café au lait
Avec la petite cuiller[2]
Il a tourné
Il a bu le café au lait
Et il a reposé[3] la tasse
Sans me parler
Il a allumé[4]
Une cigarette
Il a fait des ronds[5]
Avec la fumée
Il a mis les cendres[6]
Dans le cendrier[7]
Sans me parler
Sans me regarder
Il s'est levé[8]
Il a mis
Son chapeau sur sa tête[9]
Il a mis
Son manteau de pluie[10]
Parce qu'il pleuvait[11]
Et il est parti
Sous la pluie
Sans une parole[12]
Sans me regarder
Et moi j'ai pris
Ma tête dans ma main[13]
Et j'ai pleuré.

Jacques Prévert

1. He put 2. spoon 3. He set down 4. He lit 5. rings 6. ashes 7. ashtray 8. he got up 9. head 10. rain 11. it was raining 12. a word 13. hand

B. Questions. Répondez.

1. Où sont ces personnes?
2. Qui sont les deux personnes? (Imaginez)
3. Quels problèmes possibles ont-elles? (Imaginez)
4. Est-ce que ce poème est triste? Expliquez votre réponse.

C. Jouez cette scène. Faites tous les gestes nécessaires et présentez le poème *Déjeuner du Matin* sans parler.

A. Étude du vocabulaire. Study the following sentences and match the word in bold print with its correct English equivalent: *posters, law, killed, die, forbidden, drunk, people.*

1. Le Président va signer la nouvelle **loi** que l'Assemblée a votée.
2. Ce film est **interdit** aux moins de 18 ans.
3. Les **gens** qui boivent trop deviennent quelquefois alcooliques.
4. À la guerre beaucoup de soldats **meurent**.
5. Cet homme a trop bu; il est **ivre**.
6. Mon oncle est mort. Il a été **tué** dans un accident.
7. Danielle a quelques **affiches** de chanteurs rock dans sa chambre.

B. Pourquoi ne pas boire? Scan the following article and find one reason why drinking is dangerous.

Alcool: pas de publicité à la télé

PARIS: Le ministre de la Santé et de la Famille voudrait faire voter une loi qui interdit, à la radio et à la télévision, la publicité sur les boissons alcoolisées. Il pense que ce type de publicité pousse les jeunes à boire de l'alcool. Car[1] souvent les annonces publicitaires donnent une bonne image de l'alcool, alors qu'il fait des ravages et coûte[2] cher à la société. Beaucoup de gens meurent de maladies dues à l'excès de boissons alcoolisées. Les automobilistes ivres, qui sont responsables d'accidents, tuent des gens innocents. Bref, l'alcool, comme la drogue, est un danger pour les jeunes.

La publicité sur l'alcool dans les journaux, au cinéma et sur les affiches va être aussi très surveillée[3]. Elle ne doit pas[4] encourager les jeunes à boire. Cette idée ne plaît pas aux médias car ils perdent[5] de l'argent quand ils ne peuvent pas[6] avoir ces publicités. La loi va être discutée cette année à l'Assemblée nationale.

adapté du *Journal des Enfants (L'Alsace)*

1. because   2. costs   3. watched   4. must not   5. lose   6. cannot

Chapitre 8

C.

Vrai ou faux? Décidez si les phrases suivantes sont vraies ou fausses selon la lecture. Si une phrase est fausse, corrigez-la.

1. L'alcool n'est pas dangereux.
2. Beaucoup de gens boivent trop d'alcool.
3. Il y a des gens qui meurent parce que des automobilistes ont trop bu.
4. La publicité pour le vin et la bière encourage les jeunes à boire.
5. Il n'y a pas de publicité pour les boissons alcoolisées dans les journaux.
6. Les médias sont heureux de faire de la publicité pour les boissons alcoolisées.

D.

Questions. Répondez.

1. Pourquoi le ministre de la Santé est-il contre la publicité pour les boissons alcoolisées?
2. Quels sont deux résultats négatifs de l'utilisation de l'alcool?
3. Y a-t-il de la publicité pour les boissons alcoolisées à la télévision dans votre pays? à la radio? dans les journaux? sur les affiches?
4. Y a-t-il des publicités pour les cigarettes à la télévision dans votre pays? à la radio? dans les journaux? sur les affiches?
5. Pourquoi les médias ne sont-ils pas contents?

E.

Familles de mots. Essayez de deviner le sens des mots suivants.

1. afficher, une affiche
2. boire, un buveur, une buveuse, une boisson
3. discuter, une discussion
4. mourir, mort(e), la mort

Vocabulaire actif

Boissons

un apéritif *before-dinner drink*	du beaujolais *Beaujolais*	du bordeaux *Bordeaux*

Hors-d'œuvre ou soupe

des crudités (*f. pl.*) *raw vegetables*	de la salade de tomates *tomato salad*	
un hors-d'œuvre *appetizer*	de la soupe *soup*	
du pâté *pâté (meat spread)*		

Viandes

du bœuf	*beef*	du porc	*pork*
du jambon	*ham*	de la viande	*meat*
du poulet	*chicken*		

Poissons

des anchois (*m.*)	*anchovies*	du saumon	*salmon*	de la truite	*trout*

Légumes

de l'ail (*m.*)	*garlic*	un légume	*vegetable*
du brocoli	*broccoli*	un oignon	*onion*
des épinards (*m. pl.*)	*spinach*	des petits pois (*m.*)	*peas*
des frites (*f. pl.*)	*French fries*	une pomme de terre	*potato*
des haricots verts (*m.*)	*green beans*	du riz	*rice*

Fromages

du brie	*Brie*	du chèvre	*goat cheese*
du camembert	*Camembert*	de l'emmenthal	*Swiss cheese*

Desserts

un bonbon	*candy*	de la glace (à la vanille)	*(vanilla) ice cream*
un dessert	*dessert*	de la pâtisserie	*pastry*
des fraises (*f.*)	*strawberries*	une pomme	*apple*
un fruit	*fruit*	de la tarte	*pie*
du gâteau	*cake*		

D'autres choses à manger

du beurre	*butter*	de la moutarde	*mustard*
du beurre d'arachide	*peanut butter*	un œuf	*egg*
des céréales (*f. pl.*)	*cereal*	une omelette	*omelet*
des champignons (*m.*)	*mushrooms*	du pain	*bread*
de la confiture	*jam*	du pain grillé	*toast*
un croissant	*croissant*	de la salade (verte)	*(green) salad*
du ketchup	*ketchup*	un sandwich	*sandwich*
de la mayonnaise	*mayonnaise*	une tomate	*tomato*

Quantités et mesures

une assiette	*plate*	un kilo	*kilogram*
une boîte	*box; can*	un morceau	*piece*
une bouteille	*bottle*	une tranche	*slice*
une douzaine	*dozen*		

D'autres noms

l'addition (f.)	(restaurant) bill, check	le plat principal	main course, main dish
l'argent (m.)	money	un repas	meal
un choix	choice	la salle à manger	dining room
la cuisine	kitchen; cooking	une serveuse	waitress
le déjeuner	lunch	le théâtre	theater
un garçon	waiter; boy		
le petit déjeuner	breakfast		

Adjectifs

affreux (affreuse)	horrible	délicieux (délicieuse)	delicious	quelques	a few; some

Verbes

apporter	to bring	boire	to drink
apprendre	to learn; to teach	comprendre	to understand
avoir chaud	to be hot	échouer	to fail
avoir faim	to be hungry	espérer	to hope
avoir froid	to be cold	exagérer	to exaggerate
avoir peur	to be afraid	penser	to think
avoir raison	to be right; to be wise	préférer	to prefer
avoir soif	to be thirsty	prendre	to take; to eat, to drink
avoir sommeil	to be sleepy	répéter	to repeat; to practice
avoir tort	to be wrong; to be unwise		

Adverbes

naturellement	naturally	peu (de)	little; few	plus (ne ... plus)	no more; no longer

Expressions utiles

à propos de	regarding, on the subject of
au contraire	on the contrary
Berk!	Yuck! Awful!
bien sûr	of course
Encore à boire (manger)?	More to drink (eat)?
Encore de ... ?	More ... ?
Je n'insiste pas.	I won't insist.
je regrette	I'm sorry
Miam!	Yum!
Puis-je essayer ... ?	May I try ... ?
Quelle(s) sorte(s) de ... ?	What kind(s) of ... ?
Qu'en penses-tu?	What do you think of it (of them)?
Qu'est-ce que vous avez comme ... ?	What do you have for (in the way of) ... ?
sans façon	honestly; no kidding
si vous insistez	if you insist

Escale 2

LE SÉNÉGAL

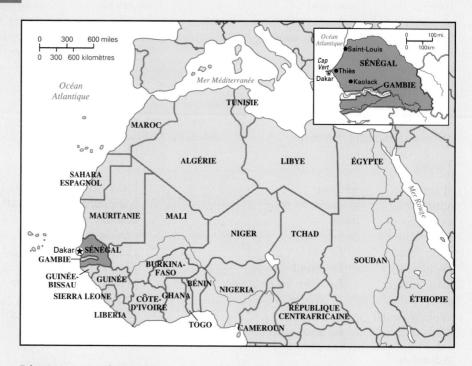

STATUT LÉGAL:	République indépendante
LANGUE OFFICIELLE:	français
AUTRE LANGUE:	wolof (la langue la plus parlée du pays)
MONNAIE:	franc CFA[1]
CAPITALE:	Dakar
AUTRES VILLES:	Thiès, Kaolack, Saint-Louis
SUPERFICIE:	196.722 km^2 (équivalente à celle du Dakota du Sud ou du Nebraska)
POPULATION:	7.360.000 (équivalente à celle de la Caroline du Nord)
RELIGION:	85% musulmane; 5% chrétienne
GROUPES ETHNIQUES PRINCIPAUX:	Wolofs, Serers
EXPORTS PRINCIPAUX:	arachides, huile d'arachide, phosphates, poissons en boîte
CLIMAT:	tropical; 2 saisons prononcées: l'hiver sec et frais et l'été humide
FLEUVES:	le Sénégal, la Gambie, la Casamance

1. CFA = Communauté financière africaine

274

1. **Vrai ou faux?** Décidez si les phrases suivantes sont vraies ou fausses. Si une phrase est fausse, corrigez-la.

1. Le Sénégal fait partie de la France.
2. La capitale du Sénégal est Dakar.
3. Le Sénégal est plus grand que le Texas.
4. L'agriculture joue un rôle important au Sénégal.
5. Il y a plusieurs grands fleuves au Sénégal.
6. Le français est la langue la plus parlée au Sénégal.

2. **Que savez-vous?** Nommez ...

1. trois pays voisins du Sénégal.
2. un pays dont le Sénégal est le seul voisin.
3. le groupe ethnique principal du Sénégal.
4. la religion principale au Sénégal.

L'HISTOIRE DU SÉNÉGAL

En wolof, la langue régionale la plus parlée du Sénégal, «Su nu Gal» veut dire «nos canoës». Voilà l'origine du nom du pays, «Sénégal». La population du Sénégal moderne date de l'époque pré-historique. Au quinzième siècle, les Portugais ont découvert les grands fleuves de la région, points d'entrée excellents pour l'Afrique occidentale. Les autres nations européennes, y compris la France, ont établi des centres commerciaux dans la région pendant les seizième et dix-septième siècles. Les Européens s'intéressaient à l'or, à l'ivoire et surtout aux esclaves. Ils ont commencé à cultiver des arachides pour nourrir les esclaves avant de les envoyer en Amérique. Aujourd'hui l'arachide et l'huile d'arachide sont parmi les produits principaux du Sénégal.

En 1802, le Sénégal est devenu une colonie française. En 1892, la colonie est un des pays membres de l'Afrique-Occidentale française. Cette fédération se composait des territoires français de la Mauritanie, du Soudan, de la Haute-Volta, de la Guinée, du Niger, de la Côte-d'Ivoire, du Dahomey et du Sénégal.[2] La capitale de la fédération était à Dakar, au Sénégal. Aujourd'hui, ces pays ont toujours des relations étroites entre eux; la plupart d'entre eux utilisent la même monnaie, le franc CFA.

En 1960, le Sénégal a obtenu son indépendance. Moins d'un an après, la République du Sénégal est née. Léopold Sédar Senghor est son premier président. En 1981, Abdou Diouf, l'ancien premier ministre, a succédé à Senghor comme président.

Puisqu'il y a une présence française au Sénégal depuis plus de 300 ans, le français est devenu la langue officielle du pays. Mais il y a beaucoup d'autres langues régionales qui se parlent, comme le wolof.

Quatre-vingt-cinq pour cent des Sénégalais sont musulmans, et beaucoup d'entre eux portent des vêtements traditionnels. Pour les femmes, cela veut dire une longue robe qu'on appelle le *hedjab* et le *tchador* pour couvrir la tête. Pour les hommes, cela veut dire un *boubou*, longue tunique flottante en coton.

Le Sénégal a toujours eu de bonnes relations avec la France, qui continue à offrir de l'aide financière à la nation. Beaucoup de jeunes Sénégalais vont en France pour faire leurs études. D'autres décident d'étudier à l'université de Dakar, une des plus grandes universités en Afrique noire. Il y a 8.000 étudiants à l'université de Dakar qui viennent de tous les pays de l'Afrique occidentale. L'instruction à l'université est gratuite; il faut simplement réussir à un examen d'entrée.

2. Aujourd'hui, le Dahomey s'appelle le Bénin et la Haute-Volta s'appelle Burkina-Faso.

Des femmes sénégalaises en
vêtements traditionnels

3. **Avez-vous compris?** Répondez.

1. Que veut dire le nom «Sénégal» en wolof? Imaginez pourquoi on a
   appelé le pays par ce nom.
2. Pendant combien d'années le Sénégal a-t-il été une colonie française?
3. Combien de pays y avait-il dans la fédération de l'Afrique-
   Occidentale française? Quelle était la capitale de la fédération?
4. Comment s'appelle le premier président du Sénégal? et le deuxième?
5. L'université de Dakar est-elle plus grande ou moins grande que votre
   université?

Dakar, la capitale du Sénégal, est la ville la plus européenne entre Casablanca (au Maroc) et Abidjan (en Côte-d'Ivoire). On y trouve de grands immeubles modernes, de belles maisons à la française (qui datent de l'époque coloniale) et des avenues bordées d'arbres. Dakar possède la plupart des services publics dont bénéficient généralement toutes les villes importantes. Cependant, à cause de la croissance[3] urbaine et des énormes quantités d'eau embarquées par les navires[4] qui y font escale, les réserves d'eau sont parfois insuffisantes pour les besoins de la ville.

Dakar est la ville le plus à l'ouest de l'Afrique. Alors, la plupart des vols aériens entre l'Afrique et l'Amérique ou l'Europe passent par Dakar. C'est en plus un grand centre métropolitain et un des ports maritimes les plus importants de l'Afrique occidentale. En fait, Dakar est le centre de l'Afrique occidentale, pas seulement du Sénégal.

3. une croissance = une augmentation
4. un navire = un grand bateau

4. À vous. Répondez.

1. Est-ce que Dakar est une grande ville ou une petite ville?
2. Est-ce qu'il y a des rues bordées d'arbres dans votre ville?
3. Nommez quelques services publics typiques d'une ville importante.
4. Pourquoi les navires ont-ils besoin d'embarquer d'énormes quantités d'eau quand ils arrivent à Dakar?
5. Dakar est la ville le plus à l'ouest de l'Afrique. Nommez un autre pays à la même latitude. Nommez deux autres pays à la même longitude. (Regardez la carte du monde sur la couverture intérieure de votre livre.)

Léopold Senghor est un des fondateurs de la République du Sénégal. Il a été président du Sénégal pendant 21 ans. Mais il est aussi réputé pour sa poésie et ses écrits. C'est lui qui a inventé la notion de la *négritude*[5] et qui l'a développée dans ses poèmes, ses essais et dans le reste de son œuvre.

Senghor est un personnage fascinant. Il n'est pas wolof, comme la plus grande partie de la population sénégalaise. Sa famille est serer, un autre groupe ethnique au Sénégal. En plus, il est catholique, malgré le fait que la vaste majorité des Sénégalais soient musulmans.

Pendant des années, il a travaillé pour l'indépendance du

Sénégal. Il a fondé le parti socialiste du Sénégal, un parti très progressiste. Mais, Senghor est aussi un des quarante membres de l'Académie française, une des institutions les plus conservatrices de la France. Un homme politique habile, c'est aussi un des poètes les plus importants de la langue française du vingtième siècle.

5. Selon Senghor, la négritude est l'ensemble des valeurs spirituelles et culturelles de la culture noire africaine.

5. À vous. Répondez.

1. Est-ce que Senghor a été président du Sénégal pendant longtemps?
2. Pouvez-vous nommer un autre homme ou une femme politique qui a été poète ou écrivain?
3. Dans quels sens est-ce que Senghor est différent de la majorité des gens de son pays?

C H A P I T R E 9

Où est-ce qu'on l'achète?

Buts communicatifs
Finding out where things are
  sold
Describing an illness or
  injury
Making a purchase

Structures utiles
Les verbes en **-re**
Depuis
Le verbe **acheter**
Les nombres de 80 à l'infini

Culture
La pharmacie
Le tabac
Les petits magasins

280

Coup d'envoi

Prise de contact

Les achats

Où est-ce qu'on achète° des journaux?   *buy*
    On peut° aller ...   *you can*
        au bureau de tabac.
        à la gare.
        au kiosque°.   *newsstand*
Où est-ce qu'on achète des vêtements?
    On peut aller ...
        dans une boutique.
        dans un grand magasin°.   *department store*
        au marché aux puces°.   *flea market*
Où est-ce qu'on achète quelque chose à manger?
    On peut aller ...
        au marché°.   *(open-air) market*
        au supermarché.
        à l'épicerie.

✣ **Et vous?**   Qu'est-ce que vous voulez acheter?
              Où allez-vous?

281

Conversation

À la pharmacie

*Joseph Brown est touriste. Il désire acheter un
journal américain et il pense qu'on achète des journaux
à la pharmacie. Mais en France cela n'est pas possible.*

JOSEPH BROWN:	Bonjour, Monsieur. Vous avez le *Herald Tribune?*	
PHARMACIEN:	Comment? Je vous demande pardon.°	*I beg your pardon.*
JOSEPH BROWN:	Je voudrais acheter le *Herald Tribune.*	
PHARMACIEN:	Mais on ne vend° pas de journaux ici, Monsieur.	*sell*
JOSEPH BROWN:	Vous n'en° avez pas?	*any*
PHARMACIEN:	Non, Monsieur. C'est une pharmacie. Nous vendons des médicaments°.	*medicine*
JOSEPH BROWN:	Mais aux États-Unis on peut acheter des journaux à la pharmacie.	
PHARMACIEN:	Désolé°, Monsieur, mais nous sommes en France.	*sorry*
JOSEPH BROWN:	Pouvez-vous me dire° où on peut trouver des journaux, s'il vous plaît?	*Can you tell me*
PHARMACIEN:	C'est très facile°. Il faut aller au bureau de tabac, Monsieur. C'est au coin° de la rue.	*easy* *corner*

✤ **Jouez ces rôles.** Répétez la conversation avec votre partenaire. Utilisez le
nom de votre journal préféré.

Les **PHARMACIENS**
de **LOUHANS**

✤ Pourquoi le pharmacien refuse-t-il de vendre un journal à Joseph Brown?

a. Parce que Monsieur Brown est américain.
b. Parce que le pharmacien ne comprend pas Monsieur Brown quand il parle français.
c. Parce qu'on vend des journaux dans un magasin différent.

La pharmacie

Pharmacists in France don't sell magazines, newspapers, candy, drinks, or greeting cards. They will fill a prescription and are much less reticent than North American pharmacists to suggest treatments for nonserious illnesses, including a cold, a sore throat, and a headache. In this respect French pharmacies are a convenient and helpful solution for travelers who become ill.

Le tabac

One can buy magazines, newspapers, and postcards at the tobacco shop. Among the most popular English language publications available in France are the *International Herald Tribune* and the international edition of *Time* magazine. Since **le bureau de tabac** is under state license, one can also purchase stamps and cigarettes. Smoking is more widespread than in the U.S. While there have been some efforts to suggest that smoking is bad for your health, the state monopoly on the sale of tobacco means that the government does little to restrict the purchase or the use of cigarettes.

Les petits magasins

Although supermarkets are more common than in the past, the tourist in France is struck by the variety of shops that specialize in one type of food. **La boulangerie** (*bakery*), **la pâtisserie** (*pastry shop*), **la boucherie** (*butcher*), **la charcuterie** (*pork butcher, delicatessen*), and **l'épicerie** (*grocery store*) are found in most neighborhoods. Not only, for example, do the French buy fresh bread daily; they will also go out of their way and pay a bit more, if necessary, to get bread that they consider more tasty. The French often use the possessive adjective to refer to **mon boulanger** (*my baker*), a phenomenon that is very rare or nonexistent in North America.

I L   Y   A   U N   G E S T E

Désolé(e). When saying **désolé(e),** the shoulders are hunched and the upturned palms are raised to about chest level. Sarcasm is added to the gesture by also pursing one's lips and raising one's eyebrows.

✤ **À vous.** Entrez dans une pharmacie et essayez d'acheter (*try to buy*) un magazine—*Time, Paris Match, Elle,* etc. Répondez au pharmacien.

PHARMACIEN: **Bonjour, Monsieur (Madame/Mademoiselle).**
VOUS: _____

PHARMACIEN: **Comment? Je vous demande pardon.**
VOUS: _____

PHARMACIEN: **Mais on ne vend pas de magazines ici.**
VOUS: _____

E N T R E   A M I S   Au tabac

Your partner will take the role of the proprietor of a tobacco shop.

1. Ask if s/he has a certain newspaper or magazine.
2. S/he will say s/he doesn't.
3. Ask if s/he has bread, milk, wine, etc.
4. S/he will say s/he is sorry, but s/he doesn't.
5. Find out where you can find the things you are looking for.
6. Get directions.

Le son [R]

■ The most common consonant sound in French is [R]. While there are acceptable variations of this sound, [R] is normally a friction-like sound made in roughly the same area of the mouth as [g] and [k]. Keeping the tongue tip behind the lower teeth, the friction sound is made when the back of the tongue comes close to the back part of the mouth (pharynx). Use the word **berk!** to practice several times. It might also be helpful to use the following process (1) say "ahhh ...," (2) change "ahhh ..." to "ahrrr ..." by beginning to gargle as you say "ahhh ...," (3) add [g] at the beginning and say **gare** several times, (4) say **garçon**. Then practice the following words.

☐ pou*r*, su*r*, bonjou*r*, bonsoi*r*   ☐ t*r*ès, t*r*ois, c*r*ois, d*r*oit, f*r*ère, éc*r*ire

☐ ga*r*çon, me*r*ci, pa*r*lez   ☐ vot*r*e, quat*r*e, not*r*e, prop*r*e, septemb*r*e

☐ *r*usse, *r*ien, *R*obert, *r*ouge

Buts communicatifs

1. Finding Out Where Things Are Sold

un médecin - doctor
la médecine - course

Qu'est-ce qu'on vend à la pharmacie?
    On y vend ...
        un des médicaments
        des cachets d'aspirine°   *aspirin tablets*
        des pastilles°   *lozenges*
        des pilules°   *pills*
        des suppositoires°   *suppositories*
Qu'est-ce qu'on vend au bureau de tabac?
    On y vend ...
        du tabac°   *tobacco*
        un paquet° de cigarettes   *package*
        des timbres°   *stamps*
        des journaux
        des magazines
        des cartes postales°   *postcards*

Remarque: Contrary to the general rule requiring a pronounced final **-c** (**avec, chic, Éric,** etc.), **tabac** has a silent final **-c**.

A. Les verbes en -re

Nous **attendons** notre amie avec impatience.	*We are anxiously waiting for our friend.*
Elle **a rendu** visite à sa grand-mère.	*She visited her grandmother.*
Vous **entendez** son train?	*Do you hear her train?*
Répondez à la question, s'il vous plaît.	*Answer the question, please.*
Je **perds** patience.	*I'm losing (my) patience.*
La voilà. Elle **descend** du train.	*There she is. She's getting off the train.*

vendre (*to sell*)			
je	**vend** s	nous	**vend** ons
tu	**vend** s	vous	**vend** ez
il/elle/on	**vend**	ils/elles	**vend** ent
passé composé: j'**ai vendu**			

■ A number of frequently used verbs are conjugated like **vendre.**

Vocabulaire: Quelques verbes réguliers en -re

attendre (un ami)	*to wait (for a friend)*
descendre	*to go down; to get out of*
entendre (un bruit)	*to hear (a noise)*
perdre	*to lose*
rendre (les devoirs)	*to give back (homework)*
rendre visite à qqn	*to visit someone*
répondre (à une question)	*to answer (a question)*

[handwritten: 2/8/93]

[handwritten: make 8 sentences]

[handwritten: prendre]

- The singular (**je, tu, il/elle/on**) forms of each of these verbs are pronounced alike.

| je perds | tu perds | il perd | [pɛR] |
| je rends | tu rends | elle rend | [Rã] |

- There is no ending in the **il/elle/on** forms of regular **-re** verbs.

- The **-d-** in the plural (**nous, vous, ils/elles**) forms is pronounced [d], but in inversion of the **il/elle/on** form, the **-d** is pronounced [t].

| | vendons | [vãdɔ̃] |
| *But:* | vend-on | [vãtɔ̃] |

- Past participles of regular **-re** verbs are formed by adding **-u** to the present tense verb stem.

| vend*u* | perd*u* | répond*u* |

- **Rendre visite** and **répondre** are used with the preposition **à** before an object.

| **J'ai rendu visite à** mon frère. | *I visited my brother.* |
| Anne **répond** toujours **aux** questions du professeur. | *Anne always answers the teacher's questions.* |

- **Attendre** does not use a preposition before an object.

| **J'attends la fin** du semestre. | *I am waiting for the end of the semester.* |

- In the expression **perdre patience**, the article or possessive adjective is omitted.

| | J'ai **perdu** *mes* **devoirs.** |
| *But:* | Le professeur a **perdu patience** avec moi. |

1. **Sur notre campus.** Décrivez quelques aspects de la vie sur le campus. Utilisez les expressions suivantes pour faire des phrases affirmatives ou négatives.

Modèle: **Sur notre campus les professeurs ne perdent jamais patience.**

	attendre les vacances avec impatience
on	entendre beaucoup de bruit
je	répondre à beaucoup de questions
nous	perdre patience
les professeurs	rendre toujours les devoirs
les étudiants	vendre des livres
	rendre souvent visite à des amis
	descendre quelquefois en ville

2. **Un petit sketch: Au kiosque.** Lisez ou jouez le sketch suivant et répondez ensuite aux questions.

ALICE:	Madame, est-ce que vous avez le *Herald Tribune?*
LA MARCHANDE:	Non, Mademoiselle. Je n'ai plus de journaux américains.
ALICE:	Où est-ce que je peux acheter un journal américain, s'il vous plaît?
LA MARCHANDE:	Il faut aller à la gare.
ALICE:	Pourquoi à la gare?
LA MARCHANDE:	Parce qu'on vend des journaux internationaux à la gare.
ALICE:	Merci, Madame.
LA MARCHANDE:	À votre service, Mademoiselle.

Questions:

1. Quelle sorte de journal Alice cherche-t-elle?
2. La marchande vend-elle des journaux?
3. A-t-elle le *Herald Tribune?* Expliquez.
4. Où Alice va-t-elle aller? Pourquoi?
5. Où vend-on des journaux dans votre ville? Et des journaux internationaux?
6. Quel journal préférez-vous?

3. À vous. Répondez.

1. Où vend-on des cigarettes dans votre pays?
2. Qu'est-ce que les pharmaciens vendent dans votre pays?
3. D'habitude vendez-vous vos livres?
4. Avez-vous vendu vos livres à la fin du semestre dernier?
5. À qui rendez-vous visite pendant les vacances?
6. Attendez-vous les vacances avec impatience? Pourquoi (pas)?
7. Dans quelles circonstances perdez-vous patience?

ENTRE AMIS Des achats *(purchases)*

Your partner will take the role of a pharmacist.

1. Find out if s/he has postcards, stamps, cigarettes, bread, meat, cheese, etc. (S/he doesn't.)
2. Find out where these items are sold.
3. Ask directions to one of the stores.

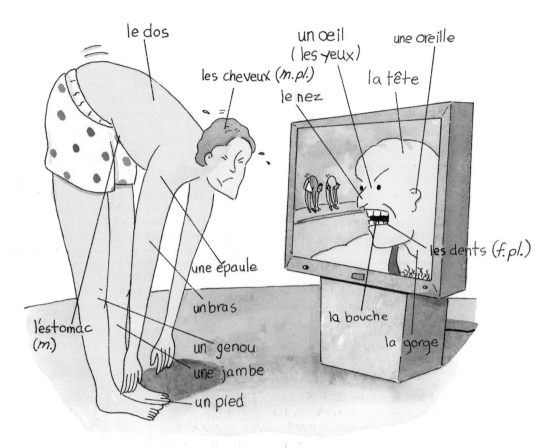

le dos

les cheveux (*m.pl.*)

le nez

un œil (les yeux)

une oreille

la tête

les dents (*f. pl.*)

une épaule

un bras

l'estomac (*m.*)

un genou

une jambe

un pied

la bouche

la gorge

Bruno, qu'est-ce que tu as?° Tu as l'air° malade.
J'ai mal au dos° depuis° hier. J'ai trop fait de gymnastique.
Oh là là! Moi aussi, mais j'ai mal aux jambes, moi!

What's the matter with you?/You look/ My back hurts/since

❖ **Et vous?** Avez-vous eu la grippe cette année? Avez-vous souvent mal à la tête?
Et les étudiants? S'ils étudient trop, ont-ils mal aux yeux?

Remarques:

1. Like the word **tabac**, **estomac** has a silent final **-c.**
2. **Si** (*if*) becomes **s'** only before the words **il** and **ils.** Before other words beginning with vowels, it does not elide.

> **Si on** a mal à la tête, on prend des cachets d'aspirine.
> **Si elle** est malade, elle va rester au lit.

But: **S'il** est malade, il va rester au lit.

3. **Avoir mal à** is used with the definite article and a part of the body to express that one has a sore hand, arm, etc.

> Mon fils **a mal au bras.** *My son's arm hurts.*
> J'ai **mal à la gorge.** *I have a sore throat.*
> Avez-vous **mal aux dents?** *Do you have a toothache?*

4. **Avoir l'air** (*to seem, appear, look*) is often followed by an adjective.

> Hélène **a l'air sportive.**
> Jean-Yves **a l'air fatigué.**

Vocabulaire: Qu'est-ce que vous avez?

Je suis malade.	*I'm sick.*
J'ai de la fièvre.	*I have a fever.*
J'ai un rhume.	*I have a cold.*
J'ai la grippe.	*I have the flu.*
J'ai le nez qui coule.	*I have a runny nose.*
Je tousse.	*I am coughing.*
J'ai mal ...	
à l'estomac.	*I have a stomachache. My stomach hurts.*
aux oreilles.	*My ears hurt.*
au pied.	*I have a sore foot. My foot hurts.*
Je suis ...	
déçu(e).	*I'm disappointed.*
déprimé(e).	*I'm depressed.*
triste.	*I'm sad.*

4. **Ça ne va pas bien.** Complétez les phrases suivantes.

Modèle: Si on a de la fièvre, ...   **Si on a de la fièvre, on est malade.**   ou
Si on a de la fièvre, on a peut-être la grippe.

1. Si on regarde trop la télévision, ...
2. Si on danse trop souvent, ...
3. Si on boit trop, ...
4. Si on a le nez qui coule, ...
5. Si on tousse beaucoup, ...
6. Si on mange trop, ...
7. Si on fume trop, ...
8. Si on écrit trop, ...
9. Si on étudie trop, ...
10. Si on fait une promenade trop longue, ...
11. Si on entend trop de bruit, ...
12. Si on mange trop de bonbons, ...
13. Si on skie mal, ...
14. Si on passe trop d'examens, ...

5. **Pauvres étudiants!** Répondez aux questions suivantes.

1. Que prenez-vous si vous avez la grippe?
2. Restez-vous au lit si vous êtes malade?
3. Qu'est-ce que vous faites si vous avez un rhume?
4. Quand les étudiants ont-ils mal à la tête?
5. Quand les étudiants ont-ils mal aux pieds?
6. Quand les étudiants ont-ils mal à l'estomac?
7. Fumez-vous des cigarettes? Pourquoi ou pourquoi pas?

6. **Aïe!** Utilisez les expressions suivantes pour faire des phrases, mais ajoutez une explication (*add an explanation*) avec **si** ou **parce que**.

Modèles: **Les étudiants ont mal aux yeux s'ils étudient trop.**
J'ai mal à la tête parce que je passe trop d'examens.

les étudiants je un(e) de mes ami(e)s	avoir mal	la tête le dos les bras les yeux la main les jambes la bouche les pieds les dents la gorge l'estomac le nez l'épaule le genou	si ... parce que ...

B. *Depuis*

Depuis combien de temps habites-tu ici?	*How long (for how much time) have you been living here?*
J'habite ici **depuis un an.**	*I've been living here for a year.*
Depuis quand étudies-tu le français?	*How long (since when) have you been studying French?*
J'étudie le français **depuis septembre.**	*I've been studying French since September.*

■ Use **depuis combien de temps** or **depuis quand** with the present tense to ask about something that has already begun but is *still continuing.* **Depuis combien de temps** asks for the length of time so far and **depuis quand** asks for the starting date.

$$\text{verb (present tense)} + \textbf{depuis} + \begin{cases} \text{length of time} \\ \text{starting date} \end{cases}$$

Depuis combien de temps ... ?	*For how much time ... ?*
Depuis quand ... ?	*Since when ... ?*

■ In the affirmative, the English translation of the present tense verb and **depuis** is usually *has (have) been ... ing for* a certain length of time or *since* a certain date.

Chantal habite à Chicago.   *Chantal is living in Chicago.*

Chantal **habite** à Chicago   *Chantal has been living in Chicago* **depuis un an.**   *for a year.*

Chantal **habite** à Chicago   *Chantal has been living in Chicago* **depuis février dernier.**   *since last February.*

■ To state that something has *not* happened for a period of time, however, the negative of the passé composé is used with **depuis**.

Je **n'ai pas été** malade **depuis**   *I haven't been sick for six* six mois.   *months.*

Mes parents **n'ont pas écrit**   *My parents haven't written* **depuis** deux semaines.   *for two weeks.*

Attention: **Depuis** is used to talk about situations that are still going on. To ask or state how much time was spent doing something that has already been *completed*, use **pendant** with the passé composé.

J'étudie depuis deux heures.   *I've been studying for two hours (and I haven't finished yet).*

But: **J'ai étudié pendant** deux   *I studied for two hours* heures.   *(and now I'm finished).*

7. **Ils sont tous malades.** Demandez à chaque personne depuis combien de temps elle est malade. Utilisez **tu** avec les amis (les personnes identifiées par leurs prénoms), **vous** avec les autres personnes. Votre partenaire va prendre le rôle de la personne et va répondre.

Modèles: Virginie (pieds/deux jours)

VOUS: **Depuis combien de temps as-tu mal aux pieds?**

VIRGINIE: **J'ai mal aux pieds depuis deux jours.**

Madame Monnier (rhume/huit jours)

VOUS: **Depuis combien de temps avez-vous un rhume?**

MADAME MONNIER: **J'ai un rhume depuis huit jours.**

1. Michel (estomac/deux heures)
2. Le professeur (gorge/trois jours)
3. Madame Matté (dents/une semaine)
4. Jeanne (grippe/deux jours)
5. Anne (tête/quinze minutes)
6. Mademoiselle Cochin (yeux/un mois)
7. Monsieur Monneau (fièvre/24 heures)
8. Guy (genou/trois mois)

8. **Comment allez-vous?** Utilisez les expressions suivantes pour faire des phrases.

Modèles: **Mon frère est malade depuis trois mois.**
Je n'ai pas été malade depuis cinq ans.
Je n'ai pas eu mal à la tête depuis cinq ans.

		malade	
je		rhume	
ma sœur	(ne ... pas) avoir	fièvre	depuis ...
mon frère	(ne ... pas) être	déprimé(e)	
un(e) de mes ami(e)s		mal ...	
		fatigué(e)	

2/18/93 ↗ **9.** **Une interview.** Posez des questions avec **depuis** ou **pendant** selon le cas. Votre partenaire va répondre.

Modèles: parler français
VOUS: **Depuis combien de temps parles-tu français?**
VOTRE PARTENAIRE: **Je parle français depuis six mois.**

regarder la télé hier soir
VOUS: **Pendant combien de temps as-tu regardé la télé hier soir?**
VOTRE PARTENAIRE: **J'ai regardé la télé pendant une heure.**

1. étudier le français
2. étudier hier soir
3. habiter à l'adresse que tu as maintenant
4. écouter la radio ce matin
5. être étudiant(e) à cette université
6. faire cet exercice

E N T R E   A M I S Tu es malade depuis longtemps?

1. Greet your partner and inquire about his/her health. (S/he is sick.)
2. Find out what the matter is.
3. Find out how long s/he has been sick.
4. Suggest a remedy.

[handwritten top:] à l'épicerie (spices)
des fruits des légumes du vin du lait
des céréales   du sel

3. Making a Purchase

[handwritten left:] à la charcuterie
le porc
un roti de porc
une côtelette de porc
du jambon
des saucisses
des saucissons (salami)
mon — le boulanger
(married) la boulangère
woman

Où vas-tu, Alain?
    J'ai des courses à faire.°
De quoi as-tu besoin?°
    J'ai besoin de toutes sortes de choses.°
    J'ai besoin de pain, de bœuf, de
        saucisses°, de légumes et de fruits.
    J'ai besoin d'un livre aussi.
    Je vais acheter° ...
        du pain à la boulangerie,
        du bœuf à la boucherie,
        des saucisses à la charcuterie,
        des légumes et des fruits à l'épicerie,
        et un livre à la librairie.

I have shopping to do.
What do you need?
I need all kinds of
  things.

sausages

to buy

[handwritten right:] (roll) — les petits pains
la baguette
la flûte
le pain de campagne (french bread)
a) le seigle (rye)
b) le maïs (corn)
c) le blé (wheat)

❖ **Et vous?** De quoi avez-vous besoin?

[handwritten left:] On va à la pâtisserie
un gâteau
une tarte
une tartelette
un éclair
un palmier (??)
une religieusse (cream puff)
un chou à la crème

É P I C E R I E   F I N E

Remarques:
[handwritten:] (nun)
1. **Avoir besoin** (*to need*) works much like **avoir envie**. It is used with **de** and an infinitive or a noun. If **avoir besoin** is used with a noun, the definite article is usually omitted.

    J'ai besoin d'étudier.   *I need to study.*
    Nous **avons besoin de** légumes et   *We need vegetables and*
        d'eau minérale.   *mineral water.*

[handwritten left:] la boucherie (red meat)
un roti de bœuf
un steak
une côtelette de veau
un poulet — les volailles

2. Use **un** (**une**) with **avoir besoin d'** to say that *one* item is needed.

    Vous **avez besoin d'une** feuille   *You need a sheet of paper.*
        de papier.

Note: À la boucherie, on vend de la viande de bœuf et on vend aussi du mouton. On y trouve des steaks, des rôtis (*roasts*), etc. À la charcuterie, on vend de la viande de porc et on vend aussi du poulet et du lapin (*rabbit*). On y trouve du jambon, des pâtés variés, du bacon, des saucisses, du saucisson (*salami*), etc.

10. **Où faut-il aller?** Où est-ce qu'on trouve les produits suivants? Suivez (*follow*) le modèle.

Modèle: pâté **Si on a besoin de pâté, il faut aller à la charcuterie.**

1. épinards
2. médicaments
3. un kilo d'oranges
4. un rôti de bœuf

5. croissants
6. poulet
7. bonbons
8. jambon

9. papier
10. un livre
11. vin
12. cigarettes

ENTRE AMIS Je viens d'arriver

You are new in town and need some information.
Your partner will play the role of a neighbor.

1. Tell your neighbor that you are going shopping.
2. Tell him/her what you need.
3. Ask where to buy it.
4. Be sure to express your gratitude for your neighbor's help.

C. Le verbe *acheter*

> Mon père va **acheter** une autre voiture.
> Nous **achetons** nos livres à la librairie.
> On **achète** un journal au bureau de tabac.
> J'**ai acheté** cinq kilos de pommes de terre.

■ As you have already learned with **préférer,** certain verbs change their spelling of the verb stem of the present tense depending on whether or not the ending is pronounced.

> Vous préférez le blanc ou le rouge?   Je préfère le rouge.

■ The verb **acheter** also contains a spelling change in the verb stem of the present tense. When the ending is not pronounced, the -e- before the -t- becomes -è.

acheter (*to buy*)			
silent endings		*pronounced endings*	
j'	achète	nous	achetons
tu	achètes	vous	achetez
il/elle/on	achète		
ils/elles	achètent		
passé composé: j'ai acheté			

11. **Nous achetons tout ça.**   On fait des achats. Utilisez les expressions suivantes pour créer des phrases, à la forme négative, si vous voulez.

Modèles: **J'achète de la glace pour mes amis.**
Nous n'achetons jamais de cigarettes pour nos amis.

je	glace		amis
nous	cigarettes		classe (*f.*)
le professeur	cachets d'aspirine		parents
mes amis	magazines		professeur
ma mère	acheter	pommes	pour	famille
mon père	timbres		moi(-même)
les étudiants	pain		nous(-mêmes)
	bonbons		
	médicaments		

12. **Pourquoi y vont-ils?** Demandez ce que ces personnes achètent. Votre partenaire va répondre.

Modèle: Je vais au bureau de tabac.

> vous: **Qu'est-ce que tu achètes au bureau de tabac?**
> votre partenaire: **J'achète des timbres.**

1. Je vais à la boucherie.
2. Nous allons à la pharmacie.
3. Mon père va au supermarché.
4. Nous allons dans un grand magasin.
5. Les étudiants vont à la boulangerie.
6. Paul va à l'épicerie.
7. Ces deux femmes vont au bureau de tabac.
8. Marie va à la librairie près de l'université.

Vocabulaire: Pour payer les achats

un billet	*bill (paper money)*
la monnaie	*change*
une pièce (de monnaie)	*coin*
un franc	*franc*
un centime	*centime*
un dollar	*dollar*
une carte de crédit	*credit card*
un chèque	*check*
un chèque de voyage	*traveler's check*
coûter	*to cost*
payer	*to pay*

Notes:

1. A **centime** is worth 1/100 of a franc.
2. **Payer** is often found with a spelling change. Before silent endings, the -y- becomes -i-: **je paie, tu paies,** etc. *But:* **nous payons, vous payez.**

13. Un petit sketch: Au bureau de tabac à la gare. Lisez ou jouez le sketch. Ensuite répondez aux questions.

Alice parle avec un vendeur de journaux au bureau de tabac à la gare.

ALICE: **Vous vendez des journaux américains?**

LE VENDEUR: **Mais oui, Mademoiselle.**

ALICE: **Avez-vous le *Herald Tribune*?**

LE VENDEUR: **Oui, il en reste un** (*there's one left*).

ALICE: **C'est combien, s'il vous plaît?**

LE VENDEUR: **Quatre francs cinquante.**

ALICE: **J'ai seulement** (*only*) **un billet de cinquante francs.**

LE VENDEUR: **C'est parfait, Mademoiselle. Voici votre monnaie: cinquante centimes qui font cinq francs et ... euh ... dix, vingt, trente, quarante et cinquante francs.**

ALICE: **Au revoir, Monsieur. Bonne journée.**

LE VENDEUR: **Merci. Vous aussi, Mademoiselle.**

Questions

1. Où Alice achète-t-elle son journal?
2. Quel journal achète-t-elle?
3. Combien coûte le journal?
4. Comment paie-t-elle le journal?

5. Est-ce que le vendeur a la monnaie nécessaire?
6. Combien le vendeur rend-il à Alice?

D. Les nombres de 80 à l'infini

80	quatre-vingts	90	quatre-vingt-dix
81	quatre-vingt-un	91	quatre-vingt-onze
82	quatre-vingt-deux	92	quatre-vingt-douze
83	quatre-vingt-trois	93	quatre-vingt-treize
84	quatre-vingt-quatre	94	quatre-vingt-quatorze
85	quatre-vingt-cinq	95	quatre-vingt-quinze
86	quatre-vingt-six	96	quatre-vingt-seize
87	quatre-vingt-sept	97	quatre-vingt-dix-sept
88	quatre-vingt-huit	98	quatre-vingt-dix-huit
89	quatre-vingt-neuf	99	quatre-vingt-dix-neuf

100	cent	1.000	mille
101	cent un	2.000	deux mille
200	deux cents	1.000.000	un million
201	deux cent un	1.000.000.000	un milliard

■ For numbers ending in 1, from 21 to 71, **et** is used. From 81 to 101 **et** is not used.

	vingt **et** un
But:	quatre-vingt-un

■ **Vingt** and **cent** do not add an -s if they are *followed* by a number.

quatre-vingts personnes	*But:*	quatre-vingt-un
trois cents personnes	*But:*	trois cent cinq

■ **Mille** never adds an -s.

mille personnes   deux **mille** personnes

Note: There are two ways to express a particular year.

mille neuf cent quatre-vingt-quinze ⎫
dix-neuf cent quatre-vingt-quinze ⎬ 1995
                                       ⎭

■ The words **million** and **milliard** are nouns. If they are followed by another noun, **de** is inserted between the nouns.

deux millions **de** francs

■ Prices are stated in francs and centimes.

10,50 **F** = dix francs cinquante (centimes)

Note: In France, commas and periods used with numbers are the reverse of the system used in North America.

L'état a besoin de **2.000.000,00** de francs.

Notes:

1. Il y a quatre paires de chiffres (*numbers*) dans les numéros de téléphone français.
2. En France il y a un **code régional** pour indiquer l'endroit où on habite; chaque département français a un code différent. Le code pour Angers, par exemple, est 49, et pour Besançon le code est 25. Ce numéro se trouve sur les plaques d'immatriculation (*licence plates*) des voitures et forme aussi les deux premiers chiffres du **code postal**.

14. **Les numéros de téléphone.** Prononcez les numéros de téléphone suivants.

Modèle: 81.88.40.01   quatre-vingt-un / quatre-vingt-huit / quarante / zéro un

1. 41.93.21.80
2. 77.63.06.97
3. 42.08.98.89
4. 31.86.15.96
5. 71.83.61.91
6. 67.85.76.90
7. 16.10.99.02
8. 51.81.95.12
9. 88.19.82.43
10. 78.87.03.92

15. **Codes postaux et plaques d'immatriculation.** La carte suivante indique la ville principale et le code régional des départements. Donnez le code postal approximatif pour les villes suivantes.

Modèle: Nantes
Le code postal pour Nantes est quarante-quatre mille (44000).

1. Dijon
2. Amiens
3. Tours
4. Besançon
5. Angers
6. Le Mans
7. Orléans
8. Nantes
9. Paris
10. Brest
11. Rouen
12. Strasbourg

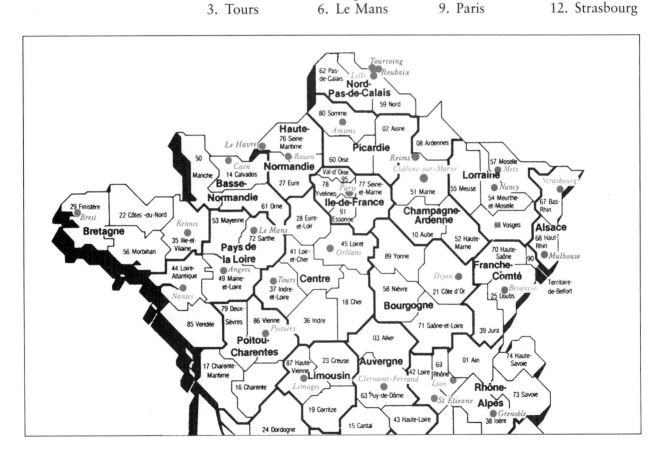

16. **Ça coûte combien?** Demandez combien coûte l'objet. Votre partenaire va donner la réponse en francs et en centimes.

Modèle: bonbons (15 F le paquet)
VOUS: **Combien coûte un paquet de bonbons?**
VOTRE PARTENAIRE: **Les bonbons coûtent quinze francs le paquet.**

1. bordeaux (20,30 F la bouteille)
2. fromage pont l'évêque (39,75 F le kilo)
3. fraises d'Espagne (4,90 F la boîte)
4. orangina (9,25 F la bouteille)
5. jambon de Bayonne (59,90 F le kilo)
6. cigarettes (14,15 F le paquet)
7. pommes de terre nouvelles (3,95 F le kilo)
8. champignons (5,80 F la boîte)
9. œufs (11,40 F la douzaine)
10. pâté (34,85 F le kilo)

17. **Microconversation: Au supermarché.** Vous avez un billet de cent francs. Combien de monnaie le marchand va-t-il vous donner? Suivez le modèle.

Modèle: ce fromage (10,50 F)
VOUS: **Combien coûte ce fromage, s'il vous plaît?**
LE MARCHAND: **Dix francs cinquante, Madame (Monsieur / Mademoiselle).**
VOUS: **Je n'ai pas de monnaie. J'ai seulement un billet de cent francs.**
LE MARCHAND: **C'est très bien. Voici votre monnaie: quatre-vingt-neuf francs cinquante.**

1. cette bouteille d'eau minérale (2,98 F)
2. cette boîte de sardines (9,95 F)
3. un kilo de haricots verts (12,93 F)
4. un paquet de chewing-gum (3 F)
5. un kilo de pommes (16,30 F)
6. trois kilos de pommes de terre (11,70 F)

18. **En ville.** Vous avez besoin de plusieurs (*several*) choses. Utilisez les deux listes suivantes pour trouver l'adresse et le numéro de téléphone des magasins nécessaires.

Place de la Laiterie	
1 PHARMACIE GODARD	41.87.58.39
4 CHEVALIER, Yves	
bureau de tabac	41.87.48.37
5 BANQUE NATIONALE DE PARIS	
	41.88.00.23
7 ARMORIC POISSONNERIE	41.88.39.84
9 BOUCHERIE DU RONCERAY	
	41.87.57.28
11 FAIENCERIE DU RONCERAY	
	41.87.40.29
12 EDOUARD, Paulette	
oisellerie	41.87.54.93
15 SALOUD, Gérard	
assurances	41.87.50.27
18 COLIN, Jean	
boulangerie-pâtisserie	41.88.01.62
19 VERNAUDON, Michel	
vêtements	41.87.01.96
21 DACTYL BURO ANJOU	
machines bureaux	41.88.59.52

Rue de la Gare	
1 PHOTO PLUS	41.87.67.31
2 MOD COIFFURE	41.88.00.03
3 RESTAURANT LIBRE SERVICE	
	41.88.12.56
4 ROCHER	
charcuterie	41.87.53.41
5 LE BIARRITZ café	41.88.68.67
6 PHARMACIE DE LA GARE	
	41.87.66.67
7 ROCTON, Jean-Claude	
pâtisserie	41.87.41.72
8 DESFONTAINES, Claude	
bureau de tabac	41.87.75.30
9 LE RELAIS hôtel	41.88.42.51
10 CINÉMA LE FRANÇAIS	41.87.66.66
10bis LE PEN DUICK	
restaurant	41.87.46.59
11 BAR BRASSERIE LE SIGNAL	
	41.87.49.41

Modèle: pour acheter des médicaments
**Pour acheter des médicaments, l'adresse est un, place de la Laiterie.
Téléphonez au quarante et un / quatre-vingt-sept / cinquante-huit / trente-neuf.**

1. pour acheter des saucisses
2. pour acheter des cigarettes
3. pour acheter du pain
4. pour demander à quelle heure le film va commencer
5. pour avoir une chambre pour la nuit
6. pour acheter des croissants
7. pour réserver une table pour dîner
8. pour acheter un pull ou un pantalon
9. pour acheter du saumon
10. pour acheter des francs si on a des dollars

19. À vous. Répondez.

1. Quelle est votre adresse?
2. Quel est votre code postal?
3. Quel est votre numéro de téléphone?
4. Quel est le numéro de téléphone de votre meilleur(e) ami(e)?
5. En quelle année êtes-vous né(e)?
6. Combien de jours y a-t-il dans une année?
7. Combien de pages y a-t-il dans ce livre de français?
8. Combien de minutes y a-t-il dans un jour?
9. En quelle année Christophe Colomb est-il arrivé au Nouveau Monde?
10. Combien d'étudiants y a-t-il sur ce campus?
11. Environ (*approximately*) combien coûte une Rolls-Royce?
12. Environ combien de personnes habitent aux États-Unis? au Canada?
13. Le soleil (*sun*) se trouve à quelle distance de la terre (*earth*)?

ENTRE AMIS   Vous achetez un magazine

Your partner takes the role of a merchant.

1. Ask if s/he sells magazines. (S/he does.)
2. Find out the name of the magazines s/he has.
3. Select the one you are going to buy.
4. Find out how much it costs.
5. Pay for it.
6. Make sure you count your change.

Révision et Intégration

A. **Des renseignements.** Préparez une liste de cinq renseignements pour des touristes qui vont en France.

Modèles: **Si on a besoin de pain, on peut aller à la boulangerie.**
En France, on dîne vers huit heures du soir.

B. À vous. Répondez.

1. Êtes-vous souvent malade?
2. Que prenez-vous si vous avez la grippe?
3. Que faites-vous quand vous avez mal à la tête?
4. Aimez-vous les cigarettes? Fumez-vous? Si oui, depuis combien de temps? Si non, avez-vous déjà fumé? Pendant combien de temps?
5. Où faites-vous vos provisions? Qu'est-ce que vous y achetez?
6. Quel est votre numéro de téléphone? Depuis combien de temps avez-vous ce numéro?
7. Quel est votre code postal? Depuis combien de temps avez-vous ce code postal?
8. Quelle est votre adresse? Depuis combien de temps y habitez-vous?
9. Combien coûte un billet (*ticket*) de cinéma dans votre ville?
10. Environ combien coûtent les livres pour une année à votre université?

E N T R E   A M I S   Une liste

Prepare a shopping list of five items and indicate the stores where you are going to shop. Then, greet other "shoppers." Find out where they are going and what they are planning to buy.

C. *Rédaction:* **Le guide «Michelin».** Écrivez une page pour aider les touristes francophones qui visitent votre ville. Expliquez où on peut aller pour faire les courses et combien coûtent certains objets.

Lecture

A.

Fumer ou ne pas fumer? Répondez aux questions suivantes avant de lire l'article.

1. Fumez-vous? Si oui, combien de cigarettes par jour?
2. Avez-vous des amis qui fument? Si oui, combien de cigarettes par jour?
3. Est-ce que vous préférez les cigarettes, les cigares, la pipe ou le chewing-gum?
4. Le tabac est-il dangereux pour la santé? Expliquez.
5. Pourquoi les jeunes garçons et filles commencent-ils à fumer?

Le tabac et la mort

LE 17 MAI: Les personnes qui commencent à fumer quand elles sont jeunes sont prédisposées à mourir prématurément, déclare un rapport publié par le Centre National de Recherches sur le Cancer à Tokyo. Depuis 1975, un groupe de médecins du Centre fait une étude sur «Le tabac et la mort», à partir d'un échantillonnage de[1] 265.118 fumeurs de plus de quarante ans.

Il apparaît que[2] le taux[3] de mortalité est de 2.172 pour 100.000 pour ceux[4] qui ont commencé à fumer à l'âge de quatorze ans. Il est de 1.189 pour ceux qui ont goûté[5] leur première cigarette quand ils avaient dix-neuf ans. Enfin, il n'est que de 1.063 pour 100.000, pour ceux qui ont pris l'habitude de fumer entre vingt et vingt-quatre ans. Les médecins affirment que le taux de mortalité pour les fumeurs est deux fois plus élevé que[6] pour les non-fumeurs.

1. from a sample of   2. it seems that   3. rate   4. those   5. tasted   6. higher than

B.

Vrai ou faux? Décidez si les phrases suivantes sont vraies ou fausses. Si une phrase n'est pas vraie, corrigez-la.

1. Ces médecins pensent que les cigarettes causent le cancer.
2. Ils ont fait leurs recherches en Chine.
3. Ils ont commencé à faire leurs recherches en 1975.
4. Ceux qui fument ont tendance à mourir plus jeunes que ceux qui ne fument pas.
5. L'âge de la première cigarette est un élément important dans ces recherches.

C.

Familles de mots. Essayez de deviner le sens des mots suivants.

1. rapporter, un rapport
2. étudier, un étudiant, une étudiante, une étude
3. fumer, un fumeur, une fumeuse, la fumée

4. goûter, le goût, un goûter
5. rechercher, les chercheurs, les recherches
6. apparaître, une apparition, l'apparence
7. habituer, l'habitude, d'habitude
8. affirmer, une affirmation

Lecture

A. **Étude du vocabulaire.** Étudiez les phrases suivantes et choisissez (*choose*) les mots anglais qui correspondent aux mots français en caractères gras (*bold print*): *birth, more, wrinkles, pregnant, dies, harmful.*

1. Pascale est **enceinte** depuis trois mois. C'est son premier bébé.
2. Le jour de la **naissance** du bébé, le père était très nerveux.
3. Les cigarettes sont **nocives** parce qu'elle causent des maladies.
4. Monsieur Roland a l'air très vieux. Il a beaucoup de **rides.**
5. La victime **meurt** dans l'ambulance en route pour l'hôpital.
6. Une moto est **plus** rapide qu'un vélo.

B. **L'anatomie.** Complétez les phrases suivantes avec la partie du corps appropriée.

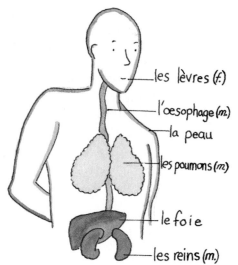

les lèvres (f.)
l'œsophage (m.)
la peau
les poumons (m.)
le foie
les reins (m.)

1. Avec les _____, on parle et on donne les bises.
2. Les _____ sécrètent l'urine.
3. On respire avec les _____. Une inflammation des _____ s'appelle «la pneumonie».
4. Ce que vous mangez passe par l' _____ à l'estomac.
5. Si on boit trop d'alcool, on peut avoir des crises de _____.
6. La _____ est à l'extérieur du corps entier. On peut avoir la _____ blanche, jaune, noire, etc.

Tabac: une fumeuse sur quatre en meurt

Sabine de la Brosse, du magazine «Paris Match», a interviewé le docteur Judith Longstaff, spécialiste de la prévention des cancers dus au tabac.

S.B.: Pouvez-vous nous citer les dangers pour les femmes qui fument?

J.L.: Tout d'abord, elles courent[1] les mêmes risques que l'homme: cancer du poumon, de la gorge, de l'œsophage, des reins, du foie, l'athérosclérose et la bronchite chronique.

Mais il y a aussi des risques propres[2] à la femme qui sont, par exemple, le cancer de l'utérus et un obstacle à sa fertilité. En plus, si elle est enceinte, le tabac exerce un effet majeur sur le fœtus. Il provoque le risque d'une fausse couche[3] et le risque d'avoir un plus petit bébé (200 grammes de moins) que la normale.

Chez l'enfant d'une mère fumeuse, l'effet de la nicotine est prolongé pendant une très longue période après la naissance. Une étude récente a prouvé que dix cigarettes par jour doublent les risques de leucémie pour l'enfant.

Si, après la naissance, la mère continue à fumer, son bébé présente davantage de[4] risques de crise d'asthme, de pneumonie et de bronchite. Le tabac fait vieillir plus vite: les fumeuses ont, en général, une ménopause précoce (deux ans avant les autres). Les goudrons[5] ont un effet nocif sur les hormones, ce qui peut causer l'ostéoporose. La peau se ride et se durcit[6] du fait d'une mauvaise circulation à l'intérieur des petits vaisseaux. Les fumeuses ont plus rapidement de petites rides sur la lèvre supérieure à cause du mouvement des lèvres pendant qu'elles fument. Enfin, la perte en vitamine C, que provoque le tabac,[7] contribue à appauvrir l'épiderme.[8]

adapté de *Paris Match*

1. *run* 2. *specific* 3. *miscarriage* 4. *additional* 5. *tars* 6. *hardens* 7. *which is caused by tobacco* 8. *harm the skin.*

C. **Vrai ou faux?** Décidez si les phrases suivantes sont vraies ou fausses. Si une phrase est fausse, corrigez-la.

1. Il y a des goudrons dans les cigarettes.
2. Une femme qui fume depuis longtemps a l'air vieille prématurément.
3. Une fois que le bébé est né, la mère peut recommencer à fumer.
4. Il y a les mêmes risques pour un homme qui fume que pour une femme.
5. On peut fumer à condition de manger beaucoup d'oranges.

D. **Familles de mots.** Essayez de deviner le sens des mots suivants.

1. perdre, la perte
2. naître, la naissance
3. vieillir, vieux (vieille)
4. appauvrir, pauvre

E. **Les effets du tabac.** Faites une liste des maladies qui sont probablement causées par le tabac ...

1. pour le fumeur/la fumeuse.
2. pour l'enfant d'une fumeuse.

F. **À discuter**

1. À qui cet article est-il destiné? Expliquez.
2. Les cigarettes sont-elles moins dangereuses pour les hommes que pour les femmes? Expliquez.

Vocabulaire actif

Magasins

une boucherie	butcher shop	un marché	(open-air) market
une boutique	(clothing) shop	un marché aux puces	flea market
une charcuterie	pork butcher's; delicatessen	une pâtisserie	pastry shop; pastry
un grand magasin	department store	un supermarché	supermarket
un kiosque	newsstand		

Parties du corps

la bouche	mouth	l'estomac (m.)	stomach	le nez	nose
un bras	arm	un genou	knee	un œil	eye
une dent	tooth	la gorge	throat	une oreille	ear
le dos	back	une jambe	leg	un pied	foot
une épaule	shoulder	une main	hand	la tête	head

À la pharmacie

un cachet d'aspirine	aspirin tablet
un médicament	medicine
une pastille	lozenge
une pilule	pill
un suppositoire	suppository

Argent

un billet	bill (paper money)	un dollar	dollar
une carte de crédit	credit card	un franc	franc
un centime	centime	la monnaie	change
un chèque	check	une pièce (de monnaie)	coin
un chèque de voyage	traveler's check		

D'autres noms

un billet	ticket	le papier	paper
un bruit	noise	un paquet	package
le chewing-gum	chewing gum	un rhume	a cold
un code postal	zip code	un rôti (de bœuf)	roast beef
un coin	corner	une sardine	sardine
une feuille	leaf; sheet (of paper)	une saucisse	sausage
une fièvre	fever	le soleil	sun
la fin	end	le tabac	tobacco; tobacconist's shop
l'impatience (f.)	impatience	la terre	earth
un(e) marchand(e)	merchant	un timbre	stamp

Adjectifs

déçu(e)	*disappointed*	facile	*easy*
déprimé(e)	*depressed*	long (longue)	*long*
désolé(e)	*sorry*		

Verbes

acheter	*to buy*	perdre	*to lose*
attendre	*to wait (for)*	perdre patience	*to lose (one's) patience*
avoir besoin de	*to need*	rendre	*to give back*
avoir l'air	*to seem, appear, look*	rendre visite à qqn	*to visit someone*
avoir mal (à)	*to be sore, to have a pain (in)*	répondre (à)	*to answer*
coûter	*to cost*	réserver	*to reserve*
entendre	*to hear*	tousser	*to cough*
essayer	*to try*	vendre	*to sell*
payer	*to pay (for)*		

Adverbes

environ	*approximately*
seulement	*only*

Préposition

depuis	*for; since*

Nombres

quatre-vingts	*eighty*	cent	*one hundred*
quatre-vingt-un	*eighty-one*	mille	*one thousand*
quatre-vingt-dix	*ninety*	un million	*one million*
quatre-vingt-onze	*ninety-one*	un milliard	*one billion*

Expressions utiles

De quoi avez-vous besoin?	*What do you need?*
Il en reste un(e).	*There's one left.*
je peux	*I can*
Je vous demande pardon.	*Please excuse me; I beg your pardon.*
le nez qui coule	*runny nose*
Oh là là!	*Oh dear!*
on peut	*one can*
Pouvez-vous me dire ... ?	*Can you tell me ... ?*
Qu'est-ce que tu as?	*What's the matter (with you)?*
toutes sortes de choses	*all kinds of things*
Vous n'en avez pas?	*Don't you have any?*

Dans la rue et sur la route

Buts communicatifs
Giving reasons; making
 excuses
Expressing familiarity and
 judgment
Giving orders and advice
Describing ways of doing
 things

Structures utiles
Les verbes **vouloir** et **pouvoir**
Le verbe **connaître**
Les pronoms objets directs
L'impératif
Le subjonctif
Les pronoms à l'impératif
Les nombres ordinaux
Le verbe **conduire**
Les adverbes

Culture
Conduire en France
Les expressions de tendresse

Coup d'envoi

Les indications

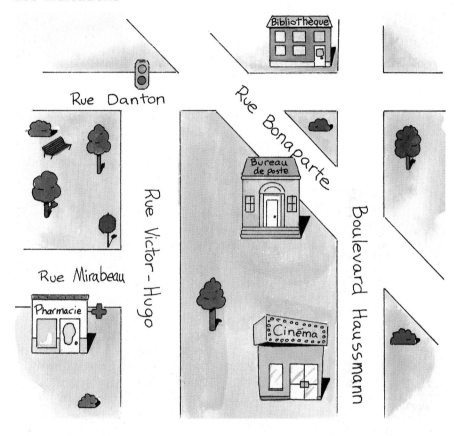

Pardon, pouvez-vous me dire où se trouve la pharmacie?
> Oui, c'est dans la rue Mirabeau.
> Prenez la rue Danton.
> Continuez au feu.
> Puis, tournez à gauche. C'est la rue Victor-Hugo.
> Ensuite, la rue Mirabeau est la première
> rue à droite après le stop°.   *stop sign*

✢ **Et vous?**   Pouvez-vous me dire où se trouve le bureau de poste?
> Où se trouve le cinéma, s'il vous plaît?
> Pour la bibliothèque, s'il vous plaît?

Conversation

Un père très nerveux

Michel Avoine est très nerveux parce que sa fille apprend à conduire°.   *to drive*

CATHERINE: Papa, est-ce que je peux conduire?

MICHEL: Tu veux° conduire, ma chérie°?   *you want / honey*
Eh bien, attache ta ceinture de sécurité°   *seat belt*
et prends le volant°. Mais fais attention!   *steering wheel*

CATHERINE: Chut!° Pas de commentaires, s'il te plaît.   *Shh!*
Laisse-moi tranquille.°   *Leave me alone.*

MICHEL: D'accord, démarre°. Regarde à gauche,   *start*
à droite et dans ton rétroviseur°.   *rearview mirror*
Avance lentement°, ma fille.   *slowly*
Change de vitesse.° Continue tout droit.   *Shift; change speed.*
Ne conduis pas si vite°.   *so fast*

(un peu plus tard)

Ne prends pas le sens interdit°.   *one-way street*
Prends la première rue à gauche.
Et ne regarde pas les garçons qui passent.

CATHERINE: Mais, tais-toi!° Tu n'arrêtes° pas de parler!   *keep quiet! / stop*

MICHEL: Excuse-moi, ma puce°. Je suis un peu nerveux.   *flea*
C'est promis, plus un mot°.   *not one more word*

CATHERINE: Plus un mot, mon œil°! Je te connais° trop bien.   *my eye / I know you*

✤ **Jouez ces rôles.** Répétez la conversation avec votre partenaire. Changez ensuite de rôle: c'est un fils qui demande à sa maman s'il peut conduire. Faites les changements nécessaires: par exemple, la mère appelle son fils «mon chéri» et «mon grand».

À propos

* Pourquoi est-ce que Michel est nerveux?

a. Sa fille conduit très mal.
b. Tous les pères sont nerveux.
c. On conduit vite en France et il est important d'être prudent.

* Michel appelle sa fille «ma puce». Pourquoi?

a. C'est une expression de tendresse (*term of endearment*) et les Français utilisent beaucoup d'expressions de tendresse.
b. Il est sexiste. Les puces sont petites et il pense que sa fille est inférieure.
c. Les Français aiment beaucoup les insectes.

Conduire en France

One of the most unsettling discoveries one makes on a trip to France is the rapid manner in which most people drive. Much has already been written about the French **appétit de la vitesse.** For example, Daninos's Major Thompson (See the **Lecture,** page 343) complains about the "peaceful citizen" who "can change in front of your eyes into a demonic pilot." That this can be the case, in spite of a very demanding driver's license test, a very elaborate and expensive training period in **l'auto-école,** and the fact that one must be eighteen years old to begin to learn to drive, may justify Major Thompson's comment that **Les Français conduisent plutôt bien, mais follement** (*The French drive rather well, but wildly*).

Les expressions de tendresse

Ma chérie, ma puce, mon chéri, and **mon grand** are common terms of endearment, but there are many others. Among couples, **mon chou,** (*honey,* literally *my cabbage*), is very frequent. It is most likely a shortened form of **chou à la crème** (*cream puff*). In French families such expressions seem to be more frequently used than is the case among members of North American families. Terms of endearment are perhaps the verbal equivalent of the greater amount of physical contact found in France.

I L   Y   A   U N   G E S T E

Chut! The index finger is raised to the lips to indicate that silence is in order.

Tais-toi! The thumb and fingers are alternately opened and closed to tell someone to shut up.

Mon œil! There is a gesture meaning that one does not believe what was said. The index finger is placed under an eyelid and pulls down slightly on the skin.

✣ **À vous.** Votre ami(e) apprend à conduire. Répondez à ses questions.

1. Est-ce que je peux conduire?
2. Tu vas attacher ta ceinture de sécurité?
3. Où allons-nous?
4. Où se trouve cet endroit?

E N T R E   A M I S   Votre partenaire conduit

1. Tell your partner to take the wheel.
2. Tell him/her to look left and right.
3. Tell him/her to start the car.
4. Tell him/her to move ahead.
5. Tell him/her to take the first street on the right.
6. Ask if s/he is nervous.

La lettre *h*

■ The letter **h** is never pronounced in French. There are, however, two categories of **h-** words:

1. Some **h-** words act *as if they began with a vowel:* These words are said to begin with **h muet** (*mute h*). Elision (dropping a final vowel and replacing it with an apostrophe) and liaison (pronouncing a normally silent final consonant and linking it to the next word) both occur before **h muet,** just as they would with a word beginning with a vowel.

d'habitude	l'heure	j'habite
un [n]homme	elle est [t]heureuse	deux [z]heures

2. Some **h-** words act *as if they began with a consonant:* These words are said to begin with **h aspiré** (*aspirate h*). Elision and liaison do not occur before **h aspiré.**

pas **de** haricots	**le** huit décembre	**le** hockey
un/hamburger	les/haricots	des/hors-d'œuvre

■ In addition, note that the combination **-th-** is pronounced [t].

thé	**Th**omas	**Th**érèse	bibliothèque

La Bibliothèque nationale à Paris

Buts communicatifs

1. Giving Reasons; Making Excuses

Tu vas au bal°, Brigitte?   *to the dance*
    Oui, parce que j'ai envie de danser.
    Oui, je veux m'amuser°.   *to have fun*
    Oui, je veux être avec mes amis.
    Oui, je ne peux pas° rester dans ma   *I am unable to,*
    chambre.   *I can't*

 Et vous? Voulez-vous danser?
                  Je veux bien! J'adore danser.
                  Je regrette. Je ne sais pas danser.
                  Non, parce que je suis fatigué(e).
                  Oui, mais j'ai besoin d'étudier.
         Voulez-vous sortir ce soir? Pourquoi ou pourquoi pas?

Note: Les jeunes Américains sortent souvent en couples. Les jeunes Français n'ont pas cette attitude américaine de *dating*. Ils sortent souvent en groupes, vont au café après un film pour commenter le spectacle et n'ont pas besoin d'arriver au bal avec une personne du sexe opposé.

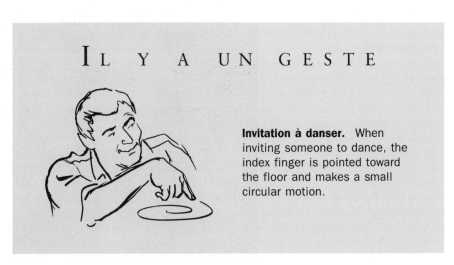

IL Y A UN GESTE

Invitation à danser. When inviting someone to dance, the index finger is pointed toward the floor and makes a small circular motion.

A. Les verbes *vouloir* et *pouvoir*

Mes amis veulent sortir tous les soirs.	*My friends want to go out every night.*
Mais **ils ne peuvent pas.**	*But they can't.*
As-tu pu parler avec Paul?	*Were you able to talk to Paul?*
J'ai voulu mais **je n'ai pas pu.**	*I wanted to but I wasn't able to.*

vouloir (*to want; to wish*)	
je	**veux**
tu	**veux**
il/elle/on	**veut**
nous	**voulons**
vous	**voulez**
ils/elles	**veulent**
passé composé: j'ai **voulu**	

pouvoir (*to be able; to be allowed*)	
je	**peux**
tu	**peux**
il/elle/on	**peut**
nous	**pouvons**
vous	**pouvez**
ils/elles	**peuvent**
passé composé: j'ai **pu**	

■ **Vouloir** and **pouvoir** are frequently followed by an infinitive.

Qui **veut sortir** ce soir?	*Who wants to go out tonight?*
Je **ne peux pas sortir** ce soir.	*I can't go out tonight.*

■ **Vouloir** can also be used with a noun or pronoun, often to offer something or to make a request.

Voulez-vous **quelque chose** à boire?	*Do you want something to drink?*

Note: When making requests, it is more polite to use **je voudrais** instead of **je veux.**

Je voudrais un verre d'eau.	*I'd like a glass of water.*

 VOTRE BANQUE QUAND VOUS VOULEZ ET D'OU VOUS VOULEZ

1. **Pourquoi y vont-ils?** Expliquez où vont les personnes suivantes et pourquoi. Utilisez le verbe **aller** et le verbe **vouloir** dans chaque phrase.

Modèle: **Les étudiants vont au bal parce qu'ils veulent danser.**

| on je nous tu vous les étudiants | aller | à la résidence à la bibliothèque au bal au restaurant aux cours à l'église au bistro à la piscine à la patinoire au cinéma au centre commercial en France à l'aéroport au bureau de tabac | vouloir | étudier regarder les autres acheter quelque chose danser chercher quelqu'un écouter un sermon déjeuner dormir parler français manger boire prendre un avion patiner nager voir un film visiter des monuments apprendre quelque chose |

2. **La boum** (*The party*). Lisez ou jouez le sketch suivant. Répondez ensuite aux questions.

Deux étudiants parlent de leurs activités.

JACQUES: Je peux porter ta veste grise?

CHRISTOPHE: Oui, si tu veux. Pourquoi?

JACQUES: Ce soir je sors.

CHRISTOPHE: Je vais être indiscret. Et tu vas où?

JACQUES: Au bal! Les étudiants organisent une boum.

CHRISTOPHE: Tu y vas avec qui?

JACQUES: J'y vais seul, mais je crois que Sandrine a l'intention d'y aller aussi.

CHRISTOPHE: Et tu vas pouvoir l'inviter (*invite her*) à danser, bien sûr?

JACQUES: Je voudrais bien danser avec elle. Mais elle a beaucoup d'admirateurs.

CHRISTOPHE: Tu as pu danser avec elle la dernière fois?

JACQUES: Non, elle n'a pas voulu. Mais cette fois, ça va être différent.

Questions:

1. Qui va au bal?
2. Avec qui y va-t-il?
3. Quels vêtements veut-il porter?
4. Avec qui Jacques veut-il danser?
5. Pourquoi est-ce qu'il n'a pas pu danser avec Sandrine la dernière fois?

3. **Pourquoi pas?** Utilisez le verbe **pouvoir** à la forme négative et l'expression **parce que** pour expliquer pourquoi quelque chose n'est pas possible.

Modèle: **Tu ne peux pas sortir parce que tu es fatigué(e).**

tu		manger	avoir la grippe
vous		boire	avoir un rhume
mes amis		aller à un	être malade(s)
mon ami(e)	ne pas	concert	être fatigué(e)(s)
je	pouvoir	sortir	ne pas avoir d'argent
nous		dîner	avoir sommeil
les étudiants		voyager	avoir besoin d'étudier
		jouer aux cartes	être occupé(e)(s)
		étudier	ne pas avoir le temps
		venir au cours	avoir mal aux yeux
		danser	avoir mal aux pieds
		regarder la	ne pas être libre(s)
		télévision	ne pas avoir faim
		skier	ne pas avoir soif
		nager	

4. **Qu'est-ce qu'il a?** Raymond répond toujours non. Utilisez les expressions suivantes avec **vouloir** ou **pouvoir** pour expliquer quelle excuse il peut avoir.

Modèle: Si nous l'invitons à manger quelque chose, ...
Si nous l'invitons à manger quelque chose, Raymond va répondre qu'il ne veut pas manger parce qu'il n'a pas faim.

1. Si nous l'invitons à boire quelque chose, ...
2. Si nous l'invitons à chanter une chanson (*song*), ...
3. Si nous l'invitons à danser la valse, ...
4. Si nous l'invitons à nager à la piscine, ...
5. Si nous l'invitons à aller à un match de football, ...
6. Si nous l'invitons à skier, ...
7. Si nous l'invitons à dîner chez nous, ...
8. Si nous l'invitons à étudier avec nous, ...

2. Expressing Familiarity and Judgment

Tu connais Éric, Céline?
> Oui, je le connais.

Tu connais ses parents?
> Je les connais mais je ne les connais pas très bien.

Tu connais la ville de Boston?
> Non, je ne la connais pas.

❖ **Et vous?** Vous connaissez la ville de Paris?
   Vous connaissez le Québec?

Remarque: **Le Québec** refers to the province of Quebec. *Quebec City* is referred to simply as **Québec**.

Le Vieux-Port de Québec

B. Le verbe *connaître*

Est-ce que **vous connaissez** Paris?	*Do you know Paris?*
Anne ne **connaît** pas cette ville.	*Anne doesn't know that city.*
Je connais cet homme.	*I know that man.*
J'ai connu cet homme à Paris.	*I met that man in Paris.*

connaître
(*to know, be acquainted with, be familiar with*)

je	**connais**	nous	**connaissons**
tu	**connais**	vous	**connaissez**
il/elle/on	**connaît**	ils/elles	**connaissent**

passé composé: j'**ai connu**

■ There is a circumflex accent on the **-i-** only in the verb stem of the **il/elle/on** form and in the infinitive.

Je **connais** bien la mentalité américaine.
But: Il ne **connaît** pas l'histoire de France.

■ **Connaître** denotes familiarity and means *to know, be acquainted with* (*a person, a place, a concept, a thing*). It is always accompanied by a direct object and cannot stand alone.

Connaissez-vous **les parents de Thomas?**
Do you know Thomas's parents?

Non, mais je connais **leur maison.**
No, but I'm familiar with their house.

Note: In the passé composé, **connaître** denotes a first meeting.

J'**ai connu** Robert en janvier.   *I met Robert in January.*

5. **Connaissent-ils ces choses?** Expliquez la familiarité des personnes suivantes avec les choses, les personnes et les endroits indiqués. Utilisez les expressions suivantes pour créer des phrases.

Modèle: **Mes parents ne connaissent pas Paris.**

je		la place de la Concorde
tu		le Sénégal
nous		la ville du Mans
mes parents	(ne ... pas) connaître	le jeu de Scrabble
les étudiants		les pays d'Europe
le professeur		la Côte-d'Ivoire
		le (la) président(e) de l'université
		le musée du Louvre
		les parents de mes amis

C. Les pronoms objets directs

Connais-tu Christelle?	*Do you know Christelle?*
Non, je ne **la** connais pas personnellement.	*No, I don't know her personally.*
Est-ce qu'elle **te** connaît?	*Does she know you?*
Non, elle ne **me** connaît pas.	*No, she doesn't know me.*
Est-ce que tu aimes les sandwichs au fromage?	*Do you like cheese sandwiches?*
Oui, je **les** aime beaucoup.	*Yes, I like them very much.*
As-tu acheté ton livre?	*Did you buy your book?*
Je **l'**ai acheté mais je ne **l'**ai pas encore lu.	*I bought it but I haven't read it yet.*

■ A direct object pronoun replaces a noun that is the direct object of a verb (where no preposition precedes the noun). The noun may be a proper name or a noun preceded by a definite article, a demonstrative adjective, or a possessive adjective. The direct object pronouns are listed in the table below:

me (m')	*me*	**nous**	*us*
te (t')	*you*	**vous**	*you*
le (l')	*him; it*	**les**	*them*
la (l')	*her; it*		

■ Object pronouns are placed directly in front of the verb.

J'aime *Thierry.*	Pourquoi **l'**aimes-tu?
Aimes-tu *les sandwichs?*	Oui, je **les** aime.
Connais-tu *ma mère?*	Non, je ne **la** connais pas.

■ When used with a verb followed by an infinitive, direct object pronouns are put directly in front of the verb to which they are related (usually the infinitive).

Pascale veut faire *ses devoirs.*	Pascale veut **les** faire.
Je vais demander *l'addition.*	Je vais **la** demander.
Nous ne pouvons pas regarder *la télévision.*	Nous ne pouvons pas **la** regarder.
J'ai envie d'écouter *la radio.*	J'ai envie de **l'**écouter.

■ Direct object pronouns can be used with **voici** and **voilà**.

Où est Robert?   *Where is Robert?*
Le voilà!   *There he is!*

■ In the passé composé, object pronouns are placed directly in front of the auxiliary verb.

Marc a acheté *son livre?*   Oui, il **l'**a acheté.
As-tu aimé *le film?*   Non, je ne **l'**ai pas aimé.

For Recognition Only:

■ The past participle agrees in gender and number with a *preceding* direct object.

Paul a **fait** *ses devoirs.*   *But:* Paul **les** a **faits**.
Tu n'as pas **écouté** *la radio.*   *But:* Tu ne **l'**as pas **écoutée**.

6.   **Qui les connaît?** Utilisez les expressions suivantes pour interviewer votre partenaire. Utilisez un pronom dans votre réponse.

Modèles: tu/mes amis

     VOUS: **Est-ce que tu connais mes amis?**
VOTRE PARTENAIRE: **Oui, je les connais.** ou
          Non, je ne les connais pas.

   tes amis/me

     VOUS: **Est-ce que tes amis me connaissent?**
VOTRE PARTENAIRE: **Oui, ils te connaissent.** ou
          Non, ils ne te connaissent pas.

1. tu/mes parents
2. tes parents/me
3. tes amis/le professeur de français
4. le professeur de français/tes amis
5. tu/les autres étudiants de notre cours de français
6. les autres étudiants de notre cours de français/te
7. le (la) président(e) de notre université/nous
8. nous/le (la) président(e) de notre université

7. **Que pensez-vous de ... ?** Quelle est votre opinion des choix suivants? Utilisez un pronom dans chaque réponse. Si vous préférez autre chose, dites-le (*say so*).

Modèles: Que pensez-vous de la pizza au jambon?
Je l'aime. C'est ma pizza préférée.

Que pensez-vous des omelettes aux anchois?
Berk! Je les déteste. Je préfère les omelettes au gruyère.

1. Que pensez-vous des sandwichs au beurre d'arachide?
2. Que pensez-vous du thé anglais?
3. Que pensez-vous des hamburgers de Burger King?
4. Que pensez-vous des repas au restaurant universitaire?
5. Que pensez-vous des matchs de football à la télévision?
6. Que pensez-vous de la musique classique?
7. Que pensez-vous des chats?
8. Que pensez-vous de la soupe de tomates?
9. Que pensez-vous du golf?

Un jeune musicien joue du violon au bord de la Seine, près de Notre-Dame.

8. Qu'est-ce que les étudiants veulent faire? Posez une question avec le verbe **vouloir**. Votre partenaire va utiliser un pronom dans sa réponse.

Modèle: étudier le français
  VOUS: **Est-ce que les étudiants veulent étudier le français?**
  VOTRE PARTENAIRE: **Oui, ils veulent l'étudier.** ou
    Non, ils ne veulent pas l'étudier.

1. faire la vaisselle après le dîner
2. regarder la télévision le soir
3. prendre le petit déjeuner
4. connaître la ville de Paris
5. faire leurs devoirs
6. écouter la radio pendant qu'ils étudient

9. À vous. Répondez. Remplacez les mots en italique par un pronom.

Modèle: Aimez-vous *la pizza aux anchois?*
  Oui, je l'aime (beaucoup). ou
  Non, je ne l'aime pas.

1. Aimez-vous *la pizza aux champignons?*
2. Aimez-vous faire *la vaisselle?*
3. Est-ce que le professeur de français connaît bien *ses étudiants?*
4. Connaissez-vous personnellement *le (la) président(e) de l'université?*
5. Est-ce que le (la) président(e) de l'université *vous* connaît?
6. Écoutez-vous souvent *la radio locale?*
7. Vos amis comprennent-ils bien *le français?*
8. Faites-vous *vos devoirs* tous les soirs?
9. Aimez-vous *les examens?*
10. Allez-vous regarder *la télévision* ce soir?

10. **Pourquoi ou pourquoi pas?** Répondez par **oui** ou **non** et utilisez un pronom objet direct. Ensuite expliquez votre réponse.

Modèle: Allez-vous faire la sieste pendant le cours de français?
  Non, je ne vais pas la faire parce que je veux apprendre le français.

1. Préférez-vous faire vos devoirs dans votre chambre ou à la bibliothèque?
2. Les étudiants veulent-ils écouter la musique rock?
3. Aimez-vous étudier le français?
4. Avez-vous souvent envie de faire le ménage?
5. Aimez-vous faire les courses?
6. Pouvez-vous comprendre l'espagnol?
7. Voulez-vous visiter la ville de Paris?

11. Une devinette (*A riddle*). À quoi correspond le pronom? Devinez!

Modèle: On le trouve dans la classe de français.
On trouve le livre de français dans la classe de français. ou
On trouve Mike dans la classe de français.

1. On le prend le matin.
2. On la regarde quelquefois.
3. On l'écoute souvent.
4. On peut les faire à la bibliothèque.
5. On le lit pour préparer ce cours.
6. On aime le parler avec le professeur.
7. Les étudiants l'adorent.
8. On la fait après le dîner.
9. On les achète à la librairie.

E N T R E   A M I S   Une enquête: vous êtes journaliste

Find out the following information. Your partner should use an object pronoun in each answer.

1. Find out if your partner likes milk.
2. Find out if s/he likes sandwiches.
3. Find out if s/he listens to the radio.
4. If so, find out at what time.
5. Find out if s/he watches TV.
6. If so, ask if s/he is going to watch it this evening.

La Presse
LE PLUS GRAND QUOTIDIEN FRANÇAIS D'AMÉRIQUE

3. Giving Orders and Advice

Quelqu'un parle au chauffeur°:   *driver*
    Démarrez!
    Changez de vitesse!
    Continuez tout droit!
    Prenez à droite!
    Arrêtez au stop!
    Reculez!°   *Back up!*
    Faites attention aux voitures!

Le chauffeur répond:
    Taisez-vous!°   *Keep quiet!*

✤ **Et vous?** Parlez au chauffeur!

D. L'impératif

Regarde!	*Look!*
Regardez!	*Look!*
Regardons!	*Let's look!*
Fais attention!	*Pay attention!*
Faites attention!	*Pay attention!*
Faisons attention!	*Let's pay attention!*

■ The imperative is used to give commands and to make suggestions. The forms are usually the same as the present tense for **tu, vous,** and **nous.**

Note: If the infinitive ends in **-er,** the final **-s** is omitted from the form that corresponds to **tu.**

parler français	tu parle**s** français	*But:*	**Parle** français!
aller aux cours	tu va**s** aux cours	*But:*	**Va** aux cours!

■ For negative commands, **ne** precedes the verb and **pas** follows it.

    Ne regardez pas la télévision!
    Ne fais pas attention à Papa!

P. 444

j'aie
tu aies
il ait
ils aient

■ **Être** and **avoir** have irregular imperatives:

être	avoir
sois	aie
soyez	ayez
soyons	ayons

Sois gentil!	*Be nice!*
Soyons sérieux!	*Let's be serious!*
Ayez pitié de nous!	*Have pity on us!*
N'aie pas peur!	*Don't be afraid!*

12. **Le pauvre professeur.** Les étudiants refusent de faire ce qu'il veut. Utilisez **Mais je ne veux pas ...** et répondez.

Modèle: Écoutez!
Mais je ne veux pas écouter.

1. Allez en classe!
2. Prenez ce livre!
3. Écrivez votre dissertation!
4. Lisez ce roman!
5. Parlez à votre professeur!
6. Chantez pour la classe!
7. Soyez raisonnable!
8. Arrêtez de parler!
9. Ayez pitié de vos professeurs!
10. Faites attention!
11. Sortez de cette classe!
12. Changez de cours!

13. **Un père exaspéré.** Michel trouve que sa fille n'est pas raisonnable. Il décide que sa fille peut faire ce qu'elle veut.

2/25/93

Modèle: Je veux aller au cinéma.
Alors, va au cinéma!

1. Je ne peux rien manger.
2. Je ne veux pas faire la vaisselle.
3. Je veux regarder la télévision.
4. Je ne veux pas étudier.
5. Je ne peux pas écrire de rédaction.
6. Je ne veux pas avoir de bonnes notes en français.
7. Je ne veux pas être raisonnable.

14. **Un professeur exaspéré.** Le professeur a trop de travail. Il devient fou (*crazy*). Les élèves peuvent faire ce qu'ils veulent.

Modèle: Vous ne voulez pas faire attention?
Alors, ne faites pas attention!

1. Vous ne pouvez pas étudier?
2. Vous ne pouvez pas faire vos devoirs?
3. Vous voulez boire du coca au cours de français?
4. Vous ne voulez pas étudier le passé composé?
5. Vous ne pouvez pas écrire de rédaction?
6. Vous ne voulez pas être à l'heure?
7. Vous voulez partir?

15. **Des touristes.** Vous aidez des touristes francophones près de votre campus. Répondez et expliquez aux touristes où il faut aller.

Modèle: Où est le centre commercial, s'il vous plaît?
Il est près d'ici. Prenez la rue Main. Ensuite tournez à gauche dans la rue Madison.

1. Pouvez-vous me dire où je peux trouver un supermarché?
2. Je voudrais trouver une pharmacie, s'il vous plaît.
3. Y a-t-il un bureau de poste dans cette ville?
4. Y a-t-il un arrêt d'autobus près d'ici?
5. Où sont les toilettes, s'il vous plaît?
6. Connaissez-vous un restaurant près d'ici?

RESTAURANT
citronlime
CUISINE EURASIENNE

4669 ST-DENIS, MTL. 284-3130

E. Le subjonctif: un bref aperçu *(a brief look)*

■ You have learned to use the infinitive after a number of verbal expressions. This happens when both verbs have the same subject or when the first verb is an impersonal expression without **que.**

Je veux parler français.	*I want to speak French.*
Il faut étudier.	*I (you, we, etc.) need to study.*

■ Expressions that are used to give advice to a second person, however, are frequently followed by **que** plus another subject and its verb.

Vocabulaire: Ordres et Conseils

il est essentiel que ✓	*it is essential that*
il est important que ✓	*it is important that*
il est indispensable que ✓	*it is essential that*
il est nécessaire que	*it is necessary that*
✳ il faut que	*it is necessary that; (someone) must*
✳ il ne faut pas que ✓	*(someone) must not*
il vaut mieux que ✓	*it is preferable that; it is better that*
je préfère que ✓	*I prefer that*
je veux que ✓	*I want*
je voudrais que ✓	*I would like*

■ When advice is being given to another person, the second verb is not an infinitive; it is in a form called the *subjunctive*. The stem of the subjunctive is usually the same as the stem of the **ils/elles** form of the present tense. Except for **avoir** and **être,** the endings of the subjunctive are the same for all verbs.

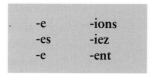

-e	-ions
-es	-iez
-e	-ent

Le prof veut **que nous parlions**
  français.
Il faut **que nous étudiions.**

The teacher wants us to speak
  French.
It is necessary that we study.
  (We have to study.)

■ The subjunctive forms for **je, tu, il/elle/on,** and **ils/elles** of regular **-er** verbs sound the same as the present tense. The **nous** and **vous** forms, however, sound slightly different because of the **-i-** in their endings. For regular **-re** verbs, only the **ils/elles** form sounds the same as the present tense.

-er verbs (parlent)		
que je	parl	e
que tu	parl	es
qu'il/elle/on	parl	e
que nous	parl	ions
que vous	parl	iez
qu'ils/elles	parl	ent

-re verbs (vendent)		
que je	vend	e
que tu	vend	es
qu'il/elle/on	vend	e
que nous	vend	ions
que vous	vend	iez
qu'ils/elles	vend	ent

■ The subjunctive forms of **avoir** and **être** are very similar to their imperative forms.

Il ne faut pas que vous **ayez** peur.	*You must not be afraid.*
Il est important qu'ils ne **soient** pas en retard.	*It is important that they not be late.*

Remember: The subjunctive is used with expressions for giving advice only after **que** and a change of subjects. When there is no change of subjects, the infinitive is used. After **il est nécessaire** (**important, essentiel, indispensable**), the preposition **de** must be used before an infinitive.

Le professeur veut **que j'écrive** un poème.	*The teacher wants me to write a poem.*
Le professeur veut **écrire** un poème.	*The teacher wants to write a poem.*
Il est nécessaire **que vous restiez** ici.	*It is necessary that you stay here.*
Il est nécessaire **de rester** ici.	*I (we, you, etc.) need to stay here.*

16. **Et moi, qu'est-ce que je veux?** Tout le monde vous demande de faire quelque chose. Décidez si vous êtes d'accord.

Modèle: Votre père veut que vous étudiiez beaucoup.
Très bien, je vais étudier beaucoup. ou
Mais je ne veux pas étudier beaucoup.

1. Vos parents veulent que vous restiez à la maison.
2. Votre mère veut que vous rendiez visite à vos grands-parents.
3. Vos parents ne veulent pas que vous vendiez vos livres.
4. Vos parents ne veulent pas que vous sortiez tous les soirs.
5. Votre professeur veut que vous ayez «A» à votre examen de français.
6. Vos parents ne veulent pas que vous fumiez.
7. Vos professeurs ne veulent pas que vous perdiez vos devoirs.
8. Vos parents veulent que vous attachiez votre ceinture de sécurité.

17. **Conseils aux étudiants de première année.** Ces recommandations de l'administration et des professeurs sont-elles pertinentes? Quelle est votre opinion? Utilisez l'impératif dans chaque réponse et faites tous les changements nécessaires.

Modèle: Il ne faut pas que les étudiants sortent souvent.
C'est un bon conseil. Ne sortez pas souvent! ou
C'est un mauvais conseil. Sortez souvent, si vous voulez.

1. Il est important que les étudiants étudient le français.
2. Il ne faut pas qu'ils soient absents.
3. Il est essentiel qu'ils dorment huit heures par jour.
4. Il faut qu'ils mangent au restaurant universitaire.
5. L'administration veut que les étudiants habitent dans une résidence universitaire.
6. Il vaut mieux qu'ils prennent le petit déjeuner.
7. Il est important qu'ils soient très sérieux.
8. Il est absolument indispensable qu'ils écoutent leurs professeurs.
9. Il vaut mieux qu'ils écrivent régulièrement à leurs parents.
10. Il ne faut pas qu'ils fument en classe.

F. Les pronoms à l'impératif

■ In an affirmative sentence, an object pronoun follows the imperative.

Je peux prendre la voiture?	**Prends-la!**	**Prenez-la!**
Je veux acheter ce livre.	**Achète-le!**	**Achetez-le!**
Je vais porter ces chaussures.	**Porte-les!**	**Portez-les!**
Je vais au cinéma.	**Vas-y!***	**Allez-y!**

Note: Used after a verb, **me** and **te** become **moi** and **toi**.

Regardez-moi! *Look at me!* **Écoute-moi!** *Listen to me!*

■ If the sentence is negative, the object pronoun precedes the verb.

Je ne veux pas acheter ce livre.	**Ne l'achète pas!**	**Ne l'achetez pas!**
Je ne veux pas porter ces chaussures.	**Ne les porte pas!**	**Ne les portez pas!**
Vous me regardez tout le temps.	**Ne me regarde pas!**	**Ne me regardez pas!**
Je ne veux pas aller au cinéma.	**N'y va pas!**	**N'y allez pas!**

*The **-s** is used in the **tu** form of the imperative when it is followed by a pronoun beginning with a vowel.

18. **La voix de ma conscience** (*The voice of my conscience*). Qu'est-ce que votre conscience vous dit de faire ou de ne pas faire? Utilisez un pronom objet avec l'impératif.

Modèle: Je vais manger ces bonbons. **Mange-les!** ou **Ne les mange pas!**

1. Je ne vais pas faire mes devoirs.
2. Je veux prendre la voiture de mon ami(e).
3. Je ne veux pas attacher ma ceinture de sécurité.
4. Je vais boire cette bouteille de vin.
5. Je veux acheter ces vêtements.
6. Je veux faire la sieste.
7. Je peux vendre mon livre de français?
8. Je vais regarder la télévision.
9. Je peux aller au cinéma?

G. Les nombres ordinaux

Prends la **première** rue à gauche.
C'est la **deuxième** fois que je viens en France.
Elle habite dans la **quatrième** maison.
Victor Hugo est né au **dix-neuvième** siècle (*century*).

■ To form most ordinal numbers, one simply adds **-ième** to the cardinal number. The abbreviated form is a numeral followed by a raised **e.**

deux   ⟶   **deuxième**   2^e
trois   ⟶   **troisième**   3^e
quatre   ⟶   **quatrième**   4^e

■ There are a few exceptions.

1. The ordinal number for **un** (**une**) is **premier** (**première**). It is the only ordinal number that shows gender agreement with the noun it modifies.

$$\text{un (une)} \quad \longrightarrow \quad \textbf{premier (première)} \quad \textbf{1}^{\text{er}} \text{ (1}^{\text{re}}\text{)}$$

Note: For cardinal numbers such as **vingt et un,** the ordinal number is formed according to the normal rule.

$$\text{vingt et un} \quad \longrightarrow \quad \textbf{vingt et unième} \quad \textbf{21}^{\text{e}}$$

2. **Cinq** and numbers built on **cinq** add a -u- before the ending.

$$\text{cinq} \quad \longrightarrow \quad \textbf{cinq}u\textbf{ième} \quad \textbf{5}^{\text{e}}$$

3. **Neuf** and numbers built on **neuf** change the -f- to -v- before the ending.

$$\text{neuf} \quad \longrightarrow \quad \textbf{neu}v\textbf{ième} \quad \textbf{9}^{\text{e}}$$

4. Cardinal numbers ending in -e drop the -e before the ending.

$$\text{onze} \quad \longrightarrow \quad \textbf{onzième} \quad \textbf{11}^{\text{e}}$$
$$\text{douze} \quad \longrightarrow \quad \textbf{douzième} \quad \textbf{12}^{\text{e}}$$
$$\text{treize} \quad \longrightarrow \quad \textbf{treizième} \quad \textbf{13}^{\text{e}}$$

■ In dates, **le premier** is used, as in English, to express the meaning *the first,* but the cardinal numbers are used for the rest of the days in the month.

$$\text{le } \textbf{premier} \text{ mai} \qquad \textit{But:} \text{ le } \textbf{deux} \text{ mai, le } \textbf{trois} \text{ mai}$$

■ This is also true when talking about monarchs. **Premier** (**Première**) is used for *the First,* but the cardinal numbers are used thereafter. Note that the definite article is not used in French.

$$\text{François } \textbf{Premier} \qquad \text{Elizabeth } \textbf{Première} \qquad \text{Elizabeth } \textbf{Deux}$$

19. **Prononcez et écrivez.** Lisez ces expressions et écrivez en toutes lettres.

Modèle: le 21e siècle
le vingt et unième siècle

1. Henri Ier
2. la 2e année consécutive
3. la 3e fois
4. le 1er mois de l'année
5. Louis XVI
6. la 6e fois
7. le 20e siècle
8. la 1re rue à droite
9. le 25 décembre

20. **Le calendrier.** Répondez.

1. Quelle est la date aujourd'hui?
2. Quelle est la date du Jour de l'An (*New Year's Day*)?
3. Quelles sont les dates de votre fête nationale et de la fête nationale française?
4. Quelle est la date de votre anniversaire?
5. Quelle est la date de l'anniversaire de mariage de vos parents?
6. Quel est le troisième mois de l'année?
7. Quel est le dernier jour de l'année?
8. Quel est le cinquième jour de la semaine en France?
9. Quel est le cinquième jour de la semaine pour vous?

ENTRE AMIS   Pardon, s'il vous plaît

You are visiting a French-speaking city.

1. Stop a native and explain that you don't know the city.
2. Ask for directions to a good restaurant, a good hotel, and a post office.
3. Be sure to thank the native properly.

---

4. Describing Ways of Doing Things

À quelle vitesse conduisez-vous?
   Moi, je conduis ...

comme un escargot°	*like a snail*
lentement	
tranquillement°	*calmly*
prudemment°	*prudently*
vite	
à toute vitesse°	*at top speed*
comme un fou (une folle)°	*like a crazy person*

Comment vos amis conduisent-ils?

IL Y A UN GESTE

À toute vitesse. A closed fist is held at chest level and moved horizontally away from the body and back in a few rapid motions. This suggests a rapid speed. It may also be used to describe someone who has a "hard-driving" personality.

H. Le verbe *conduire*

Est-ce que tu as peur de **conduire?**
Je conduis très souvent.
Hier, **nous avons conduit** une voiture de sport.

	conduire (*to drive*)		
je	**conduis**	nous	**conduisons**
tu	**conduis**	vous	**conduisez**
il/elle/on	**conduit**	ils/elles	**conduisent**

passé composé: **j'ai conduit**

■ The verb **conduire** is not used to tell that you drive to a destination. It is used alone or with adverbs or direct objects. To tell *where* you are driving, use **aller en voiture.**

	Il **conduit** une Renault.	*He drives a Renault.*
But:	Il **va** à Monte-Carlo **en voiture.**	*He is driving to Monte Carlo.*

21. **Comment ces gens conduisent-ils?** Votre partenaire va vous poser des questions. Répondez. Si vous ne savez pas la réponse, imaginez.

Modèle: votre tante

VOTRE PARTENAIRE: **Comment votre tante conduit-elle?**
VOUS: **Ma tante conduit comme une folle.**

1. les étudiants de cette université
2. le professeur de français
3. les professeurs (en général)
4. les femmes
5. les hommes

6. les Français
7. les Américains
8. votre meilleur(e) ami(e)
9. vous

E N T R E   A M I S   Vous donnez des conseils au chauffeur

1. Be a back-seat driver. Tell your partner that s/he is driving too fast.
2. Tell him/her to go slowly.
3. Tell him/her where to go and how to drive.

I. Les adverbes

■ While there are exceptions, most French adverbs end in **-ment**.

Avance **lentement**!   Tu vas trop **rapidement**.

■ If the masculine singular form of the adjective ends in a consonant, **-ment** is added to the feminine form.

premier (première)	⟶	**premièrement**	*first*
sérieux (sérieuse)	⟶	**sérieusement**	*seriously*
attentif (attentive)	⟶	**attentivement**	*attentively*

■ The suffix **-ment** is added to the masculine singular form of an adjective if it ends in a vowel.

vrai	⟶	**vraiment**	*truly*
facile	⟶	**facilement**	*easily*
absolu	⟶	**absolument**	*absolutely*

Exception: fou (folle) ⟶ **follement** *crazily*

Buts communicatifs   **339**

■ For masculine adjectives ending in **-ant** or **-ent,** the adverbs will end in **-amment** or **-emment** respectively. The first vowel in both spellings is pronounced [a].

constant	⟶ **constamment**	*constantly*
patient	⟶ **patiemment**	*patiently*
prudent	⟶ **prudemment**	*prudently*

■ Several of the most common adverbs are completely different from their corresponding adjectives.

bon	⟶ **bien**	*well*	Loïc danse **bien.**
mauvais	⟶ **mal**	*poorly*	Il chante **mal.**
petit	⟶ **peu**	*little*	Et il mange très **peu.**

Note: **Rapide** has two corresponding adverbs: **rapidement** and **vite.**

22. **Identification.** Identifiez des personnes qui correspondent aux questions suivantes.

Modèle: Qui conduit lentement?
Mes parents conduisent lentement. ou **Mon oncle conduit lentement.**

1. Qui conduit nerveusement?
2. Qui parle rapidement le français?
3. Qui fait bien la cuisine?
4. Qui parle constamment?
5. Qui apprend facilement les maths?
6. Qui travaille sérieusement?
7. Qui écoute patiemment?
8. Qui étudie attentivement?
9. Qui chante mal?
10. Qui écrit peu?

23. **Tout le monde est chauffeur.** Décrivez les chauffeurs suivants. Pour chaque adjectif, faites une phrase avec le verbe **être** et un adjectif, et puis une autre phrase, avec le verbe **conduire** et un adverbe.

Modèle: votre tante/lent   **Ma tante est lente. Elle conduit lentement.**

nous (les étudiants)	rapide
mon oncle	sérieux
ma tante	bon
mon père	prudent
ma mère	patient
je	nerveux
le professeur	admirable
les hommes	raisonnable
les femmes	parfait
	tranquille
	attentif
	fou

ENTRE AMIS Vous êtes journaliste

1. Find out if your partner speaks French.
2. Explain that you are a reporter for a newspaper called *L'Équipe* (*The Team*).
3. Get permission to ask a few questions.
4. Find out if s/he plays tennis, swims, skates, or skis.
5. If so, find out how well.
6. Double-check the answers by reporting back what your partner has told you.

Révision et Intégration

A.

Des indications. Aidez un(e) touriste francophone qui cherche ...

1. un restaurant
2. un bureau de poste
3. une pharmacie

B.

Jacques a dit (*Simon says*). Faites l'action ou le geste indiqué si le professeur commence l'expression avec «Jacques a dit». Si le professeur ne dit pas «Jacques a dit», ne faites pas l'action ou le geste.

Frappez à la porte!
Taisez-vous!
Dites bonjour!
Mangez!
Buvez!
Invitez-moi à danser!
Mon œil!
Comme çi, comme ça.
Comptez sur une main!
Regardez à gauche!
Regardez à droite!

Avancez!
Reculez!
Prenez le volant!
Conduisez!
Changez de vitesse!
Asseyez-vous!

C. À vous. Répondez.

1. Vous êtes étudiant(e)s de quelle année?
2. Quel est le premier mois de votre année scolaire? le cinquième? le dernier?
3. Quel est votre dernier cours le vendredi?
4. Pourquoi un bon étudiant ne peut-il pas sortir tous les soirs?
5. Que faites-vous le vendredi soir? Pourquoi?
6. Que faites-vous le samedi matin? Pourquoi?
7. Que peuvent faire les étudiants de votre campus quand ils veulent s'amuser (*to have fun*)?
8. Où peut-on aller près de chez vous si on veut danser?
9. Avez-vous votre permis de conduire? Si oui, depuis combien de temps l'avez-vous?
10. Comment conduisez-vous?
11. Où avez-vous connu votre meilleur(e) ami(e)?

ENTRE AMIS En voiture

You are lost. Ask a policeman what city this is. Tell him where you are going and ask for directions.

D. *Rédaction:* **Une lettre à Kotjo.** Kotjo, a future exchange student from Sénégal, has applied to spend a year studying at your university. Send a letter to him in Sénégal and give him directions to your campus from the nearest airport. Include any hints you feel might help him to cope with the new cultural experiences he will face. Be sure to include a reason for each bit of advice you give.

A. **Étude du vocabulaire.** Étudiez les phrases suivantes et choisissez les mots anglais qui correspondent aux mots français en caractères gras: *more, convinced, rather, hate, approximately, those, latecomer, less, thus, bother.*

1. Un avion est **plus** rapide qu'un train.
2. L'état de Rhode Island est **moins** grand que le Texas.
3. Notre professeur **exècre** le tabac. Les cigarettes le rendent malade.
4. Pourquoi est-ce que vous me parlez **ainsi**? Qu'est-ce que je vous ai fait?
5. Mon frère est toujours **retardataire.** Il n'arrive jamais à l'heure.
6. Est-ce que cela vous **dérange** si je fume?
7. **Ceux** qui étudient sont **ceux** qui ont les meilleures notes.
8. Christian chante **plutôt** mal, mais il aime chanter quand même.
9. Il y a **à peu près** trente personnes au restaurant.
10. Je suis **convaincu** que le professeur veut que j'étudie beaucoup.

B. **Comment conduisent-ils?** Comment conduisez-vous? Quelle est la réputation des Français au volant? Quelle est la réputation des chauffeurs californiens? des chauffeurs new-yorkais?

La France au volant

Il faut se méfier des[1] Français en général, mais sur la route en particulier. Pour un Anglais qui arrive en France, il est indispensable de savoir d'abord qu'il existe deux sortes de Français: les à-pied et les en-voiture. Les à-pied exècrent les en-voiture, et les en-voiture terrorisent les à-pied, les premiers passant instantanément dans le camp des seconds si on leur met un volant entre les mains. (Il en est ainsi au théâtre avec les retardataires qui, après avoir dérangé douze personnes pour s'asseoir, sont les premiers à protester contre ceux qui ont le toupet[2] d'arriver plus tard).

Les Anglais conduisent plutôt mal, mais prudemment. Les Français conduisent plutôt bien, mais follement. La proportion des accidents est à peu près la même dans les deux pays. Mais je me sens[3] plus tranquille avec des gens qui font mal des choses bien[4] qu'avec ceux qui font bien de mauvaises choses.

Les Anglais (et les Américains) sont depuis longtemps convaincus que la voiture va moins vite que l'avion. Les Français (et la plupart des Latins) semblent encore vouloir prouver le contraire.

Pierre Daninos, *Les Carnets du Major Thompson*

1. watch out for   2. nerve   3. feel   4. do good things poorly

C. **Vrai ou faux?** Décidez si les phrases suivantes sont vraies ou fausses selon la lecture. Si une phrase est fausse, corrigez-la.

1. Les Français sont dangereux quand ils conduisent.
2. Les Anglais sont de bons conducteurs (*drivers*) mais ils conduisent plutôt vite.
3. Ceux qui marchent n'apprécient pas beaucoup ceux qui sont au volant.
4. Ceux qui conduisent adorent les à-pied.
5. Les Anglais ont moins d'accidents que les Français.
6. L'avion va plus vite que la voiture mais les Américains ne le comprennent pas encore.

D. **Questions.** Répondez.

1. Pourquoi dit-on qu'il y a deux sortes de Français?
2. Quelle transformation y a-t-il quand un Français prend le volant?
3. Les retardataires sont-ils hypocrites? Expliquez votre réponse.
4. Quelles différences y a-t-il entre les Anglais et les Français?
5. Qui sont les Latins?
6. Qui sont ceux qui font mal des choses qui sont bonnes?
7. Est-ce que l'auteur est français? Expliquez votre réponse.

E. **Familles de mots.** Essayez de deviner le sens des mots suivants.

1. conduire, un conducteur, une conductrice, la conduite
2. exister, l'existence, l'existentialisme
3. retarder, un(e) retardataire, un retard
4. terroriser, un(e) terroriste, le terrorisme, la terreur

Lecture

A. **Les voitures françaises.** Faites une liste de voitures françaises. Combien de voitures pouvez-vous mentionner?

AUTOMOBILES	
Vends R 20 TS 1983, excellent état, 86 000 kms. Tél. 41.88.36.60.	Pour 94 200F vous pouvez partir dans une Renault 21 Symphonie et profiter de sa gamme d'équipments irréprochables: auto-radio, cassette stéréo 4 x 6 W avec satellite de commande. Renault Angers, Bd du Bon Pasteur. Tél. 41.48.35.34.
Vends R 12 année 79, 140 000 kms, très bon état, prix 5 500F. Tel. 41.34.99.07.	
Vends Peugeot 505 an. 81, 93 000 kms, garantie, contrôle effectué, 45 000F, prix á débattre. Tél 41.34.14.23 (heures repas).	A VENDRE 505 GR BREAK 88, 42 000 kms, direction assistée, fermeture portes et vitres électriques, pré-équipée auto-radio, essuie-glace arrière, excellent état. Tél. 43.81.33.53.
Vends Renault 9 GTL, 68 000 kms, 5 vitesses, vitres teintées électriques, gris métalique, direction assistée, toit ouvrant. Tél. 41.34.63.23 après 20h.	
VDS Citrœn BX 16 TRS, juillet 89, modèle 90, 10 000 kms, rouge verni, direct assist., vit. teintées. Tél. 41.76.87.64 le week-end ou 16.1.46.78.10.49.	Urgent, vends R4 TL, 84, couleur blanche, pneus, embrayage, freins, allumage neufs (factures), argus moins 1500F. Tél. 41.69.25.71 heures dîner.
VDS R5 pour pièces détachées, roulante mais accidentée, petit prix. Tél. 41.32.51.61.	VDS Renault 25 V6 Turbo, 1988. 80 000 kms, bleue, toutes options. Tél. 99.83.27.47 toute la journée.

B. **Pouvez-vous décider?**

1. Quelle est probablement la plus vieille voiture?
2. Quelle voiture est neuve (*brand-new*)?
3. Quelle voiture est probablement la moins chère?
4. Quel propriétaire (*owner*) n'habite pas la même ville que les autres?
5. Quelles voitures ne sont certainement pas rouges?
6. Quels propriétaires ne sont pas chez eux pendant la journée?

C. **Une voiture à vendre.** Écrivez une petite annonce pour une voiture que vous voulez vendre.

Vocabulaire actif

Sur la route

un arrêt (d'autobus)	*(bus) stop*
une ceinture de sécurité	*safety belt, seat belt*
un chauffeur	*driver*
un permis de conduire	*driver's license*
un rétroviseur	*rearview mirror*
un stop	*stop sign*
la vitesse	*speed*
un volant	*steering wheel*

D'autres noms

l'année scolaire (f.)	*school year*
un anniversaire de mariage	*wedding anniversary*
un bal	*dance; ball*
une boum	*party*
une chanson	*song*
un commentaire	*commentary*
un conseil	*(piece of) advice*
un escargot	*snail*
un fou (une folle)	*fool; crazy person*
le Jour de l'An	*New Year's Day*
un match	*game*
une patinoire	*skating rink*
un(e) propriétaire	*owner*
un siècle	*century*

Adjectifs

attentif (attentive)	*attentive*	lent(e)	*slow*	raisonnable	*reasonable*
constant(e)	*constant*	neuf (neuve)	*brand-new*	rapide	*rapid; fast*
fou (folle)	*crazy; mad*	patient(e)	*patient*	sérieux (sérieuse)	*serious*
impatient(e)	*impatient*	prudent(e)	*cautious*	tranquille	*calm*

Verbes

arrêter	*to stop*		démarrer	*to start (a car)*
attacher	*to attach; to put on*		inviter	*to invite*
avancer	*to advance*		laisser	*to leave; to let*
avoir pitié (de qqn)	*to have pity (on s.o.); to feel sorry (for s.o.)*		pouvoir	*to be able; to be allowed*
changer (de qqch.)	*to change*			
conduire	*to drive*		reculer	*to back up*
connaître	*to know; be acquainted with; be familiar with*		vouloir	*to want; to wish*

Adverbes

absolument	*absolutely*	patiemment	*patiently*	si	*so*
constamment	*constantly*	prudemment	*prudently*	vite	*quickly; fast*
follement	*in a crazy manner*	rapidement	*rapidly*		
lentement	*slowly*	sérieusement	*seriously*		

Pronoms objets directs

me	*me*	le	*him; it*	nous	*us*	les	*them*
te	*you*	la	*her; it*	vous	*you*		

Des ordres et conseils

il est essentiel que	*it is essential that*		il ne faut pas que	*(someone) must not*
il est important que	*it is important that*		il vaut mieux que	*it is preferable that; it is better that*
il est indispensable que	*it is essential that*			
il est nécessaire que	*it is necessary that*		je préfère que	*I prefer that*
il faut que	*it is necessary that; (someone) must*		je veux que	*I want*
			je voudrais que	*I would like*

Expressions utiles

à toute vitesse	*at top speed*		le sens interdit	*one-way street*
C'est promis.	*It's a promise.*		(mon/ma) chéri(e)	*(my) dear, honey*
Chut!	*Shh!*		Mon œil!	*My eye!*
comme un fou (une folle)	*like a crazy person*		Plus un mot.	*Not one more word.*
je veux m'amuser	*I want to have fun*		Tais-toi!	*Keep quiet!*
Laisse-moi (Laissez-moi) tranquille!	*Leave me alone!*		(Taisez-vous!)	

Comme si c'était hier

Buts communicatifs
Describing conditions and
  feelings in the past
Setting the scene in the past
Making comparisons

Structures utiles
L'imparfait
L'imparfait et le passé
  composé
Ne ... que
Le comparatif
Le comparatif de **bon** et de
  bien
Le superlatif

Culture
La famille et les amis
Le mariage en France

Coup d'envoi

Qu'est-ce que tu faisais° quand tu avais seize ans°,   *used to do/were*
   Caroline?   *sixteen*
       J'allais au lycée°.   *high school*
       J'étudiais l'anglais et les mathématiques.
       J'habitais une petite maison.
       Je sortais quelquefois avec mes amis.
       Nous allions au cinéma ensemble.
       Mais je n'avais pas encore mon permis de conduire.

✤ **Et vous?** Qu'est-ce que vous faisiez quand vous aviez seize ans?

■ Impersonal expressions also have imperfect tense forms.

infinitive	present	imperfect
neiger	il neige	**il neigeait**
pleuvoir	il pleut	**il pleuvait**
falloir	il faut	**il fallait**
valoir mieux	il vaut mieux	**il valait mieux**

■ **Être** is the only verb that has an irregular stem: **ét-**. The endings are regular.

> J'**étais** malade.
> Nous **étions** désolés.

■ The **je, tu, il/elle/on** and **ils/elles** forms of the imperfect all sound alike because the endings are all pronounced the same.

> je **jouais**   tu **jouais**   il **jouait**   elles **jouaient**

■ The **-ions** and **-iez** endings are pronounced as one syllable, with the letter **-i-** being pronounced [j].

> vous habit**iez**   [a bi tje]
> nous all**ions**   [a ljɔ̃]

■ You have already learned that if the present tense stem of a verb ends in **-g**, an **-e-** is added before endings beginning with **-o-**. This is also true in other tenses before endings beginning with **-a-** or **-u-**.

present: nous mang**e**ons
imperfect: je mang**e**ais   tu mang**e**ais   il mang**e**ait   ils mang**e**aient
(*But:* nous mangions, vous mangiez)

■ Similarly, if the stem of a verb ends in **-c**, a **-ç-** is used instead before endings beginning with **-a-**, **-o-**, or **-u-**.

present: nous commen**ç**ons
imperfect: je commen**ç**ais   tu commen**ç**ais   il commen**ç**ait
(*But:* nous commencions, vous commenciez)

1. **Ils faisaient toutes sortes de choses.** Qu'est-ce que les gens suivants faisaient (ou ne faisaient pas) quand ils étaient jeunes? Utilisez les expressions suivantes pour créer des phrases.

3/9/95
10 sentences

Modèles: **Quand mes amis étaient jeunes, ils ne conduisaient pas.**
Quand ma voisine était jeune, elle était souvent malade.

			dîner au restaurant
			jouer aux échecs
			regarder des dessins animés
			écrire des lettres
			habiter en France
	mes amis		aller à l'école
	le professeur		prendre toujours le petit déjeuner
quand	je	être jeune(s)	être souvent malade
	nous		faire la vaisselle
	ma voisine		faire quelquefois la grasse matinée
	mon voisin		conduire
			lire des bandes dessinées
			manger beaucoup de bonbons
			fumer des cigarettes
			boire du lait
			nager à la piscine en été

2. **Ma grand-mère.** Écrivez le paragraphe suivant à l'imparfait.

(annotations manuscrites : habitait, était, avait, pleuvait, neigeait, restait, était, travaillait, était, avait, était, allais, parlions, chantions, voulait, faisais, mangions, Je l'aimais, m'aimait)

Ma grand-mère habite dans une petite maison qui est très jolie et qui a deux chambres. Dans cette région, il pleut souvent et en hiver, quand il neige, on reste à la maison. Ma grand-mère est fragile et elle travaille très peu. Elle est petite et assez vieille. Elle a soixante-quinze ans et elle est seule à la maison depuis la mort (*death*) de mon grand-père. Mais quand je vais chez elle, nous parlons quelquefois et nous chantons. Elle veut toujours nous préparer quelque chose à manger, mais je fais la cuisine moi-même. Ensuite nous mangeons ensemble. Je l'aime beaucoup et elle m'aime beaucoup aussi.

3. **À vous.** Répondez.

1. Qui était président des États-Unis quand vous aviez quatorze ans?
2. Qu'est-ce que vous regardiez à la télé quand vous aviez quatorze ans?
3. Quels acteurs et quelles actrices étaient populaires quand vous aviez quatorze ans?
4. Quel âge avaient les autres membres de votre famille quand vous aviez quatorze ans?
5. Qu'est-ce que vous faisiez le vendredi soir quand vous aviez quatorze ans?
6. Qu'est-ce que vous aimiez manger? Qu'est-ce que vous détestiez?
7. Qui faisait la cuisine pour vous?
8. À quelle école alliez-vous?
9. Comment s'appelaient vos voisins?
10. Où faisiez-vous vos devoirs?

E N T R E   A M I S   Quand tu étais enfant

1. Find out where your partner lived ten years ago.
2. Ask how old s/he was.
3. Ask what s/he did on Saturdays.
4. Find out what her/his school's name was.
5. Ask if s/he had a dog or a cat. If so, find out its name.
6. Find out who his/her neighbors were.

2. Setting the Scene in the Past

Quand vous êtes arrivé(e) sur ce campus pour la première fois ...
c'était en quelle saison?
c'était en quel mois?
quel âge aviez-vous?
étiez-vous seul(e) ou avec des amis?
quel temps faisait-il?
quels vêtements portiez-vous?

B. L'imparfait et le passé composé

■ The **imparfait** is often used to give background information that "sets the scene" for some other verb in the past. This scene-setting information describes what was going on. It describes the conditions surrounding some other action. If the other verb specifies what *happened*, it is in the **passé composé**.

J'étais en train de faire mes devoirs quand **Alain a téléphoné.**	*I was (busy) doing my homework when Alain telephoned.*
Il était huit heures quand **Renée est arrivée.**	*It was eight o'clock when Renée arrived.*
Jeanne avait quinze ans quand **elle a commencé** à fréquenter les garçons.	*Jeanne was fifteen when she started dating boys.*

■ For weather expressions:

□ Use the **imperfect** when the weather sets the scene for another past action.

Il faisait beau dehors quand **nous sommes sortis.**	*It was nice outside when we went out.*
Il pleuvait quand **nous sommes rentrés.**	*It was raining when we got home.*
Il neigeait. Alors **Karine a décidé** de porter ses bottes.	*It was snowing. So Karine decided to wear her boots.*

□ Use the passé composé when you simply state what the weather was like at a specific time.

Hier, **il a plu** à Paris, mais **il a neigé** dans la montagne. **Il a fait beau** à Nice.

4. **Qu'est-ce qu'elle faisait?** Utilisez les expressions suivantes pour créer des phrases logiques.

Modèle: **Léa faisait du ski quand elle est tombée.**

Léa	être en train d'étudier
	regarder la télévision
	être en train de lire
	conduire
	manger
	boire
	faire la sieste
	écrire une lettre
	prendre le petit déjeuner
	descendre d'une voiture
	attendre depuis une heure
		quand	son fiancé
			ses parents
			je
			elle
			nous
			ses amis
				entrer
				partir
				arriver
				tomber
				avoir un
				  accident
				perdre
				  patience
				téléphoner

5. **À vous.** Répondez.

1. Quel âge aviez-vous quand vous avez commencé à étudier le français?
2. Quel âge aviez-vous quand vous êtes arrivé(e) sur ce campus pour la première fois?
3. Quel âge aviez-vous quand vous avez conduit une voiture pour la première fois?
4. Quel âge aviez-vous quand vous avez eu votre permis de conduire?
5. Quel âge aviez-vous quand vous avez commencé à fréquenter les garçons (les filles)?

6. **Les Lauprête ont fait un voyage.** Quel temps faisait-il? Complétez les phrases suivantes.

Modèle: faire du vent/sortir de chez eux
Il faisait du vent quand les Lauprête sont sortis de chez eux.

1. pleuvoir/prendre le taxi
2. faire beau/arriver à l'aéroport
3. faire chaud/monter dans l'avion
4. faire froid/descendre de l'avion
5. neiger/commencer à faire du ski

7. **Dernière sortie au restaurant.** Décrivez la dernière fois que vous êtes allé(e) au restaurant.

1. Quel jour est-ce que c'était?
2. Quel temps faisait-il dehors? *(outside)*
3. Quels vêtements portiez-vous?
4. Quelle heure était-il quand vous y êtes arrivé(e)?
5. Étiez-vous seul(e)? Si non, qui était avec vous?
6. Environ combien de personnes y avait-il au restaurant?
7. Quelle était la spécialité du restaurant?
8. Comment était le garçon (la serveuse)?
9. Aviez-vous très faim? *J'avais très faim.*
10. Qu'est-ce que vous avez commandé? *J'ai beaucoup mangé.*
11. Comment était le repas?

8. **Renseignements.** Écrivez un petit paragraphe pour chaque numéro. Expliquez les conditions et ce qui est arrivé.

Modèle: Quand je suis tombé(e), ...
(Qu'est-ce que vous faisiez? Avec qui étiez-vous? Qu'est-ce que vous avez dit?)
Quand je suis tombé(e), je faisais du ski. J'étais seul(e) et j'ai dit «Aïe!».

1. Quand j'ai trouvé mon ami, ...
(Qu'est-ce qu'il portait? Où allait-il? Avec qui était-il? Qu'est-ce que vous avez fait?)
2. Quand ma mère a téléphoné, ...
(Quelle heure était-il? Que faisiez-vous? Qu'est-ce qu'elle voulait? Qu'est-ce que vous avez répondu?)
3. Quand mon cousin (mon ami(e), mon frère, etc.) a eu son accident, ...
(Où était-il? Qu'est-ce qu'il faisait? Quel âge avait-il? Quel temps faisait-il? Combien de témoins (*witnesses*) y avait-il? Qu'est-ce qu'il a fait après?)
4. Quand je suis entré(e) dans la classe, ...
(Quelles personnes étaient là? Qu'est-ce qu'elles portaient? Quelle heure était-il? Avec qui avez-vous parlé?)

3. Making Comparisons

Combien de vacances as-tu, Christiane?
    J'ai trois semaines de vacances.
    L'année dernière, je n'ai eu que°   *I had only*
      quinze jours de vacances.
Est-ce que ta vie était différente quand tu avais seize ans?
    Pas vraiment. À cette époque, je travaillais
      autant° que maintenant.   *as much*
    Et j'étudiais aussi° souvent que maintenant.   *as*
    Mais j'étais moins° active.   *less*
    Et j'avais plus° de soucis°.   *more/worries*

❖ **Et vous?**
    Quand vous n'aviez que seize ans, ...
    étudiiez-vous plus, moins ou autant que maintenant?
    jouiez-vous plus, moins ou autant?
    aviez-vous plus, moins ou autant de temps libre que maintenant?
    aviez-vous plus, moins ou autant de soucis?
    étiez-vous plus, moins ou aussi heureux (heureuse) que maintenant?
    étiez-vous aussi grand(e)?
    sortiez-vous plus, moins ou aussi souvent que maintenant?
    parliez-vous plus, moins ou aussi couramment°   *fluently*
     le français?

Note: Les Français utilisent souvent l'expression **huit jours** comme synonyme d'**une semaine**. De la même manière, on utilise l'expression **quinze jours** à la place de **deux semaines**.

C. Ne ... que

Sylvie **n'**a **que** dix-huit ans.	*Sylvie is only eighteen.*
Ses parents **n'**ont **qu'**une fille.	*Her parents have only one daughter.*
Il **n'**y a **que** trois personnes dans la famille.	*There are only three people in the family.*

■ **Ne ... que,** a synonym of **seulement,** is used to express a limitation. **Ne** comes before the verb and **que** is placed directly before the expression that it limits.

Il **ne** sort **qu'**avec Renée.	*He goes out only with Renée.*
Il **ne** sort avec Renée **que** le vendredi soir.	*He goes out with Renée on Friday nights only.*

9. **Quel âge avaient-ils il y a cinq ans?** Décidez quel âge tout le monde avait il y a cinq ans. Si vous ne savez pas (*if you don't know*), devinez. Utilisez **ne ... que.**

Modèle: votre frère   **Il y a cinq ans, mon frère n'avait que seize ans.**

1. vous
2. votre meilleur(e) ami(e)
3. votre mère ou votre père
4. les étudiants de cette classe
5. votre acteur préféré
6. votre actrice préférée
7. le professeur de français (Imaginez.)

D. Le comparatif

■ To make comparisons, the French use the words **plus** (*more*) and **moins** (*fewer; less*). They also use **autant** (*as much; as many*) for comparing verbs and nouns and **aussi** (*as*) for comparing adjectives and adverbs. All comparatives may be followed by **que** (*than, as*).

Donald a plus d'argent (**que** d'amis).	*Donald has more money (than friends).*
Je travaille autant (**que** lui).	*I work as much (as he).*
Guy parle moins souvent avec moi (**qu'**avec Anne).	*Guy talks less often with me (than with Anne).*
Éric est aussi pauvre (**qu'**avant).	*Éric is as poor (as before).*

Note: When a personal pronoun is required after **que,** a stress pronoun (**moi, toi, lui, elle, nous, vous, eux, elles**) is used.

Tu bois plus de café **que moi.**	*You drink more coffee than I.*
Nous avons moins d'enfants **qu'eux.**	*We have fewer children than they.*

■ To compare how much of a particular action people do, the words **plus, moins,** and **autant** are used *after a verb.*

René **parle plus** que son père.   *René talks more than his father.*
Il **parle moins** que sa mère.   *He talks less than his mother.*
Il **parle autant** que moi.   *He talks as much as I.*

■ To compare how much of something one has, eats, drinks, etc., the expressions of quantity **plus de, moins de,** and **autant de** are used *before a noun.*

Je mangeais **plus de pommes**   *I used to eat more apples*
   que d'oranges.   *than oranges.*
André a **moins de soucis**   *André has fewer worries than*
   qu'en 1990.   *in 1990.*
J'ai **autant de responsabilités**   *I have as many responsibilities*
   que vous.   *as you.*

■ To compare descriptions of people, things, or actions, the words **plus, moins,** and **aussi** are used *before an adjective or an adverb.*

Je suis **plus âgé** que mon frère.   *I am older than my brother.*
Ma mère est **moins grande** que   *My mother is not as tall as*
   mon père.   *my father.*
Lisa parle **aussi couramment** que   *Lisa speaks as fluently as*
   Pierre.   *Pierre.*

10. **Monique a quinze jours de vacances.** Décidez si Monique a plus, moins ou autant de vacances que les autres.

Modèle: Ses parents ont un mois de vacances.
Monique a moins de vacances qu'eux.

1. Alice a huit jours de vacances.
2. Nous avons deux mois de vacances.
3. Tu as un jour de vacances.
4. Son frère a deux semaines de vacances.
5. Vous avez trente jours de vacances.
6. Je n'ai pas de vacances.
7. Michel et Jean ont trois mois de vacances.
8. Philippe a une semaine de vacances.
9. Ses amies ont quinze jours de vacances.

11. **À mon avis** (*In my opinion*). Comparez les groupes indiqués en créant (*by creating*) des phrases logiques.

Modèle: **À mon avis, les étudiants ont autant de soucis que les professeurs.**

les étudiants/les professeurs			responsabilités
ma mère/mon père			soucis
le président des États-Unis/moi			argent
mes amis/moi			chance (*luck*)
les femmes/les hommes	avoir	plus de	travail
un patron/un employé		moins de	devoirs
un pilote/une hôtesse de l'air		autant de	temps libre
les parents/les enfants			amis
nous/notre professeur			activités
			vacances
			vêtements
			examens

ENTRE AMIS Il y a dix ans

1. Find out if your partner had more free time ten years ago.
2. Find out if s/he had more or fewer worries.
3. Find out if s/he had more friends.
4. Find out if s/he had as much homework.

12. **À mon avis et de l'avis du professeur.** Donnez votre opinion et devinez l'opinion du professeur. Attention aux adjectifs!

Modèle: la musique classique/la musique pop/beau
À mon avis, la musique pop est aussi belle que la musique classique. De l'avis du professeur, la musique classique est plus belle que la musique pop.

1. la statue de la Liberté/la tour Eiffel/beau
2. les jeunes filles/les garçons/travailleur
3. cette université/l'université de Paris/important
4. une moto/un vélo/dangereux
5. un chien/un chat/intelligent
6. un examen/un médicament/affreux
7. un restaurant français/un restaurant mexicain/chic
8. un professeur/un étudiant/intéressant
9. la télévision/un livre/ennuyeux

13. **Tu trouves?** Interviewez votre partenaire selon le modèle.

Modèle: VOUS: **Est-ce que ta mère est plus âgée que ton père?**
VOTRE PARTENAIRE: **Non, elle est moins âgée que lui.**

ta mère et ton père
tes amis et toi
nous et nos grands-parents
les étudiants et leurs parents
un chien et un chat

âgé
pauvre
patient
bavard
paresseux
extroverti
heureux
généreux
grand
ennuyeux
calme
intelligent

E. Le comparatif de *bon* et de *bien*

Ce pain est **bon.**	J'aime **bien** ce pain.
Ce pain est **moins bon** que ...	J'aime **moins bien** ce pain que ...
Ce pain est **aussi bon** que ...	J'aime **aussi bien** ce pain que ...
Ce pain est **meilleur** que ...	J'aime **mieux** ce pain que ...

■ The comparative forms of the *adjective* **bon** are **moins bon(ne)**, **aussi bon(ne)**, and **meilleur(e)**. Like all adjectives, these agree with the noun they modify.

C'est un **moins bon** étudiant.	*He is not as good a student.*
Elles sont **aussi bonnes** que les autres.	*They are as good as the others.*
C'est un **meilleur** avion.	*It is a better airplane.*
Voilà une **meilleure** idée!	*There's a better idea!*
Ces fromages sont **meilleurs.**	*These cheeses are better.*

■ The comparative forms of the adverb **bien** are **moins bien, aussi bien,** and **mieux.** Like all adverbs, these are invariable.

Marc travaille **moins bien** que Paul.	*Marc doesn't work as well as Paul.*
Monique travaille **aussi bien** que Paul.	*Monique works as well as Paul.*
Marc travaille bien. Paul travaille **mieux.**	*Marc works well. Paul works better.*
Chantal chante **mieux** que son frère.	*Chantal sings better than her brother.*

Attention:

1. Both French and English have two separate words to distinguish between an adjective and an adverb when indicating quality.

Pascal est un **bon** étudiant.	Pascal parle **bien** le français.
*Pascal is a **good** student.*	*Pascal speaks French **well**.*

2. In English, however, the comparative form of both *good* and *well* is the same word: *better*. In French, there is still a separate word for each.

Tom est un **meilleur** étudiant.	Tom parle **mieux** le français.
*Tom is a **better** student.*	*Tom speaks French **better**.*

14. **Deux frères.** Pauvre François! Son frère David fait toujours mieux que lui. Comparez-les.

Modèle: François est bon en anglais.
Oui, mais son frère David est meilleur en anglais que lui.

1. François parle bien l'anglais.
2. François a une bonne voiture.
3. François a une bonne note en anglais.
4. François joue bien au tennis.
5. François conduit attentivement.
6. François est un bon étudiant.
7. François chante bien.
8. François est intelligent.

15. **Qui conduit mieux?** Comparez les personnes suivantes selon le modèle.

Modèle: **Mon amie Judy conduit moins rapidement que moi.**

les hommes/les femmes		plus	rapidement
			bien
les professeurs/les étudiants	conduire	moins	prudemment
			attentivement
mon ami(e) .../moi		aussi	nerveusement
			follement

16. **Mon (ma) meilleur(e) ami(e).** Utilisez les expressions suivantes pour interviewer votre partenaire.

Modèle: chanter bien
VOUS: **Est-ce que tu chantes mieux que ton meilleur ami (ta meilleure amie)?**
VOTRE PARTENAIRE: **Oui, je chante mieux que lui (qu'elle).**

1. être bon(ne) en maths
2. parler bien le français
3. être patient(e)
4. conduire bien
5. être un(e) bon(ne) étudiant(e)
6. être grand(e)
7. danser bien
8. avoir une bonne note en français
9. être bavard(e)

F. Le superlatif

Mathusalem est **la personne la plus âgée** de la Bible.
Job est **la personne la moins impatiente** de la Bible.
Le Rhode Island est **le plus petit état** des États-Unis.
Les Canadiens sont **les meilleurs joueurs** de hockey du monde.

■ Superlatives are preceded by a definite article and may be followed by **de**
(*in, of*) plus a noun to make the extent of the superlative clear.

C'est **la meilleure** chanson (**de l'année**).	*It's the best song (of the year).*
C'est **la moins bonne** équipe (**du pays**).	*It's the worst team (in the country).*
Il étudie **le plus attentivement** (**de tous les étudiants**).	*He studies the most attentively (of all the students).*

■ Superlative adjectives single out one member of a group as the best, the
worst, the richest, etc. The definite article (**le, la, les**) is combined with the
comparative and shows agreement.

le plus petit	la plus petite
le moins grand	la moins grande
les plus petits	les plus petites
les moins grands	les moins grandes

Note: Superlative adjectives are placed either before or after the noun
according to where they would be placed normally.

1. If the adjective follows the noun, the definite article must be
repeated.

La Tour d'Argent est *le* restaurant *le* **plus chic** de Paris.
Les romans policiers sont *les* romans *les* **plus intéressants**.
Sandrine est *l'*étudiante *la* **moins paresseuse**.

2. If the adjective precedes the noun, only one definite article is needed.

Paris et Marseille sont *les* **plus grandes villes** de France.
Le français est *la* **plus belle langue** du monde.
C'est *le* **moins bon restaurant** de la ville.

■ With the superlative of an adverb, **le** is always used.

Ma sœur skie *le* **mieux** de toute
la famille.

*My sister skis the best in
the whole family.*

Elle conduit *le* **plus rapidement**
aussi.

*She drives the fastest
also.*

Mes parents conduisent *le* **moins
vite.**

*My parents drive the
slowest.*

Note: A useful structure is ... **que j'aime le mieux** (**le plus, le moins**).

Le printemps est la saison **que j'aime le mieux.**
L'hiver est la saison **que j'aime le moins.**

17. **Quelle exagération!** Aimez-vous votre cours de français? Exagérez un peu.

3/17/93

Modèle: C'est un cours important.
C'est le cours le plus important du monde!

1. C'est un cours intéressant.
2. C'est un bon cours.
3. C'est un professeur intelligent.
4. Ce sont des étudiants travailleurs.
5. Ce sont de bons étudiants.
6. Ce sont de belles étudiantes.
7. Ce sont de beaux étudiants.
8. C'est un livre bizarre.

C'est le meilleur cours

18. Identifications. Répondez à ces questions. Si vous n'êtes pas certain(e) de la réponse, devinez.

Modèle: Quel est le plus grand état des États-Unis?
L'Alaska est le plus grand état des États-Unis.

1. Quelle est la plus grande ville des États-Unis? du Canada?
2. Quelle est la deuxième plus grande ville francophone du monde?
3. Qui est la meilleure actrice de votre pays?
4. Quel est le film le plus ennuyeux?
5. Qui est la femme politique la plus célèbre du monde?
6. Qui est l'homme politique le plus célèbre du monde?
7. Qui est la personne la moins âgée de cette classe?
8. Quelle est l'émission (*program*) de télévision la plus intéressante du jeudi soir?
9. Qui est le plus bel acteur du monde?
10. Qui est la plus belle actrice du monde?

19. Rien que des superlatifs! Donnez votre opinion personnelle. Faites des phrases au superlatif.

Modèles: *Joe's Diner* **est le meilleur restaurant de la ville.**
Le golf est le sport le plus intéressant du monde.

sport	ennuyeux	
film	beau	
restaurant	bon	de la ville
chanson	mauvais	de l'état (de la province)
ville.	intéressant	du pays
acteur	grand	du monde
actrice	bizarre	de cette année
président(e)	populaire	du siècle
équipe	amusant	
les montagnes		

La plus belle radio

20. Microconversation: **Tu n'es jamais d'accord** (*in agreement*) **avec moi.**
Utilisez les expressions suivantes pour compléter la conversation.

Modèle: le meilleur restaurant
VOTRE PARTENAIRE: **Quel est le meilleur restaurant de la ville?**
VOUS: **C'est le restaurant qui s'appelle** *Chez Tony.*
VOTRE PARTENAIRE: **Mon œil! C'est le plus mauvais restaurant.**
VOUS: **Tu n'es jamais d'accord avec moi!**

1. le meilleur bistro de la ville
2. le cours le plus intéressant de cette université
3. la plus jolie chanson de cette année
4. le bâtiment le plus laid de cette université
5. la plus belle ville du pays
6. le meilleur supermarché de la ville
7. l'homme politique le plus sincère du pays
8. la femme politique la plus sincère du pays
9. le professeur le plus charmant de cette université

21. À vous. Répondez.

1. Quel est le mois que vous aimez le mieux? Pourquoi?
2. Quel est le mois que vous aimez le moins? Pourquoi?
3. Quelle est l'émission de radio que vous écoutez le plus? Pourquoi l'écoutez-vous?
4. Quelle est l'émission de télévision que vous regardez le plus?
5. Quelle est la meilleure équipe de football de votre pays?
6. Qui chante le mieux de votre famille?
7. Qui fait le mieux la cuisine de votre famille?
8. Qui est la personne la plus gentille de votre famille?
9. Quelle personne conduit le plus rapidement de votre famille.

ENTRE AMIS Description d'une famille

1. Find out how many people there are in your partner's family.
2. Find out who is oldest, tallest, shortest, youngest.
3. Find out who sings the best, who dances the best.
4. Find out who is the most generous and who is the most stingy.

Révision et Intégration

A. Quelles différences!

1. Nommez trois choses que vous faisiez quand vous étiez à l'école secondaire et que vous ne faites plus maintenant.
2. Nommez trois différences entre vous et un autre membre de votre famille.
3. Quelles différences y a-t-il entre un chien et un chat?
4. Quelles différences y a-t-il entre un avion et un train?

B. Un sondage. Complétez le formulaire suivant.

1. Le plus bel homme du monde: _____
2. La plus belle femme du monde: _____
3. Le meilleur groupe rock: _____
4. Le meilleur chanteur: _____
5. La meilleure chanteuse: _____
6. La meilleure émission de télévision: _____
7. L'émission la moins intéressante: _____
8. Le meilleur film: _____
9. Le livre le plus intéressant: _____
10. Le sport que vous aimez le mieux: _____
11. La personne que vous admirez le plus: _____
12. Le moment le plus ennuyeux de votre journée: _____

C. À vous. Répondez.

1. Où habitiez-vous quand vous étiez au lycée?
2. Comment était votre maison (appartement)?
3. Combien de personnes y avait-il dans votre famille?
4. Quelle était votre émission de télévision préférée?
5. Aviez-vous un animal domestique? Si oui, qu'est-ce que c'était?
6. Comment s'appelait votre meilleur(e) ami(e)?
7. Quelle était la chanson la plus populaire quand vous étiez au lycée?
8. Quels cours aimiez-vous le mieux quand vous étiez au lycée? Pourquoi?

D. *Rédaction:* **Une boum** (*A party*). Send a letter to a friend in a French-speaking country to describe a party you attended. Include answers to the following: Où êtes-vous allé(e)? Quel jour est-ce que c'était? À quelle heure y êtes-vous arrivé(e)? Qui était là? Qu'est-ce que les autres portaient? Qu'est-ce qu'ils faisaient? Décrivez-les et comparez-les. Avec qui avez-vous parlé? Avez-vous dansé? Si oui, avec qui? À quelle heure êtes-vous parti(e)? Quel temps faisait-il?

Lecture

A. **Étude du vocabulaire.** Étudiez les phrases suivantes et choisissez les mots qui correspondent aux mots français en caractères gras: *fall in love with, nightmare, deaf, silent, daily.*

1. Le journal *Le Monde* est un grand journal **quotidien** français.
2. Parlez plus fort (*louder*); je suis un peu **sourd** et je n'entends pas bien.
3. On voit encore quelquefois des films **muets** de Charlot (*Charlie Chaplin*) à la télévision.
4. Pierre **est tombé amoureux** d'une jeune fille américaine. Maintenant ils sont mariés.
5. La nuit dernière j'ai eu un vrai **cauchemar**; je passais un examen très difficile et je n'avais pas étudié.

B. **Avant de lire.** Répondez aux questions suivantes.

1. À votre avis, quel est le meilleur film de cette année?
2. Quel film trouvez-vous le plus bizarre?
3. Quel film trouvez-vous le plus comique?
4. Quel est le film le plus violent?
5. Combien de fois êtes-vous allé(e) au cinéma le mois dernier?
6. Quel est le dernier film que vous avez vu (*have seen*)?

C. **Un coup d'œil sur la lecture.** Cherchez rapidement le nom de trois cinémas dans la lecture.

AU CINÉMA

«STAND BY ME»: ils sont quatre compagnons de route. Mais leur balade tournera vite au cauchemar. Un film de Rob Reiner. Building à 13 h 45, 16 h, 19 h 45, 22 h.

«LES ENFANTS DU SILENCE»: il est professeur, elle est sourde-muette. Ils sont amoureux. Mais existe-t-il un monde où ils pourraient se rejoindre? CG à 14 h 15, 20 h.

«PIERRE ET DJEMILA»: le dernier film de Gérard Blain est controverse. Pourtant, le réalisateur n'hésite pas à montrer la coexistence quotidienne chez nous des jeunes Français et des jeunes Maghrébins. Il le décrit à travers l'aventure amoureuse de Pierre avec Djemila. Un film d'actualité courageux. CG à 14 h 15, 16 h, 21 h.

«UNE SALE PETITE GUERRE»: un film de l'Argentin Hector Olivera. Un petit village près de Buenos Aires en 1974. Les derniers jours de la dictature péroniste et la lutte entre les militants de droite et de gauche. CG à 12 h 30, 16 h 15 et 19 h.

«GOOD MORNING BABILONIA»: les frères Taviani promènent leur caméra et leurs clichés italiens à la découverte de l'Amérique, au temps des pionniers. Deux frères débarquent à New York puis passent à l'Ouest. CG à 20 h 15.

«MOI, CHRISTIANE F.»: à Berlin, une adolescente découvre le monde de la drogue puis s'y enfonce totalement et se prostitue pour subvenir à ses besoins d'héroïne et à ceux du garçon qu'elle aime. Drame psychologique, interdit aux moins de 13 ans. Paris à 14 h 30, 19 h 45, 22 h.

«ARIZONA JUNIOR»: un prisonnier tombe amoureux d'une femme flic. Ils se marient et comme ils ne peuvent pas avoir d'enfants, ils décident d'en voler un, «Arizona junior». Plazza à 14 h, 16 h, 19 h 50 et 22 h.

«PEE WEE BIG ADVENTURE»: dans la vie de Pee Wee, il y a le chien Speck, son fidèle compagnon. Il y a aussi Dottie, la vendeuse du Biko-Rama. Mais le vrai grand amour de sa vie, c'est sa bicyclette. Cette super-bicyclette, améliorée de tout une série de gadgets, vient d'être volée. Plazza à 14 h, 16 h 15, 19 h 50, 22 h.

«LA BELLE AU BOIS DORMANT»: Plazza à 10 h.

«GREYSTOKE»: LA LÉGENDE DE TARZAN»: «La Légende de Tarzan» revue et corrigée. Tarzan est autant un singe qu'un homme. Vox à 14 h, 20 h 30.

«AIR FORCE ACADEMY»: une comédie made in USA. Les combattants n'ont pas le goût de la guerre. Vox à 14 h, 1 h 15, 19 h 45, 21 h 55.

«FREDDY 3: LES GRIFFES DU CAUCHEMAR»: dans un hôpital psychiatrique américain, des adolescents sont soignés pour des cauchemars collectifs. Vox à 14 h, 16 h 15, 19 h 45, 21 h 55.

D. **Questions.** Choisissez parmi (*among*) les films mentionnés dans la lecture.

1. Quels films étaient des films américains?
2. Quel film avait l'air le plus intéressant?
3. Quel film avait l'air le plus ennuyeux?
4. Quel film avait l'air le plus comique?
5. Quel film avait l'air le plus bizarre?
6. Quel film avait l'air le plus violent?
7. Quel(s) film(s) connaissiez-vous déjà?
8. Quel film est-ce qu'on ne pouvait pas voir (*see*) si on n'avait que douze ans?
9. Quels films est-ce qu'on ne pouvait voir que le soir?

E. Familles de mots.

Essayez de deviner le sens des mots suivants.

1. actuel, actuellement, l'actualité
2. droguer, un drogué, une droguée, la drogue
3. débarquer, un débarquement
4. découvrir, une découverte
5. hésiter, une hésitation
6. interdire, interdit(e), une interdiction
7. voler, un voleur, une voleuse, un vol

F. Discussion.

1. Est-ce que les Français aiment les films américains? Expliquez.
2. Y a-t-il une différence entre les thèmes des films français et les thèmes des films américains? Justifiez votre réponse.

Lecture

A. Étude du vocabulaire.

Étudiez les phrases suivantes et choisissez les mots qui correspondent aux mots français en caractères gras: *spouses, each (one), help, have to.*

1. Je voudrais sortir mais je **dois** étudier. Les étudiants **doivent** étudier, n'est-ce pas?
2. Après leur mariage, les **époux** ont fait un voyage.
3. Après l'accident, les passagers ont crié **«Au secours!»**.
4. J'ai parlé avec **chacun** de mes professeurs avant de partir en vacances.

B. Un mariage.

Décrivez un mariage auquel vous avez assisté (*that you attended*).

1. Est-ce que le mariage a eu lieu à l'église? Si non, où?
2. Comment s'appelaient le marié et la mariée?
3. Quelle question a-t-on posé aux mariés?
4. Expliquez pourquoi vous avez assisté à ce mariage.

Le mariage à la mairie

La famille et les mariés entrent à la mairie dans la salle d'honneur. Les portes doivent rester ouvertes car le mariage est un acte public. Le maire entre dans la salle et lit les droits[1] et les devoirs[2] respectifs des époux.

«Monsieur et Mad... , avant de prononcer votre mariage, je dois vous donner connaissance des articles 212, 213, 214 et 215 du Chapitre VI du Code Civil:

Des Droits et des Devoirs respectifs des époux

ART. 212   Les époux se doivent[3] mutuellement fidélité, secours, assistance.

ART. 213   Les époux assurent ensemble la direction morale et matérielle de la famille. Ils pourvoient[4] à l'éducation des enfants et préparent leur avenir[5].

ART. 214   Si les conventions matrimoniales ne règlent pas la contribution des époux aux charges du mariage, ils y contribuent à proportion de leurs facultés respectives.

ART. 215   Les époux s'obligent mutuellement à une communauté de vie.»

Le maire pose ensuite la question à chacun:

LE MAIRE: Monsieur ... , consentez-vous à prendre pour épouse Mad... ... ?

LE MARIÉ: Oui.

LE MAIRE: Mad... ... , consentez-vous à prendre pour époux Monsieur ... ?

LA MARIÉE: Oui.

LE MAIRE: Au nom de la loi, et d'après les pouvoirs qui me sont conférés, je déclare que vous êtes unis par le mariage.

Si le maire connaît personnellement les époux ou leur famille, il prononce aussi quelques mots plus personnels.

1. *rights*   2. *obligations*   3. *owe each other*   4. *provide*   5. *future*

C.   **Vrai ou faux?**   Décidez si les phrases suivantes sont vraies ou fausses. Si elles sont fausses, corrigez-les.

1. Le mariage civil a lieu à l'église.
2. Chaque époux a des droits et des devoirs.
3. On ferme les portes de la salle d'honneur.
4. Les mariés acceptent de rester ensemble pour la vie.
5. Il y a toujours une règle pour déterminer combien d'argent chaque époux contribue au mariage.

D. **Questions.** Répondez.

1. Où est-ce que le mariage civil a lieu?
2. Pourquoi ne ferme-t-on pas les portes de la salle d'honneur pendant le mariage?
3. Qui est responsable de l'éducation des enfants?
4. Quelle question le maire pose-t-il aux mariés?
5. Comment dit-on *I do* dans une cérémonie de mariage en France?
6. Quand le maire dit-il quelque chose de plus personnel?

E. **Familles de mots.** Essayez de deviner le sens des mots suivants.

1. devoir, je dois, ils doivent, les devoirs
2. épouser, un époux, une épouse
3. régler, une règle
4. connaître, un connaisseur, une connaisseuse, une connaissance

F. **Discussion.** Comparez la cérémonie de mariage en France et la cérémonie de mariage dans votre pays.

Vocabulaire actif

Noms

une activité	activity	un smoking	tuxedo
la chance	luck; good luck	un souci	worry; care
un chanteur/une chanteuse	singer	une statue	statue
un dessin animé	cartoon	un tour	turn, tour
une émission (de télé)	(TV) program	une tour	tower
une équipe	team	un voisin/une voisine	neighbor
une hôtesse de l'air	(female) flight attendant		
un lycée	senior high school		
le maire	mayor		
la mairie	town hall		
le mariage	marriage; wedding		
un pilote	pilot		
une responsabilité	responsibility		
une robe de mariée	wedding dress		

Adjectifs

âgé(e)	*old*	pauvre	*poor*
amusant(e)	*amusing, funny; fun*	populaire	*popular*
dangereux (dangereuse)	*dangerous*	préféré(e)	*favorite*
meilleur(e)	*better*	sincère	*sincere*

Verbes

avoir lieu	*to take place*	être en train de	*to be in the process of*
en avoir assez (de)	*to be fed up (with)*	fréquenter (quelqu'un)	*to date (someone)*
épouser (quelqu'un)	*to marry (someone)*	neiger	*to snow*
être d'accord avec	*to agree with*	pleuvoir	*to rain*

Adverbes de comparaison

aussi ...	*as ...*
autant (de)	*as much*
mieux	*better*
moins	*less*
plus	*more*

D'autres adverbes

couramment	*fluently*
dehors	*outside*
ne ... que	*only*
tard	*late*

Expressions utiles

à cette époque	*at that time; back then*
à mon (ton, etc.) avis	*in my (your, etc.) opinion*
Comme il (elle) était ...!	*How ... he (she) was!*
huit jours	*one week*
il neigeait	*it was snowing*
il pleuvait	*it was raining*
j'aime le mieux (le plus)	*I like best*
j'aime le moins	*I like least*
Occupe-toi de tes oignons!	*Mind your own business!*
quinze jours	*two weeks*
toute la famille	*the whole family*
tu vois	*you see*

Les réservations

Buts communicatifs
Making a request
Making a restaurant or hotel
  reservation
Making a transportation
  reservation

Structures utiles
Le verbe **savoir**
Les verbes réguliers en
  -ir (-iss-)
L'adjectif **tout**
Le futur
Le futur avec **si** et **quand**

Culture
L'heure officielle
À l'hôtel
Mince!

Coup d'envoi

Au restaurant ou à l'hôtel

Puis-je réserver une table?
    Pour combien de personnes?
    Pour quel jour?
    Et pour quelle heure?
    À quel nom,° s'il vous plaît?
Puis-je réserver une chambre?
    Pour combien de personnes?
    Pour quelle(s) nuit(s)?
    À quel nom, s'il vous plaît?

In what name

Une réservation par téléphone

*George Smith téléphone pour réserver une table
pour demain soir dans un restaurant parisien. Mais
le restaurant sera° fermé demain.*   *will be*

MME DUPONT: Allô! ici le restaurant La Pyramide.

GEORGE SMITH: Bonjour, Madame. Je voudrais réserver une table
pour demain soir.

MME DUPONT: Je regrette, Monsieur. Nous serons fermés
demain.

GEORGE SMITH: Mince!° Je ne savais pas° que vous fermiez le   *Darn it!/I didn't know*
mardi. Comment je vais faire? Vous serez
ouvert° après-demain°?   *open/the day after
tomorrow*

MME DUPONT: Mais oui, Monsieur.

GEORGE SMITH: Bien, alors puis-je réserver une table pour après-
demain?

MME DUPONT: Oui, c'est pour combien de personnes?

GEORGE SMITH: Quatre. Une table pour quatre personnes.

MME DUPONT: À quel nom, s'il vous plaît?

GEORGE SMITH: Au nom de Smith.

MME DUPONT: Pouvez-vous épeler° le nom, s'il vous plaît?   *spell*

GEORGE SMITH: S-M-I-T-H.

MME DUPONT: Et pour quelle heure?

GEORGE SMITH: Pour neuf heures, si c'est possible.

MME DUPONT: Très bien, Monsieur. C'est entendu°.   *agreed*
Une table pour quatre pour vingt et une heures.

GEORGE SMITH: Je vous remercie° beaucoup. Au revoir, Madame.   *Thank you*

MME DUPONT: Au revoir, Monsieur. À mercredi soir.

✛ **Jouez ces rôles.** Répétez la conversation avec votre partenaire. Utilisez vos
propres (*own*) noms et demandez une réservation pour dix heures. Faites
tous les changements nécessaires.

À propos

✦ Que veut dire «vingt et une heures»?

a. neuf heures du matin
b. onze heures du soir
c. neuf heures du soir

✦ Comment dit-on «second floor» en français?

a. le premier étage
b. le deuxième étage
c. le troisième étage

L' heure officielle (rappel)

More than one way is used to tell time in France. An official 24-hour division is found on schedules for trains and planes, in the media, and often on written invitations: 14 h 30 (**quatorze heures trente**) = **deux heures et demie de l'après-midi.**

À l'hôtel

Most French hotels have private bathrooms, but there are exceptions. It is still possible to find hotels in which the toilet and the showers are located down the hall from the room.

The first floor is called **le rez-de-chaussée** and the second floor is **le premier étage.** If your room is **au deuxième étage,** you will need to climb two flights of stairs, not one. In an elevator, you must remember to press **RC** and not **1** if you wish to get to the ground floor.

In order to conserve electricity, many French hotels have installed **minuteries.** These are hall lights that stay lit for only one minute. Unsuspecting tourists are occasionally surprised to have the hall light go off before they can get their door key in the lock.

Mince!

This is one of a number of euphemisms used to avoid another "five-letter word." Other inoffensive expressions used to express disappointment are **zut!** and **flûte!** (*darn, shucks*).

IL Y A UN GESTE

Mince! Comment je vais faire?
The gesture for exasperation is
to roll the eyes and to expel air
through slightly pursed lips.

✛ **À vous.** Vous avez téléphoné à l'hôtel de Champagne pour réserver une chambre. Parlez avec la réceptionniste.

RÉCEPTIONNISTE: Allô! ici l'hôtel de Champagne.
VOUS: _____
RÉCEPTIONNISTE: Ce soir?
VOUS: _____
RÉCEPTIONNISTE: Pour combien de personnes?
VOUS: _____
RÉCEPTIONNISTE: Et à quel nom?
VOUS: _____
RÉCEPTIONNISTE: Épelez le nom, s'il vous plaît.
VOUS: _____
RÉCEPTIONNISTE: Très bien. C'est entendu.
VOUS: _____

Hôtel de Champagne★★

34, rue Denis-Papin
49000 Angers
Téléphone 41 88 78 06

Chapitre 12

> **E N T R E   A M I S**   Vous êtes réceptionniste
> au restaurant
>
> *You are speaking on the telephone to a customer.*
> *Your partner will take the role of the customer.*
>
> 1. Ask if s/he wants to reserve a table.
> 2. Find out how many there are in the party.
> 3. Find out at what time s/he wishes to dine.
> 4. Find out his/her name.
> 5. Find out how to spell the name.
> 6. Repeat back the information you received.

Prononciation

Les sons [l] et [j]

■ You learned in Chapter 11 that the letter **l** in certain situations is pronounced [j], as in the English word *yes*. However, in many cases it is pronounced [l], as in the French word **la**.

■ While the [l] sound is somewhat close to the sound of **l** in the English word *like,* it is far from that in the English word *bull*. Special attention is therefore necessary when pronouncing [l], especially at the end of a word. To produce the [l] sound, the tongue must be in a curved, convex position. Practice saying the following words:

*l*a   pi*l*ote   b*l*eu   que*l*   e*ll*e

✦ Now practice saying the following words after your teacher, paying particular attention to the highlighted sound. As you pronounce the words for one sound, look at how that sound is spelled and in what kinds of letter combinations it appears. What patterns do you notice?

[j]   □ déta*il,* somme*il,* œ*il,* sole*il,* trava*ille,* ore*ille,* feu*ille,* me*ill*eur
    □ genti*lle,* fi*lle,* pasti*lle,* vani*lle,* fami*lle,* cédi*lle,* jui*ll*et, bi*ll*et

[l]   □ *l*e, *l*a, *l*es, *l'*air, *l*à, *l*ycée, *l*aisser, *l*ent, *l*entement, *l*ongue
    □ pi*l*ote, déso*l*é, faci*l*e, popu*l*aire, fidè*l*e, fo*l*ie, vo*l*ant, épau*l*e, pi*l*u*l*e
    □ i*l,* ba*l,* posta*l,* que*l*
    □ p*l*eut, p*l*us, b*l*eu, c*l*ient
    □ do*ll*ar, inte*ll*igent, a*ll*emand, appe*ll*e, e*ll*e, fo*ll*e, mademoise*ll*e

■ Remember that the [j] sound is required for the letter **l** in the following circumstances:

1. **-il** or **-ill** after a pronounced vowel in the same syllable: trava*il*, conse*ill*er
2. **-ll** after [i]: fi*ll*e, jui*ll*et

Exceptions: mi*ll*ion, mi*ll*iard, mi*ll*e, vi*ll*e, tranqui*ll*e, vi*ll*age

■ In a few words, the letter **l** is silent: genti*l*, fi*l*s

■ In all other cases, the letter **l** or the combination **ll** is pronounced as [l]—that is, at the beginning or end of a word, between two vowels, or following a consonant.

*l*e   i*l*   pi*l*ule   inuti*l*e   p*l*eut   do*ll*ar

✣ Pronounce the following sentences correctly.

1. Les lilas sont merveilleux.
2. Il habite dans un village près de Marseille.
3. Le soleil m'a fait mal aux yeux.
4. Aïe! J'ai mal à l'oreille!
5. Ma fille Hélène travaille au lycée.

Buts communicatifs

1. Making a Request

—C'est ici le bureau des renseignements?
—Oui.
—Puis-je vous demander quelque chose?
—Mais certainement. Allez-y.° *Go ahead.*
—Savez-vous° où sont les toilettes? *Do you know*
—Elles sont dans le couloir.
—Pouvez-vous m'indiquer où se trouve la gare?
—Oui, elle est tout près°. Tournez à gauche. *very near*
—Le bureau de poste est ouvert toute la journée°? *all day long*
—Oui.
—Je voudrais savoir à quelle heure les banques ferment.
—Elles ferment à 17 heures.
—La pharmacie est ouverte jusqu'à° quelle heure? *until*
—Jusqu'à 19 heures.
—Merci, vous êtes très aimable.
—Je suis là pour ça.

Remarque: When asking permission to do something, you may use **Est-ce que je peux ... ?** or **Puis-je ... ?**

Est-ce que je peux conduire? *May I drive?*
Puis-je avoir un verre d'eau? *May I have a glass of water?*

Vocabulaire: Pour demander un service

faire une demande	*to make a request*
poser une question	*to ask a question*
demander un renseignement	*to ask for information*
réserver une place	*to reserve a seat*
louer une voiture	*to rent a car*
recommander un bon restaurant	*to recommend a good restaurant*
commander un repas	*to order a meal*
confirmer un départ	*to confirm a departure*

1. **Allez-y!** Utilisez la liste suivante pour faire une demande. Votre partenaire va vous donner la permission.

Modèle: ask for information
> VOUS: **Est-ce que je peux demander un renseignement, s'il vous plaît?**
> VOTRE PARTENAIRE: **Mais certainement.** ou **Allez-y!**

1. speak with you
2. ask a question
3. ask something
4. take this seat
5. read your newspaper
6. have a glass of water
7. order something
8. watch television
9. leave now

2. **Il n'y en a plus** (*There are no more*). Utilisez les listes suivantes pour faire des demandes. Ensuite votre partenaire va expliquer qu'il n'y en a plus.

Modèle:
> VOUS: **Puis-je réserver une table?**
> VOTRE PARTENAIRE: **Je regrette. Il n'y a plus de tables.**

	réserver	un journal
	louer	un verre d'eau
	commander	une chambre
puis-je	avoir	un vélo
	acheter	une tasse de café
	demander	une voiture
	boire	une place
		un renseignement

3. **Microconversation: Pour aller au château de Rigny.** Utilisez la carte pour expliquer quelles routes il faut prendre pour aller des villes indiquées au château de Rigny.

Modèle: la route de Paris au château de Rigny
> TOURISTE: **Puis-je vous demander un renseignement?**
> GUIDE: **Certainement. Allez-y.**
> TOURISTE: **Pouvez-vous m'indiquer la route de Paris au château de Rigny?**
> GUIDE: **Oui, regardez la carte. Prenez l'autoroute A6 et l'autoroute 38 jusqu'à** (*as far as*) **Dijon et ensuite prenez la départementale 70 jusqu'au château de Rigny.**
> TOURISTE: **Je vous remercie. Vous êtes bien aimable.**

1. la route de Besançon au château de Rigny
2. la route de Langres au château de Rigny
3. la route de Vesoul au château de Rigny

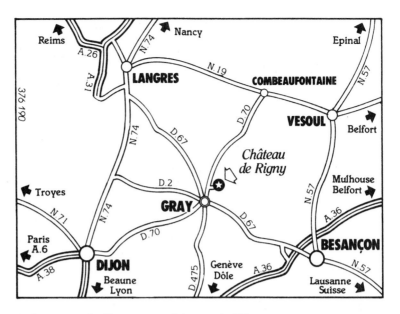

4. la route de Troyes au château de Rigny
5. la route de Belfort au château de Rigny
6. la route de Nancy au château de Rigny

Note: Les routes de France sont marquées **A** pour autoroute, **N** pour route nationale et **D** pour route départementale. On dit, par exemple, l'**autoroute A six, la nationale cinquante-sept** ou **la départementale quatre cent soixante-quinze.** Il faut payer pour utiliser l'autoroute.

E N T R E   A M I S   Quelques renseignements

You are a French-speaking tourist in your partner's hometown.

1. Find out if s/he speaks French.
2. Get permission to ask a question.
3. Find out if there is a hotel nearby.
4. Get directions to the hotel.
5. Ask if s/he can recommend a good restaurant.
6. Ask directions on how to get there.
7. Express your gratitude for her/his help.

A. Le verbe *savoir*

Cette femme **sait** bien **danser.**	*That woman really knows how to dance.*
Savez-vous **comment** elle s'appelle?	*Do you know her name?*
Je **sais que** son prénom est Sophie.	*I know her first name is Sophie.*
Je ne **sais** pas **si** elle est célibataire.	*I don't know if she is single.*

savoir (*to know*)			
je	sais	nous	**savons**
tu	sais	vous	**savez**
il/elle/on	sait	ils/elles	**savent**

passé composé: j'**ai su** (*I found out, I learned*)

■ The verb **savoir** (*to know*) is used to express a skill or knowledge of a fact. It is used alone (**Je sais/Je ne sais pas**), or is followed by an infinitive, by the words **que** (*that*) or **si** (*if, whether*), or by question words such as **où, comment, combien, pourquoi, quand, quel.**

Je ne **savais** pas **que** tu venais.	*I didn't know that you were coming.*
Je ne **savais** pas **si** tu venais.	*I didn't know whether you were coming.*
Je ne **savais** pas **quand** tu venais.	*I didn't know when you were coming.*

Note: Followed by an infinitive, **savoir** means *to know how (to do something).*

Savez-vous parler espagnol?	*Do you know how to speak Spanish?*

■ The verbs **connaître** and **savoir** are used in different circumstances. Both are used with direct objects, but **connaître** (which means *to know* in the sense of *to be acquainted with, to be familiar with*) is used in general with people and places, while **savoir** is used with facts.

Vous **connaissez** ma sœur?	*Do you know my sister?*
Je ne **sais** pas son nom.	*I don't know her name.*

■ The passé composé of **savoir** means *found out, learned*. The passé composé of **connaître** means *met, became acquainted with*.

Il **a connu** sa fiancée à une soirée.	*He met his fiancée at a party.*
Je l'**ai su** hier.	*I found it out yesterday.*

4. **C'est inutile** (*It's useless*). On suggère que vous demandiez quelques renseignements. Répondez que c'est inutile. Ensuite utilisez le verbe **savoir** pour expliquer pourquoi c'est inutile.

Modèle: Demandons à Jacques comment s'appelle cette jeune fille.
C'est inutile! Jacques ne sait pas comment elle s'appelle.

1. Demandons à Jacques si Jeanne va au bal.
2. Demandons à nos amis où habite le professeur.
3. Demandons au professeur le nom de cette voiture.
4. Demandons à ces personnes quand le film va commencer.
5. Demandons à Jean-Michel où sont les toilettes.
6. Demandons à Françoise la date du concert.
7. Demandons à nos amis pourquoi ils sont déprimés.

5. **Une interview.** Interviewez votre partenaire. Attention aux verbes **savoir** et **connaître**.

Modèles: où j'habite
             VOUS: **Sais-tu où j'habite?**
VOTRE PARTENAIRE: **Non, je ne sais pas où tu habites.** ou
                              Oui, je sais où tu habites.

mes parents
             VOUS: **Connais-tu mes parents?**
VOTRE PARTENAIRE: **Non, je ne les connais pas.** ou
                              Oui, je les connais.

1. danser le tango
2. quelle heure il est *Je le sais*
3. la famille du professeur
4. parler espagnol
5. s'il va neiger demain *Je sais qu'il ne va pas neiger demain*
6. la ville de Québec
7. mon adresse
8. pourquoi tu étudies le français
9. la différence entre **savoir** et **connaître**

6. **Un petit sketch: Au bal.** Lisez ou jouez le sketch suivant et ensuite répondez aux questions.

Georges parle avec son ami Thomas au bal. Ils regardent une jeune fille.

GEORGES: **Est-ce que tu connais cette jeune fille?**
THOMAS: **Oui, je la connais mais je ne sais pas comment elle s'appelle.**
GEORGES: **Elle est jolie, n'est-ce pas?**
THOMAS: **Oui. Sais-tu si elle danse bien?**
GEORGES: **Je ne sais pas mais je vais l'inviter.**
THOMAS: **Bonne chance!** (*good luck*)

Questions (Répondez à l'imparfait):

1. Qui connaissait la jeune fille?
2. Savait-il comment elle s'appelait?
3. Qu'est-ce que Thomas voulait savoir?
4. Qu'est-ce que Georges allait faire?

7. **Vous connaissez ce restaurant?** Complétez les phrases suivantes avec la forme convenable de **savoir** ou de **connaître**.

1. _____ -vous s'il y a un bon restaurant près d'ici?
2. Oui, je _____ un restaurant qui est excellent, mais je ne _____ pas s'il est ouvert le mardi.
3. Je vais téléphoner à mon frère. Il _C_ bien la ville et il va certainement _S_ quels jours le restaurant est fermé. Est-ce que vous _connaisez_ mon frère?
4. Je le _connais_ un peu, mais je ne _sais_ pas comment il s'appelle.
5. Il s'appelle Paul. Vous _savez_ où nous habitons, n'est-ce pas?
6. Pas très bien, mais je _sais_ que ce n'est pas loin d'ici.

8. **À vous.** Répondez.

1. Connaissez-vous le président (la présidente) de votre université?
2. Savez-vous comment il (elle) s'appelle?
3. Vos parents savent-ils que vous étudiez le français?
4. Savent-ils à quelle heure vous allez au cours de français?
5. Connaissent-ils vos amis?
6. Vos amis savent-ils faire du ski?
7. Savez-vous s'ils étudient une langue étrangère (*foreign*)?
8. Connaissiez-vous ces amis quand vous étiez au lycée?
9. Est-ce qu'ils savent la date de votre anniversaire?
10. Saviez-vous parler français quand vous étiez au lycée?
11. Où avez-vous connu votre meilleur(e) ami(e)?

2. Making a Restaurant or Hotel Reservation

Il vous reste° des chambres, s'il vous plaît?	*Do you still have*
Oui, pour combien de personnes?	
Non, je regrette. Nous sommes complets.	
Quel est le prix° d'une chambre avec salle de bain?	*price*
... francs par nuit.	
... dollars par nuit.	
Est-ce que le petit déjeuner est compris° dans le prix de la chambre?	*included*
Oui, tout est compris.	
Non, il y a un supplément° de 12 francs.	*extra charge*
Puis-je demander d'autres serviettes°?	*towels*
Mais certainement.	
Je regrette. Il n'y en a plus.°	*There are no more.*

HÔTEL
LE CHANTECLER

Vocabulaire: À l'hôtel

une baignoire	*bathtub*
une clé	*key*
un couloir	*hallway*
une douche	*shower*
le premier étage	*second floor*
le rez-de-chaussée	*first floor*
une salle de bain	*bathroom*
une serviette	*towel*
un supplément	*extra charge*
les toilettes	*restroom, toilet*
complet (complète)	*full*
compris(e)	*included*

9. **Microconversation: Il vous reste des chambres?** Complétez la conversation avec les catégories suivantes. Décidez ensuite combien de chambres il vous faut.

Modèle: trois personnes/une nuit/250 F (300 F)/p.déj. 18 F

TOURISTE: **Il vous reste des chambres?**

HÔTELIER: **Oui, pour combien de personnes?**

TOURISTE: **Pour trois personnes.**

HÔTELIER: **Très bien. Pour combien de nuits?**

TOURISTE: **Pour une seule nuit. Quel est le prix des chambres, s'il vous plaît?**

HÔTELIER: **Deux cent cinquante francs pour une personne ou trois cents francs pour une chambre pour deux personnes.**

TOURISTE: **Est-ce que le petit déjeuner est compris?**

HÔTELIER: **Non, il y a un supplément de dix-huit francs.**

TOURISTE: **Très bien. Je vais prendre une chambre pour une personne et une chambre pour deux personnes.**

1. une personne/deux nuits/175 F/p.déj. 30 F
2. quatre personnes/une semaine/200 F (300 F)/tout compris
3. deux personnes/une nuit/200 F (250 F)/p.déj. 25 F
4. vingt-cinq étudiants/un mois/100 F (150 F)/tout compris

10. **Si vous alliez à l'hôtel.** Posez des questions. Votre partenaire va donner une réponse appropriée.

Modèle: You want to know if there are any rooms left.

VOUS: **Est-ce qu'il vous reste des chambres?** ou
Avez-vous encore des chambres?

VOTRE PARTENAIRE: **Oui, certainement.**

You want to know ...

1. where the toilet is.
2. if there is a bathroom in the room.
3. if there is a shower in the bathroom.
4. if there is a bathtub in the bathroom.
5. if you can have extra towels.
6. how much the room costs.
7. if breakfast is included in the price.
8. at what time you can have breakfast.
9. if there is a television set in the room.

11. **Un petit sketch: À l'hôtel.** Lisez ou jouez le sketch et ensuite répondez aux questions.

Une étudiante entre dans un hôtel à Angers.

L'ÉTUDIANTE: Bonjour, Madame. Vous avez encore des chambres?
L'EMPLOYÉE: Oui, Mademoiselle. Pour combien de personnes?
L'ÉTUDIANTE: Nous sommes deux.
L'EMPLOYÉE: Voulez-vous deux chambres ou une chambre pour deux personnes?
L'ÉTUDIANTE: Quel est le prix des chambres?
L'EMPLOYÉE: Une chambre pour une personne coûte 180 francs et la grande chambre pour deux personnes coûte 230 francs.
L'ÉTUDIANTE: Avec ou sans douche?
L'EMPLOYÉE: Il y a une douche dans chaque chambre, mais les toilettes sont dans le couloir.
L'ÉTUDIANTE: Je crois que nous prendrons (*will take*) la grande chambre.
L'EMPLOYÉE: Très bien. Combien de temps allez-vous rester?
L'ÉTUDIANTE: Une seule nuit. Nous partons demain à 9 heures.
L'EMPLOYÉE: Voilà votre clé, numéro 438.
L'ÉTUDIANTE: C'est à quel étage, s'il vous plaît?
L'EMPLOYÉE: Au quatrième, bien sûr.
L'ÉTUDIANTE: Merci beaucoup, Madame.
L'EMPLOYÉE: À votre service, Mademoiselle.

Questions:

1. Pour combien de nuits l'étudiante veut-elle une chambre?
2. Désire-t-elle une chambre pour une seule personne?
3. Quelle est la différence entre les deux chambres?
4. Où est la salle de bain?
5. Où se trouvent les toilettes?
6. Où est la chambre qu'elle prend?

B. Les verbes réguliers en *-ir (-iss-)*

Qu'est-ce que vous **choisissez**?	*What do you choose?*
J'ai déjà **choisi** une pâtisserie.	*I have already chosen a pastry.*
Nous **finissons** à cinq heures.	*We finish at five o'clock.*
Obéis à ta mère!	*Obey your mother!*
Ralentissez, s'il vous plaît.	*Please slow down.*
Avez-vous réussi ou échoué à votre examen?	*Did you pass or fail your test?*

■ You have already learned several French verbs whose infinitives end in **-ir**.

sortir	je sors	nous sortons	ils sortent
partir	je pars	nous partons	ils partent
dormir	je dors	nous dormons	ils dorment

■ There is a larger group of French verbs that also have infinitives ending in **-ir** but that are conjugated differently.

choisir (*to choose*)					
je	chois	is	nous	chois	issons
tu	chois	is	vous	chois	issez
il/elle/on	chois	it	ils/elles	chois	issent
passé composé: j'ai choisi					

[handwritten: rajeunir — to become young again]
[handwritten: vieillir — to become old]

■ Because there are a number of verbs formed in this way, these **-ir** verbs are said to be *regular*. The following verbs are conjugated like **choisir**.

[handwritten: pâlir — to turn pale]
[handwritten: verdir - turn green]

Vocabulaire: Quelques verbes réguliers en *-ir (-iss-)*

[handwritten: blanchir — to become pâle white]

finir	*to finish*
grossir	*to put on weight*
maigrir	*to take off weight*
obéir (à quelqu'un)	*to obey (someone)*
ralentir	*to slow down*
réussir (à un examen)	*to succeed; to pass (an exam)*

[handwritten: jaunir - turn yellow]
[handwritten: rougir — to blush]
[handwritten: bleuir - turn blue]

■ When used with an infinitive, **finir** and **choisir** are followed by **de**, and **réussir** is followed by **à**.

Nous **avons fini de** manger.	*We finished eating.*
Karine a **choisi d'**aller au centre commercial.	*Karine decided to go to the mall.*
Elle **a réussi à** trouver des desserts délicieux.	*She succeeded in finding delicious desserts.*

■ The past participle of regular **-ir** (-iss-) verbs is formed by adding **-i** to the present tense verb stem.

choisi   fini   obéi

[handwritten: grandir - to get big]

12. **Qu'est-ce qu'ils choisissent d'habitude?** Posez la question et votre partenaire va répondre.

Modèle: tu/pâté ou soupe à l'oignon?

              VOUS: **Est-ce que tu choisis du pâté ou de la soupe à l'oignon d'habitude?**

    VOTRE PARTENAIRE: **Je choisis du pâté d'habitude.**

1. tu/crudités, soupe ou pâté?
2. tu/viande ou poisson?
3. tu/bœuf, poulet ou porc?
4. les enfants/épinards ou frites?
5. tes parents/camembert ou fromage américain?
6. ton ami(e)/glace, fruits, tarte ou gâteau?
7. tu/café ou thé?

13. **Le cours de français.** Décrivez votre cours de français. Faites des phrases au présent ou au passé composé et utilisez la forme négative si vous voulez.

Modèle: Nous avons choisi d'étudier le français.

		étudier le français
		parler comme des Français
		travailler beaucoup
nous	finir	écrire de bonnes rédactions
le professeur	réussir	avoir «A» aux examens
	choisir	parler seulement le français en classe
		répondre à nos questions
		apprendre beaucoup de choses
		comprendre les Français quand ils parlent

14. **À vous.** Répondez.

1. Est-ce que vous choisissez un dessert d'habitude?
2. Qu'est-ce que vous avez choisi comme dessert la dernière fois que vous avez dîné au restaurant?
3. Qu'est-ce que vos amis choisissent comme dessert?
4. Est-ce que vous avez tendance à grossir?
5. Réussissez-vous à maigrir quand vous voulez?
6. Que peut-on choisir au restaurant si on veut grossir?
7. Que peut-on choisir au restaurant si on veut maigrir?
8. Finissez-vous toujours votre repas?
9. Finissiez-vous toujours votre repas quand vous étiez jeune?

Restaurant
Le Filet Mignon

Tél. 692-3673
29 St-Stanislas
(Vieux Québec)

ENTRE AMIS Au restaurant

1. Tell your partner s/he has lost weight.
2. Find out whether s/he is going to finish his/her cheese.
3. Encourage him/her to choose a dessert.
4. Say that s/he won't get fat.

C. L'adjectif *tout*

Il y a des toilettes dans **toutes** les chambres.	*There are toilets in all the rooms.*
Je parle avec mes amis **tous** les jours.	*I speak with my friends every day.*
Nous regardons la télévision **tous** les soirs.	*We watch television every evening.*
J'ai passé **toute** la journée à la bibliothèque.	*I spent the whole day at the library.*
Tout le monde aime dîner au restaurant	*Everybody likes to dine out.*

■ **Tout** (*all, every, each, the whole*) is often used as an adjective. In those cases it is usually followed by one of the determiners: **le, un, ce,** or **mon, ton, son, notre, votre, leur.** Both **tout** and the determiner agree with the noun they modify.

	masculin	*féminin*
singulier	tout	toute
pluriel	tous	toutes

■ In the singular, the meaning of **tout** is usually *the whole* or *all ... (long).*

toute la journée	*all day (long)*
toute l'année	*all year*
toute la classe	*the whole class*
tout le temps	*all the time*
tout le monde	*everybody* (literally, *the whole world*)

Buts communicatifs 399

■ In the plural, the meaning of **tout** is usually *all* or *every*.

tous mes amis	*all my friends*
tous les jours	*every day*
toutes les semaines	*every week*
tous les ans	*every year*
tous les hommes et **toutes** les femmes	*all (the) men and all (the) women*
tous les deux	*both (masc.)*
toutes les deux	*both (fem.)*
toutes sortes de choses	*all sorts of things*

■ When **tous** is used as a pronoun, the final **-s** is pronounced.

Mes amis sont **tous** ici. [tus] *My friends are all here.*

15. **Toute la famille Jeantet.** Complétez les phrases avec la forme convenable de l'adjectif **tout**.

1. Monsieur et Madame Jeantet parlent anglais, ____ les deux.
2. ____ le monde dit qu'ils sont très gentils.
3. ____ leurs filles ont les yeux bleus.
4. Elles passent ____ leur temps à regarder la télévision.
5. ____ la famille va en Angleterre ____ les ans.
6. Ils achètent ____ sortes de choses.
7. Les filles Jeantet écrivent une carte postale à ____ leurs amis.
8. Elles sont contentes de voyager, ____ les trois.

16. **Tous mes amis et toute ma classe.** Ajoutez la forme appropriée du mot **tout**.

Modèle: La famille Martin voyage beaucoup.
Toute la famille Martin voyage beaucoup.

1. Mes amis aiment manger.
2. C'est vrai pour ma classe de français aussi.
3. Nous avons mangé une tarte.
4. Nous avons passé la soirée à la manger.
5. Les garçons et les filles étaient malades après ça.

17. **À votre avis.** Ajoutez **tout** et posez une question. Votre partenaire va décider ensuite si la généralisation est vraie ou fausse.

Modèle: Les hommes sont beaux.

> VOUS: **Est-ce que tous les hommes sont beaux?**
>
> VOTRE PARTENAIRE: **Oui, à mon avis tous les hommes sont beaux.** ou
> **Non, à mon avis tous les hommes ne sont pas beaux.**

1. Les femmes sont belles.
2. Les repas au restaurant universitaire sont délicieux. *← of the université*
3. Les professeurs sont gentils.
4. Le campus est très beau.
5. Tes amis adorent parler français.
6. Ta famille chante bien.
7. Tes cours sont intéressants.

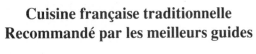

Restaurant LA PYRAMIDE

Cuisine française traditionnelle
Recommandé par les meilleurs guides

Réservation: 41-83-15-15

Restaurant non fumeur
Ouvert tous les jours

ENTRE AMIS La Pyramide

Call the restaurant La Pyramide and ask if the restaurant is open every day. Then make a reservation.

La gare de Lyon à Paris

3. Making a Transportation Reservation

Bonjour, Monsieur.
      Bonjour, Madame. Puis-je avoir un billet
        pour Strasbourg, s'il vous plaît?
Un aller simple°?   *one way*
      Oui, un aller simple.
      Non, un aller-retour°.   *round trip*
En quelle classe?
      En première.
      En seconde.
Quand partirez-vous?°   *When will you*
      Tout de suite°.   *leave? / Right away*
      Bientôt°.   *Soon*
      Dans quelques jours.
Très bien. N'oubliez pas de composter° votre billet.   *punch, stamp*

Remarque: **Second(e)** is normally used in place of **deuxième** when there are only two in a series.

      Un billet en **seconde** classe, s'il vous plaît.

Note: Les billets de train peuvent être utilisés pendant quelques mois. Il est donc nécessaire de composter le billet le jour où on prend le train. Si on oublie de le composter, on sera obligé de payer une amende (*fine*).

18. Microconversation: **Nous prenons le train.** Réservez des places dans le train. Complétez la conversation avec les catégories suivantes.

Modèle: 1/Paris 17 h/ven./1re/vous ne fumez pas

VOUS: **Puis-je réserver une place?**

EMPLOYÉ(E): **Dans quel train, s'il vous plaît?**

VOUS: **Le train pour Paris qui part à 17 heures.**

EMPLOYÉ(E): **Quel jour, s'il vous plaît?**

VOUS: **Vendredi.**

EMPLOYÉ(E): **Et en quelle classe?**

VOUS: **En première.**

EMPLOYÉ(E): **Fumeur ou non fumeur?**

VOUS: **Non fumeur.**

EMPLOYÉ(E): **Très bien, une place en première classe non fumeur dans le train pour Paris qui part à 17 heures vendredi.**

1. 1/Marseille 11 h/lun./2e/vous ne fumez pas
2. 4/Dijon 18 h/dim./2e/vous fumez
3. 15/Biarritz 8 h/sam./2e/vous ne fumez pas
4. 2/Madrid 23 h/merc./1re/vous ne fumez pas

19. Un petit sketch: **On confirme un départ.** Lisez ou jouez le sketch et ensuite répondez aux questions.

Un touriste téléphone à la compagnie Air France.

L'EMPLOYÉ: **Allô, Air France. J'écoute.**

LE TOURISTE: **Bonjour, Monsieur. Je voudrais confirmer un départ, s'il vous plaît.**

L'EMPLOYÉ: **Très bien, Monsieur. Votre nom, s'il vous plaît?**

LE TOURISTE: **Paul Schmitdz.**

L'EMPLOYÉ: **Comment? Pouvez-vous épeler votre nom, s'il vous plaît?**

LE TOURISTE: **S-C-H-M-I-T-D-Z.**

L'EMPLOYÉ: **Très bien. Votre jour de départ et le numéro de votre vol *(flight)*?**

LE TOURISTE: **Mardi prochain, et c'est le vol 307.**

L'EMPLOYÉ: **Très bien, Monsieur Schmitdz. Votre départ est confirmé.**

LE TOURISTE: **Merci beaucoup.**

L'EMPLOYÉ: **À votre service, Monsieur.**

Questions (Répondez au passé):

1. Pour quelle compagnie l'employé travaillait-il?
2. Quelle était la première question de l'employé?
3. Quand le vol partait-il?
4. Quel était le numéro du vol?

D. Le futur

Nous **aurons** notre diplôme en juin.	*We will get our diplomas in June.*
Nous **irons** en France l'été prochain.	*We will go to France next summer.*
Nous **prendrons** l'avion pour Paris.	*We will take the plane to Paris.*
Il **pleuvra** sans doute un peu.	*It will probably rain a bit.*
Nous **passerons** une nuit à l'hôtel Arcade.	*We will spend a night at the Arcade Hotel.*

■ You have already learned to express future time by using **aller** plus an infinitive.

Ils **vont sortir** ensemble.	*They are going to go out together.*

■ Another way to express what will take place is by using the future tense.

Ils **sortiront** ensemble.	*They will go out together.*

■ To form the future tense for most verbs, take the infinitive and add the endings **-ai, -as, -a, -ons, -ez, -ont.** For infinitives ending in **-e,** drop the **-e** before adding the endings. All future stems end in **-r.** Note that the future endings are similar to the present tense of the verb **avoir.**

finir					
je	**finir**	**ai**	nous	**finir**	**ons**
tu	**finir**	**as**	vous	**finir**	**ez**
il/elle/on	**finir**	**a**	ils/elles	**finir**	**ont**

prendront

vendre					
je	**vendr**	**ai**	nous	**vendr**	**ons**
tu	**vendr**	**as**	vous	**vendr**	**ez**
il/elle/on	**vendr**	**a**	ils/elles	**vendr**	**ont**

■ **Acheter** keeps its spelling change in the future, even for the **nous** and **vous** forms.

J'achèterai une voiture l'année prochaine.
Nous achèterons une Renault.

■ The future endings are always the same. There are, however, a number of verbs with irregular stems.

infinitive	stem	future
être	ser-	je serai
avoir	aur-	j'aurai
faire	fer-	je ferai
aller	ir-	j'irai
venir (devenir)	viendr- (deviendr-)	je viendrai (je **deviendrai**)
pouvoir	pourr-	je pourrai
savoir	saur-	je saurai
vouloir	voudr-	je voudrai

■ Impersonal expressions also have future tense forms.

infinitive	present	future
pleuvoir	il pleut	**il pleuvra**
falloir	il faut	**il faudra**
valoir mieux	il vaut mieux	**il vaudra mieux**

20. **Pendant les vacances.** Qu'est-ce que tout le monde fera? Utilisez le futur au lieu (*in place*) du verbe **aller** plus l'infinitif.

Modèle: Nous n'allons pas étudier.   **Nous n'étudierons pas.**

1. Joe va voyager avec ses parents.
2. Ils vont faire un voyage en France.
3. Ils vont visiter Paris.
4. Je vais les accompagner.
5. Nous allons prendre un avion.
6. Nous allons partir bientôt.
7. Une semaine à l'hôtel à Paris va coûter cher.
8. Je vais acheter des souvenirs.
9. Il ne va pas pleuvoir.
10. Il va faire beau.

21. À vous. Répondez.

1. Resterez-vous sur le campus l'été prochain?
2. Travaillerez-vous? Si oui, où? Si non, pourquoi pas?
3. Ferez-vous un voyage? Si oui, où?
4. Qu'est-ce que vous lirez?
5. Qu'est-ce que vous regarderez à la télévision?
6. À qui rendrez-vous visite?
7. Sortirez-vous avec des amis? Si oui, où irez-vous probablement?
8. Serez-vous fatigué(e) à la fin des vacances?
9. Quel temps fera-t-il pendant les vacances?

E. Le futur avec *si* et *quand*

■ When a main clause containing a *future* tense verb is combined with a clause introduced by **si** (*if*), the verb in the **si**-clause is in the *present* tense. English works the same way.

Nous aurons un pique-nique demain **s'il fait beau.**	*We will have a picnic tomorrow if it is nice out.*
Si tu veux, nous sortirons vendredi soir.	*If you want, we will go out on Friday night.*
Si tu travailles cet été, gagneras-tu beaucoup d'argent?	*If you work this summer, will you earn a lot of money?*

Un pique-nique devant le Mont-Saint-Michel

■ However, when a main clause with a future tense verb is combined with a clause introduced by **quand,** the verb in the **quand** clause is in the future. Be careful not to allow English to influence your choice of verb tense. English uses the present in this case.

Quand il fera beau, nous aurons un pique-nique.

When it is nice out, we will have a picnic.

Aurez-vous beaucoup d'enfants **quand vous serez marié(e)?**

Will you have a lot of children when you are married?

Quand j'aurai le temps, j'écrirai.

When I have time, I will write.

Quand je gagnerai à la loterie, je ferai un long voyage.

When I win the lottery, I will take a long trip.

22. **Si nous gagnons beaucoup d'argent.** Combien de phrases logiques pouvez-vous faire? Chaque phrase commence par **si.**

Modèle: **Si je gagne beaucoup d'argent, j'achèterai des vêtements.**

			partir en avion
	mes ami(e)s		acheter des vêtements
	je		aller en France
	nous	gagner beaucoup	habiter dans un château
si	mes parents	d'argent	manger dans un bon restaurant
	le professeur		rester à l'hôtel
	de français		être très content(e)(s)
			faire un long voyage
			téléphoner à tout le monde
			(ne ... pas) travailler

23. **Quand ferons-nous tout cela?** Combien de phrases logiques pouvez-vous faire? Chaque phrase commence par **quand.**

Modèle: **Quand j'aurai faim, j'irai au restaurant.**

		réussir aux examens	avoir ... ans
	mes amis	avoir faim	boire ...
	je	avoir un diplôme	acheter ...
quand	mon ami(e)	être riche(s)	(ne ... pas) travailler
	nous	parler bien le français	aller ...
	les étudiants	avoir soif	chanter
		finir d'étudier	être fatigué(e)(s)
		gagner de l'argent	manger ...
			faire un voyage ...

24. Qu'est-ce que tu feras? Utilisez les expressions suivantes pour interviewer votre partenaire.

Modèle: quand/avoir le temps/écrire à tes parents

vous: **Quand tu auras le temps, écriras-tu à tes parents?**

VOTRE PARTENAIRE: **Oui, quand j'aurai le temps, j'écrirai à mes parents.**

1. si/être libre/écrire à tes parents
2. quand/finir tes études/avoir quel âge
3. quand/travailler/gagner beaucoup d'argent
4. si/être marié(e)/faire la cuisine
5. quand/faire la cuisine/préparer des spécialités françaises
6. si/avoir des enfants/être très content(e)
7. si/avoir des enfants/changer les couches (*diapers*)
8. quand/parler français/penser à cette classe

E N T R E   A M I S   Quand auras-tu ton diplôme?

1. Find out when your partner will graduate.
2. Find out what s/he will do afterwards.
3. Ask if s/he will travel. If so, ask where s/he will go.
4. Ask what s/he will buy, if s/he has enough money.

Révision et Intégration

A. Au téléphone. «Téléphonez» à votre partenaire et complétez les situations suivantes.

1. Réservez une table au restaurant.
2. Réservez une place dans un train.
3. Confirmez un départ en avion.
4. Prenez une chambre d'hôtel.

B. Diseur (diseuse) de bonne aventure (*fortuneteller*). Écrivez cinq phrases pour prédire (*predict*) le futur d'un(e) de vos camarades de classe.

Modèle: **Tu parleras français comme un Français.**

C. À vous. Répondez.

1. En quelle année avez-vous fini vos études au lycée?
2. Réussissiez-vous toujours à vos examens quand vous étiez au lycée?
3. Quand finirez-vous vos études universitaires?
4. Qu'est-ce que vous ferez quand vous aurez votre diplôme?
5. Qu'est-ce que vous ferez pendant les prochaines vacances?
6. Où irez-vous si vous faites un voyage?
7. Quelles villes visiterez-vous si vous avez le temps?
8. Que choisirez-vous quand vous irez au restaurant?
9. Qui fera le ménage quand vous serez marié(e)?

D. *Rédaction:* **Une réservation.** Écrivez une lettre à l'hôtel Terminus pour réserver une chambre. Précisez le nombre de chambres, la date et l'heure de votre arrivée. Indiquez aussi combien de temps vous y resterez. Vérifiez s'il y a une salle de bain, une douche, une baignoire, etc. dans les chambres. Soyez sûr(e) de demander les prix et vérifiez si le petit déjeuner est compris. Commencez votre lettre par **Messieurs** et finissez votre lettre par **Je vous prie d'agréer, Messieurs, l'expression de mes sentiments distingués.**

E N T R E   A M I S   Une excursion en autocar

Your group is planning a bus trip to Montréal. Decide together on date, length of trip, etc., then have one of the group call and rent a tour bus (**un autocar**).

Lecture

A. **Étude du vocabulaire.** Étudiez les phrases suivantes et choisissez les mots anglais qui correspondent aux mots français en caractères gras: *opposite, seated, schedule, except, beginning on, run.*

1. J'ai téléphoné à l'aéroport pour savoir **l'horaire** des vols.
2. Nous serons en France **à partir du** 10 juin.
3. Certains trains ne **circulent** pas le week-end.
4. Tout le monde est venu **sauf** Christian. Pourquoi est-ce qu'il n'est pas venu?
5. Blanc est le **contraire** de noir.
6. Sur cette photo mes parents sont **assis** dans des fauteuils très confortables.

B. **L'horaire.** Étudiez la table et répondez aux questions suivantes.

1. Où les renseignements sur les différents trains sont-ils indiqués?
2. Pourquoi certains horaires sont-ils indiqués en gras.
3. Que veulent-dire les lettres **D** et **A**?

L'horaire des trains (Paris–Lyon)

Numéro du train		5732/3	925	935	627	629	5073	767	7451/0	8517/6	391	1585/4	7171	947	5009	831	631	769	5009	681
Notes à consulter			1	2	3	4	5	6	7	8	9	10	11	12	13	14	15	16	17	18
Paris-Gare-de-Lyon	D		**14.32**	14.32	**15.00**	16.00	**16.03**	16.17							16.43	16.46	**16.49**	**17.00**	**17.19**		17.27
Laroche-Migennes	D						**17.25**														
Montbard	D						**18.19**												**18.28**		
Dijon-Ville	D	**17.03**					**19.20**	17.55	18.06	18.06		18.18	**18.21**		19.13			**19.03**	19.13	
Beaune	A	**17.23**					**19.43**		18.26	18.30			**18.56**							
Chagny	A						**19.55**		18.40	18.44	19.42		**19.09**							
Chalon-sur-Saone	A						**20.07**				20.06	18.57	**19.26**		19.48			**19.48**		
Tournus	A						**20.22**													
Macon-Ville	A						**20.43**						**19.34**		20.19			**20.19**		
Macon-Loché-TGV	A		**16.13**	16.13										18.26						
Villefranche-sur-Saone	A						**21.13**													
Lyon-Part-Dieu	A				**17.00**	18.08					20.18				20.58	**18.57**	**19.04**	**20.58**	19.31	
Lyon-Perrache	A				**17.10**	18.18	**21.40**										**19.14**			19.44

A Arrivée   **D** Départ

Tous les trains offrent des places assises en 1ʳᵉ et 2ᵉ cl. sauf indication contraire dans les notes.   X Train n'offrant pas la totalité de ses prestations sur tout son parcours ou sur toute sa circulation.
Les trains circulant tous les jours ont leurs horaires indiqués en gras.

Notes :

1. .TGV . ♿ Facilités pour handicapés physiques.   2. Circule:les ven, dim et fêtes sauf les 13 juil et 15 août 86;Circule le 14 août 86.

C. **Questions.** Répondez.

1. Combien de trains vont à Lyon?
2. Combien de gares y a-t-il à Lyon?
3. Quel train est le plus rapide entre Paris et Lyon?
4. Quel train est le moins rapide entre Paris et Lyon?
5. Combien d'arrêts y a-t-il pour ce train?
6. Le numéro 627 est-il direct jusqu'à Lyon-Perrache?
7. Quels sont les trains qui offrent des facilités aux handicapés?
8. Quels trains ne circulent pas le samedi?
9. Si on est à Dijon, quel train peut-on prendre pour aller à Lyon?
10. Si on part de Paris pour arriver à Lyon à 18 h 18, combien de temps a-t-on passé dans le train?
11. Quels trains peut-on prendre si on veut dîner à Lyon à 20 heures?

D. **Je ferai un voyage par le train.** Envoyez un télégramme à un(e) ami(e) pour dire que vous viendrez à Lyon. Décidez quel train vous prendrez et annoncez l'heure de votre départ et l'heure de votre arrivée.

Modèle: J'arriverai le 18 stop ...

A. **Étude du vocabulaire.** Étudiez les phrases suivantes et choisissez les mots anglais qui correspondent aux mots français en caractères gras: *thunderstorm, sky, cloud, weak, sunny intervals, even, rain, now.*

1. Regarde cet avion dans le **ciel.**
2. Le ciel est bleu; il n'y a pas de **nuages.**
3. Il ne fait pas très beau, mais il y a quelques **éclaircies** dans les nuages.
4. Il faut porter un imperméable, car il y a souvent de la **pluie** en mars.
5. Quel bruit! Tu as entendu cet **orage** la nuit dernière?
6. Demain il fera beau, mais **actuellement** il fait assez mauvais.
7. Tout le monde aime les vacances, **même** les professeurs.
8. Je ne pourrai pas faire ce travail. Après ma maladie, je suis trop **faible.**

B. **La carte de France.** Étudiez la carte qui se trouve sur la couverture (*cover*) intérieure du livre.

1. Cherchez les villes suivantes: Angers, Besançon, Brest, Marseille, Strasbourg, Toulouse.
2. Décidez dans quelles régions ces villes se trouvent.
3. Nommez cinq rivières.
4. Nommez quatre chaînes de montagnes.

La météo

L'air doux[1], humide et instable recouvrant actuellement le sud-est de notre pays s'éloignera[2] progressivement avec l'arrivée par le nord-ouest d'air plus frais.

Samedi: cocktail de nuages, d'ondées[3] et d'éclaircies.

Sur la Lorraine, les Vosges, l'Alsace, la Franche-Comté, les Alpes et la Corse, les nuages resteront abondants tout au long de la journée, avec de la pluie et même des orages sur le relief.[4]

Sur Champagne-Ardennes, l'Est du Bassin parisien, la Bourgogne, le Massif central, la vallée du Rhône, Midi-Pyrénées et le Languedoc, la journée débutera sous la grisaille[5] et un peu de pluie. Des éclaircies se développeront l'après-midi, mais une petite averse[6] sera encore possible.

Sur le Nord, la Picardie, l'Ouest du Bassin parisien, Poitou-Charentes et Aquitaine, la matinée sera assez bien ensoleillée.[7] Des nuages se développeront au cours de la journée et de courtes averses tomberont çà et là.

Sur la Normandie et les pays de Loire, ce sera une journée ensoleillée. Toutefois, en fin de journée, les nuages se feront plus nombreux par l'ouest.

Sur la Bretagne, le ciel sera gris, avec une petite pluie.

Le vent sera généralement faible ou modéré, venant de l'ouest ou du nord-ouest. En Corse et sur la Côte d'Azur soufflera[8] un vent de sud-ouest modéré.

Le Monde

1. *mild* 2. *will move away* 3. *showers* 4. *in the hills* 5. *overcast sky* 6. *shower*
7. *sunny* 8. *will blow*

C. **Vrai ou faux.** Décidez si les phrases suivantes sont vraies ou fausses. Si une phrase n'est pas vraie, corrigez-la.

1. Il fera beau à Brest toute la journée.
2. Il fera beau le matin à Lille.
3. Il pleuvra à Besançon.
4. Il fera du vent à Marseille toute la journée.
5. Il fera beau à Angers, mais le soir il fera moins beau.
6. Il pleuvra le matin à Paris.

D. **Questions.** Répondez d'après la lecture.

1. Où est-ce qu'il fera beau?
2. Où y aura-t-il des nuages?
3. Où pleuvra-t-il?
4. Où fera-t-il du vent?
5. Quel temps fera-t-il à Angers?

E. **Familles de mots.** Essayez de deviner le sens des mots suivants.

1. un nuage, nuageux
2. le soleil, ensoleillé
3. gris, la grisaille
4. s'éloigner, loin, lointain

Vocabulaire actif

Les voyages

un aller-retour	*round-trip ticket*	le départ	*departure*
un aller simple	*one-way ticket*	la départementale	*departmental (local) highway*
un autocar	*tour bus*	la route	*route, way, road*
l'autoroute (f.)	*turnpike, throughway, highway*	le vol	*flight*

À l'hôtel

une baignoire	*bathtub*	un étage	*floor*	une serviette	*towel*
une clé	*key*	le prix	*price*	un supplément	*extra charge;*
une douche	*shower*	le rez-de-chaussée	*ground floor*		*supplement*

D'autres noms

une carte	*map*	un diplôme	*diploma*	un steak	*steak*
une demande	*request*	un pique-nique	*picnic*	un steak-frites	*steak with French fries*

Adjectifs

complet (complète)	*full; complete*	ouvert(e)	*open*
compris(e)	*included; understood*	riche	*rich*
étranger (étrangère)	*foreign*	tout (toute/tous/toutes)	*all; every; the whole*
inutile	*useless*		

Verbes

avoir tendance à	*to tend to*	indiquer	*to tell; to indicate; to point out*
choisir	*to choose*	louer	*to rent*
composter (un billet)	*to punch (a ticket)*	maigrir	*to lose weight*
confirmer (un départ)	*to confirm (a departure)*	obéir	*to obey*
épeler	*to spell*	ralentir	*to slow down*
faire une demande	*to make a request*	recommander	*to recommend*
finir	*to finish*	remercier	*to thank*
gagner (à la loterie)	*to win (the lottery)*	réussir	*to succeed; to pass*
gagner (sa vie)	*to earn (one's living)*	savoir	*to know*
grossir	*to put on weight*		

Adverbes

après-demain	*day after tomorrow*
bientôt	*soon*
tout	*completely; very*

Prépositions

jusqu'à	*until*

Expressions utiles

Allez-y.	*Go ahead.*	fumeur	*smoking (car)*
Allô!	*Hello! (on the phone)*	Il n'y en a plus.	*There is (are) no more.*
À quel nom ... ?	*In whose name ... ?*	Il vous reste ... ?	*Do you still have ... ?*
Bonne chance!	*Good luck!*	Mince!	*Darn it!*
Comment je vais faire?	*What am I going to do?*	non fumeur	*nonsmoking (car)*
en première	*in first class*	Puis-je ... ?	*May I ... ?*
en seconde	*in second class*	tous (toutes) les deux	*both*
entendu	*agreed; understood; O.K.*	tout de suite	*right away*

Escale 3

LE MAROC

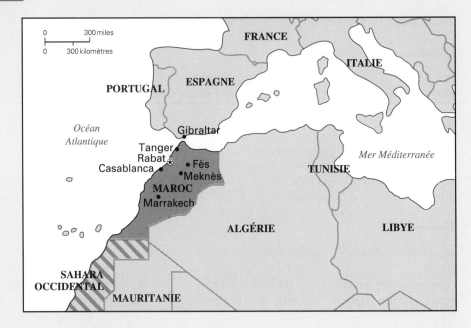

STATUT LÉGAL:	Royaume indépendant
LANGUE OFFICIELLE:	arabe
AUTRES LANGUES:	français, berbère, espagnol
MONNAIE:	dirham
CAPITALE:	Rabat
AUTRES VILLES:	Casablanca, Marrakech, Fès, Meknès, Tanger
SUPERFICIE:	458.730 km^2 (équivalente à celle de la Californie)
POPULATION:	35.169.000 (équivalente à celle de la Californie)
RELIGION:	musulmane (98%)
GROUPES ETHNIQUES PRINCIPAUX:	Arabes (65%), Berbères (35%)
EXPORTS PRINCIPAUX:	phosphates, agrumes[1], poissons en boîtes, textiles (tapis, etc.)
CLIMAT:	Maroc atlantique = humide; Maroc oriental = aride, désertique
MONTAGNES:	chaînes atlasiques: Haut Atlas, Moyen Atlas, Anti-Atlas (les plus vastes d'Afrique)

1. agrumes = citrons, oranges, etc.

414

1. **Vrai ou faux?** Décidez si les phrases suivantes sont vraies ou fausses. Si une phrase est fausse, corrigez-la.

1. Le Maroc est une république.
2. Les langues officielles du Maroc sont l'arabe et le français.
3. Le Maroc est le pays africain le plus proche de l'Europe.
4. La ville de Casablanca se trouve au Maroc.
5. Le Maroc est plus petit que le Massachusetts.
6. Casablanca est la capitale du Maroc.
7. Le Maroc se trouve au nord de l'Afrique.
8. Le Maroc entier a un climat très sec.

2. **Que savez-vous?** Nommez ...

1. trois villes marocaines.
2. deux pays voisins du Maroc.
3. la ville européenne la plus proche du Maroc.
4. une ressource minière du Maroc.

Une porte du désert Sahara, le plus vaste désert du monde.

L'histoire du Maroc

Le Maroc est un pays plein de contrastes de par la diversité de son climat, de sa géographie, de sa cuisine et de par la confrontation permanente entre deux tentations: le désir de préserver son caractère local et traditionnel et, en même temps, le besoin d'une personnalité «occidentale».

Les Berbères représentent le peuple le plus ancien du Maroc. On ne sait pas d'où ils viennent, mais il est certain qu'ils sont arrivés dans la région qu'on appelle le Maroc il y a 3.000 ans. La langue du peuple berbère est très ancienne; 35 pour cent des Marocains la parlent aujourd'hui.

L'Afrique faisait partie de l'Empire romain sous les Césars. Il y avait même un empereur romain d'origine berbère, Septime Sévère (193–211). Plusieurs empereurs aimaient se détendre[2] à Volubilis, ancienne ville romaine, loin des intrigues de la Cour à Rome.

En 429, l'Empire romain était en déclin et ne pouvait plus défendre ses territoires en Afrique. Les Vandales, un peuple venant du nord de l'Europe, ont occupé et terrorisé le Maroc. (Nous disons même aujourd'hui que quelqu'un qui détruit violemment, sans raison, est un «vandale».)

Les Arabes sont arrivés au Maroc en 680. Ils ont introduit leur religion et leur langue dans la région. Ce nouveau royaume musulman choisira comme sa capitale la ville de Fès et Fès restera le centre religieux et intellectuel de la région pendant mille ans.

Le Maroc n'est qu'à treize kilomètres de l'Espagne. À partir de 709, les Marocains ont essayé plusieurs fois de conquérir l'Espagne. Ces «Maures» ont réussi à occuper plus ou moins la totalité du sud de l'Espagne entre 1050 et 1500. Après 1500, ils se sont retirés et les Espagnols (et les Français et les Portugais) ont occupé des régions du Maroc. Au vingtième siècle, la plus grande partie du Maroc était sous le contrôle des Français, qui y ont établi des écoles et des institutions gouvernementales. Les Espagnols ont continué à contrôler leur propre «zone d'influence». En 1956, l'indépendance du Maroc est reconnue et le pays a été enfin unifié sous le roi, Muhammad V. Son fils, Hassan II, est devenu roi en 1961.

En 1976, l'Espagne a décidé de quitter la province qui se trouve au sud-ouest du Maroc, le Sahara espagnol. Elle a divisé ce territoire entre le Maroc et la Mauritanie. Mais la population du Sahara espagnol voulait former un pays indépendant—le Sahara occidental. Alors, une guerre d'indépendance a commencé. La Mauritanie a évacué le Sahara occidental en 1979 et maintenant le Maroc occupe le pays entier.

2. se détendre = se reposer et supprimer les causes de tension

Le roi Muhammed V

3. **Avez-vous compris?** Répondez.

1. Quel est le plus grand groupe au Maroc? et le plus ancien?
2. Le Maroc faisait partie de quel empire à l'époque biblique?
3. Nommez quelques empereurs romains que vous connaissez.
4. Depuis combien de temps est-ce que les Arabes représentent la culture dominante au Maroc?
5. Fès a été un centre intellectuel et religieux pendant mille ans. Quelle autre ville, elle aussi, a été le centre intellectuel, commercial ou culturel de sa région pendant mille ans?
6. Quel pays européen a été le plus influencé pendant des siècles par la culture marocaine?
7. Pourquoi est-ce qu'on parle beaucoup le français au Maroc aujourd'hui?
8. Le Maroc est un royaume. Qu'est-ce que cela veut dire?
9. Quels sont les pays voisins du Sahara occidental?
10. Qui contrôle aujourd'hui le Sahara occidental?

Mulay Isma'il

L'entrée du mausolée de Mulay Isma'il

Mulay Isma'il, qui a régné au Maroc de 1672 à 1727, était un contemporain du roi de France, Louis XIV. Mulay Isma'il a régné 55 ans, presque aussi longtemps que Louis. Il y a beaucoup de ressemblances entre les deux monarques.

Comme Louis XIV, Isma'il a réussi à unifier son pays en formant une grande armée professionnelle. Il s'est tourné vers la France parce qu'il voulait l'assistance des Français contre les Espagnols. Les conseillers français ont enseigné à l'armée marocaine des techniques militaires. Il a été obligé plusieurs fois de combattre les Turcs, qui occupaient l'Algérie à cette époque, mais finalement les Turcs ont dû accepter et respecter l'indépendance du Maroc. En plus, il a fait partir les Espagnols, les Anglais et les Portugais du Maroc.

En plus de leur aide militaire, les Français ont aidé Isma'il à construire sa nouvelle capitale, Meknès. Le palais d'Isma'il à Meknès est un bâtiment magnifique qui ressemble beaucoup à Versailles, le palais de Louis XIV en France.

Louis XIV et Mulay Isma'il s'admiraient. Le roi de France a envoyé son ambassadeur à la cour de Mulay Isma'il, et Mulay Isma'il avait son ambassadeur en France. Les deux souverains ont échangé des lettres personnelles plusieurs fois. À cette époque, le Maroc n'était pas encore un pays francophone, mais les liens étroits entre les deux pays ont commencé avec ces deux souverains.

4. À vous. Répondez.

1. Comment s'appelle le grand roi de France qui a vécu au dix-septième siècle?
2. Quels pays occupaient des régions du Maroc au début du règne de Mulay Isma'il?
3. Quel pays se trouve à l'est du Maroc? Quel grand empire l'occupait à l'époque de Mulay?
4. Pourquoi Mulay Isma'il est-il célèbre?

Le village berbère d'Arfa existait sur le site de l'actuel Casablanca depuis le douzième siècle. Les Portugais y ont construit une ville en 1515 qu'ils ont appelé «Casa Branca» *(Maison blanche)*, mais cette ville portugaise a été détruite par un tremblement de terre en 1755. Les Espagnols ont reconstruit la ville et l'ont appelée «Casa Blanca». Mais très vite les Français ont pris possession de la ville.

Aujourd'hui, Casablanca est le port principal du Maroc et la capitale économique du pays (bien que Rabat soit la capitale politique nationale). C'est aussi la plus grande ville du Maroc.

En 1943, deux ans avant la fin de la Seconde Guerre mondiale, le président américain Franklin D. Roosevelt et le premier ministre de la Grande-Bretagne Winston Churchill se sont

retrouvés à Casablanca. Les deux leaders voulaient se rencontrer pour discuter de la stratégie militaire globale. C'est à Casablanca qu'ils ont décidé d'adopter la politique de la «reddition sans condition» *(unconditional surrender)*.

5. **À vous.** Répondez.

1. Qu'est-ce que c'est qu'un tremblement de terre? Nommez un tremblement de terre dont vous avez entendu parler.
2. Est-ce que la capitale économique du Maroc est la même ville que la capitale politique? Quelle est la capitale économique de votre pays? et la capitale politique?
3. Quel événement historique important a eu lieu à Casablanca? Quelles ont été les conséquences de cet événement?

Ma journée

Buts communicatifs
Describing a table setting
Describing one's day
Describing past activities
Expressing one's will

Structures utiles
Le verbe **mettre**
Les verbes pronominaux
Les verbes **se lever,
se promener, s'inquiéter,
s'appeler** et **s'asseoir**
Le passé des verbes
pronominaux
L'impératif des verbes
pronominaux
Le subjonctif (suite)

Culture
L'étiquette en France
Le menu ou la carte?
Relativité culturelle: le savoir-
vivre

Coup d'envoi

Bon appétit!

Avant de manger

Mettez° une nappe° sur la table.	*Put / tablecloth*
Mettez des assiettes sur la nappe.	
Mettez un verre et une cuiller° devant chaque assiette.	*spoon*
Mettez une fourchette° à gauche de l'assiette.	*fork*
Mettez un couteau° à droite de l'assiette.	*knife*

À table

Asseyez-vous.	
Mettez une serviette° sur vos genoux.	*napkin*
Coupez° le pain.	*Cut*
Mettez un morceau de pain sur la nappe à côté de l'assiette.	
Versez° du vin dans le verre.	*Pour*
Levez° votre verre et admirez la couleur du vin.	*Lift*
Humez° le vin.	*Smell*
Goûtez-le.°	*Taste it.*
Bon appétit!	

MIS EN BOUTEILLE AU CHATEAU
CRU BOURGEOIS

Château Barreyres
1986
HAUT-MÉDOC
APPELLATION HAUT-MÉDOC CONTROLÉE

Nous nous mettons à table

Monsieur et Madame Smith sont arrivés au restaurant, mais leurs amis, Monsieur et Madame Lefour, ne sont pas encore là.

MAÎTRE D'HÔTEL:	Bonsoir, Monsieur. Bonsoir, Madame. Vous avez réservé?	
M. SMITH:	Oui, Monsieur, au nom de Smith.	
MAÎTRE D'HÔTEL:	Très bien. Un instant, s'il vous plaît.	
	(*Il vérifie sa liste.*)	
	C'est pour quatre personnes, n'est-ce pas?	
MME SMITH:	C'est exact.°	*That's right.*
MAÎTRE D'HÔTEL:	Vous voulez vous asseoir°?	*to sit down*
M. SMITH:	Volontiers, les autres ne vont pas tarder°.	*to be long*
MAÎTRE D'HÔTEL:	Par ici°, s'il vous plaît. (*ensuite*) Voici votre table.	*This way*
	(*Ils s'asseyent.°*)	*They sit down.*
M. SMITH:	Merci beaucoup, Monsieur.	
	(*Le maître d'hôtel sourit° mais ne répond pas.*)	*smiles*
	(*cinq minutes plus tard*)	
MME SMITH:	J'espère qu'ils vont se dépêcher°.	*to hurry*
M. SMITH:	Ne t'inquiète pas.° Ils seront bientôt là.	*Don't worry.*
MME SMITH:	Ah! les voilà qui arrivent. Bonsoir, Thérèse. Bonsoir, Jean.	
M. LEFOUR:	Excusez-nous d'être en retard.	
MME LEFOUR:	Vous nous attendez depuis longtemps?	
M. SMITH:	Non, pas du tout, nous venons d'arriver.	

✤ **Jouez ces rôles.** Répétez la conversation avec vos partenaires. Répondez ensuite aux questions suivantes.

1. Quel couple est arrivé le premier?
2. Quelles questions le maître d'hôtel pose-t-il?
3. Le maître d'hôtel est-il poli? Expliquez votre réponse.
4. Quels sont les prénoms des Lefour?
5. Sont-ils très en retard? Expliquez votre réponse.

❖ Pourquoi Monsieur Smith n'avance-t-il pas la chaise pour sa femme quand elle va s'asseoir?

a. On ne le fait d'habitude pas en France.
b. Il a oublié de le faire.
c. Il est marié depuis longtemps.

❖ Quelle est la différence entre un menu et une carte dans un restaurant?

a. C'est la même chose, mais un menu est plus élégant qu'une carte.
b. C'est la même chose, mais une carte est plus élégante qu'un menu.
c. Un menu propose deux ou trois repas à prix fixe. Une carte donne la liste de tous les plats.

❖ Pourquoi le maître d'hôtel ne répond-il pas quand Monsieur Smith dit merci?

a. Il est impoli.
b. Il ne dit rien mais il répond par un geste.
c. Parce que Monsieur Smith n'est pas français.

L'étiquette en France

When Mrs. Smith is about to be seated, it is very likely that the gentlemen will not pull out her chair as a courtesy as might be the case in a North American setting. This is simply not done in France. Mr. Smith, who has adapted to living in France, does not make this American gesture.

While the table is set, as in North America, with the forks to the left and the knives to the right, there are differences:

spoons are placed in front of the plate; forks are often turned tines down; glasses are in front of the plate rather than to one side. If soup is served, the soup spoon is not held sideways but rather placed, tip first, in the mouth.

The French do not pick up a slice of bread and bite off a piece. Rather, they break off a small bite-sized piece and may even use this as a utensil to guide food onto the fork. From time to time, this piece is eaten and another piece broken off.

Le menu ou la carte?

Une carte lists all of the dishes that the restaurant prepares. Customers can choose any combination of items they wish (**à la carte**). **Un menu** has one or more set (complete) lunches or dinners at a set price. There might, for

example, be **un menu à 80 francs** and **un menu à 110 francs**. Each **menu** will include three or more courses, with or without beverage.

Relativité culturelle: Le savoir-vivre

The way people eat often differs markedly in France and in North America. There are therefore some potentially troublesome adjustments for North Americans in France and for people from France in North America.

In France	*In North America*
Ice cubes are not readily available at restaurants.	Ice water is often served automatically with meals. Cold drinks are very common.
Dinner is often at 8:00 P.M. or later.	Dinner is often at 6:00 P.M. or earlier.
Meals may last two hours or more.	Meals may last only 20 or 25 minutes.
Bread is placed on the tablecloth instead of on a plate.	Bread is not always served with a meal. When it is served, it is always kept on the plate.
People keep both hands above the table while eating.	People put one hand in their lap while eating.
The service charge, or tip, is already included in the bill (**le service est compris**).	The tip is usually not included in the bill.

I L Y A U N G E S T E

Il n'y a pas de quoi. Although the French have numerous spoken formulae that convey the idea of *You're welcome* (**Il n'y a pas de quoi, de rien, je vous en prie,** etc.), they frequently respond with only a discreet smile. This smile is often unnoticed by North Americans, who may interpret the lack of a verbal response to their "thank you" as less than polite.

✢ **À vous.** Répondez au maître d'hôtel.

1. Bonsoir, Monsieur (Madame/Mademoiselle). Vous avez réservé?
2. Pour deux personnes?
3. Vous voulez vous asseoir?
4. Par ici, s'il vous plaît. Voici votre table.

ENTRE AMIS Au restaurant

You are the maître d'hôtel at a restaurant. Your partner is a customer.

1. Ask your partner if s/he has made a reservation. (S/he has.)
2. Find out for how many people.
3. Ask if the others have already arrived.
4. Ask him/her if s/he wants to sit down.
5. Tell him/her "right this way."

Prononciation

Les voyelles arrondies [ø] et [œ]

■ Lip rounding plays a much greater role in the accurate pronunciation of French than it does in English. French has rounded vowels that are produced in the front part of the mouth, a combination that does not exist in English. Use the word **euh** to practice. This word is prevalent and is very characteristic of the normal position for French pronunciation: the lips are rounded and the tongue is behind the lower teeth.

■ For the [ø] sound in **euh,** round your lips and then try to say **et.** For the [œ] sound in **neuf,** the lips are more open than for **euh.** There is, moreover, always a pronounced consonant after the vowel sound in words like **neuf, sœur,** etc.

[ø]   □ *euh*, d*eux*, v*eut*, p*eut*, monsi*eur*, bl*eu*, ennuy*eux*, pl*eut*

[œ]   □ n*euf*, s*œur*, b*eu*rre, profess*eur*, h*eu*re, v*eu*lent, p*eu*vent, pl*eu*re

✧   Listen and repeat.

1. Est-ce que je peux vous aider, Monsieur?
2. La sœur du professeur arrive à neuf heures.
3. Que veut ce monsieur ennuyeux?
4. Il veut du beurre sur son pain.
5. Ma sœur porte un pull bleu.
6. «Il pleure dans mon cœur comme il pleut sur la ville.» (*Verlaine*)

Buts communicatifs

1. Describing a Table Setting

Où est-ce qu'on met la nappe?	On la met sur la table.
Où est-ce qu'on met l'assiette?	On la met sur la nappe.
Où est-ce qu'on met le couteau?	On le met à droite de l'assiette.
Où est-ce qu'on met la cuiller?	On la met devant l'assiette.
Où est-ce qu'on met la serviette?	On la met sur ses genoux.
Où est-ce qu'on met les mains?	On les met sur la table.
Où est-ce qu'on met le pain?	On le met sur la nappe, à côté de l'assiette.
Qu'est-ce qu'on met à gauche de l'assiette?	
Où est-ce qu'on met les verres?	

A. Le verbe *mettre*

Je vais **mettre** mon pyjama.

Nous **mettons** un maillot de
bain pour aller à la piscine.

J'**ai mis** le sel et le poivre
sur la table.

*I'm going to put on my
pajamas.*

*We put on a bathing suit
to go to the pool.*

*I put the salt and pepper
on the table.*

---

mettre (*to put, place, lay; to put on*)

je	**mets**	nous	**mettons**
tu	**mets**	vous	**mettez**
il/elle/on	**met**	ils/elles	**mettent**

passé composé: j'**ai mis**

■ **Mettre** can also mean *to turn on* (*the radio, the heat,* etc.) and is used in
the expression **mettre la table** to mean *to set the table.*

Qui va **mettre** la table ce soir?

Mets le chauffage; j'ai froid.

*Who is going to set the table
this evening?*

Turn on the heat; I'm cold.

1. **Qu'est-ce qu'ils mettent?** Utilisez les catégories suivantes pour faire des
phrases. Vous pouvez ajouter **ne ... jamais.**

Modèle: **Je mets un pyjama pour dormir.**
Je ne mets jamais de tennis s'il neige.

je		des skis	s'il fait chaud
mes amis		un complet	pour aller à une soirée
le professeur	mettre	une robe longue	(*party*)
vous		un pyjama	pour faire du jogging
		un maillot de bain	pour aller aux cours
		un manteau	pour faire du ski
		des tennis	pour nager
		un chapeau	s'il neige
		un short	pour faire les courses
		un jean	pour conduire une
		un smoking	voiture
			pour dormir

2. **À vous.** Répondez.

1. Mettez-vous du sucre (*sugar*) ou de la crème dans votre café?
2. Que mettez-vous dans une tasse de thé?
3. Où met-on le pain quand on mange à la française?
4. Que faut-il faire pour mettre la table?
5. À quel moment de l'année met-on le chauffage dans la région où vous habitez? À quel moment de l'année met-on la climatisation (*air conditioning*)?
6. En quelle saison met-on un gros manteau?
7. Quels vêtements les étudiants mettent-ils d'habitude pour aller aux cours sur votre campus?
8. Quels vêtements avez-vous mis hier? Pourquoi avez-vous décidé de porter ces vêtements-là?

3. **Un petit test de votre savoir-vivre.** Choisissez une réponse pour chaque question et ensuite lisez l'analyse de vos réponses à la page suivante.

1. Que mettez-vous quand vous allez dîner au restaurant?
    a. des vêtements chic
    b. un jean et des baskets
    c. un bikini
    d. rien

2. Que buvez-vous pendant le repas?
    a. du vin ou de l'eau
    b. du lait ou du café
    c. du whisky
    d. de l'eau dans un bol

3. Où mettez-vous le pain pendant le repas?
    a. sur la nappe à côté de l'assiette
    b. dans mon assiette
    c. dans l'assiette de mon (ma) voisin(e)
    d. sur le plancher (*floor*)

4. Où est votre main gauche pendant que vous mangez?
    a. sur la table
    b. sur mes genoux
    c. sur le genou de mon (ma) voisin(e)
    d. sur le plancher

5. Combien de temps passez-vous à table?
   a. entre une et deux heures
   b. entre 25 et 45 minutes
   c. Ça dépend du charme de mon (ma) voisin(e).
   d. Cinq minutes

6. Que dites-vous à la fin du repas?
   a. C'était très bon.
   b. Je suis plein(e).
   c. Veux-tu faire une promenade, chéri(e)?
   d. Oua! oua! (*bow-wow!*)

Résultats:

a. Si vous avez répondu **a** à toutes les questions, vous êtes peut-être français(e) ou méritez de l'être.
b. Si vous avez répondu **b,** vous êtes probablement américain(e) comme la personne qui a écrit ce questionnaire.
c. Si votre réponse est **c,** vous êtes trop entreprenant(e) (*forward, bold*) et vous dérangez (*bother*) beaucoup votre voisin(e).
d. Si votre réponse est **d,** vous vous identifiez beaucoup aux chiens.

ENTRE AMIS L'éducation d'un(e) enfant

You are a French parent instructing your child (your partner) on table manners. Remember to use **tu.**

1. Tell your child to put the napkin on his/her lap.
2. Tell him/her to put a piece of bread on the table.
3. Tell him/her not to play with the bread.
4. Tell him/her to put water in his/her glass.
5. Find out what s/he did at school today.

2. Describing One's Day

Le matin

7 h	Je me réveille tôt° et je me lève.	*early*
7 h 10	Je me lave ou je me douche.	
7 h 25	Je m'habille.	
7 h 35	Je me brosse les cheveux.	
7 h 50	Après avoir mangé°, je me brosse les dents.	*After eating*

L'après-midi

3 h	Je me repose.
5 h	Je m'amuse avec des amis.

Le soir

11 h	Je me couche assez tard et je m'endors.

✤ **Et vous?** À quelle heure vous réveillez-vous?
　　　　　Que faites-vous le matin?
　　　　　Que faites-vous l'après-midi?
　　　　　Que faites-vous le soir?
　　　　　À quelle heure vous couchez-vous?

Remarque: **Tôt** and **tard** mean *early* and *late* in the day. They should not be confused with **en avance** and **en retard,** which mean *early* and *late* for a specific meeting, class, etc.

> Il se lève **tard!** (à midi)
> Il est **en retard.** (pour son cours de français)

B. Les verbes pronominaux

■ Reflexive verbs (**les verbes pronominaux**) are those whose subject and object are the same. English examples of reflexive verbs are *he cut himself* or *she bought herself a dress.*

■ You have already learned a number of expressions that use reflexive verbs in French.

Comment vous appelez-vous?	*What's your name?*
Je m'appelle ...	*My name is ...*
Voulez-vous vous asseoir?	*Would you like to sit down?*
Levez-vous!	*Stand up!*
Taisez-vous!	*Be quiet!*

Note: As in the above examples, you will notice that reflexive verbs in French are not necessarily reflexive in English.

Vocabulaire: Quelques verbes pronominaux

se réveiller	*to wake up*
se lever	*to get up, stand up*
se laver	*to get washed*
se doucher	*to shower*
se brosser (les dents, les cheveux)	*to brush (one's teeth, one's hair)*
s'habiller	*to get dressed*
s'amuser	*to have fun*
s'inquiéter	*to worry*
s'asseoir	*to sit down*
se promener	*to take a walk, ride*
se dépêcher	*to hurry*
s'appeler	*to be named*
se coucher	*to go to bed*
s'endormir	*to fall asleep*
se reposer	*to rest*

Chapitre 13

Note: The conjugations of **se lever, se promener, s'inquiéter,** and **s'appeler,** which have spelling changes in their stems, and the conjugation of **s'asseoir,** are given on page 433.

■ The reflexive pronouns are **me, te, se, nous, vous,** and **se.**

se laver (*to get washed, to wash one's self*)			
je	**me** lave	nous	**nous** lavons
tu	**te** laves	vous	**vous** lavez
il/elle/on	**se** lave	ils/elles	**se** lavent

s'endormir (*to fall asleep*)			
je	**m'**endors	nous	**nous** endormons
tu	**t'**endors	vous	**vous** endormez
il/elles/on	**s'**endort	ils/elles	**s'**endorment

■ Like all other object pronouns, the reflexive pronoun is always placed immediately before the verb (except in an affirmative command). This rule is true, no matter whether the verb is in an affirmative, interrogative, negative, or infinitive form.

Comment **vous** appelez-vous?	*What is your name?*
Tu veux **t'**asseoir?	*Do you want to sit down?*
Ne **s'**amusent-ils pas en classe?	*Don't they have fun in class?*
Je ne **m'**appelle pas Aude.	*My name is not Aude.*
Roman ne **se** réveille jamais très tôt.	*Roman never wakes up very early.*
Nous allons **nous** promener.	*We are going to take a walk.*
J'ai décidé de ne pas **me** lever.	*I decided not to get up.*

Note: The reflexive pronoun always changes form as necessary to agree with the subject of the verb, even when it is part of an infinitive construction.

Je vais **m'**amuser.   **Tu** vas **t'**amuser aussi.   **Nous** allons **nous** amuser!

■ Many verbs can be used reflexively or nonreflexively, depending on whether the object of the verb is the same as the subject or not.

Jean **se lave** avant de manger. (*Jean* is the subject *and* the object.)

Mais: Jean **lave** sa voiture. (*Jean* is the subject but *sa voiture* is the object.)

Noëlle adore **se promener.** (*Noëlle* is the subject *and* the object.)

Mais: Noëlle refuse de **promener le chien.** (*Noëlle* is the subject but *le chien* is the object.)

On se promène à Strasbourg.

Note: In performing actions involving a part of the body, use a reflexive construction + **le, la, les.**

> Cyril **se** lave **les mains.**   *Cyril is washing his hands.*
> Vous **vous** brossez **les dents**   *Do you brush your teeth in*
> le matin?   *the morning?*

4. **Vrai ou faux?** Décidez si les phrases suivantes sont vraies. Si elles ne sont pas vraies, corrigez-les.

Modèle: Vous vous douchez toujours le matin.
C'est faux. Je ne me douche pas toujours le matin.

1. Vous vous brossez les dents avant le petit déjeuner.
2. On se lave normalement avec de l'eau froide.
3. Les étudiants de votre université se douchent une fois par semaine.
4. Ils s'habillent avant la douche.
5. Vous vous endormez quelquefois en classe.
6. Vous vous reposez toujours après les repas.
7. D'habitude, on se brosse les cheveux avec une brosse à dents.
8. Vous vous réveillez tôt le samedi.

5. **Se lèvent-ils tôt ou tard?** Faites des phrases logiques. Vous pouvez utiliser la forme négative.

Modèle: **Ma sœur se brosse les cheveux trois fois par jour.**

nous	se laver	tôt
les étudiants	s'amuser	tard
mon père	se dépêcher	le matin
ma mère	se coucher	le soir
je	se doucher	dans un fauteuil
ma sœur	s'habiller	dans la salle de bain
mon frère	s'endormir	avec de l'eau chaude
	se réveiller	avec de l'eau froide
	se brosser les cheveux	une (deux, etc.) fois par jour
	se brosser les dents	avec une brosse à cheveux
	se mettre à table	avec une brosse à dents
	se reposer	

C. Les verbes se *lever*, se *promener*, s'*inquiéter*, s'*appeler* et s'*asseoir*

■ Some reflexive verbs contain spelling changes in the verb stem of the present tense.

■ **Se lever** and **se promener** change -e- to -è- before silent endings, as does **acheter.**

se lever *(to get up, stand up)*		
je me lève	nous	nous levons
tu te lèves	vous	vous levez
il/elle/on se lève		
ils/elles se lèvent		

se promener *(to take a walk, ride)*		
je me promène	nous	nous promenons
tu te promènes	vous	vous promenez
il/elle/on se promène		
ils/elles se promènent		

■ **S'inquiéter** changes -é- to -è- before silent endings, as does **préférer.**

s'inquiéter *(to worry)*		
je m'inquiète	nous	nous inquiétons
tu t'inquiètes	vous	vous inquiétez
il/elle/on s'inquiète		
ils/elles s'inquiètent		

■ **S'appeler** changes -l- to -ll- before silent endings.

s'appeler (*to be named*)			
je	m'appelle	nous	nous appelons
tu	t'appelles	vous	vous appelez
il/elle/on	s'appelle		
ils/elles	s'appellent		

Note: **S'asseoir** is irregular and is conjugated as follows:

s'asseoir (*to sit down*)			
je	m'assieds	nous	nous **asseyons**
tu	t'assieds	vous	vous **asseyez**
il/elle/on	s'assied	ils/elles	s'**asseyent**

6. **La journée des étudiants.** Utilisez des verbes pronominaux pour compléter les phrases suivantes.

Modèle: Nous ⸻ à nos places.
Nous nous asseyons à nos places.

1. Le soir, les étudiants ne ⸻ pas avant minuit parce qu'ils ont beaucoup de travail.
2. S'ils sont en retard pour un cours, ils ⸻ .
3. Ils ⸻ s'il y a un examen.
4. Le week-end, les étudiants ⸻ .
5. Le samedi matin, ils font la grasse matinée; ils ne ⸻ pas avant 10 heures.
6. Ils ⸻ très tard et ils ⸻ tout de suite.
7. Ils ⸻ en jean normalement parce que les jeans sont confortables.

CETTE SENSATION S'APPELLE COKE.

7. **Catégories.** Interviewez les étudiants de votre cours de français. Pouvez-vous trouver une personne pour chaque catégorie? *Attention:* Certains verbes ne sont pas des verbes pronominaux.

Modèle: quelqu'un qui se lève avant 7 heures du matin

VOUS: **Te lèves-tu avant 7 heures du matin?**

UN(E) AUTRE ÉTUDIANT(E): **Oui, je me lève avant 7 heures du matin.** ou
Non, je ne me lève pas avant 7 heures du matin.

1. quelqu'un qui se lève avant 7 heures du matin
2. quelqu'un qui se couche après minuit
3. quelqu'un qui s'endort quelquefois en classe
4. quelqu'un qui lave sa voiture une fois par mois
5. quelqu'un qui se brosse les dents avant le petit déjeuner
6. quelqu'un qui se réveille quelquefois pendant la nuit
7. quelqu'un qui se promène après le dîner
8. quelqu'un qui promène souvent son chien
9. quelqu'un qui s'amuse au cours de français
10. quelqu'un qui s'inquiète s'il (si elle) est en retard
11. quelqu'un qui s'assied toujours à la même place au cours de français

8. **Un petit sondage** (*A small poll*). Vous êtes journaliste. Interviewez une autre personne (votre partenaire). Demandez ...

Modèle: s'il (si elle) se lève tôt

VOUS: **Vous levez-vous tôt le samedi matin?**

VOTRE PARTENAIRE: **Non, je me lève assez tard.**

1. s'il (si elle) parle français *Parle vous français*
2. comment il (elle) s'appelle
3. comment il (elle) va *comment allez vous?*
4. s'il (si elle) est fatigué(e)
5. à quelle heure il (elle) se lève en semaine
6. à quelle heure il (elle) se couche
7. s'il (si elle) se lève tôt ou tard le samedi matin
8. s'il (si elle) s'endort à la bibliothèque
9. avec quel dentifrice (*toothpaste*) il (elle) se brosse les dents
10. s'il (si elle) s'inquiète quand il y a un examen
11. depuis quand il (elle) étudie le français

3. Describing Past Activities

La dernière fois que j'ai dîné au restaurant avec des amis ...

	oui	non
ils y sont arrivés avant moi	——	——
je me suis dépêché(e) pour arriver à l'heure	——	——
mes amis s'inquiétaient parce que j'étais en retard	——	——
nous nous sommes mis à table à huit heures	——	——
je me suis bien amusé(e)	——	——
nous nous sommes promenés après le repas	——	——
je me suis couché(e) assez tôt	——	——

D. Le passé des verbes pronominaux

■ The imperfect tense of reflexive verbs is formed in the same way as that of simple verbs. The reflexive pronoun precedes the verb.

s'inquiéter (*inquiétons*)			
je	m'inquiétais	nous	nous inquiétions
tu	t'inquiétais	vous	vous inquiétiez
il/elle/on	s'inquiétait	ils/elles	s'inquiétaient

■ All reflexive verbs use the auxiliary **être** to form the passé composé. The past participle agrees in gender and number with the preceding direct object (usually the reflexive pronoun).

		se reposer	
je	me	suis	reposé(e)
tu	t'	es	reposé(e)
il/on	s'	est	reposé
elle	s'	est	reposée
nous	nous	sommes	reposé(e)s
vous	vous	êtes	reposé(e)(s)
ils	se	sont	reposés
elles	se	sont	reposées

Delphine **s'est couchée** tôt parce qu'elle était fatiguée.

Nous **nous sommes** bien **amusé(e)s** le week-end dernier.

Note: Except for **s'asseoir**, the past participles of reflexive verbs are formed by the normal rules. The past participle of **s'asseoir** is **assis**. The past participles of the verbs on page 430 are not affected by spelling changes.

Les deux femmes se sont **assises** à côté de moi.
Elle s'est **levée,** mais je ne me suis pas **inquiétée.**

■ In the negative, **ne ... pas** (**jamais**, etc.) are placed around the reflexive pronoun and the auxiliary verb.

Les enfants **ne** se sont **jamais** douchés.
Je **ne** me suis **pas** dépêché(e) pour aller à la réunion (*meeting*).

■ In questions with inversion, as in all cases of inversion, the *subject* pronoun is placed after the auxiliary verb. The *reflexive* pronoun always directly precedes the auxiliary verb.

À quelle heure t'es-**tu** couchée, Christelle?
Vos amies **se** sont-**elles** reposées?

▪ The past participle of a reflexive verb agrees with a preceding direct object. In most cases, the direct object is the reflexive pronoun, which precedes the past participle.

Claire s'est lavée.	*Claire washed **herself.***
Nous **nous** sommes amusés.	*We had a good time.* (*We amused **ourselves.***)

▪ However, with some reflexive verbs (such as **se laver** and **se brosser**), the direct object often follows the verb and the reflexive pronoun is not the direct object. The past participle *does not agree* with a reflexive pronoun that is not a direct object.

Claire s'est lavé **les cheveux.**	*Claire washed **her hair.***
Elle s'est brossé **les dents.**	*She brushed **her teeth.***

9. **Mais oui, Maman.** Madame Cousineau pose beaucoup de questions à sa fille. Utilisez l'expression entre parenthèses pour répondre à ces questions.

Modèle: Tu t'es réveillée à 7 h? (mais oui)   **Mais oui, je me suis réveillée à 7 h.**

1. Est-ce que tu t'es lavée ce matin? (mais oui)
2. Tu ne t'es pas dépêchée? (mais si!)
3. As-tu pris le petit déjeuner? (mais oui)
4. À quelle heure es-tu partie pour l'école? (à 7 h 45)
5. Est-ce que tu t'es amusée à l'école? (non)
6. Tu ne t'es pas endormie en classe? (mais non)
7. À quelle heure es-tu rentrée de l'école? (à 5 h)
8. Est-ce que tu as fait tes devoirs? (euh ... non)

10. **Vous aussi.** Décidez si les phrases suivantes sont vraies pour vous. Utilisez **Moi aussi, Moi non plus** ou **Pas moi** pour répondre. Si vous choisissez **Pas moi,** ajoutez une explication.

Modèle: Les professeurs se sont bien amusés le week-end dernier.
Pas moi, je ne me suis pas amusé(e). J'ai étudié pendant tout le weekend.

1. Les professeurs se sont couchés avant minuit hier.
2. Ils se sont réveillés à huit heures ce matin.
3. Ils ont pris le petit déjeuner.
4. Ils se sont douchés ensuite.
5. Ils sont allés à leur premier cours à 9 heures.
6. Ils ne se sont pas assis pendant leurs cours.
7. Ils se sont bien amusés en classe.
8. Ils ont bu du café après le cours.

11. **Votre vie sur le campus.** Vous êtes journaliste. Interviewez un(e) étudiant(e). Demandez ...

Modèles: s'il (si elle) s'est levé(e) tôt ce matin
Vous êtes-vous levé(e) tôt ce matin?

ce qu'il (elle) a mangé
Qu'est-ce que vous avez mangé?

1. s'il (si elle) arrive en classe en retard quelquefois.
2. s'il (si elle) s'est dépêché(e) ce matin.
3. où il (elle) va pour s'amuser.
4. ce qu'il (elle) a fait hier soir.
5. s'il (si elle) s'est amusé(e) hier soir.
6. à quelle heure il (elle) s'est couché(e).
7. s'il (si elle) s'est endormi(e) tout de suite.
8. combien d'heures il (elle) a dormi.
9. s'il (si elle) se repose d'habitude l'après-midi.
10. s'il (si elle) s'inquiète avant un examen.

E. L'impératif des verbes pronominaux

■ As you have already seen (see Chapter 10), when the imperative is affirmative, the object pronoun is placed after the verb. This is true even when the object pronoun is a reflexive pronoun.

Dépêche-**toi**!	*Hurry (up)!*
Dépêchez-**vous**!	*Hurry (up)!*
Dépêchons-**nous**!	*Let's hurry!*

■ You also know that if the imperative is negative, normal word order is followed and the object pronoun precedes the verb.

Ne **te** dépêche pas.	*Don't hurry.*
Ne **vous** dépêchez pas.	*Don't hurry.*
Ne **nous** dépêchons pas.	*Let's not hurry.*

■ Remember that with imperatives of reflexive verbs, the subject pronoun is dropped as in all imperatives, but the reflexive pronoun is kept.

Declarative		*Imperative*
Vous **vous** asseyez.	→	Asseyez-**vous**!
Vous ne **vous** asseyez pas.	→	Ne **vous** asseyez pas!

12. **Pour avoir du succès à l'université.** Vous êtes très docile et vous répondez systématiquement que vous êtes d'accord.

Modèle: Ne vous couchez pas trop tard.
D'accord, je ne vais pas me coucher trop tard.

1. Ne vous endormez pas pendant le cours de français.
2. Ne vous lavez pas avec de l'eau froide.
3. Amusez-vous pendant le week-end.
4. Dépêchez-vous pour ne pas être en retard.
5. Levez-vous avant 8 heures.
6. Ne vous inquiétez pas si vous avez un examen.
7. Ne vous asseyez pas à la place du professeur.
8. Ne vous promenez pas après 22 heures.

Dépêchez-vous!

13. **Fais ce que tu veux.** Si les autres veulent faire quelque chose, pourquoi pas? Utilisez l'impératif et l'expression **Eh bien, ...** pour encourager les autres à faire ce qu'ils veulent.

Modèles: Je voudrais m'asseoir.   Je ne voudrais pas me lever.
Eh bien, assieds-toi.   **Eh bien, ne te lève pas.**

1. Je voudrais me coucher.
2. Je ne voudrais pas me dépêcher.
3. Je ne voudrais pas me brosser les dents.
4. Je voudrais m'amuser.
5. Je ne voudrais pas me lever à 7 heures.
6. Je voudrais me doucher tous les matins.
7. Je ne voudrais pas étudier.
8. Je voudrais sortir avec mes amis.
9. Je voudrais m'endormir en classe.

E N T R E A M I S La dernière fois que vous êtes sorti(e)

1. Find out when your partner went out last.
2. Find out what s/he did and whom s/he was with.
3. Ask if s/he had fun.
4. Find out at what time s/he got home.
5. Find out at what time s/he got up the next day.

4. Expressing One's Will

Que veux-tu que je fasse°, Emmanuelle?   *What do you want me to do*

J'aimerais°...   *I would like ...*
     que tu ailles° au marché.   *go*
     que tu achètes des fruits et des légumes.
     que tu fasses la cuisine.
     que tu mettes la table.

✦ **Et vous?** Que voulez-vous que vos amis fassent?

F. Le subjonctif (suite)

Je voudrais **que mes amis fassent** la cuisine pour moi.
J'aimerais **que mon ami** me **téléphone**.
J'aimerais **que vous veniez** au centre commercial avec moi.

■ You have already learned (see Chapter 10) that the subjunctive is used after the word **que** in the second clause of a sentence in situations in which you are advising others. It is also used in other situations, such as when you are telling others what you want them to do.

Vocabulaire: La volonté (will)

exiger que	*to demand that*
vouloir que	*to want*
désirer que	*to want*
souhaiter que	*to wish, hope that*
préférer que	*to prefer that*

Review: With the exception of **être** and **avoir**, the subjunctive endings are always -e, -es, -e, -ions, -iez, -ent. The stem is usually formed by taking the present tense **ils/elles** form and dropping the **-ent** ending (see Chapter 10, page 332).

chanter		
(ils chantent)		
que je	chant	e
que tu	chant	es
qu'il/elle/on	chant	e
que nous	chant	ions
que vous	chant	iez
qu'ils/elles	chant	ent

vendre		
(ils vendent)		
que je	vend	e
que tu	vend	es
qu'il/elle/on	vend	e
que nous	vend	ions
que vous	vend	iez
qu'ils/elles	vend	ent

choisir		
(ils choisissent)		
que je	choisiss	e
que tu	choisiss	es
qu'il/elle/on	choisiss	e
que nous	choisiss	ions
que vous	choisiss	iez
qu'ils/elles	choisiss	ent

Note: Even many irregular verbs follow this basic rule.

écrire	(ils écrivent)	que j'**écrive**, que nous **écrivions**
lire	(ils lisent)	que je **lise**, que nous **lisions**
partir	(ils partent)	que je **parte**, que nous **partions**
connaître	(ils connaissent)	que je **connaisse**, que nous **connaissions**
conduire	(ils conduisent)	que je **conduise**, que nous **conduisions**
mettre	(ils mettent)	que je **mette**, que nous **mettions**

■ Some verbs have one stem for **je, tu, il/elle/on** and **ils/elles** forms and another stem for **nous** and **vous**. Many of these are the same verbs that have two stems in the present tense. Verbs of this type that you have already learned are **venir, prendre, boire, préférer,** and **acheter.**

	venir			
(ils	*viennent)*		*(nous*	*venons)*
que je	vienn	e	que nous	ven ions
que tu	vienn	es	que vous	ven iez
qu'il/elle/on	vienn	e		
qu'ils/elles	vienn	ent		

Note: **Aller** also has two stems (**aill-,** which is irregular, and **all-**).

	aller			
(aill-)			*(nous*	*allons)*
que j'	aill	e	que nous	all ions
que tu	aill	es	que vous	all iez
qu'il/elle/on	aill	e		
qu'ils/elles	aill	ent		

■ Some verbs have totally irregular stems. Their endings, however, are regular.

faire *(fass-)*		
que je	fass	e
que tu	fass	es
qu'il/elle/on	fass	e
que nous	fass	ions
que vous	fass	iez
qu'ils/elles	fass	ent

savoir *(sach-)*		
que je	sach	e
que tu	sach	es
qu'il/elle/on	sach	e
que nous	sach	ions
que vous	sach	iez
qu'ils/elles	sach	ent

■ Only **être** and **avoir** have irregular stems *and* endings.

être	
que je	**sois**
que tu	**sois**
qu'il/elle/on	**soit**
que nous	**soyons**
que vous	**soyez**
qu'ils/elles	**soient**

avoir	
que j'	**aie**
que tu	**aies**
qu'il/elle/on	**ait**
que nous	**ayons**
que vous	**ayez**
qu'ils/elles	**aient**

Attention: If there is not a change of subjects, the infinitive must be used.

J'aimerais **téléphoner** à mon ami. — *I would like to call my friend.*

Je voudrais **parler** avec lui. — *I would like to speak with him.*

Mais: Je voudrais que mon ami fasse la cuisine. — *I would like my friend to cook.*

14. **Nos professeurs sont si exigeants!** (*Our teachers are so demanding!*). Utilisez les expressions suivantes pour faire des phrases.

Modèle: les professeurs/vouloir/les étudiants/venir aux cours
Les professeurs veulent que les étudiants viennent aux cours.

1. les professeurs/désirer/les étudiants/faire leurs devoirs
2. les professeurs/vouloir/les étudiants/avoir de bonnes notes
3. les professeurs/exiger/les étudiants/être à l'heure
4. notre professeur/vouloir absolument/nous/parler français en classe
5. notre professeur/désirer/nous/réussir
6. notre professeur/souhaiter/nous/aller en France
7. notre professeur/préférer/nous/habiter chez une famille française
8. notre professeur/souhaiter/nous/savoir parler comme les Français

15. **Que veulent-ils que je fasse?** Tout le monde veut que vous fassiez quelque chose. Faites des phrases pour expliquer ce qu'ils veulent. Vous pouvez utiliser la forme négative si vous voulez.

Modèles: **Mes amis désirent que je sorte tous les soirs.**
Ma mère ne veut pas que je conduise vite.
Mon père préfère que je n'aie pas de voiture.

			étudier beaucoup
	exiger		rester à la maison
mes amis	vouloir		sortir tous les soirs
mon père	désirer	que je	aller à l'université
ma mère	souhaiter		tomber malade
	préférer		être riche
			avoir une voiture
			conduire vite
			faire la cuisine
			partir en vacances
			travailler
			acheter moins de vêtements

16. **Une fille au pair.** Lisez ou jouez le sketch suivant et répondez ensuite aux questions. Lori Becker est fille au pair chez les Delille.

MME DELILLE: Je serai absente pour la journée.

LORI: Très bien, Madame. Que voulez-vous que je fasse aujourd'hui?

MME DELILLE: Je préparerai le dîner, mais j'aimerais que vous alliez au marché.

LORI: D'accord.

MME DELILLE: Vous pouvez aussi y envoyer (*send*) les enfants. Regardez ma liste sur la table de la cuisine.

(*Elle regarde sa montre.*)

Aïe! Il faut que je parte. Au revoir, Lori. Au revoir, les enfants.

(*après le départ de Mme Delille*)

LORI: Claire! Jean! Dépêchez-vous! Prenez ce filet (*net bag*)! Votre mère veut que vous achetiez six tomates, un kilo de pommes de terre et un litre d'huile (*oil*) d'olive. Et n'oubliez pas de dire «s'il vous plaît» et «merci» à la dame au marché.

CLAIRE ET JEAN: Mais Lori!

LORI: Dépêchez-vous! Et mettez vos manteaux! Il pleut.

CLAIRE ET JEAN: Où est l'argent?

LORI: Attendez, le voilà. (*Elle donne l'argent aux enfants.*) Il ne faut pas que vous oubliiez la monnaie.

Questions:

1. Que faut-il que Lori fasse?
2. Est-il nécessaire qu'elle aille au marché elle-même?
3. Pourquoi veut-elle que les enfants mettent leurs manteaux?
4. Pourquoi les enfants ne partent-ils pas tout de suite?

17. **Fais comme il faut.** Votre mère vous donne ses conseils. Utilisez un verbe de volonté plus **que** et le subjonctif. Qu'est-ce qu'elle dit?

Modèles: t'endormir en classe
Je souhaite que tu ne t'endormes pas en classe.

conduire lentement
J'exige que tu conduises lentement.

1. prendre le petit déjeuner
2. boire du café au lait
3. mettre de sucre dans ton café
4. aller aux cours tous les jours
5. savoir l'importance de l'école
6. sortir avec tes ami(e)s ce soir
7. être prudent(e)
8. rentrer tard
9. faire la grasse matinée demain
10. te lever tôt

18. **À vous.** Répondez.

1. Que voulez-vous que vos parents fassent pour vous?
2. Qu'est-ce qu'ils veulent que vous fassiez pour eux?
3. Où voulez-vous que vos amis aillent avec vous?
4. Que voulez-vous que vos amis vous donnent pour votre anniversaire?
5. Quels vêtements préférez-vous mettre pour aller aux cours?
6. Quels vêtements préférez-vous que le professeur mette?
7. Qu'est-ce que le professeur veut que vous fassiez?

E N T R E   A M I S   Des projets pour visiter la ville de Québec

1. Tell your partner that your teacher wants you to go to Québec.
2. Tell your partner that you want him/her to come with you.
3. Explain that you have to speak French there.
4. Tell your partner that your teacher wants you to leave next week.

Révision et Intégration

A. **Pour mettre la table.** Que faut-il qu'on fasse pour mettre la table à la française? Donnez une description complète.

Modèle: **Il faut qu'on mette une nappe sur la table.**

B. **Ma journée.** D'abord décrivez votre journée habituelle. Ensuite décrivez votre journée d'hier.

C. **Je voudrais qu'on fasse mes devoirs.** Écrivez une liste de cinq choses que vous voulez que d'autres personnes fassent pour vous.

Modèle: **Je voudrais que mes parents achètent une voiture pour moi.**

D. **À vous.** Répondez.

1. Que font les étudiants de votre université pour s'amuser?
2. Qu'est-ce que les professeurs veulent que leurs étudiants fassent?
3. Qu'est-ce que vos parents veulent que vous fassiez?
4. Dans quelles circonstances vous dépêchez-vous?
5. À quel(s) moment(s) de la journée vous brossez-vous les dents?
6. Avez-vous quelquefois envie de vous endormir en classe? Pourquoi ou pourquoi pas?

> ## ENTRE AMIS Le Rotary
>
> You are an exchange student in a French-speaking country and are speaking to a meeting of the Rotary International. Describe your daily routine back home and tell about differences you have noticed between your country and the country you are visiting.

E. *Rédaction:* **Mon journal** (*My diary*). You are on a university tour of France and your teacher has asked you to keep a diary in French. Today you are making your first entry. What will you write? Include activities from the morning, afternoon, and evening.

Lecture

A. **Étude du vocabulaire.** Étudiez les images suivantes avant de lire la recette.

Une recette de cuisine: Le lapin à la moutarde

Coupez les cuisses de lapin en deux.
Graissez[1] un plat à four.
Trempez[2] les morceaux de lapin dans une moutarde forte.
Mettez-les dans le plat à four.
Mettez des gousses d'ail dans le plat.
Mettez une branche de thym sur chaque morceau.
Mettez du beurre sur chaque morceau.
Mettez le plat au four.
Après une heure et demie, sortez le lapin du four.
Mettez les morceaux dans un autre plat.
Mettez la sauce du plat dans une casserole.
Mettez de la crème fraîche dans la sauce.
Mettez la sauce sur les morceaux de lapin.
Bon appétit!

1. *grease* 2. *dip*

B.   **Essayez la recette.** Faites un geste pour chaque phrase de la recette.

C.   **Avez-vous une recette favorite?** Inventez une recette pour un des plats suivants.

1. les spaghetti
2. la salade
3. la tarte aux pommes
4. les petits gâteaux (*cookies*) aux morceaux de chocolat
5. le poulet à la moutarde
6. votre recette favorite

Vocabulaire utile

la pâte	*dough; crust*
les pâtes	*noodles, pasta*
la sauce	*sauce; (salad) dressing*
la laitue	*lettuce*
un concombre	*cucumber*
des germes de soja	*bean sprouts*
la farine	*flour*
le sucre	*sugar*
la levure (chimique)	*baking powder*
la cannelle	*cinnamon*

Lecture

A.   **Étude du vocabulaire.** Étudiez les phrases suivantes et choisissez les mots anglais qui correspondent aux mots français en caractères gras: *tool, however, writers, near, birthrate.*

1. J'aimerais aller au cinéma; **cependant** il faut que j'étudie.
2. La **natalité** est plus forte au Sénégal qu'en France. Il y a beaucoup moins de naissances en France.
3. Le français est un **outil** ou un instrument de communication utilisé par beaucoup de nations.
4. J'ai très faim. Quel est le restaurant le plus **proche**?
5. Molière et Hugo sont des **écrivains** de langue française.

À choix multiples. Essayez de répondre aux questions suivantes.

1. De nos jours, on estime à ____ millions le nombre de personnes qui parlent français.
     (a) 100   (b) 150   (c) 200
2. On parle français dans ____ pays.
     (a) 20   (b) 30   (c) 40
3. Le français est la ____ langue de communication dans le monde.
     (a) première   (b) deuxième   (c) troisième
4. La francophonie regroupe les différents pays du monde où on ____ le français.
     (a) aime   (b) étudie   (c) parle
5. Le Maghreb se trouve au ____ du continent africain.
     (a) nord-est   (b) nord-ouest   (c) sud-ouest

La francophonie

Étudier le français ne se limite pas, bien sûr, à utiliser des mots, à conjuguer des verbes ou à observer des règles de grammaire. Étudier le français, c'est aussi s'intéresser à la France, à ses institutions, à ses traditions et à ses artistes, mais également à son évolution technologique, industrielle et commerciale.

De nos jours, on estime à deux cents millions le nombre de personnes parlant le français dans environ quarante pays francophones. Pour un grand nombre d'états africains, par exemple, le français est la langue officielle administrative et scolaire. De plus, deuxième langue de communication dans le monde, le français est en pleine expansion dans les pays francophones. Au Maghreb et en Afrique noire la natalité augmente et la scolarisation progresse.

Cependant le français n'exclut pas l'usage des langues régionales et traditionnelles. Le français n'est pas la propriété de la nation française, mais de tous les pays et de toutes les personnes qui l'utilisent. C'est pourquoi le président du Zaïre a dit que «l'adhésion à la francophonie récuse[1] toute forme d'aliénation culturelle».

L'histoire de la francophonie ou la formation d'une communauté francophone internationale est une longue suite d'initiatives individuelles et gouvernementales. Le géographe Onésime Reclus est le premier qui, en 1887, a pensé à une association des nations francophones. Les professionnels de la presse ont ensuite créé, en 1952, l'Association internationale des journalistes de langue française. Cependant, c'est Léopold Sedar Senghor, professeur de français, poète éminent, académicien français et premier président du Sénégal qui, en 1962, a exalté «le merveilleux outil trouvé dans les décombres[2] du régime colonial: la langue française».

La première Conférence des chefs d'état et des gouvernements des pays de langue française a eu lieu à Paris en 1986. Le Québec a organisé la deuxième conférence en 1987. Les Franco-Américains de Louisiane et de la Nouvelle-Angleterre ont été reçus au Québec comme des «invités d'honneur». Le Premier ministre canadien, Monsieur Brian Mulroney, a exprimé sa conviction que «le français vivra toujours sur la terre d'Amérique». En mai 1989, le troisième sommet de la francophonie a eu lieu à Dakar, au Sénégal.

L'ensemble francophone est encore trop fréquemment considéré comme une communauté intellectuelle et artistique formée par les écrivains, les poètes et les chanteurs de langue française. Cependant l'idée clé de la francophonie est qu'une langue commune, ici le français, a des répercussions évidentes dans toutes les relations d'échanges commerciales, économiques et industrielles. La langue, outil de communication verbale, crée un climat qui favorise les relations puisqu'il y a[3] compréhension immédiate et références culturelles proches ou communes.

1. excludes   2. ruins   3. since there are

Brian Mulroney, Premier
ministre du Canada

C.
Vrai ou faux. Décidez si les phrases suivantes sont vraies ou fausses d'après la lecture. Si une phrase est fausse, corrigez-la.

1. Beaucoup de pays africains étaient des colonies françaises.
2. Seuls les gens qui habitent en France sont des francophones.
3. Senghor était un homme politique marocain.
4. Le nombre de personnes qui parlent français a augmenté ces dernières années.
5. La francophonie regroupe essentiellement les écrivains et les chanteurs de langue française.

D.
Questions. Répondez.

1. Depuis combien de temps parle-t-on de la francophonie?
2. Quelle est la deuxième langue de communication dans le monde? À votre avis, quelle langue est la première?
3. Pourquoi y a-t-il une augmentation du nombre de francophones?
4. Quelles langues est-ce qu'on parle au Maghreb?
5. Où parle-t-on français aux États-Unis?
6. Pourquoi la langue française peut-elle favoriser les échanges commerciaux entre pays francophones?

Vocabulaire actif

À table

un bol	*bowl*	une fourchette	*fork*	une serviette	*napkin*
un couteau	*knife*	une nappe	*tablecloth*	le sucre	*sugar*
la crème	*cream*	le poivre	*pepper*		
une cuiller	*spoon*	le sel	*salt*		

Au restaurant

une carte	*(à la carte)*	*menu*
un menu	*(fixed price)*	*menu*

D'autres noms

une brosse à cheveux (à dents)	*hairbrush (toothbrush)*	le plancher	*floor*
le chauffage	*heat*	un pyjama	*(pair of) pajamas*
la climatisation	*air conditioning*	une réunion	*meeting*
une dame	*lady*	des skis (*m.*)	*skis*
le dentifrice	*toothpaste*	une soirée	*party*
les genoux (*m. pl.*)	*lap; knees*	un sourire	*smile*
un maillot de bain	*bathing suit*		

Verbes

s'amuser	*to have fun*	se laver	*to get washed; to wash up*
s'appeler	*to be named; to be called*	lever	*to lift; to raise*
s'asseoir	*to sit down*	se lever	*to get up; to stand up*
se brosser (les dents)	*to brush (one's teeth)*	mettre	*to put; to place; to lay*
se coucher	*to go to bed*	se mettre à table	*to sit down to eat*
couper	*to cut*	mettre la table	*to set the table*
se dépêcher	*to hurry*	mettre le chauffage	*to turn on the heat*
se doucher	*to shower*	se promener	*to take a walk, ride*
s'endormir	*to fall asleep*	se reposer	*to rest*
exiger (que)	*to demand (that)*	se réveiller	*to wake up*
goûter	*to taste*	souhaiter (que)	*to wish; to hope (that)*
s'habiller	*to get dressed*	tarder	*to be a long time coming*
s'inquiéter	*to worry*	verser	*to pour*
laver	*to wash*		

Adverbe

tôt *early*

Expressions utiles

à la française	*in the French style*
Bon appétit!	*Have a good meal.*
ça dépend (de ...)	*it (that) depends (on ...)*
C'est exact.	*That's right.*
de rien	*you're welcome; don't mention it, not at all*
Excusez-moi (nous, etc.) d'être en retard.	*Excuse me (us, etc.) for being late.*
Il n'y a pas de quoi.	*Don't mention it; Not at all.*
il sourit	*he smiles*
j'aimerais ...	*I would like ...*
Par ici.	*(Come) this way; Follow me.*

C H A P I T R E   14

Les hommes et les femmes

Buts communicatifs
Describing interpersonal
  relationships
Describing television
  programs
Expressing emotion

Structures utiles
Le verbe **dire**
Les pronoms objets indirects
Les verbes **voir** et **croire**
Quel et **lequel**
Le subjonctif (suite)
Le pronom **en**

Culture
Les faux amis
La télévision française

Coup d'envoi

Une histoire d'amour

David et Marie sortent ensemble.

Ils s'entendent° très bien.   *get along*

Ils s'embrassent°.   *kiss*

Ils s'aiment.

Il lui° a demandé si elle voulait l'épouser.   *her*

Elle lui° a répondu que oui.   *him*

Il lui a acheté une très belle bague° de   *ring*
fiançailles.

Ils vont se marier.

✚ **Et vous?**   Connaissez-vous des couples célèbres°   *famous*
qui sont fiancés?

Connaissez-vous des couples célèbres qui sont mariés?

Connaissez-vous des couples célèbres qui ont divorcé?

M. et Mme Jean-Pierre Delataille   M. et Mme Émile Baron

ont l'honneur de vous annoncer le mariage de leurs enfants

Marie et David

et vous prient d'assister ou de vous unir d'intention à la Messe de Mariage

qui sera célébrée le Samedi 7 Juillet 1990, à 17 heures, en l'Église St Gervais.

27, rue Mahler – 75004 Paris   27, rue des Tournelles – 75004 Paris

---

Quelle histoire!

Lori et son amie Denise sont assises à la terrasse d'un café. Denise lui demande si elle a regardé le feuilleton° d'hier soir. °soap opera, series

DENISE: Encore à boire, Lori?

LORI: Non, vraiment, sans façon.

DENISE: Au fait, tu as regardé le feuilleton hier à la télé?

LORI: Lequel?° °Which one?

DENISE: *Nos Chers Enfants.*

LORI: Non. Qu'est-ce qui est arrivé?° °What happened?

DENISE: David et Marie ne s'aiment plus. Marie a maintenant un petit ami.

LORI: Eh! ça devient sérieux.

DENISE: Tu ne sais pas tout. Ils vont divorcer. David lui a dit qu'il allait partir.

LORI: Il est sans doute très triste, n'est-ce pas?

DENISE: Sûrement. Il croit que le mariage est une loterie. Pour se consoler immédiatement, il a mis une annonce° dans le journal local. °advertisement

LORI: Ça, c'est original°. Et il y a des candidates? °a novel idea

DENISE: Oui, trois femmes lui ont répondu et veulent le rencontrer°. °meet

LORI: Sans blague?° °No kidding?

DENISE: Je te le jure.° C'est passionnant! °I swear.

LORI: Quelle histoire!

✤ **Jouez ces rôles.** Répétez la conversation avec votre partenaire. Remplacez ensuite *David* par *Marie* et *Marie* par *David,* par exemple: **Elle lui a dit qu'elle allait partir.** Faites tous les changements nécessaires.

❖ Comment dit-on «passionnant» en anglais?

a. passionate
b. amazing
c. exciting

❖ Que veut dire «sans doute»?

a. certainement
b. probablement
c. peut-être

La télévision française

While similar in many respects to television programming in the United States, French television has more live plays and there is far less programming for children. Commercials (**la publicité**) are usually grouped into relatively lengthy segments and are shown mainly between programs. There are many American and British films and television programs that have been dubbed and are shown on French television. In fact, dubbed versions of British programs often appear in France long before the English versions are shown in North America.

Les faux amis *(False cognates)*

It is estimated that as much as fifty percent of our English-language vocabulary comes from French. Most of these words are true cognates and facilitate comprehension. There are, however, a number of false cognates whose meaning in a given context is quite different from what we might expect. Some examples are given below:

actuellement	*now*
une annonce	*advertisement*
assister (à)	*to attend*
attendre	*to wait for*
un avertissement	*warning*
confus(e)	*ashamed, embarrassed*
formidable	*wonderful*
original(e)	*novel, odd; different*
passionnant(e)	*exciting, fascinating*
rester	*to stay*
sans doute	*probably*

IL Y A UN GESTE

Je te le jure. An outstretched hand, palm down, means *I swear*, perhaps originally meaning "I would put my hand in the fire (if it were not true)."

Quelle histoire! To indicate that something is amazing, exaggerated, or far-fetched, the French hold the hand open with fingers pointing down and shake the wrist several times. Other expressions used with this gesture are **Oh là là!** (*Wow!*, *Oh dear!*) and **Quelle exagération!** (*What an exaggeration!*).

✤ **À vous.** Répondez.

1. Avez-vous un feuilleton préféré? Si oui, lequel?
2. Que pensez-vous des feuilletons en général?
3. Quel feuilleton aimez-vous le moins?

ENTRE AMIS Mon émission préférée

1. Ask your partner what his/her favorite TV show is.
2. Find out why s/he likes it.
3. Find out if s/he watched it this week.
4. If so, find out what happened. If not, ask what happened the last time s/he watched it.

Prononciation

La tension

■ There is much more tension in the facial muscles when speaking French than when speaking English. Two important phenomena result from this greater tension.

1. *There are no diphthongs (glides from one vowel sound to another) in French.* French vowels are said to be "pure." The positions of mouth and tongue remain stable during the pronunciation of a vowel, and therefore one vowel sound does not "glide" into another as often happens in English.

❖ Contrast:

English	*French*
d*ay*	d*es*
aut*o*	aut*o*

■ Notice that in the English word *day*, the **a** glides into an **ee** sound at the end, and that in the English word *auto*, the **o** glides to **oo**.

❖ Now practice "holding steady" the sound of each of the vowels in the following French words.

*é*tudiant, am*é*ricain, sant*é*, soir*ée*, dans*er*, parl*ez*, l*es*, j'*ai* ch*o*se, styl*o*, tr*o*p, z*é*r*o*, *au*ssi, ch*au*d, b*eau*, mant*eau*

2. *Final consonants are completely released.* The pronunciation of final French consonants is much more "complete" than is the case for those of American English; that is, a pronounced final consonant is never "swallowed" as it often is in American English.

❖ Contrast:

English	*French*	*English*	*French*
ro*b*	ro*be*	ho*me*	ho*mme*
gran*d*	gran*de*	America*n*	américai*ne*
ba*g*	ba*gue*	gri*p*	gri*ppe*
be*ll*	be*lle*	intelligen*t*	intelligen*te*

■ Note that in American English, the final consonants are often neither dropped nor firmly enunciated. In similar French words, the final consonants are all clearly pronounced.

❖ Now practice "releasing" the highlighted final consonant sounds below so that you can hear them clearly.

1. u*ne* gran*de* fi*lle*
2. E*lle* s'appe*lle* Michè*le*.
3. un pi*que*-ni*que*
4. une ba*gue* de fiançai*lles*
5. un ho*mme* et une fe*mme*
6. sa ju*pe* ver*te*

Buts communicatifs

1. Describing Interpersonal Relationships

L'histoire d'un divorce

David et Marie ne s'entendent plus très bien.
Ils se fâchent°.   *get angry*
Ils se disputent°.   *argue; fight*
Elle ne lui parle plus.
Il lui a dit° qu'il ne l'aime plus.   *He told her*
Ils vont se séparer.
Ils ont même° l'intention de divorcer.   *even*

✤   **Et vous?**   Vous intéressez-vous aux feuilletons?
Les regardez-vous quelquefois?
Pourquoi ou pourquoi pas?
Que pensez-vous des gens° qui les   *people*
adorent?

A. Le verbe *dire*

David **dit** qu'il va partir.   *David says (that) he's going to leave.*

Dites à Marie de faire attention.   *Tell Marie to watch out.*

dire (*to say; to tell*)			
je	**dis**	nous	**disons**
tu	**dis**	vous	**dites**
il/elle/on	**dit**	ils/elles	**disent**
passé composé: j'ai dit			

■ The verb **dire** should not be confused with the verb **parler**. Both can mean *to tell,* but they are used differently.

■ **Dire** can be followed by a quote or by a piece of information (sometimes contained in another clause introduced by **que**).

Bruno **dit bonjour** à Anne.	*Bruno says hello to Anne.*
Il **lui dit un secret.**	*He tells her a secret.*
Il **dit qu'il l'aime.**	*He says that he loves her.*
Il **dit** toujours **la vérité.**	*He always tells the truth.*

■ **Parler** can stand alone or can be followed by an adverb, by **à** (or **avec**) and the person spoken to, or by **de** and the topic of conversation.

Bruno **parle** (lentement).	*Bruno is speaking (slowly).*
Il **parle à** Anne.	*He is talking to Anne.*
Il **parle de** lui-même.	*He is telling about himself.*

Note: When the meaning is *to tell (a story),* the verb **raconter** is used.

Raconte-nous une histoire. *Tell us a story.*

1. **Qu'est-ce qu'ils disent?** Quelles sont les opinions de chaque personne?

Modèle: **Ma grand-mère dit que la musique rock est ennuyeuse.**

nous		la musique rock	formidable
ma mère		la musique classique	très agréable
mon père		le mariage	intéressant
je	dire que	les cours	ennuyeux
les professeurs		le football à la télé	bizarre
mes grands-		la publicité à la télé	stupide
parents		les feuilletons	affreux

 soap opera show

2. **À vous.** Répondez.

1. Que dites-vous quand vous avez une bonne note à un examen?
2. Que dit votre professeur de français quand vous entrez en classe?
3. Que dites-vous quand vous êtes en retard à un cours?
4. Que dites-vous à un(e) ami(e) qui vous téléphone à 6 heures du matin?
5. De quoi parlez-vous avec vos amis?
6. Vos professeurs racontent-ils quelquefois des histoires en classe? Si oui, quelle sorte d'histoires?
7. Comment dit-on «Oh dear!» en français?
8. Dites-vous toujours la vérité?

3. **Quelle histoire!** Utilisez les verbes **dire, parler** ou **raconter** pour compléter le paragraphe suivant.

Mon frère ____ qu'il adore les histoires drôles. Hier soir, par exemple, il m'a ____ l'histoire d'une femme anglaise qui achète un perroquet (*parrot*) qui ne ____ que le français. Mais la pauvre dame ne peut rien ____ en français et ne peut pas ____ avec son oiseau (*bird*). Un jour, la dame va boire un verre de lait mais dans le verre il y a une fourmi (*ant*). Le perroquet veut ____ à la dame de ne pas boire le lait; il ____ FOURMI!! parce qu'il ne ____ pas anglais. La dame pense que le perroquet a ____ «For me!» et elle part chercher un verre de lait pour son perroquet. J'ai ____ à mon frère que je n'apprécie pas beaucoup les histoires qu'il ____ .

B. Les pronoms objets indirects

David parle *à Marie.*	*David is speaking to Marie.*
Il **lui** dit qu'il l'aime.	*He tells **her** that he loves her.*
Il **lui** demande de se marier avec lui.	*He asks **her** to marry him.*
Il **lui** achète une bague de fiançailles.	*He buys **her** an engagement ring.*
Ils écrivent *à leurs parents.*	*They write to their parents.*
Ils **leur** disent qu'ils vont se marier.	*They tell **them** that they are going to get married.*

■ Indirect object nouns in French are preceded by the preposition **à.** Many verbs take indirect objects, either in addition to a direct object or with no direct object.

acheter		*to buy*
demander		*to ask*
dire		*to say; to tell*
donner		*to give*
écrire		*to write*
emprunter	quelque chose **à quelqu'un**	*to borrow*
montrer		*to show*
prêter		*to lend*
raconter		*to tell*
rendre		*to give back*
vendre		*to sell*
obéir		*to obey*
parler	**à quelqu'un**	*to speak, talk*
répondre		*to respond, answer*
téléphoner		*to telephone*

Notes:

1. Two additional expressions that you have already learned take a specific direct object plus an indirect object: **poser une question** *à quelqu'un;* **rendre visite** *à quelqu'un.*

J'ai posé une question **au professeur.**	*I asked the teacher a question.*
Vas-tu rendre visite **à tes parents?**	*Are you going to visit your parents?*

2. Do not be confused by verbs that take an indirect object in French but a direct object in English.

Paul obéit **à ses parents.**	*Paul obeys his parents.*
Je téléphone **à Brigitte.**	*I call Brigitte.*
Marc rend visite **à ses amis.**	*Marc visits his friends.*

■ Indirect object nouns can be replaced in sentences by indirect object pronouns.

me (m')	*(to) me*	**nous**	*(to) us*
te (t')	*(to) you*	**vous**	*(to) you*
lui	*(to) him; (to) her*	**leur**	*(to) them*

Note: The indirect object pronouns **me, te, nous,** and **vous** are identical to the direct object pronouns. But unlike direct objects, **lui** is used for both *(to) him* and *(to) her,* and **leur** is used for *(to) them.*

Alain a-t-il téléphoné **à Pierre?**	Oui, il **lui** a téléphoné.
A-t-il téléphoné aussi **à Anne?**	Oui, il **lui** a téléphoné aussi.
A-t-il téléphoné **à Guy et à Ariel?**	Oui, il **leur** a téléphoné après.
Vous a-t-il parlé de tout ça?	Non, il ne **m**'a pas parlé de ça.
	Ariel **m**'a dit ça.

Note: Often in English, the preposition *to* is omitted. Also, in some contexts indirect object pronouns may mean *for someone, from someone,* etc.

Est-ce que je **t**'ai donné de l'argent?	*Did I give **you** some money?* *(= to you)*
Mais non, tu **m**'as emprunté 5 dollars.	*No, you borrowed 5 dollars **from me!***
Alors, je **t**'achèterai quelque chose.	*Then I'll buy **you** something.* *(= for you)*

■ Like a direct object pronoun, an indirect object pronoun is almost always placed directly *before* the verb.

Nous **lui** répondons tout de suite.	*We answer him (her) right away.*
Ils ne **nous** ont pas téléphoné.	*They didn't telephone us.*
Vous dit-elle la vérité?	*Is she telling you the truth?*
Elle va **leur** rendre visite.	*She is going to visit them.*
Ne **m**'écris pas.	*Don't write to me.*

Note: Also like direct object pronouns, indirect object pronouns follow the verb *only* in affirmative commands, and in that case **me** and **te** become **moi** and **toi**.

> Écris-**lui** immédiatement!   *Write to him immediately!*
> Donne-**moi** de l'eau, s'il te plaît.   *Give me some water, please.*

4. **Le professeur et les étudiants.** Utilisez les expressions suivantes pour faire des phrases. Utilisez un pronom objet indirect dans chaque phrase et faites des phrases négatives si vous voulez.

Modèles: **Le professeur leur parle toujours en français.**
Les étudiants ne lui rendent jamais visite.

		dire bonjour	
		parler en français	
	me	écrire des lettres	toujours
	te	téléphoner	d'habitude
le professeur	lui	rendre visite	souvent
les étudiants	nous	poser des questions	quelquefois
	vous	demander un conseil	rarement
	leur	raconter des histoires	jamais
		obéir	
		donner des tests faciles	

5. **Vrai ou faux?** Décidez si les phrases suivantes sont vraies ou fausses. Ensuite répondez chaque fois avec un pronom objet indirect. Si une phrase est fausse, corrigez-la.

Modèles: Le professeur dit toujours bonjour aux étudiants.
C'est vrai. Il leur dit toujours bonjour.

Le président vous a téléphoné.
C'est faux. Il ne m'a pas téléphoné.

1. Le professeur de français ne donne pas beaucoup de devoirs aux étudiants.
2. Le professeur vous pose beaucoup de questions.
3. Les étudiants répondent toujours correctement au professeur.
4. Vous écrivez quelquefois des lettres à vos amis.
5. Vos amis vous répondent chaque fois.
6. Vous téléphonez souvent à votre meilleur(e) ami(e).
7. Vous ne rendez jamais visite à vos cousins.
8. Vous montrez toujours vos notes à vos parents.
9. Vos parents vous prêtent souvent leur voiture.

6. **Faites-le donc!** (*Then do it!*) Encouragez la personne d'après les modèles. Utilisez des pronoms objets indirects.

Modèles: Je vais rendre visite à Jean.
Très bien, rendez-lui donc visite!

Je voudrais poser une question au professeur.
Très bien, posez-lui donc une question!

1. Je vais parler à Claire.
2. Je voudrais répondre au professeur.
3. Je vais rendre visite à mes grands-parents.
4. Je vais prêter ma voiture à mon amie.
5. J'ai envie de vous poser une question.
6. Je voudrais dire bonjour à Thierry.
7. J'ai envie de téléphoner à mes parents.

7. **Non, ne le faites pas!** Regardez encore les phrases de l'exercice 6. Dites à la personne de *ne pas* faire ce qu'elle veut faire. Utilisez des pronoms objets indirects.

Modèles: Je vais rendre visite à Jean.
Non, ne lui rendez pas visite!

Je voudrais poser une question au professeur.
Non, ne lui posez pas de question!

8. **La voiture de Paul.** Remplacez chaque expression en italique par un des pronoms suivants: **le, la, les, lui** ou **leur**.

Modèles: Les parents de Paul ont acheté une voiture *à leur fils*.
Les parents de Paul lui ont acheté une voiture.

Ils aiment beaucoup *leur fils*.
Ils l'aiment beaucoup.

1. Il a dit merci *à ses parents*.
2. Georges a demandé *à Paul* s'il pouvait conduire *la voiture*.
3. Paul a prêté sa voiture *à Georges*.
4. Georges rend visite *à sa petite amie*.
5. Elle aime beaucoup *la voiture*.
6. Elle demande *à Georges* si elle peut conduire *la voiture*.
7. Il prête la voiture *à sa petite amie*. Elle dit merci *à Georges*.
8. Il dit *à son amie* de prendre *le volant*.
9. Elle va rendre la voiture *à Georges* la semaine prochaine.

Elle va lui la rendre la semaine prochaine.

9. **Je vais le faire.** Répondez affirmativement à chaque ordre par l'expression **Je vais** + un infinitif. Remplacez les expressions en italique par un pronom objet direct ou indirect.

Modèles: Il faut que vous téléphoniez *à Léa*! Il faut que vous écriviez *votre nom*.
D'accord, je vais lui téléphoner. **D'accord, je vais l'écrire.**

1. Il faut que vous obéissiez *à vos parents*!
2. Il faut que vous prêtiez votre livre *à votre voisine*!
3. Il faut que vous regardiez *cette émission*!
4. Il faut que vous écriviez une lettre *à vos grands-parents*!
5. Il faut que vous disiez *la vérité*.
6. Il ne faut pas que vous demandiez *à Agnès* quel âge elle a!
7. Il ne faut pas que vous buviez *ce verre de vin*!
8. Il faut que vous posiez une question *au professeur*!
9. Il faut que vous *me* répondiez!

10. **À vous.** Répondez.

1. Téléphonez-vous souvent à vos amis?
2. À qui avez-vous parlé récemment?
3. Qu'est-ce que vous lui avez dit?
4. Qu'est-ce que vous lui avez demandé?
5. Qu'est-ce qu'il vous a répondu?
6. Allez-vous rendre visite à des amis bientôt?
7. Si oui, quand est-ce que vous leur rendrez visite? Si non, comment les contacterez-vous?
8. Que prêtez-vous à vos amis?
9. Qu'est-ce que vous empruntez à vos parents?

ENTRE AMIS Votre meilleur(e) ami(e)

Talk to your partner about his/her best friend. Use indirect object pronouns where appropriate.

1. Find out the name of your partner's best friend.
2. Ask if your partner wrote to him/her this week.
3. Ask if your partner visited him/her this week.
4. Ask if your partner called him/her this week.
5. If so, try to find out what your partner said to his/her friend.

2. Describing Television Programs

Quelles émissions y a-t-il à la télévision?

Il y a ...

les informations, par exemple, *le Journal du Soir.*
la météorologie, par exemple, *le Bulletin Météo.*
les sports, par exemple, *le Tour de France.*
les films, par exemple, *Manon des Sources.*
les pièces, par exemple, *L'Avare* de Molière.
les feuilletons, par exemple, *Santa Barbara.*
les dessins animés, par exemple, *Popeye.*
les jeux, par exemple, *la Roue de la Fortune.*
la publicité, par exemple, les spots publicitaires pour
Perrier, Coca-Cola.

✤ **Et vous?** Qu'est-ce que vous regardez à la télévision?

---

11. **À vous.** Répondez.

1. Combien de temps par jour passez-vous à regarder la télévision?
2. Que regardez-vous à la télévision?
3. Quelles sont les émissions que vous ne regardez presque (*almost*) jamais?
4. Quelle émission trouvez-vous la plus drôle?
5. Quelle émission trouvez-vous la plus ennuyeuse?
6. Regardez-vous quelquefois des feuilletons? Si oui, quel feuilleton préférez-vous?
7. Que pensez-vous de la publicité à la télévision?
8. Voulez-vous qu'il y ait plus, autant ou moins de sports à la télévision? Pourquoi?

C. Les verbes *voir* et *croire*

Il va neiger. Vous **croyez?**	*It's going to snow. Do you think so?*
On **verra.**	*We'll see.*
Je **crois** que je **vois** nos amis.	*I think (that) I see our friends.*
Avez-vous déjà **vu** ce film?	*Did you already see this film?*
Je **crois** que oui.	*I believe so.*
Non, je ne **crois** pas.	*No, I don't believe so.*

■ The verbs **voir** and **croire** have similar present tense conjugations.

voir (*to see*)	
je	**vois**
tu	**vois**
il/elle/on	**voit**
nous	**voyons**
vous	**voyez**
ils/elles	**voient**
passé composé: **j'ai vu**	

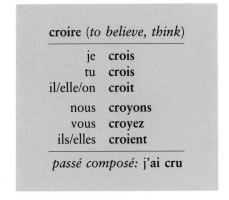

croire (*to believe, think*)	
je	**crois**
tu	**crois**
il/elle/on	**croit**
nous	**croyons**
vous	**croyez**
ils/elles	**croient**
passé composé: **j'ai cru**	

■ The future tense verb stem for **voir** is irregular: **verr-**. The future of **croire** is regular.

Je vous **verrai** demain.   *I will see you tomorrow.*
Mes amis ne me **croiront** pas.   *My friends won't believe me.*

■ The subjunctive forms of **voir** and **croire** have two stems just like other verbs that have two present tense stems.

Il faut que je le **voie.**   Il faut que vous le **voyiez** aussi.
Je veux qu'il me **croie.**   Je veux que vous me **croyiez.**

12.   **Que croient-ils?** Tout le monde a son opinion. Utilisez les expressions suivantes pour faire des phrases.

Modèle: **Mon père croit que les *NY Giants* sont la meilleure équipe du pays.**

je		l'émission la plus intéressante
nous		l'émission la moins intéressante
vous		la meilleure équipe
le professeur		le plus beau pays
mon père	croire que ...	le cours le moins ennuyeux de ...
ma mère		la plus belle langue
mes parents		le plus mauvais film
les étudiants		le feuilleton le plus passionnant
un(e) de mes ami(e)s		le feuilleton le plus bizarre

T.V. snow

13. **Que croyez-vous?** Est-ce que la phrase est vraie pour la plupart des étudiants de votre cours de français? Si oui, répondez **Je crois que oui.** Si non, répondez **Je ne crois pas** et corrigez la phrase.

Modèle: La plupart des étudiants croient que le professeur de français est méchant.
Je ne crois pas. Ils croient que le professeur est très gentil.

1. La plupart des étudiants voient leurs parents tous les jours.
2. La plupart des étudiants verront un film le week-end prochain.
3. La plupart des étudiants ont déjà vu un film français.
4. La plupart des étudiants veulent voir un pays où on parle français.
5. La plupart des étudiants verront la tour Eiffel un jour.
6. La plupart des étudiants croient que les femmes conduisent mieux que les hommes.
7. La plupart des étudiants croyaient au père Noël quand ils étaient petits.
8. La plupart des étudiants ne croient plus au père Noël.
9. La plupart des étudiants croiront au père Noël après cet exercice.

14. **À vous.** Répondez.

1. Quel film avez-vous vu la dernière fois que vous êtes allé(e) au cinéma?
2. Qui voyez-vous tous les jours?
3. Qui avez-vous vu hier?
4. Quelle note croyez-vous que vous aurez en français?
5. Quand croyez-vous que vous irez en France?
6. Qu'est-ce que vous verrez si vous allez en France?
7. Qui croit aux revenants (*ghosts*)?

D. *Quel* et *lequel*

■ You have already learned to use the adjective **quel** (*which? what?*). **Quel** always occurs with a noun and agrees with that noun.

> **Quel** feuilleton avez-vous vu?
> De **quelle** actrice parlez-vous?
> **Quels** acteurs préférez-vous?
> **Quelles** sont vos émissions préférées?

■ **Lequel** (*which one*) replaces **quel** and the noun it modifies. Both parts of **lequel** show agreement.

Vous avez vu le feuilleton? **Lequel?** (Quel feuilleton?)
Que pensez-vous de cette actrice? **Laquelle?** (Quelle actrice?)
Ces acteurs sont formidables. **Lesquels?** (Quels acteurs?)
Ce sont vos émissions préférées? **Lesquelles?** (Quelles émissions?)

	singulier	*pluriel*
masculin	**lequel**	**lesquels**
féminin	**laquelle**	**lesquelles**

■ Do not use the indefinite article (**un, une, des**) when **quel** is used in an exclamation.

Quelle histoire! *What a story!*
Quel cours! *What a course!*
Quels étudiants! *What students!*

■ **Lequel** is often followed by the preposition **de** to name the group from which the choice is to be made.

Laquelle *de vos amies* s'appelle Mimi? *Which of your friends is named Mimi?*
Lesquels *de vos professeurs* parlent français? *Which of your teachers speak French?*

For Recognition Only

■ When **lequel, lesquels,** and **lesquelles** are preceded by the prepositions **à** or **de**, the normal contractions are made. No contraction is made with **laquelle**.

à + lequel	→ **auquel**	de + lequel	→ **duquel**
à + lesquels	→ **auxquels**	de + lesquels	→ **desquels**
à + lesquelles	→ **auxquelles**	de + lesquelles	→ **desquelles**

Alexis parle d'un film, mais **duquel** parle-t-il?
Il parle aussi de ses cours, mais **desquels** parle-t-il?
Corinne va au restaurant, mais **auquel** va-t-elle?
Auxquelles des émissions vous intéressez-vous?
À laquelle de vos tantes écrivez-vous le plus souvent?

15. **Dans une salle bruyante** (*In a noisy room*). On fait du bruit et vous n'entendez pas bien les réponses de votre partenaire. Très bien, demandez-lui une autre fois. Utilisez une forme de **quel** dans la première question et une forme de **lequel** dans la deuxième.

Modèle: ville

VOUS: **Quelle ville préfères-tu?**
VOTRE PARTENAIRE: **Je préfère Québec.**
VOUS: **Laquelle?**
VOTRE PARTENAIRE: **Québec.**

1. émission
2. ville
3. dessin animé
4. film

5. voiture
6. acteurs
7. actrices
8. chanson

9. feuilleton
10. cours
11. dessert
12. sports

16. **Microconversation: Non, je n'ai pas pu.** Interviewez votre partenaire d'après le modèle. Faites tous les changements nécessaires.

Modèle: regarder le feuilleton

VOUS: **As-tu regardé le feuilleton hier?**
VOTRE PARTENAIRE: **Lequel?**
VOUS: **«Mes chers enfants».**
VOTRE PARTENAIRE: **Non, je n'ai pas pu le regarder.**

1. voir le match
   (de basket-ball, de base-ball, etc.)
2. regarder les informations
3. voir la pièce

4. regarder l'émission
5. regarder les dessins animés
6. voir le film

Le Tour de France

17. **À vous.** Répondez.

1. Lequel des mois de l'année est le plus agréable, à votre avis?
2. Lequel des membres de votre famille est le plus jeune?
3. Laquelle des actrices célèbres trouvez-vous la plus belle?
4. Lequel des acteurs célèbres trouvez-vous le plus beau?
5. Lesquels de vos amis voyez-vous tous les jours?
6. Avec lesquels de vos amis déjeunez-vous quelquefois?
7. Auxquels de vos amis écrivez-vous des lettres?
8. Laquelle des voitures aimez-vous le mieux?

ENTRE AMIS Votre émission préférée

1. Find out what your partner watches on TV.
2. Ask which program is your partner's favorite.
3. Ask why.
4. Try to find out all you can about this program.

---

3. Expressing Emotion

Êtes-vous d'accord avec les opinions suivantes? Qu'en pensez-vous?°	*What's your opinion (about them)?*	
	oui	*non*
Je suis triste que les professeurs donnent tant de devoirs.	___	___
Je regrette que mes notes ne soient pas meilleures.	___	___
Je suis content(e) que notre équipe gagne tant de matchs.	___	___
C'est dommage qu'il y ait tant d'émissions sportives à la télévision.	___	___
Il est ridicule qu'il y ait tant de publicité à la télévision.	___	___
Je suis désolé(e) que tant de gens meurent de faim (*are starving*).	___	___
Le professeur est ravi que je fasse des progrès.	___	___

E. Le subjonctif (suite)

■ The subjunctive forms for **vouloir** and **pouvoir** are as follows:

	vouloir				
	(veuill-)			*(nous*	*voulons)*
que je	**veuill**	e	que nous	**voul**	**ions**
que tu	**veuill**	es	que vous	**voul**	**iez**
qu'il/elle/on	**veuill**	e			
qu'ils/elles	**veuill**	ent			

	pouvoir *(puiss-)*				
que je	**puiss**	e	que nous	**puiss**	**ions**
que tu	**puiss**	es	que vous	**puiss**	**iez**
qu'il/elle/on	**puiss**	e	qu'ils/elles	**puiss**	**ent**

■ In addition to its use with expressions of necessity and will, the subjunctive is also used with expressions of emotion.

Je suis content(e) que vous **soyez** ici.	*I am happy (that) you are here.*
Je regrette que Luc ne **puisse** pas venir.	*I am sorry Luc can't come.*

■ As always, if there is no change of subjects, the preposition **de** plus the infinitive is used instead of the subjunctive.

Je suis content(e) **d'être** ici.	*I am happy to be here.*
Luc regrette **de ne pas pouvoir** venir.	*Luc is sorry he can't come.*

Vocabulaire: Pour exprimer un sentiment

Je suis ravi(e) que	*I am delighted that*
Il est formidable que	*It's great that*
Je suis content(e) que	*I am happy that*
Il n'est pas possible que	*It's not possible that*
Il est incroyable que	*It's unbelievable that*
C'est dommage que	*It's too bad that*
Il est ridicule que	*It's ridiculous that*
Je suis triste que	*I am sad that*
Je regrette que	*I am sorry that*
Je suis désolé(e) que	*I am very sorry that*
Je suis fâché(e) que	*I am angry that*

[handwritten: Je suis furieuse — furious]

[handwritten margin: Je suis surprise(e) (I am) étonné(e) oupeus Il est surprenant (It is) étonnant Il es étonnant]

[handwritten left margin: X 28.98 sentences w/ each]

Note: Impersonal phrases using **il est (il n'est pas)** ... change to **C'est (Ce n'est pas)** ... when they are used alone as exclamations (without being followed by **que** + subjunctive): **C'est incroyable! Ce n'est pas possible!**

18. **Nos réactions différentes.** Décidez si votre professeur est content et si vous êtes content(e) aussi.

Modèle: J'ai beaucoup de devoirs.
Mon professeur est content que j'aie beaucoup de devoirs.
Mais je ne suis pas content(e) d'avoir beaucoup de devoirs.

1. Je vais souvent à la bibliothèque.
2. Je sais parler français.
3. Je lis *Entre amis* tous les soirs.
4. Je suis un(e) bon(ne) étudiant(e).
5. J'ai «A» à mon examen.
6. Je sors tous les soirs.
7. Je fais regulièrement des rédactions.
8. Je peux aller en France cet été.
9. Je veux étudier le français en France.

19. Votre réaction, s'il vous plaît. Choisissez une expression pour réagir (*react*) aux phrases suivantes.

Modèle: Véronique ira en Floride.
Il est formidable qu'elle aille en Floride.

1. Les vacances commencent bientôt.
2. Les examens vont avoir lieu avant les vacances.
3. Tous les professeurs sont généreux et charmants.
4. Mais ils donnent beaucoup de devoirs.
5. Les étudiants de cette classe font toujours leurs devoirs.
6. Ils vont se reposer pendant les vacances.
7. Anne et Paul dînent au restaurant tous les soirs.
8. Leur père est le propriétaire du restaurant.

20. Test psychologique. Expliquez les causes de vos réactions. Faites deux ou trois phrases chaque fois.

Modèle: Je suis triste ...
Je suis triste que mon petit ami (ma petite amie) ne m'aime plus.
Je suis triste que tout le monde me déteste.
Je suis triste de ne pas avoir de bons amis.

1. Il est ridicule ...   4. C'est dommage ...
2. Nous regrettons ...   5. Il est formidable ...
3. Je suis ravi(e) ...

21. En groupes (*3 ou 4 étudiants*). Une personne dira une phrase au présent ou au futur (par exemple: **J'ai chaud** ou **Je sortirai ce soir**). Une autre personne réagira (par exemple: **C'est dommage que tu aies chaud** ou **Je suis content(e) que tu sortes ce soir**). Combien de phrases pouvez-vous trouver?

F. Le pronom *en*

On vend des journaux ici?	*Do you sell newspapers here?*
Non, on n'**en** vend pas. J'**en** suis désolé.	*No, we don't sell any. I'm very sorry (about it).*
Vous avez du brocoli?	*Do you have any broccoli?*
Oui, j'**en** ai.	*Yes, I have some.*
Il y a beaucoup de fruits?	*Is there a lot of fruit?*
Oui, il y **en** a beaucoup.	*Yes, there is a lot (of it).*
Vous avez des oranges?	*Do you have any oranges?*
Combien **en** voulez-vous?	*How many (of them) do you want?*
J'**en** voudrais six.	*I would like six (of them).*

■ The pronoun **en** takes the place of a noun that is preceded by some form of **de** (e.g., **de, du, de la, de l', des**), or by a number (e.g., **un, une, deux, trois**), or by a quantity word (e.g., **beaucoup de, trop de**).

<blockquote>
Vous avez **du** camembert? Oui, j'**en** ai.
</blockquote>

■ When a noun is preceded by a number or a quantity word, the number or quantity word must be included in a sentence with **en**.

Vous avez **une** maison?	*Do you have a house?*
Oui, j'**en** ai **une**.	*Yes, I have one.*
Vous avez **deux** valises?	*Do you have two suitcases?*
Non, je n'**en** ai pas **deux**.	*No, I don't have two (of them).*
Je n'**en** ai qu'**une**.	*I have only one.*
Mon père **en** a **beaucoup**.	*My father has a lot (of them).*

Note: To say *I don't have any*, use **Je n'en ai pas.**

■ **En** is also used to replace **de** plus an infinitive or **de** plus a noun with expressions of emotion.

Hervé est triste **de partir**?	Oui, il **en** est triste.
Es-tu contente **de tes notes**?	Oui, j'**en** suis ravie.

22. **Sondage** (*Poll*). Demandez à votre partenaire combien de voitures, de cours, etc., il (elle) a. Il (elle) va utiliser **en** dans chaque réponse.

Modèle: voitures

<blockquote>
VOUS: **Combien de voitures as-tu?**
VOTRE PARTENAIRE: **J'en ai une.** ou **Je n'en ai pas.**
</blockquote>

1. frères
2. sœurs
3. enfants
4. camarades de chambre
5. professeurs
6. voitures
7. cours
8. cartes de crédit

23. **Vous en voulez encore?** Vous offrez encore à boire ou à manger à votre partenaire. Il (elle) refuse poliment et utilise **en** avec **boire** ou **manger** dans sa réponse.

Modèle: limonade

<blockquote>
VOUS: **Encore de la limonade?**
VOTRE PARTENAIRE: **Merci, je n'ai plus soif. Je ne vais plus en boire.**
</blockquote>

1. café
2. glace
3. fromage
4. eau
5. bière
6. bonbons
7. thé
8. frites

24. **Quelles réactions!** Composez deux phrases. La première peut être au présent, à l'imparfait ou au passé composé. Utilisez **en** dans la deuxième. Faites des phrases à la forme négative si vous voulez.

Modèle: **Mes amis n'ont pas gagné à la loterie.**
Ils en sont désolés.

	être fiancé(e)(s)	
	se marier	
	attendre un bébé	ravi
je	étudier beaucoup	content
mes amis	passer un examen	triste
un(e) de mes ami(e)s	avoir une mauvaise note	désolé
	divorcer	fâché
	gagner à la loterie	confus
	arriver en retard	

25. **À vous.** Répondez. Utilisez **en** dans chaque réponse.

1. Combien de tasses de café buvez-vous par jour?
2. Buvez-vous du thé?
3. Voulez-vous du chewing-gum?
4. Êtes-vous content(e) de vos notes?
5. Combien de personnes y a-t-il dans votre famille?
6. Combien de maillots de bain avez-vous?
7. Quelle est votre réaction quand vous avez «A» à l'examen?
8. Quelle est votre réaction quand vous ne vous entendez pas bien avec quelqu'un?

ENTRE AMIS Vous en avez combien?

Ask your partner about her/his life. S/he should use en when answering.

1. Find out if your partner has any children. If so, how many?
2. Find out if s/he has any brothers or sisters. If so, how many?
3. Ask if s/he has a roommate. If so, find out how many s/he has.
4. Find out how many courses s/he has.

Révision et Intégration

A. **Décrivez-les.** Décrivez les couples suivants.

1. un couple qui va se marier.
2. un couple qui divorce.
3. un couple avec neuf enfants.
4. un couple qui habite chez les parents du mari.

B. **Un feuilleton.** Choisissez un feuilleton que vous connaissez. Décrivez-le à votre partenaire.

C. **Les réactions.** Quelles sont les réactions des personnes indiquées aux circonstances suivantes? Faites deux phrases, l'une avec **en** et l'autre avec le subjonctif ou avec **de** plus un infinitif.

Modèle: Le professeur dit qu'il n'y aura pas de cours demain. (vous)
J'en suis ravi(e)! ou **Je suis ravi(e) qu'il n'y ait pas de cours demain.**

1. Le professeur dit qu'il y aura un examen. (vous)
2. Vous avez une bonne note à un examen. (vos amis)
3. Une équipe de votre université gagne beaucoup de matchs. (vous)
4. Une équipe de votre université perd tous ses matchs. (les étudiants)
5. Vous tombez. (vous)

D. **À vous.** Répondez.

1. Comment s'appelle le feuilleton que vous préférez (ou le feuilleton que vous détestez le moins)?
2. Avez-vous regardé ce feuilleton cette semaine? Si non, quand l'avez-vous regardé?
3. À qui avez-vous écrit récemment?
4. Qu'est-ce que vous lui (leur) avez dit?
5. Quelles sont les émissions que vous regardez régulièrement à la télé?
6. Quelles sont les émissions que vous refusez de regarder?
7. Si vous téléphonez à un(e) ami ce soir, qu'est-ce que vous lui direz?
8. Que disent vos amis si vous téléphonez à une heure du matin?
9. Quelle sera la réaction de vos parents si vous avez «A» à tous vos cours?

Lecture

A. **Nos choix.** Faites une liste des cinq émissions de télé qui sont, à votre avis, les plus intéressantes.

La télévision

Les deux colonnes suivantes sont tirées du magazine *Télé Loisirs*.

TF1

8.00 **Bonjour, la France!**
8.57 **Bulletin météo**
9.00 **Heckle et Jeckle** Dessin animé.
9.10 **Zappe, Zappeur!**
10.05 **Heckle et Jeckle** Dessin animé.
10.15 **Tarzan** Série américaine (n°1)
11.15 **SOS refuges**
   Spécial été de «Trente millions d'amis»
11.30 **Auto-moto** Magazine sportif.
12.00 **Télé-foot** Magazine sportif.
   Spécial Michel Platini.
13.00 **Journal** En direct d'Aix-en-Provence.
13.25 **Starsky et Hutch** *Rediffusion*
14.20 **SPORT DIMANCHE**
   Avec Jean-Michel Leulliot. *Voir ci-contre.*
16.00 **Tiercé à Saint-Cloud** En direct.
16.15 **Sport dimanche** *Suite.*
17.30 **Les bleus et les gris** *Rediffusion*
   Série américaine (n° 2).
18.30 **La roue de la fortune** Jeu.

A2

8.50 **Flash d'informations**
9.00 **Émissions religieuses**
12.05 **Le chevalier Tempête**
13.00 **Antenne 2 midi**
13.20 **Les deux font la paire**
   Série de William Wiard (n° 14). « Stock-car dans la ville » Avec Kate Jackson.
14.10 **La chasse aux trésors** *Rediffusion.*
15.15 **Sports été**
17.30 **PROJET ATLANTIDE**
   Série de Gianni Serra (n° 1) d'après le roman de Stefano Terra ».
18.35 **Stade 2**
19.30 **Quoi de neuf, docteur?**
20.00 **Journal**
20.30 **LE CHEVALIER À LA ROSE**
   Opéra en trois actes de Richard Strauss. Livret de Hugo von Hofmannsthall.
0.20 **Fin des émissions**

B. **Questions.** Répondez.

1. Quel jour est-ce?
2. Quelles émissions américaines reconnaissez-vous?
3. À quelle heure peut-on regarder les informations?
4. Quelles sont les émissions pour enfants?
5. Quelles émissions avez-vous envie de regarder? Pourquoi?
6. Quelle émission regarde-t-on pour savoir le temps qu'il fera demain?
7. Quelle chaîne *(channel)* a moins d'émissions américaines?
8. Laquelle a plus d'émissions sportives?
9. Dans quelle émission peut-on gagner de l'argent?

C. *Rédaction:* **À la télévision.** Écrivez un téléguide. Indiquez le(s) jour(s) et l'heure, le nom et une description pour les cinq émissions de télévision que vous avez choisies dans l'exercice A.

Lecture

A. **Étude du vocabulaire.** Étudiez les phrases suivantes. Essayez de deviner le sens des mots en caractères gras.

1. Mes parents m'**envoient** une lettre chaque semaine.
2. Un médecin **soigne** une personne malade.
3. Le **tiers monde** est composé des pays les plus pauvres.
4. Les kidnappeurs ont **enlevé** la princesse.
5. Un **comédien** est quelqu'un qui joue des rôles au théâtre. Il n'est pas nécessairement comique.
6. Un **réalisateur** est une personne qui fait des films.
7. Un professeur **dur** exige beaucoup de travail de ses étudiants.
8. **Parfois** je bois du vin, mais normalement je bois de l'eau.

Docteurs sans frontières

La France est un des pays qui envoient beaucoup de médecins soigner les gens du tiers monde. Ces gens souffrent de la faim, mais aussi des guerres.

Chaque année, ils sont plus de 1.500 médecins et infirmières à aller aux quatre coins du monde soigner les populations qui souffrent. Parfois ces médecins risquent leur vie, d'autres sont enlevés. Les organisations les plus connues sont les MDM (Médecins du monde) et les MSF (Médecins sans frontières). Il y en a bien d'autres encore.

Pour mieux faire connaître leurs actions, Jacques Perrin, comédien et réalisateur de films, a eu l'idée avec Bernard Kouchner, créateur de

«Médecins du monde», de créer une série de six films qui passeront sur TF1 une fois par mois, de janvier à juillet. Cette série s'appelle «Médecins des hommes».

Le premier passera le 7 janvier. Nous sommes en 1968, une équipe de médecins est au Biafra au moment où il est en guerre contre le Nigeria. La situation devient dangereuse pour les médecins, car les soldats tuent tout le monde.

Un responsable de la Croix-Rouge demande aux médecins de partir du pays car ils risquent d'être tués. Les médecins refusent et décident de rester. Jusqu'au bout,[1] ils soignent les blessés[2] et essaient de sauver les enfants et de les nourrir[3].

Ces films sont très beaux et parfois très durs. Mais ils montrent bien le travail que font ces médecins dans le monde entier.

adapté du *Journal des Enfants (L'Alsace)*

1. Right up till the end   2. wounded   3. feed

B. **Vrai ou faux?** Décidez si les phrases suivantes sont vraies ou fausses. Si elles sont fausses, corrigez-les.

1. Il y a plusieurs pays qui envoient des médecins dans les pays du tiers monde.
2. Ce service est parfois très dangereux pour les médecins.
3. Bernard Kouchner est acteur.
4. Les Français pourront voir ces films toutes les semaines pendant six mois.
5. Ces médecins ont beaucoup de courage.

C. **Questions.** Répondez.

1. De quoi les pays pauvres souffrent-ils?
2. Est-ce que les MDM et les MSF sont les seuls médecins qui partent au service du tiers monde? Expliquez.
3. Pourquoi Messieurs Perrin et Kouchner ont-ils fait une série de films?
4. Quel est le sujet du premier film?
5. Pourquoi la situation au Nigeria était-elle dangereuse pour les médecins?
6. Pourquoi les médecins sont-ils restés au Nigeria jusqu'au bout?

D. À discuter

1. Est-ce qu'il y a des organisations semblables (*similar*) dans votre pays? Si oui, comparez-les avec les MDM et les MSF.
2. Vous intéressez-vous à cette sorte de service? Pourquoi ou pourquoi pas?

Lecture

A. **Rencontres.** Il y a des gens qui désirent rencontrer les autres. Lisez les annonces suivantes et puis répondez aux questions.

ANNONCES PERSONELLES	
Jeune homme, 20 ans, bien physiquement et moralement, bonne situation[1], cherche en vue mariage jeune fille 18-22 ans, réponse assurée, joindre photo qui sera retournée. Ecr. Réf. 5093.	Jeune fille, 27 ans, désire recontrer jeune homme, âge en rapport[2], joindre photo si possible. Ecr. Réf. 5095
Dame agréable, élégante, sans enfants, jeune de cœur[3], désire rencontrer, pour sorties amicales, Monsieur, cinquante-soixante ans, bien[4] sous tous rapports[5], libre, optimiste, aimant[6] la nature, joindre photo qui sera retournée, discrétion absolue, mariage exclu. Ecr. Réf. 5094	Homme, 37 ans, propriétaire appartement, voiture, passé irréprochable, intelligent, éducation, très gentil cœur, très sympathique[7], se marierait[8] av. J.F., même[9] milieu secrétaire, ouvrière, mais affectueuse, douce[10], très sincère, réponse assurée dans l'immédiat, discrétion. Ecr. Réf. 5096.

[1]*job* [2]*similar* [3]*heart* [4]*nice* [5]*in every respect* [6]*who likes* [7]*likeable* [8]*would marry* [9]*ever* [10]*sweet*

B. **Questions.** Répondez.

1. À votre avis, laquelle des quatre personnes est la plus âgée?
2. Laquelle est la plus snob?
3. Lesquelles parlent de mariage?
4. Lesquelles veulent voir une photo?
5. Laquelle est la plus jeune?
6. Laquelle travaille? (Il est possible que d'autres travaillent aussi.)
7. Laquelle conduit? (Il est possible que d'autres conduisent aussi.)

C. Inventez une annonce personnelle.
Inventez une annonce pour vous ou pour un(e) ami(e). Utilisez la lecture comme modèle.

D. *Rédaction:* Écrivez une lettre.
Répondez à l'une des annonces personnelles.

ENTRE AMIS Votre première sortie ensemble

You are going to meet the person who answered your personal classified ad. (You may choose a new identity).

1. Introduce yourselves.
2. Find out as much as you can about each other.
3. Decide where you are going to go this evening.

Vocabulaire actif

Quelques émissions de télévision

une annonce	*advertisement*	la météo(rologie)	*weather*
un feuilleton	*soap opera; series*	la publicité	*publicity; commercial*
les informations (*f. pl.*)	*news*		

D'autres noms

un avertissement	*warning*	des gens (*m. pl.*)	*people*
une bague (de fiançailles)	*(engagement) ring*	un revenant	*ghost*
une chaîne (de télé)	*(TV) channel*	la vérité	*truth*
un divorce	*divorce*		

Adjectifs

célèbre	*famous*	original(e)	*different, novel; original;*
confus(e)	*ashamed; embarrassed*	passionnant(e)	*exciting*
drôle	*funny*	ravi(e)	*delighted*
fâché(e)	*angry*	ridicule	*ridiculous*
incroyable	*unbelievable, incredible*		

Verbes

s'aimer	*to love each other*	se faire des amis	*to make friends*
assister (à)	*to attend*	s'intéresser à	*to be interested in*
se consoler	*to console oneself*	se marier (avec)	*to marry*
croire	*to believe, think*	montrer	*to show*
dire	*to say; to tell*	prêter	*to lend*
se disputer	*to argue*	raconter (une histoire)	*to tell (a story)*
divorcer	*to get a divorce*	regretter	*to be sorry*
s'embrasser	*to kiss*	rencontrer	*to meet*
emprunter	*to borrow*	se séparer	*to separate (from each other)*
s'entendre (avec)	*to get along (with)*	voir	*to see*
se fâcher	*to get angry*		

Adverbes

actuellement	*now*	presque	*almost*
même	*even*	sûrement	*surely, definitely*

Pronoms objets indirects

me	*(to) me*	nous	*(to) us*
te	*(to) you*	vous	*(to) you*
lui	*(to) him; (to) her*	leur	*(to) them*

D'autres pronoms

en	*some; of it (them); about it (them)*
lequel?	*which?*

Expressions utiles

C'est dommage.	*That's (It's) too bad.*	Quelle histoire!	*What a story!*
Je crois que oui.	*I think so.*	Qu'est-ce qui est arrivé?	*What happened?*
Je ne crois pas.	*I don't think so.*	Sans blague!	*No kidding!*
Je te le jure.	*I swear (to you).*		

Qu'est-ce que je devrais faire?

Buts communicatifs
Seeking and providing
  information
Making basic hypotheses
Making basic hypotheses
  (continued)

Structures utiles
L'imparfait et le passé
  composé (suite)
Les pronoms interrogatifs
Ne ... personne et **ne ... rien**
Le verbe **devoir**
Si hypothétique
Le conditionnel

Culture
La priorité à droite
Les agents et les gendarmes

Coup d'envoi

Qu'est-ce qui est arrivé?

Qu'est-ce qui est arrivé, Emmanuelle?
    J'ai eu un accident.
    L'autre conducteur° n'a pas vu ma voiture.   *driver*
    Il a freiné° trop tard.   *braked*
    Sa voiture a dérapé°.   *skidded*
    Il a heurté° ma voiture.   *struck; hit*
Pourquoi l'accident a-t-il eu lieu?
    Le conducteur ne faisait pas attention.
    Il croyait que personne° ne venait.   *nobody*
    Il ne regardait pas à droite.
    Il roulait° trop vite.   *was going*
    Il était ivre°.   *drunk*

✤ **Et vous?**   Avez-vous déjà eu un accident?
                  Avez-vous déjà vu un accident?
                  Si oui, qu'est-ce qui est arrivé?

Accident de voyage...

Un accident a eu lieu

James Davidson a eu un accident de voiture. Il en parle avec son voisin Maurice.

MAURICE: Bonjour, James.

JAMES: Bonjour, Maurice.

MAURICE: Mais vous avez l'air pâle! Ça ne va pas?

JAMES: J'ai eu très peur ce matin.

MAURICE: Qu'est-ce qui est arrivé?

JAMES: J'ai eu un accident de voiture.

MAURICE: Mon Dieu!

JAMES: J'allais au travail quand l'accident a eu lieu. L'autre ne faisait pas attention. Il allait trop vite et il ne regardait pas à droite!

MAURICE: Quel imbécile!

JAMES: Oui, et nous sommes entrés en collision.

MAURICE: Quel idiot! Et personne n'a vu l'accident?

JAMES: Si! Heureusement il y avait un gendarme juste derrière.

MAURICE: Quelle chance! Qu'est-ce qu'il a fait?

JAMES: Il m'a assuré° que c'était la faute° de l'autre.   *assured/fault*

MAURICE: J'espère que le gendarme lui a donné une contravention°.   *ticket*

✚ **Jouez ces rôles.** Répétez la conversation avec votre partenaire. Ensuite Maurice parle avec deux personnes (James et son ami Marc étaient dans la voiture). Faites tous les changements nécessaires, par exemple **nous** à la place de **je**.

❖ Pourquoi James insiste-t-il sur le fait que l'autre automobiliste ne regardait pas à droite?

a. James est conservateur et n'aime pas du tout la gauche.
b. En France la règle numéro un est «priorité à droite».
c. En France on conduit à gauche.

La priorité à droite

As is the case in North America, the French drive on the right. The one rule of the road which seems to be obeyed above all others in France is that vehicles coming from the right have the right of way. While both Canada and the United States have a similar rule, there is much more flexibility and one often hesitates at an intersection in those countries, even when one has the right of way. In France, however, many drivers do not even look to the left when they know that they have the right of way. Obeying the law to the letter, the French have only to turn their heads to the right and, when no traffic is coming from that direction, they proceed without hesitating.

Les agents et les gendarmes

The **agent de police** is often found directing traffic at major intersections in French cities (see Chapter 7). Since the **agents** are normally on foot, they are often stopped by tourists in need of information. The **gendarme,** often found in the countryside and in small towns, is actually part of the French military and is stationed in separate quarters in the **gendarmerie. Gendarmes** are similar to state police in that they are usually on motorcycles or in patrol cars. They would therefore normally be the ones to investigate an accident.

IL Y A UN GESTE

J'ai eu très peur. To indicate fear, the open hand is held fingers facing up; the hand is lowered with the fingers "trembling."

Quel imbécile! To indicate that someone has done something stupid, touch your index finger to your temple. The finger is either tapped on the temple or twisted back and forth.

Ivre. To indicate that someone has had too much to drink, one hand is cupped in a fist. This is placed loosely on the nose and rotated.

✤ **À vous.** Répondez.

1. Quand avez-vous eu peur?
2. Pour quelle raison avez-vous eu peur?
3. Qu'est-ce que vous avez fait?

ENTRE AMIS C'était la faute du professeur

1. Tell your partner that you had an accident.
2. Explain that you hit the teacher's car.
3. Say that it was the teacher's fault.
4. Explain that s/he was going too slowly.

490   Chapitre 15

Prononciation

La voyelle [ə]

■ As you have already learned, the letter -e- can stand for any one of the sounds [e], [ɛ], [ɑ̃], and [ɛ̃], depending on the spelling combinations of which it is a part. You have also seen, however, that the letter -e- sometimes represents the sound [ə]. The symbol [ə] stands for a vowel called "unstable e" or "mute e." It is called unstable because it is sometimes pronounced and sometimes not.

✦ Look at the following pairs of examples and then read them aloud. A highlighted -e- represents a pronounced [ə]. An -e- with a slash through it represents a silent [ə]. Compare especially changes you find in the same word from one sentence of the pair to the other.

Le voilà!	Mais le̸ voilà!
Ce film est très bon.	Moi, je̸ n'aime pas ce̸ film.
Demain, vous le̸ trouverez.	Vous le̸ trouverez demain.
Denise̸ est américaine̸?	Elle̸ est française̸.
*Re*gardez cette̸ femme̸.	Vous re̸gardez cette̸ femme̸?

Nous pre̸nons le̸ train vendredi.	Nous arrive̸rons samedi.
Votre̸ père̸ est charmant.	Votre̸ amie̸ est charmante̸.
Voilà une̸ tasse̸ de café.	Nous ne̸ voulons pas de̸ café.
C'est une̸ bague̸ de fiançailles̸.	Mais il n'y aura pas de̸ mariage̸.
Qu'est-ce̸ que tu veux?	Elle̸ a dit que̸ tu voulais me̸ voir.

de rien	Il finit de̸ rire̸.
vous se̸riez	vous se̸rez

■ In general, [ə] is *silent* in the following circumstances.

1. at the end of a sentence
2. before or after a pronounced vowel
3. when it is preceded by only one pronounced consonant sound

■ In general, [ə] is *pronounced* in the following circumstances.

1. when it is in the first syllable of a sentence
2. when it is preceded by two pronounced consonant sounds (even if there is an intervening silent [ə]) and followed by at least one pronounced consonant
3. when it precedes the combination [Rj]

Note: When the letter -e- is followed *in the same word* by two consonants or by -x, it is normally pronounced [ɛ].

*e*lle	a*ve*rtissement	c*e*tte	pr*e*nnent	v*e*rser	m*e*rci
*e*xiger	*e*xcusez-moi	*e*xact	*e*xamen		

✤ Écoutez et puis répétez.

1. L'autre conducteur ne regardait pas à droite.
2. Qu'est-ce que votre frère a fait?
3. Est-ce que tu regardes des feuilletons le vendredi ou le samedi?
4. De quelle ville venez-vous?
5. Vous venez de Paris, n'est-ce pas?

Buts communicatifs

1. Seeking and Providing Information

Avez-vous entendu parler d'un accident?
Avez-vous vu un accident?

Est-ce que quelqu'un a été blessé°?	*wounded*
Est-ce qu'il y a eu des morts°?	*deaths*
Où est-ce que l'accident a eu lieu?	
Quelle heure était-il?	
De quelle couleur étaient les voitures?	
De quelle marque° étaient les voitures?	*make; brand*
De quelle année étaient les voitures?	
Est-ce que la chaussée° était glissante°?	*pavement/slippery*

A. L'imparfait et le passé composé (suite)

■ It is perhaps helpful, when trying to remember whether to use the imperfect or the passé composé, to think of the analogy of the use of these tenses to a stage play.

□ In a play, there is often scenery (trees, birds singing, the sun shining, etc.) and background action (minor characters strolling by, people playing, working, etc.). This scenery and background action are represented by the imperfect.

Il **était** tôt.	*It was early.*
Il **faisait** froid.	*It was cold out.*
James **allait** au travail.	*James was going to work.*
Un autre conducteur ne **faisait** pas attention.	*Another driver wasn't paying attention.*
Il ne **regardait** pas à droite.	*He wasn't looking to the right.*

□ Likewise, in a play, there are main actors upon whom the audience focuses, if even for a moment. They speak, move, become aware, act, and react. The narration of these past events requires the passé composé.

Qu'est-ce qui lui **est arrivé**?	*What happened to him?*
Il **a eu** un accident.	*He had an accident.*
Ils **sont entrés** en collision.	*They collided.*
Un gendarme lui **a donné** une contravention.	*A policeman gave him a ticket.*

1. **Voilà pourquoi.** Répondez aux questions suivantes. Essayez de trouver des raisons logiques.

Modèle: Pourquoi Laurent a-t-il téléphoné à Mireille?
Il lui a téléphoné parce qu'il voulait sortir avec elle. ou
Il lui a téléphoné parce qu'il la trouvait gentille.

1. Pourquoi Laurent et Mireille sont-ils sortis samedi soir?
2. Pourquoi ont-ils mis leurs manteaux?
3. Pourquoi sont-ils allés au restaurant?
4. Pourquoi n'ont-ils pas pris de dessert?
5. Pourquoi ont-ils fait une promenade après?

2. **Pourquoi pas, Amélie?** Utilisez la forme négative. Expliquez pourquoi Amélie n'a pas fait les choses suivantes.

Modèle: prendre le petit déjeuner
Amélie n'a pas pris le petit déjeuner parce qu'elle n'avait pas faim. ou
Amélie n'a pas pris le petit dejeuner parce qu'elle a oublié.

1. aller au cinéma
2. étudier dans sa chambre
3. regarder son émission préférée
4. danser avec Gérard
5. nager
6. avoir un accident
7. boire du vin

B. Les pronoms interrogatifs

■ Interrogative pronouns are used to ask questions. You have already learned to use several interrogative pronouns.

Qui est-ce?	*Who is that?*
Qu'est-ce que c'est?	*What is that?*

■ As in English, interrogative pronouns in French change form depending on whether they refer to people or to things.

Qui as-tu vu?	*Whom did you see?*
Qu'est-ce que tu as vu?	*What did you see?*

■ In addition, French interrogative pronouns change form depending on their function in the sentence. For example, the word *what* in English can take three different forms in French depending on whether it is the subject, the direct object, or the object of a preposition.

Qu'est-ce qui est à droite?	*What is on the right?*
Qu'est-ce que tu vois?	*What do you see?*
À **quoi** penses-tu?	*What are you thinking about?*

PEOPLE

Subject		
Qui	Qui parle?	*Who is speaking?*
Qui est-ce qui	Qui est-ce qui parle?	
Object		
Qui (+ inversion)	Qui avez-vous vu?	*Whom did you see?*
Qui est-ce que	Qui est-ce que vous avez vu?	
After a preposition		
... qui (+ inversion)	À qui écrivez-vous?	*To whom are you writing?*
... qui est-ce que	À qui est-ce que vous écrivez?	

THINGS

Subject		
Qu'est-ce qui	Qu'est-ce qui fait ce bruit?	*What's making that noise?*
Object		
Que (+ inversion)	Qu'avez-vous fait?	*What did you do?*
Qu'est-ce que	Qu'est-ce que vous avez fait?	
After a preposition		
... quoi (+ inversion)	De quoi avez-vous besoin?	*What do you need?*
... quoi est-ce que	De quoi est-ce que vous avez besoin?	

■ If the question involves a person, the pronoun will always begin with **qui.** If it is a question about a thing, the pronoun will begin with **que** or **quoi.** There is no elision with **qui** or **quoi,** but **que** becomes **qu'** before a vowel.

Qui a parlé?	*Who spoke?*
De **quoi** a-t-il parlé?	*What did he talk about?*
Qu'est-ce **qu'**il a dit?	*What did he say?*

■ There are two forms of each of these interrogative pronouns, except the subject pronoun **qu'est-ce qui.**

■ When interrogative pronouns are used as subjects, the verb is normally singular.

Mes parents ont téléphoné.   Qui **a** téléphoné?

3. **Quelqu'un ou quelque chose?** Utilisez un pronom interrogatif pour poser une question.

Modèles: Quelqu'un m'a téléphoné.   Quelque chose m'intéresse.
Qui vous a téléphoné?   **Qu'est-ce qui vous intéresse?**

J'ai téléphoné à quelqu'un.   J'ai acheté quelque chose.
À qui avez-vous téléphoné?   **Qu'est-ce que vous avez acheté?**

1. J'ai fait quelque chose le week-end dernier.
2. Quelque chose m'est arrivé.
3. J'ai vu quelqu'un.
4. Quelqu'un m'a parlé.
5. J'ai dansé avec quelqu'un.
6. Nous avons bu quelque chose.
7. J'avais besoin de payer pour quelqu'un.
8. J'ai dit au revoir à quelqu'un.

Qui a dit que c'est tout petit, l'Irlande ?

4. **Comment? Je n'ai pas compris.** Votre partenaire vous a parlé mais vous n'avez pas bien entendu. Demandez qu'il (elle) répète. Remplacez l'expression en italique par un pronom interrogatif.

Modèles: *Mon frère* a acheté une voiture.
                  VOUS: **Comment? Qui a acheté une voiture?**
   VOTRE PARTENAIRE: **Mon frère.**

   J'ai lu *deux livres*.
                  VOUS: **Comment? Qu'est-ce que tu as lu?**
   VOTRE PARTENAIRE: **Deux livres.**

1. *Sophie* a écrit une lettre à ses parents.
2. Elle avait besoin *d'argent*.
3. *Ses parents* ont lu la lettre.
4. Ils ont répondu *à Sophie*.
5. Ils lui ont envoyé *l'argent*.
6. Sa mère *lui* a téléphoné hier soir.
7. Elle lui a dit *que son frère était malade*.
8. Sophie aime beaucoup *son frère*.
9. *Sa maladie* lui fait peur.

C. *Ne ... personne* et *ne ... rien*

Qui avez-vous rencontré?	Je n'ai rencontré **personne**.
Qu'est-ce que vous avez fait?	Je n'ai **rien** fait.
Avec qui avez-vous dansé?	Je n'ai dansé avec **personne**.
De quoi avez-vous besoin?	Je n'ai besoin de **rien**.
Qui est venu?	**Personne** n'est venu.
Qu'est-ce qui est arrivé?	**Rien** n'est arrivé.

■ You have already learned that the opposite of **quelque chose** is **ne ... rien**
(*nothing, not anything*). The opposite of **quelqu'un** is **ne ... personne** (*no
one, nobody, not anyone*).

■ When used as a *direct object*, **ne ... personne**, like **ne ... rien**, is placed
around the conjugated verb.

Entendez-vous quelque chose?	Non, je **n'**entends **rien**.
Voyez-vous quelqu'un?	Non, je **ne** vois **personne**.

Note: Unlike **ne ... rien**, however, **ne ... personne** surrounds both the auxiliary verb *and* the past participle in the passé composé.

	Avez-vous entendu quelque chose?	Non, je n'ai **rien** entendu.
But:	Avez-vous vu quelqu'un?	Non, je **n'**ai vu **personne**.

■ Both **rien** and **personne** can be used as the *object of a preposition*.

Avez-vous besoin de quelque chose?	Non, je n'ai besoin *de* **rien**.
Parlez-vous avec quelqu'un?	Non, je **ne** parle *avec* **personne**.

■ **Personne** and **rien** can also serve as the *subject* of a verb. In this case, **personne** and **rien** come before **ne**. **Ne** still comes before the conjugated verb.

Personne n'a téléphoné.	*Nobody telephoned.*
Personne ne va à cet endroit.	*No one goes to that place.*
Rien ne m'intéresse.	*Nothing interests me.*

■ Like **jamais** and **rien**, **personne** can be used alone to answer a question.

Qui est venu?	**Personne.**
Qui avez-vous rencontré?	**Personne.**

5. **Je n'ai rien fait à personne!** Utilisez **rien** ou **personne** pour répondre aux questions suivantes.

Modèles: Qui avez-vous vu?   Qu'avez-vous entendu?
Je n'ai vu personne.   **Je n'ai rien entendu.**

1. Avec qui êtes-vous sorti(e)?
2. Qu'est-ce que vous avez fait?
3. Qu'est-ce que vous avez bu?
4. Qui est-ce que vous avez vu?
5. De quoi aviez-vous besoin?
6. À qui pensiez-vous?
7. À quoi pensiez-vous?
8. À qui est-ce que vous avez téléphoné?
9. Qu'avez-vous dit?

6. **Personne n'a rien fait.** Utilisez **rien** ou **personne** pour répondre aux questions suivantes.

Modèles: Qui a vu l'accident?   Qu'est-ce qui vous intéresse?
Personne n'a vu l'accident.   **Rien ne m'intéresse.**

1. Qui a pris ma voiture?
2. Qu'est-ce qui est arrivé hier soir?
3. Qui a écrit à Sylvie?
4. Qui lui a téléphoné?
5. Qu'est-ce qui lui est arrivé?
6. Qui est-ce qui est sorti avec elle?
7. Qui va faire les devoirs ce soir?
8. Qu'est-ce qui va mal?
9. Qui va mal?

RIEN N'ÉGALE LE SUCRE

7. **Ni rien ni personne.** Utilisez **rien** ou **personne** pour répondre aux questions suivantes.

1. Vous avez fait quelque chose le week-end dernier?
2. Quelque chose vous est arrivé?
3. Vous avez vu quelqu'un?
4. Quelqu'un vous a invité(e) à danser?
5. Vous avez dansé avec quelqu'un?
6. Après le bal quelqu'un vous a accompagné(e) au café?
7. Vous avez bu quelque chose?
8. Quelqu'un a payé pour vous?
9. Vous avez dit au revoir à quelqu'un?
10. Quelqu'un vous a embrassé(e)?

ENTRE AMIS   Je préfère ne pas en parler

Your partner is very secretive and will answer
nothing *or* ***nobody*** *to all your questions.*

1. Ask your partner who wrote to him/her.
2. Ask who called him/her on the telephone.
3. Find out with whom s/he went out.
4. Ask what happened.
5. Ask what s/he did.
6. Ask whom s/he saw.

---

2. Making Basic Hypotheses

Je viens de voir un accident au coin de la rue! C'était incroyable!
      Qu'est-ce qui l'a causé?
Je ne suis pas certain. Mais le conducteur devait
  rouler° trop vite.   *must have been going*
Il a dû oublier° de regarder à droite.   *must have forgotten*
Il devait être° ivre.   *must have been*

✚ **Et vous?** Avez-vous jamais vu un accident? Qu'est-ce qui l'a causé, à votre avis?

D. Le verbe *devoir*

Où est Céline?	*Where is Céline?*
Je ne sais pas. Elle **doit** être malade.	*I don't know. She **must** be sick.*
Mais elle **devait** apporter des fleurs pour le prof!	*But she **was supposed to** bring flowers for the teacher!*
Oui, je sais. Puisqu'elle n'est pas venue, j'**ai dû** aller les acheter. Maintenant tout le monde me **doit** 5 francs pour le bouquet.	*Yes, I know. Since she didn't come, I **had to** go buy them. Now everybody **owes** me 5 francs for the bouquet.*

> **devoir** (*to owe; to have to; to be probably; to be supposed to*)
>
> | je | **dois** | nous | **devons** |
> |---|---|---|---|
> | tu | **dois** | vous | **devez** |
> | il/elle/on | **doit** | | |
> | ils/elles | **doivent** | | |
>
> *passé composé:* j'**ai dû**

■ The past participle of **devoir** is **dû.** When it has a feminine agreement, however, it loses the circumflex: **due.** This often occurs when the past participle is used as an adjective.

l'argent **dû** à mon frère   la pollution **due** à l'industrie

■ The future tense verb stem for **devoir** is irregular: **devr-.**

Elle **devra** travailler dur.   *She'll have to work hard.*

■ Like other verbs with two stems in the present tense, **devoir** has two stems in the subjunctive.

que je **doive**   que nous **devions**

■ The verb **devoir** followed by a noun means *to owe*.

Je **dois** quatre dollars à mon frère.   *I **owe** my brother four dollars.*

■ When **devoir** is followed by an infinitive, it can have several meanings: *to have to (must), to be probably (must be); to be supposed to.*

Nous **devons** étudier.	*We **have to** study. (We **must** study.)*
Luc n'est pas ici. Il **doit** être malade.	*Luc isn't here. He **is probably** sick. (He **must** be sick.)*
Je **dois** le voir ce soir.	*I **am supposed to** see him tonight. (I **am expecting to** see him tonight).*

■ The passé composé and the imperfect can both mean *had to* or *probably (must have)*. The choice of tense depends, as usual, on whether the verb is a specific action or a description or habitual condition.

Hier j'**ai dû** aller voir ma tante.	*Yesterday, I **had to** go see my aunt.*
En général, je **devais** faire mes devoirs avant de sortir.	*In general, I **had to** do my homework before going out.*
Il **a dû** oublier notre rendez-vous!	*He **probably** forgot our date! (He **must have** forgotten our date!)*
Il **devait** être très occupé.	*He was **probably** very busy. (He **must have** been very busy.)*

Note: When *devoir* means *was supposed to*, the imperfect is always used.

Nous **devions** dîner chez les Gilbert le lendemain soir.	*We **were supposed to** have dinner at the Gilberts' the next evening.*

8. **Qu'est-ce qu'ils doivent faire?** Indiquez ce qu'il faut que ces personnes fassent. Utilisez le verbe **devoir.**

Modèle: Gérard veut aller au cinéma. (étudier)
Gérard veut aller au cinéma, mais il doit étudier.

1. Nous voulons sortir ce soir. (préparer un examen)
2. Les étudiants ont envie de s'amuser. (travailler)
3. Tu veux regarder la télévision. (te coucher)
4. Je voudrais faire un voyage. (rester chez moi)
5. Vous avez envie de fumer une cigarette. (arrêter de fumer)

9. C'est probable. Utilisez **devoir** au passé composé d'après le modèle pour modifier les phrases suivantes.

Modèle: Delphine n'a probablement pas fait ses devoirs.
Elle n'a pas dû faire ses devoirs.

1. Elle est sans doute sortie avec ses amis.
2. Elle n'a probablement pas étudié.
3. Elle a probablement eu une mauvaise note.
4. Elle a sans doute échoué.
5. Elle a probablement pleuré.
6. Elle a sans doute parlé avec son professeur.
7. Elle a sans doute réussi la prochaine semaine.

10. Projets et obligations. Utilisez **devoir** à l'imparfait pour suggérer quelques conclusions basées sur les faits suivants (*the following facts*).

Modèle: Marc n'a pas mangé depuis vingt-quatre heures.
Il devait avoir faim.

1. Marc a bu quatre tasses de café.
2. Il a beaucoup travaillé.
3. Ses amis lui ont dit de partir en vacances.
4. Il a acheté un billet d'avion.
5. Il est allé en France.
6. Il a rencontré une Française.
7. Ils se sont mariés.

11. Toutes ces obligations! Traduisez (*translate*) la forme verbale anglaise entre parenthèses pour compléter la phrase.

Modèle: Chantal ____ étudier pendant le week-end. (*was supposed to*)
Chantal devait étudier pendant le week-end.

1. Vous ____ laisser votre voiture chez vous. (*must have*)
2. Il fait froid. Tu ____ mettre un manteau. (*have to*)
3. Mes parents ____ venir me chercher il y a deux heures. (*were supposed to*)
4. Nous ____ aller au musée du Louvre quand nous serons à Paris. (*will have to*)
5. Vous me ____ de l'argent. (*owe*)
6. Nos amis ____ oublier de nous téléphoner. (*must have*)

E. *Si* hypothétique

> Si **je gagne** à la loterie, **je vais aller** en Europe et en Asie.
> Si **je ne gagne pas** à la loterie, **je resterai** ici.

Review: Hypothetical statements about the future can be made by using **si** plus the present tense in conjunction with a clause in the future. Such a hypothesis will become a virtual certainty *if* the event described in the **si** clause actually occurs.

> Si ma mère me **téléphone** ce soir, je lui **raconterai** cette histoire.
> Je n'**irai** pas avec toi si tu **continues** à me parler comme ça.

■ To *suggest* what someone *might* do, **si** can be used with the imperfect as a question.

> | Si **vous veniez** à 8 heures? | *How about coming at 8 o'clock?* |
> | Si **j'allais** au supermarché? | *What if I went to the supermarket?* |
> | Si **nous jouions** aux cartes? | *How about a game of cards?* |

12. **Aujourd'hui même** (*This very day*).   Faites des suggestions. Si ces personnes doivent faire quelque chose, pourquoi pas aujourd'hui? Mettez l'infinitif à l'imparfait et ajoutez **aujourd'hui même**.

Modèle: Sébastien doit écrire à ses parents.
S'il écrivait à ses parents aujourd'hui même?

1. Nous devons aller au restaurant.
2. Les Bernard doivent rendre visite à leurs enfants.
3. Je dois inviter Laurence à dîner.
4. Vous devez venir voir ma maison.
5. Nous devons faire un voyage.

13. **Deux solutions.**   Pour chaque «problème» vous devez suggérer deux solutions.

Modèle: Nous avons faim.
Si vous mangiez quelque chose?
Si nous allions au restaurant?

1. Nous avons un examen demain.
2. Je suis malade.
3. Paul a besoin d'argent.
4. Je dois contacter mes amis.
5. J'ai soif.
6. Nous devons faire de l'exercice physique.
7. Nos amis sont tristes.

ENTRE AMIS Un bonnet de nuit
(party-pooper; wet blanket)

Your partner is a party-pooper. Try to suggest different activities. S/he will find some excuse (e.g., "I have to study") and refuse at least the first three suggestions.

1. Suggest ordering a pizza.
2. Suggest watching television.
3. Suggest going to a movie.
4. What other suggestions can you make?

3. Making Basic Hypotheses (continued)

Que feriez-vous°...   *What would you do*

		oui	non
... si vous n'aviez pas de devoirs?			
Je resterais dans ma chambre.		___	___
Je sortirais avec mes amis.		___	___
J'irais au cinéma.		___	___
Je m'amuserais.		___	___
... si, par hasard°, vous gagniez à la loterie?	*by chance*		
J'achèterais une voiture.		___	___
Je paierais mes dettes°.	*debts*	___	___
Je donnerais de l'argent aux pauvres.		___	___
Je mettrais de l'argent à la banque.		___	___
... si vous n'étiez pas étudiant(e)?			
Je chercherais du travail.		___	___
Je gagnerais de l'argent.		___	___
Je voyagerais.		___	___
J'irais en France.		___	___

F. Le conditionnel

Je pourrais apporter quelque chose?	*Could I bring something?*
J'aimerais inviter les Martin.	*I would like to invite the Martins.*
Ils viendraient si tu leur téléphonais maintenant.	*They would come if you called them now.*

■ The conditional is used to express hypotheses and also politely stated requests or wishes.

■ The conditional is formed by adding the imperfect endings (-ais, -ais, -ait, -ions, -iez, -aient) to the future stem (see Chapter 12).

aimer		
j'	aimer	ais
tu	aimer	ais
il/elle/on	aimer	ait
nous	aimer	ions
vous	aimer	iez
ils/elles	aimer	aient

vendre		
je	vendr	ais
tu	vendr	ais
il/elle/on	vendr	ait
nous	vendr	ions
vous	vendr	iez
ils/elles	vendr	aient

■ Remember that a number of verbs have irregular future stems (see Chapter 12). These verbs use the same irregular stem in the conditional. The endings, however, are always regular.

être	ser-	je **serais**	*I would be*
avoir	**aur-**	j'**aurais**	*I would have*
faire	**fer-**	je **ferais**	*I would do*
aller	**ir-**	j'**irais**	*I would go*
venir	**viendr-**	je **viendrais**	*I would come*
devenir	**deviendr-**	je **deviendrais**	*I would become*
vouloir	**voudr-**	je **voudrais**	*I would like*
pouvoir	**pourr-**	je **pourrais**	*I could;*
			I would be able
devoir	**devr-**	je **devrais**	*I should; I ought to*
savoir	**saur-**	je **saurais**	*I would know*

■ Impersonal expressions also have conditional forms.

infinitive	present	conditional
pleuvoir	il pleut	**il pleuvrait**
falloir	il faut	**il faudrait**
valoir mieux	il vaut mieux	**il vaudrait mieux**

■ Since **-e-** is *pronounced* as [ə] before the sound combination [Rj], it is never dropped in the **nous** and **vous** forms of the conditional of **-er** verbs and of irregular verbs such as **vous feriez** and **nous serions.**

future	conditional
nous danserons	nous danserions
vous chanterez	vous chanteriez
nous serons	nous serions
vous ferez	vous feriez

■ The conditional is used to make a polite request or suggestion because the present is often considered rather harsh or brusk. **Devoir** is often the verb used to make a polite suggestion.

Je **veux** une tasse de café.	*I want a cup of coffee.*
Je **voudrais** une tasse de café.	*I would like a cup of coffee.*
Vous **devez** faire attention.	*You must pay attention.*
Vous **devriez** faire attention.	*You should (ought to) pay attention.*

■ Hypothetical statements referring to what would happen if something else were also to take place can be made by using **si** + imperfect with a clause in the conditional. Such hypotheses are not as certain actually to occur as those expressed by **si** + present with a clause in the future (see page 503).

Si j'étais libre, **je sortirais** avec mes amis.	*If I were free, I would go out with my friends.*
Que **feriez-vous si** vous **étiez** riche?	*What would you do, if you were rich?*

14. **Que ferais-tu?** Lisez ce questionnaire et répondez à chaque question. Interviewez ensuite votre partenaire en mettant les phrases à la forme interrogative avec **tu.** Comparez vos réponses.

Modèle: VOUS: **Si tu avais besoin d'argent, est-ce que tu écrirais à tes parents?**

VOTRE PARTENAIRE: **Non, je n'écrirais pas à mes parents. Et toi?**

1. Si j'avais besoin d'argent, ...

	oui	*non*
j'écrirais à mes parents.	——	——
je chercherais du travail.	——	——
je vendrais mon livre de français.	——	——
j'irais voir mes amis.	——	——
je pleurerais.	——	——

2. Si j'avais «F» à l'examen, ...

je pleurerais.	——	——
je serais fâché(e).	——	——
je serais très triste.	——	——
je téléphonerais à mes parents.	——	——
je resterais dans ma chambre.	——	——
j'arrêterais mes études.	——	——

3. Si on m'offrait une Mercédès, ...

je l'accepterais.	——	——
je la garderais (*would keep it*).	——	——
je la vendrais.	——	——
je la donnerais à mes parents.	——	——
je l'échangerais contre (*would trade it for*) une Renault.	——	——

15. **Quelle audace!** (*What nerve!*) Mettez le verbe au conditionnel pour être plus poli(e).

Modèle: Vous devez parler plus fort (*loudly*).
Vous devriez parler plus fort.

1. Je peux vous poser une question?
2. Avez-vous l'heure?
3. Pouvez-vous me dire votre nom?
4. Faites-vous la cuisine ce soir, par hasard?
5. Si oui, je suis libre.
6. Je veux un steak-frites.
7. C'est très gentil de m'inviter.
8. J'aime mon steak saignant (*rare*).

bloody

16. **Quel conseil donneriez-vous?** Utilisez le verbe **devoir** au conditionnel pour suggérer ce qu'il faudrait faire. Pourriez-vous donner deux suggestions pour chaque phrase?

Modèle: Nous n'avons pas de bonnes notes.
Vous devriez étudier.
Vous ne devriez pas sortir tous les soirs.

1. Marc a très faim.
2. Nos amis ont soif.
3. Nous sommes en retard.
4. Robert et Anne sont malades.
5. Gertrude est fatiguée.
6. Je n'ai pas envie de sortir ce soir.
7. Notre professeur donne beaucoup de devoirs.

moins

17. **À vous.** Répondez.

1. Où habiteriez-vous si vous étiez riche?
2. Quelle sorte de voiture auriez-vous?
3. À qui donneriez-vous de l'argent?
4. Qu'est-ce que vous achèteriez?
5. Si vous étiez professeur, qu'est-ce que vous enseigneriez (*would teach*)?
6. Donneriez-vous beaucoup de devoirs à vos étudiants? Pourquoi ou pourquoi pas?

5.11.93

> ### ENTRE AMIS   Des châteaux en Espagne
> (*Daydreams*)
>
> 1. Find out what your partner would do if s/he had a lot of money.
> 2. Ask where s/he would live.
> 3. Find out if s/he would buy a car and, if so, what kind.
> 4. Tell your partner s/he should give you some money and explain why.

Révision et Intégration

A. **Le témoin** (*The witness*).   Un ami francophone a vu un accident. Faites une liste de questions que vous pourriez lui poser.

B. **Un remue-méninges** (*Brainstorming*).   Faites une liste de choses que vous pourriez faire avec cinquante dollars.

C. **Quelques suggestions**

1. Citez trois choses qu'on pourrait donner à un(e) ami(e) pour son anniversaire.
2. De quoi les étudiants ont-ils besoin pour être heureux sur votre campus? (trois choses)
3. Proposez trois suggestions pour les prochaines vacances.
4. Quelles sont trois choses que vous feriez si vous étiez en France?

D. **À vous.**   Répondez.

1. Quelle sorte de maison aimeriez-vous avoir un jour?
2. Qu'est-ce qu'un étudiant devrait faire pour réussir au cours de français?
3. Que feriez-vous à la place du professeur? Pourquoi?
4. Qu'est-ce que vous apporteriez si vous étiez invité(e) chez une famille française?
5. Si vous alliez faire un long voyage et si vous deviez inviter quelqu'un, qui vous accompagnerait et pourquoi?

E. *Rédaction:* **Un accident.** You are in France and your family has exchanged houses and cars with a French family for the summer. Unfortunately you have had an accident. Write home to tell the French family what happened.

Lecture

A. **Le savoir-vivre.** Répondez selon l'étiquette de votre pays.

1. Est-ce qu'on devrait apporter quelque chose quand on est invité à dîner chez des amis? Si oui, qu'est-ce qu'on pourrait offrir d'apporter?
2. Est-ce qu'on apporte quelque chose sans demander à l'hôte (l'hôtesse)? Si oui, qu'est-ce qu'on pourrait apporter?
3. Est-ce qu'il y a des cadeaux (*gifts*) qui offenseraient (*would offend*) votre hôte (hôtesse)?
4. Combien de fleurs donne-t-on normalement comme cadeau?

Une lettre à Mademoiselle Étiquette

Mademoiselle Étiquette,

Je suis invitée à dîner chez des amis français et je voudrais leur apporter quelque chose. J'ai pensé à une bouteille de vin ou à une boîte de bonbons. Pourriez-vous m'aider à décider? Je ne voudrais pas offenser mes amis. Qu'est-ce que je devrais faire?

Jeune étrangère[1]

1. *foreigner*

Chère jeune étrangère,

Il vaudrait mieux ne pas apporter de vin quand on est invité à dîner. Vos amis auront sans doute déjà choisi la ou les bouteilles qu'ils vont servir et vous ne pourriez pas savoir quel vin choisir. Pour ce qui est des[2] bonbons, ils font grossir et il serait préférable de ne pas leur en donner. Leur offrir des bonbons serait une tentation[3] pour eux. Le geste classique, en France au moins, reste les fleurs. Mais attention de ne pas leur donner de chrysanthèmes, car ce sont les fleurs qu'on achète le jour de la Toussaint.[4] Choisissez un beau bouquet de roses, par exemple, et, donnez, de préférence,[5] un nombre impair[6] de fleurs.

Bon appétit,

Mademoiselle Étiquette

2. With respect to   3. temptation   4. All Saints' Day   5. preferably   6. odd

B. **Vrai ou faux.** Décidez si les phrases suivantes sont vraies ou fausses selon la lecture. Si une phrase est fausse, corrigez-la.

1. L'étrangère ne sait pas s'il est possible de donner du vin ou des bonbons.
2. Elle demande à Mademoiselle Étiquette de l'aider.
3. En France on offre quelque chose à boire.
4. Il ne faut pas offrir de roses.
5. Quand on offre des fleurs en France, on en donne d'habitude trois, cinq, sept, etc.

IL Y A UN GESTE

De bons amis. The index fingers of both hands are aligned side by side (in Avignon and Besançon) or linked (in Rouen) to indicate the closeness of the friendship: **Nous sommes comme ça.**

In Angers and Tours, the index and middle finger of the same hand are sometimes crossed to show this relationship: **Comme les deux doigts de la main.**

A. **Étude du vocabulaire.** Étudiez les phrases suivantes. Essayez de deviner le sens des mots en caractères gras.

1. Est-ce qu'on peut camper ici? Je ne sais pas; demandez au **responsable** du camp.
2. **Je ne suis pas en mesure de** répondre à cette question. Posez-la à un spécialiste.
3. Marc étudie beaucoup et **pourtant** il ne réussit pas.
4. Paul a changé d'emploi. Il espère gagner **davantage** d'argent.
5. J'ai envie de lire; achetez-moi **n'importe quel** journal. Ça m'est égal.
6. Jacques est **nettement** plus grand que sa sœur. Mais il est beaucoup plus âgé qu'elle aussi.
7. Pour construire une autoroute, on utilise du **béton.**
8. Tchernobyl était une **centrale** nucléaire russe.

B. **Opinions.** Décidez si vous êtes d'accord avec les phrases suivantes.

1. L'énergie nucléaire est nécessaire pour l'indépendance économique de mon pays.
2. Toutes les centrales nucléaires sont dangereuses.
3. C'est aux États-Unis que les centrales nucléaires produisent le plus grand pourcentage d'électricité.
4. Il y a déjà eu un accident nucléaire aux États-Unis.
5. Il y a déjà eu un accident nucléaire en Russie.

La France nucléaire

«Oui, je crois à la possibilité d'un accident. Ce qui serait dangereux, c'est que je n'y croie pas.» De la part du responsable de la sûreté nucléaire à EDF (Électricité de France), Pierre Tanguy, de tels propos[1] peuvent surprendre. Mais ils illustrent en fait une nouvelle attitude d'EDF après l'accident de Tchernobyl, où l'improbable est arrivé. «C'est en étant[2] sûr que l'accident peut arriver qu'on est le mieux en mesure de l'éviter[3], poursuit[4] Pierre Tanguy. De toute façon[5], je n'arrive pas à imaginer qu'on puisse avoir en France des rejets extérieurs tels[6] qu'une de nos centrales risque de faire des victimes dans la population.»

Pourtant, la France accumule davantage de risques statistiques que n'importe quel autre pays. Au nom de l'indépendance énergétique, elle a la première place pour la part du nucléaire dans l'électricité produite: 70%. Un record, comparé aux Américains, qui en sont à 16%, et aux Soviétiques, à 11%. De plus, la France possède 44 réacteurs électronucléaires qui se trouvent dans un espace[7] nettement plus restreint[8] et plus peuplé. En cas d'incident, pouvons-nous réussir une évacuation de

135.000 personnes, comme à Tchernobyl? Les experts français prévoient[9] l'évacuation des habitants dans un rayon[10] de seulement 5 kilomètres autour de la centrale et le confinement des habitants chez eux jusqu'à 10 kilomètres, mais il n'y a pas de plan de secours à grande échelle[11] plus loin. «Ce n'est pas du laxisme», explique Jean Petit, directeur adjoint de l'Institut de protection et de sûreté nucléaire. La raison de cette assurance? «Des fuites[12] radioactives dans l'atmosphère ne peuvent pas s'échapper[13] des centrales françaises, affirme-t-on à EDF. Car, à la différence de ceux des Soviétiques, nos réacteurs sont enfermés sous un dôme de béton de 90 centimètres d'épaisseur[14].» C'est ainsi que l'accident de Three Mile Island, aux États-Unis, n'a pas fait de victimes, car dans la centrale américaine les poisons radioactifs sont restés enfermés dans le dôme de béton.

Adapté de «Risques: le système France»,
Le Point (n° 761)

1. *such words* 2. *by being* 3. *avoid* 4. *continues* 5. *In any case* 6. *discharge to the degree* 7. *space* 8. *smaller* 9. *foresee* 10. *radius* 11. *large scale* 12. *leaks* 13. *escape* 14. *90 centimeters thick*

Un réacteur électronucléaire dans la vallée de la Loire

C.

Vrai ou faux? Décidez si les phrases suivantes sont vraies ou fausses d'après la lecture. Si une phrase est fausse, corrigez-la.

1. Les centrales nucléaires françaises sont meilleures que celles des Russes.
2. La centrale nucléaire de Three Mile Island était exactement comme celle de Tchernobyl.
3. Pierre Tanguy est sûr qu'il n'y aura jamais de problème.
4. D'après Tanguy, personne ne sera tué (*killed*) s'il y a un accident nucléaire.
5. L'EDF est sûre qu'il n'y aura jamais de fuite.
6. S'il y a un problème, les Français ont l'intention d'évacuer tous les gens qui habitent très près de la centrale.

D.

À votre avis

1. Êtes-vous pour ou contre l'utilisation de l'énergie nucléaire? Expliquez votre réponse.
2. Que pensez-vous de la sûreté du système nucléaire français?

Vocabulaire actif

Noms

un accident	*accident*	un(e) idiot(e)	*idiot*
un(e) automobiliste	*driver*	un(e) imbécile	*imbecile*
la chaussée	*pavement*	une faute	*fault; mistake*
un conducteur/une conductrice	*driver*	un gendarme	*policeman*
une contravention	*traffic ticket*	une marque	*make, brand*
une dette	*debt*	la mort	*death*
les études (*f.pl.*)	*studies*	un témoin	*witness*

Adjectifs

blessé(e)	*wounded*	pâle	*pale*
glissant(e)	*slippery*	physique	*physical*
ivre	*drunk*	saignant(e)	*rare, undercooked*

Verbes

accepter	*to accept*
assurer	*to assure; to insure*
déraper	*to skid*
devoir	*to owe; to have to; to be probably; to be supposed to*
échanger ... contre	*to trade ... for*
enseigner	*to teach*
entendre parler de	*to hear about*
entrer en collision	*to hit; to collide*
freiner	*to brake*
garder	*to keep*
heurter	*to hit; to run into (something)*
rouler	*to go; to roll*

Adverbe

fort   *loudly; with strength*

Pronom

personne (ne ... personne)   *no one; nobody; not anyone*

Préposition

contre   *against; (in exchange) for*

Expressions utiles

juste derrière	*right behind*
par hasard	*by chance*

Escale 4

LA MARTINIQUE

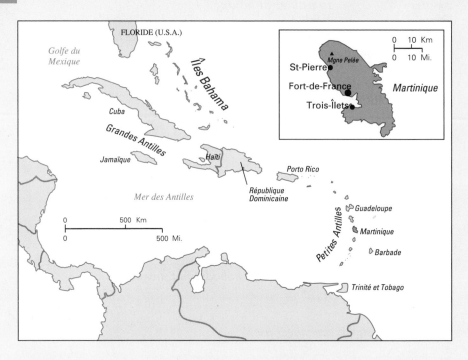

STATUT LÉGAL:	département français d'outre-mer
LANGUE OFFICIELLE:	français
AUTRE LANGUE:	créole
MONNAIE:	franc français
CAPITALE:	Fort-de-France
SUPERFICIE:	1.116 km² (équivalente à celle de la ville de Los Angeles; 1/2 du Rhode Island)
POPULATION:	329.000 (équivalente à celle de Portland, Oregon, ou à celle de Virginia Beach)
RELIGION:	catholique
EXPORTS PRINCIPAUX:	canne à sucre, rhum, tabac, bananes, ananas, produits pétroliers
CLIMAT:	chaud, tropical, ensoleillé
VOLCAN:	montagne Pelée

1. **Vrai ou faux?** Dites si les phrases suivantes sont vraies ou fausses. Si une phrase est fausse, corrigez-la.

1. La Martinique est un pays indépendant.
2. La Martinique se trouve en Afrique.
3. La Martinique est plus petite que le Connecticut.
4. La plupart des exportations de la Martinique sont agricoles.

2. **Que savez-vous?** Nommez ...

1. quatre îles qui font partie des Grandes Antilles.
2. trois îles qui se trouvent aux Petites Antilles.
3. deux fruits qui viennent de la Martinique.
4. une ville qui se trouve à la Martinique.

L'histoire de la Martinique

C'est Christophe Colomb qui a découvert la Martinique en 1502. Un siècle plus tard, en 1635, Pierre Belain d'Esnambuc a pris possession de l'île pour la France. Les colons français ont commencé à arriver à la Martinique à partir de cette date.

Au dix-huitième siècle, les Anglais, comme les Français, voulaient contrôler les îles des Caraïbes et les deux pays se sont beaucoup disputés. L'Angleterre a pris possession de la Martinique en 1762, mais en 1763, le Traité de Paris a fait don de l'île définitivement à la France (à condition qu'elle renonce au Québec).

La Martinique est un pays agricole. Aux dix-huitième et dix-neuvième siècles, des esclaves travaillaient dans les plantations de l'île. Mais en 1848, la France a aboli l'esclavage et 74.000 esclaves ont été libérés. Au vingtième siècle, l'agriculture est devenue moins importante pour l'économie de l'île et le tourisme a remplacé la culture de la canne à sucre, des bananes et des ananas pour devenir l'activité économique principale. Après la Seconde Guerre mondiale, la Martinique est devenue un département d'outre-mer (un «DOM»).[1] Cela veut dire que la Martinique fait partie intégrante de la France (comme Hawaii fait partie des États-Unis). Tous les Martiniquais sont des citoyens français, avec les mêmes droits qu'en France. Ils participent à toutes les élections françaises et ont le droit d'élire trois députés à l'Assemblée nationale et deux sénateurs au Sénat à Paris.

1. Les autres départements et territoires d'outre-mer sont: la Guyane (en Amérique du Sud); la Guadeloupe (aux Antilles); la Polynésie française, les îles Wallis-et-Futuna, et la Nouvelle-Calédonie (dans l'océan Pacifique); la Réunion et Mayotte (dans l'océan Indien); Saint-Pierre-et-Miquelon (à l'est du Canada); et l'Antarctique française.

3. **Avez-vous compris?** Répondez.

1. Qui a été le premier Européen à découvrir la Martinique?
2. Quels produits agricoles sont traditionnellement importants pour l'économie martiniquaise?
3. Quelle activité est la plus importante pour l'économie martiniquaise aujourd'hui?
4. Les Martiniquais peuvent-ils voter aux élections françaises?
5. Quel est le statut légal de la Martinique? Depuis combien de temps la Martinique a-t-elle ce statut?

La Martiniquaise la plus célèbre aujourd'hui, c'est probablement Marie-Josèphe-Rose Tascher de la Pagerie. Elle est née en 1763 à Trois-Islets à la Martinique. Son père, ancien officier dans la marine française, était propriétaire d'une plantation à Trois-Islets où elle a passé sa jeunesse.

En 1779, elle s'est mariée avec un beau vicomte français, Alexandre de Beauharnais, et ils se sont installés à Paris. Ils ont eu deux enfants, mais le mariage n'a pas bien marché. En 1785, elle s'est séparée de Beauharnais et est rentrée à la Martinique.

Après quelques années, elle a décidé de retourner à Paris. On avait guillotiné son mari pendant la Révolution. À Paris elle a fait la connaissance d'un jeune officier très ambitieux qui venait de la Corse. Il est tombé amoureux d'elle et en 1796, ils se sont mariés. Il l'appelait toujours «Joséphine».

Le jeune officier s'appelait Napoléon Bonaparte. En 1804, il est devenu Empereur de la France, et Joséphine est devenue Impératrice. Ils s'aimaient beaucoup, mais ils étaient sans enfants et Napoléon désirait vivement avoir un fils. Alors, en 1809, Napoléon a décidé de divorcer d'avec elle et de se marier avec Marie-Louise d'Autriche. Joséphine s'est retirée à Malmaison, le château non loin de Paris que Napoléon lui avait donné et qui avait été leur lieu de séjour préféré. Elle y a passé le reste de sa vie. On dit que Napoléon lui faisait des visites et qu'il a même amené son fils une fois pour le lui montrer. Elle est morte à Malmaison en 1814.

4. À vous. Répondez.

1. Qui est Joséphine? Avez-vous entendu parler d'elle?
2. D'où venait Napoléon? Regardez la carte sur la couverture intérieure de votre livre pour trouver son pays natal.
3. Est-ce que Joséphine a eu des enfants? Est-ce que Napoléon a eu des enfants?
4. Où a-t-elle passé sa vie après son divorce?

La montagne Pelée

Vous avez sans doute entendu parler de la destruction de la ville de Pompéi par le volcan Vésuve en 79 après Jésus-Christ. La ville entière a été détruite et 1.000 personnes y sont mortes. Mais savez-vous qu'il y a eu une éruption volcanique encore plus catastrophique au vingtième siècle à la Martinique?

Au début de ce siècle, le centre commercial de la Martinique était à Saint-Pierre. C'était la ville la plus peuplée de l'île (26.000 habitants): une ville très riche, très européenne, avec ses églises, ses théâtres et son journal. Elle se trouvait à côté de la montagne Pelée.

À la fin d'avril 1902, il était évident que le volcan était prêt à entrer en éruption. Beaucoup de cendres et de fumée sortaient du volcan. Il y avait de graves tremblements de terre et la rivière débordait. Mais personne ne pouvait ni ne voulait croire que la ville principale de l'île était en danger. On a conseillé aux paysans dans la campagne de venir à Saint-Pierre, où ils seraient en sécurité. Le gouverneur a même envoyé des soldats à Saint-Pierre pour forcer la population à rester dans la ville. Le résultat: au début du mois de mai, plus de 30.000 personnes résidaient dans la ville.

Entre le 15 avril et le 8 mai, de petites éruptions du volcan et des inondations avaient déjà tué plus de 200 personnes. On se demande pourquoi les autorités coloniales refusaient catégoriquement d'évacuer la ville. Voilà la raison: une élection devait avoir lieu le 11 mai, et le gouvernement croyait qu'il était essentiel que l'élection ne soit pas annulée. De plus, les autorités avaient peur du chaos qui arriverait si on évacuait la plus grande ville de l'île.

Le matin du 8 mai 1902, Pelée a fait éruption. La population entière de Saint-Pierre en est morte—30.000 personnes—et la ville a été complètement détruite. On dit aujourd'hui que Pelée n'est plus active, mais on ne sait jamais.

Verbes

Verbes réguliers

Infinitif	Présent	Passé Composé	Imparfait
1. parler	je parle tu parles il/elle/on parle nous parlons vous parlez ils/elles parlent	j' ai parlé tu as parlé il/elle/on a parlé nous avons parlé vous avez parlé ils/elles ont parlé	je parlais tu parlais il/elle/on parlait nous parlions vous parliez ils/elles parlaient
2. finir	je finis tu finis il/elle/on finit nous finissons vous finissez ils/elles finissent	j' ai fini tu as fini il/elle/on a fini nous avons fini vous avez fini ils/elles ont fini	je finissais tu finissais il/elle/on finissait nous finissions vous finissiez ils/elles finissaient
3. attendre	j' attends tu attends il/elle/on attend nous attendons vous attendez ils/elles attendent	j' ai attendu tu as attendu il/elle/on a attendu nous avons attendu vous avez attendu ils/elles ont attendu	j' attendais tu attendais il/elle/on attendait nous attendions vous attendiez ils/elles attendaient
4. se laver	je me lave tu te laves il/on se lave elle se lave nous nous lavons vous vous lavez ils se lavent elles se lavent	je me suis lavé(e) tu t'es lavé(e) il/on s'est lavé elle s'est lavée nous nous sommes lavé(e)s vous vous êtes lavé(e)s ils se sont lavés elles se sont lavées	je me lavais tu te lavais il/on se lavait elle se lavait nous nous lavions vous vous laviez ils se lavaient elles se lavaient

Impératif	Futur	Conditionnel	Subjonctif
parle	je parlerai	je parlerais	que je parle
parlons	tu parleras	tu parlerais	que tu parles
parlez	il/elle/on parlera	il/elle/on parlerait	qu' il/elle/on parle
	nous parlerons	nous parlerions	que nous parlions
	vous parlerez	vous parleriez	que vous parliez
	ils/elles parleront	ils/elles parleraient	qu' ils/elles parlent
finis	je finirai	je finirais	que je finisse
finissons	tu finiras	tu finirais	que tu finisses
finissez	il/elle/on finira	il/elle/on finirait	qu' il/elle/on finisse
	nous finirons	nous finirions	que nous finissions
	vous finirez	vous finiriez	que vous finissiez
	ils/elles finiront	ils/elles finiraient	qu' ils/elles finissent
attends	j' attendrai	j' attendrais	que j'attende
attendons	tu attendras	tu attendrais	que tu attendes
attendez	il/elle/on attendra	il/elle/on attendrait	qu' il/elle/on attende
	nous attendrons	nous attendrions	que nous attendions
	vous attendrez	vous attendriez	que vous attendiez
	ils/elles attendront	ils/elles attendraient	qu' ils/elles attendent
lave-toi	je me laverai	je me laverais	que je me lave
lavons-nous	tu te laveras	tu te laverais	que tu te laves
lavez-vous	il/on se lavera	il/on se laverait	qu' il/on se lave
	elle se lavera	elle se laverait	qu'elle se lave
	nous nous laverons	nous nous laverions	que nous nous lavions
	vous vous laverez	vous vous laveriez	que vous vous laviez
	ils se laveront	ils se laveraient	qu'ils se lavent
	elles se laveront	elles se laveraient	qu'elles se lavent

Verbes réguliers avec changements orthographiques

Infinitif	Présent		Passé Composé	Imparfait
1. manger	je mange tu manges il/elle/on mange	nous mangeons vous mangez ils/elles mangent	j'ai mangé	je mangeais
2. avancer	j' avance tu avances il/elle/on avance	nous avançons vous avancez ils/elles avancent	j'ai avancé	j'avançais
3. payer	je paie tu paies il/elle/on paie	nous payons vous payez ils/elles paient	j'ai payé	je payais
4. préférer	je préfère tu préfères il/elle/on préfère	nous préférons vous préférez ils/elles préfèrent	j'ai préféré	je préférais
5. acheter	j' achète tu achètes il/elle/on achète	nous achetons vous achetez ils/elles achètent	j'ai acheté	j'achetais
6. appeler	j' appelle tu appelles il/elle/on appelle	nous appelons vous appelez ils/elles appellent	j'ai appelé	j'appelais

Impératif	Futur	Conditionnel	Subjonctif	*Autres verbes*
mange mangeons mangez	je mangerai	je mangerais	que je mange que nous mangions	exiger nager neiger voyager
avance avançons avancez	j'avancerai	j'avancerais	que j'avance que nous avancions	commencer divorcer
paie payons payez	je paierai	je paierais	que je paie que nous payions	essayer
préfère préférons préférez	je préférerai	je préférerais	que je préfère que nous préférions	espérer exagérer répéter s'inquiéter
achète achetons achetez	j'achèterai	j'achèterais	que j'achète que nous achetions	lever se lever se promener
appelle appelons appelez	j'appellerai	j'appellerais	que j'appelle que nous appelions	épeler jeter s'appeler

Verbes irréguliers

To conjugate the irregular verbs on the top of the opposite page, consult the verbs conjugated in the same manner, using the number next to the verbs. The verbs preceded by a bullet are conjugated with the auxiliary verb **être**. Of course, when the verbs in this chart are used with a reflexive pronoun (as reflexive verbs), the auxiliary verb **être** must be used in compound tenses.

Infinitif	Présent		Passé Composé	Imparfait
1. aller	je vais tu vas il/elle/on va	nous allons vous allez ils/elles vont	je suis allé(e)	j'allais
2. s'asseoir	je m'assieds tu t'assieds il/elle/on s'assied	nous nous asseyons vous vous asseyez ils/elles s'asseyent	je me suis assis(e)	je m'asseyais
3. avoir	j'ai tu as il/elle/on a	nous avons vous avez ils/elles ont	j'ai eu	j'avais
4. battre	je bats tu bats il/elle/on bat	nous battons vous battez ils/elles battent	j'ai battu	je battais
5. boire	je bois tu bois il/elle/on boit	nous buvons vous buvez ils/elles boivent	j'ai bu	je buvais
6. conduire	je conduis tu conduis il/elle/on conduit	nous conduisons vous conduisez ils/elles conduisent	j'ai conduit	je conduisais
7. connaître	je connais tu connais il/elle/on connaît	nous connaissons vous connaissez ils/elles connaissent	j'ai connu	je connaissais
8. croire	je crois tu crois il/elle/on croit	nous croyons vous croyez ils/elles croient	j'ai cru	je croyais
9. devoir	je dois tu dois il/elle/on doit	nous devons vous devez ils/elles doivent	j'ai dû	je devais

apprendre 23
comprendre 23
couvrir 19
découvrir 19
décrire 11

detruire 5
• devenir 26
dormir 20
élire 15
• s'endormir 20

offrir 19
permettre 16
promettre 16
réduire 5

• repartir 20
• revenir 30
revoir 27
sentir 20

sortir 20
sourire 24
traduire 5
valoir mieux 14

Impératif	Futur	Conditionnel	Subjonctif
va allons allez	j'irai	j'irais	que j'aille que nous allions
assieds-toi asseyons-nous asseyez-vous	je m'assiérai	je m'assiérais	que je m'asseye que nous nous asseyions
aie ayons ayez	j'aurai	j'aurais	que j'aie que nous ayons
bats battons battez	je battrai	je battrais	que je batte que nous battions
bois buvons buvez	je boirai	je boirais	que je boive que nous buvions
conduis conduisons conduisez	je conduirai	je conduirais	que je conduise que nous conduisions
connais connaissons connaissez	je connaîtrai	je connaîtrais	que je connaisse que nous connaissions
crois croyons croyez	je croirai	je croirais	que je croie que nous croyions
dois devons devez	je devrai	je devrais	que je doive que nous devions

Infinitif	Présent		Passé Composé	Imparfait
10. dire	je dis tu dis il/elle/on dit	nous disons vous dites ils/elles disent	j'ai dit	je disais
11. écrire	j' écris tu écris il/elle/on écrit	nous écrivons vous écrivez ils/elles écrivent	j'ai écrit	j'écrivais
12. être	je suis tu es il/elle/on est	nous sommes vous êtes ils/elles sont	j'ai été	j'étais
13. faire	je fais tu fais il/elle/on fait	nous faisons vous faites ils/elles font	j'ai fait	je faisais
14. falloir	il faut		il a fallu	il fallait
15. lire	je lis tu lis il/elle/on lit	nous lisons vous lisez ils/elles lisent	j'ai lu	je lisais
16. mettre	je mets tu mets il/elle/on met	nous mettons vous mettez ils/elles mettent	j'ai mis	je mettais
17. mourir	je meurs tu meurs il/elle/on meurt	nous mourons vous mourez ils/elles meurent	je suis mort(e)	je mourais
18. naître	je nais tu nais il/elle/on naît	nous naissons vous naissez ils/elles naissent	je suis né(e)	je naissais
19. ouvrir	j' ouvre tu ouvres il/elle/on ouvre	nous ouvrons vous ouvrez ils/elles ouvrent	j'ai ouvert	j'ouvrais

Impératif	Futur	Conditionnel	Subjonctif
dis disons dites	je dirai	je dirais	que je dise que nous disions
écris écrivons écrivez	j'écrirai	j'écrirais	que j'écrive que nous écrivions
sois soyons soyez	je serai	je serais	que je sois que nous soyons
fais faisons faites	je ferai	je ferais	que je fasse que nous fassions
—	il faudra	il faudrait	qu'il faille
lis lisons lisez	je lirai	je lirais	que je lise que nous lisions
mets mettons mettez	je mettrai	je mettrais	que je mette que nous mettions
meurs mourons mourez	je mourrai	je mourrais	que je meure que nous mourions
nais naissons naissez	je naîtrai	je naîtrais	que je naisse que nous naissions
ouvre ouvrons ouvrez	j'ouvrirai	j'ouvrirais	que j'ouvre que nous ouvrions

Infinitif	Présent		Passé Composé	Imparfait
20. partir*	je pars tu pars il/elle/on part	nous partons vous partez ils/elles partent	je suis parti(e)*	je partais
21. pleuvoir	il pleut		il a plu	il pleuvait
22. pouvoir	je peux** tu peux il/elle/on peut	nous pouvons vous pouvez ils/elles peuvent	j'ai pu	je pouvais
23. prendre	je prends tu prends il/elle/on prend	nous prenons vous prenez ils/elles prennent	j'ai pris	je prenais
24. rire	je ris tu ris il/elle/on rit	nous rions vous riez ils/elles rient	j'ai ri	je riais
25. savoir	je sais tu sais il/elle/on sait	nous savons vous savez ils/elles savent	j'ai su	je savais
26. venir	je viens tu viens il/elle/on vient	nous venons vous venez ils/elles viennent	je suis venu(e)	je venais
27. voir	je vois tu vois il/elle/on voit	nous voyons vous voyez ils/elles voient	j'ai vu	je voyais
28. vouloir	je veux tu veux il/elle/on veut	nous voulons vous voulez ils/elles veulent	j'ai voulu	je voulais

*Servir, dormir, and sentir are conjugated with avoir in the passé composé. Sortir, repartir and s'endormir are conjugated with être.
**The interrogative form of je peux is puis-je ... ?

Impératif	Futur	Conditionnel	Subjonctif
pars partons partez	je partirai	je partirais	que je parte que nous partions
—	il pleuvra	il pleuvrait	qu'il pleuve
— — —	je pourrai	je pourrais	que je puisse que nous puissions
prends prenons prenez	je prendrai	je prendrais	que je prenne que nous prenions
ris rions riez	je rirai	je rirais	que je rie que nous riions
sache sachons sachez	je saurai	je saurais	que je sache que nous sachions
viens venons venez	je viendrai	je viendrais	que je vienne que nous venions
vois voyons voyez	je verrai	je verrais	que je voie que nous voyions
veuille veuillons veuillez	je voudrai	je voudrais	que je veuille que nous voulions

Vocabulaire

Français-Anglais

This vocabulary list includes all of the words and phrases included in the *Vocabulaire actif* sections of *Entre amis*, as well as the passive vocabulary used in the text. The definitions given are limited to the context in which the words are used in this book. Entries for active vocabulary are followed by the number of the chapter in which they are introduced for the first time. If a word is formally activated in more than one chapter, a reference is given for each chapter. Some entries are followed by specific examples from the text. Expressions are listed according to their key word. In subentries, the symbol ~ indicates the repetition of the key word.

Regular adjectives are given in the masculine form, with the feminine ending in parentheses. For irregular adjectives, the full feminine form is given in parentheses.

The gender of each noun is indicated after the noun. Irregular feminine or plural forms are also noted beside the singular form.

The following abbreviations are used.

CP   Chapitre préliminaire

adj.	adjective	*m.*	masculine
adv.	adverb	*m.pl.*	masculine plural
art.	article	*n.*	noun
conj.	conjunction	*pl.*	plural
f.	feminine	*prep.*	preposition
f.pl.	feminine plural	*pron.*	pronoun
inv.	invariable	*v.*	verb

à   at, in, to 1
   ~ **côté**   next door; to the side 5
   ~ **côté de**   next to, beside 5
   ~ **droite (de)**   to the right (of) 7
   ~ **gauche (de)**   to the left (of) 7
   ~ **... heure(s)**   at ... o'clock 1
   ~ **la vôtre!**   (here's) to yours! 2
   ~ **l'heure**   on time 7
   ~ **l'intérieur de**   inside 6
   ~ **midi**   at noon 1
   ~ **minuit**   at midnight 1
   ~ **toute vitesse**   at top speed 10
   ~ **travers**   throughout
   être ~   to belong to 6
abord: d' ~   at first 5
absolument   absolutely 10

accepter   to accept 15
accident *m.*   accident 15
accompagner   to accompany 6
accord *m.*   agreement
   d' ~   okay 5
   être d' ~ **(avec)**   to agree (with) 1, 11
accordéon *m.*   accordion 6
acheter   to buy 9
acteur / actrice *m./f.*   actor / actress 1
activité *f.*   activity 11
actuellement   now 14; nowadays
addition *f.*   (restaurant) bill, check 8; addition
adieu *m.* (*pl.* **adieux**)   farewell
adjoint au maire *m.* deputy mayor

adorer   to adore; to love 2
adresse *f.*   address 4
aéroport *m.*   airport 5
affaires *f.pl.*   business 4
   homme / femme d' ~ *m./f.*   businessman / woman 4
affreux(affreuse)   horrible 8
âge *m.*   age 3
   quel ~ **avez-vous?**   how old are you? 1
âgé(e)   old 11
agent (de police) *m.*   (police) officer 7
agir: il s'agit de   it's (*lit.* it's a matter of)
ago   il y a ...
agrumes *m.pl.*   citrus fruits

aider to help 4
aïe! ouch! 6
ail *m.* garlic 8
aimable kind; nice 7
aimer to like; to love 2
  s' ~ to love each other 14
  j'aimerais ... I would like ... 13
air: avoir l' ~ to seem, to appear,
  to look 9
alcool *m.* alcohol
Allemagne *f.* Germany 5
allemand(e) German 1
aller to go 5
  ~ en ville to go into town 5
  ~ -retour *m.* round-trip ticket 12
  ~ simple *m.* one-way ticket 12
  allez à la porte! go to the door!
  CP
  allez-y go ahead, let's go 12
  je vais très bien I'm fine 2
allô! hello! *(on the phone)* 12
alors then, therefore; so 2
américain(e) American 1
ami / amie *m. / f.* friend
amicalement yours truly 2
amusant(e) amusing, funny; fun 11
s'amuser to have fun 13
  je veux m'amuser I want to have
  fun 10
an *m.* year 3
  Jour de l' ~ *m.* New Year's Day
  10
anchois *m.* anchovy 8
anglais(e) English 1
Angleterre *f.* England 5
année *f.* year 6
  ~ scolaire *f.* school year 10
anniversaire *m.* birthday 7
  ~ de mariage wedding
  anniversary 10
annonce *f.* advertisement 14
  petites annonces want ads
août *m.* August 7
apéritif *m.* before-dinner drink 8
appartement *m.* apartment 3
appauvrir: ~ l'épiderme to harm
  the skin
s'appeler to be named, be called 13

comment vous appelez-
  vous? what is your name? 1
  je m'appelle ... my name is ... 1
appétit *m.* appetite
  bon ~! have a good meal! 13
apporter to bring 8
apprendre to learn; to teach 8
après after 4
après-demain day after tomorrow
  12
après-midi *m.* afternoon 1
  de l' ~ in the afternoon 5
arabe *m.* Arabic 5; Arab
arachide *f.* peanut
arbre *m.* tree
argent *m.* money 8
arrêt (d'autobus) *m.* (bus) stop 10
arrêter to stop 10
  arrêtez stop CP
arriver to arrive; to happen 7
  qu'est-ce qui est arrivé? what
  happened? 14
aspirine *f.* aspirin
s'asseoir to sit down 13
  asseyez-vous! sit down! CP
assez sort of, rather, enough 1
  ~ bien fairly well 2
  ~ mal rather poorly 2
  en avoir ~ to be fed up 11
assiette *f.* plate 8
assister (à) to attend 14
assurer to assure; to insure 15
attacher to attach; to put on 10
attendre to wait (for) 9
attentif(attentive) attentive 10
attention: faire ~ to pay attention
  4
au revoir good-bye 1
aujourd'hui today 4
aussi also, too 1; as 11
  ~ ... que as ... as ... 11
autant (de) as much 11
autocar *m.* tour bus 12
automne *m.* fall 7
automobiliste *m. / f.* driver 15
autoroute *f.* turnpike; throughway,
  highway 12
autre other 3

avance *f.* advance
  en ~ early 7
avancer to advance 10
avant before 5
avare miserly 4
avec with 2
avenir *m.* future
averse *f.* (rain) shower
avertissement *m.* warning 14
avion *m.* airplane 7
avis *m.* opinion, advice
  à mon (à ton, etc.) ~ in my
  (your, etc.) opinion 11
avoir to have 3
  ~ besoin de to need 9
  ~ chaud to be hot 8
  ~ envie de to want to; to feel
  like 5
  ~ faim to be hungry 8
  ~ froid to be cold 8
  ~ l'air to seem, to appear, to
  look 9
  ~ lieu to take place 11
  ~ l'intention de to plan to 5
  ~ mal (à) to be sore, to have a
  pain (in) 9
  ~ peur to be afraid 8
  ~ pitié(de) to have pity (on), to
  feel sorry (for) 10
  ~ raison to be right 8
  ~ rendez-vous to have an
  appointment, meeting 4
  ~ soif to be thirsty 8
  ~ sommeil to be sleepy 8
  ~ tendance à to tend to 12
  ~ tort to be wrong; to be
  unwise 8
  en ~ assez to be fed up 11
  qu'est-ce que tu as? what's the
  matter with you? 9
avril *m.* April 7

bague *f.* ring 14
baignoire *f.* bathtub 12
bal *m.* dance, ball 10
bande dessinée *f.* comic strip 6
banque *f.* bank 5
basket-ball (basket) *m.* basketball 6

baskets *m.pl.* high-top sneakers 4
bâtiment *m.* building 5
batterie *f.* drums 6
bavard(e) talkative 4
beau / bel / belle / beaux / belles
　handsome, beautiful 1
　il fait ~ it's nice out CP, 7
beau-frère *m.* (*pl.* **beaux-frères**)
　brother-in-law 3
beau-père *m.* (*pl.* **beaux-pères**)
　stepfather (or father-in-law) 3
beaucoup a lot 2; much, many
beaujolais *m.* Beaujolais (*wine*)
beaux-parents *m.pl.* stepparents (or
　in-laws) 3
bébé *m.* baby 7
beige beige 4
belge Belgian 1
Belgique *f.* Belgium 5
belle-mère *f.* (*pl.* **belles-mères**)
　stepmother (or mother-in-law) 3
belle-sœur *f.* (*pl.* **belles-sœurs**)
　stepsister (or sister-in-law) 3
berk! yuck! awful! 8
besoin *m.* need
　avoir ~ de to need 9
beurre *m.* butter 8
　~ d'arachide *m.* peanut butter 8
bibliothèque *f.* library 5
bien well; fine 2
　~ sûr of course 8
bientôt soon 12
bière *f.* beer 2
billet *m.* bill (*paper money*); ticket
　9
bise *f.* kiss
bistro *m.* bar and café; bistro 5
blague *f.* joke
　sans ~! no kidding! 14
blanc(blanche) white 4
blessé(e) wounded 15
bleu(e) blue 4
bleuet *m.* blueberry (*French-
　Canadian*)
blond(e) blond 4
blouson *m.* windbreaker, jacket 4
bœuf *m.* beef 8
boire to drink 8

voulez-vous ~ quelque chose? do
　you want to drink something? 2
boisson *f.* drink, beverage 2
boîte *f.* box, can 8
bol *m.* bowl 13
bon(bonne) good 2
　bon marché *adj. inv.* inexpensive
　4
　bonne journée have a good day 1
bonbon *m.* candy 8
bonjour hello 1
bonsoir good evening 1
bordeaux *m.* Bordeaux (*wine*)
bottes *f.pl.* boots 4
bouche *f.* mouth 9
boucherie *f.* butcher shop 9
boulangerie *f.* bakery 5
boum *f.* party 10
bout *m.* end, goal
bouteille *f.* bottle 8
boutique *f.* (clothing) shop 9
bras *m.* arm 9
bridge *m.* bridge (*game*) 6
brie *m.* Brie (*cheese*)
brocoli *m.* broccoli 8
brosse *f.* brush
　~ à cheveux *f.* hairbrush
　~ à dents *f.* toothbrush 13
se brosser (les dents) to brush
　(one's teeth) 13
bruit *m.* noise 9
brun(e) brown 4
bureau *m.* (*pl.* **bureaux**) desk
　office
　~ de poste *m.* post office 5
　~ de tabac *m.* tobacco shop 5
but *m.* goal

ça (cela) that 4
　~ va? How's it going? 2
　~ va bien (I'm) fine 2
　~ veut dire ... it means ... CP
　si ~ va if that's okay 5
cachet (d'aspirine) *m.* (aspirin)
　tablet 9
cadre *m.* executive 4
café *m.* coffee 2; café
cafétéria *f.* cafeteria 5

calculatrice *f.* calculator 3
calme calm 4
camarade de chambre *m./f.*
　roommate 3
camembert *m.* Camembert (*cheese*)
campus *m.* campus 5
Canada *m.* Canada 5
canadien(ne) Canadian 1
car because
carte *f.* map 12; menu 13
　~ de crédit *f.* credit card 9
　~ postale *f.* postcard 6
cartes *f.pl.* cards (*game*) 6
cas: en tout ~ in any case
cassis *m.* blackcurrant
ce / cet / cette / ces this, that, these,
　those 4
ceinture *f.* belt 4
　~ de sécurité *f.* safety belt, seat
　belt 10
cela (ça) that 4
célèbre famous 14
célibataire single, unmarried 1
cent one hundred 9
centime *m.* centime (*1/100 of a
　franc*) 9
centre commercial *m.* shopping
　center, mall 5
cependant however
céréales *f.pl.* cereal; grains 8
certainement surely, of course 1
c'est it is, this is 1
　c'est-à-dire that is to say
　~ gentil à vous that's nice of you
　2
　~ pour vous it's for you 1
**CFA (=Communauté financière
　africaine)** African Financial
　Community
chaîne (de télé) *f.* (TV) channel 14
chaise *f.* chair 3
chambre *f.* bedroom 3; room
　camarade de ~ *m./f.* roommate
　3
champignons *m.pl.* mushrooms 8
chance *f.* luck 11
　bonne ~! good luck! 12
　quelle ~! what luck! 4

changer (de) to change 10
chanson *f.* song 10
chanter to sing 2
chanteur/chanteuse *m./f.* singer 11
chapeau *m.* (*pl.* chapeaux) hat 4
chaque each 7
charcuterie *f.* pork butcher's; delicatessen 9
charmant(e) charming 3
chat *m.* cat 3
chaud(e) hot 2
  avoir ~ to be hot 8
  il fait ~ it's hot (warm) CP, 4, 7
chauffage *m.* heat 13
chauffeur *m.* driver 10
chaussée *f.* pavement 15
chaussettes *f.pl.* socks 4
chaussures *f.pl.* shoes 4
chauve bald 4
chef *m.* head (*person in charge*); boss; chef
chemise *f.* shirt 4
chemisier *m.* blouse 4
chèque *m.* check 9
  ~ de voyage *m.* traveler's check 9
cher(chère) dear 2; expensive 4
chercher to look for 2
chéri(e) *m./f.* dear, honey 10
cheveux *m.pl.* hair 4
chèvre *m.* goat cheese
chewing-gum *m.* chewing gum 9
chez at the home of 4
  ~ toi at your house 4
chic *adj. inv.* chic; stylish 4
chien *m.* dog 3
chimie *f.* chemistry 5
Chine *f.* China 5
chinois(e) Chinese 1
chocolat chaud *m.* hot chocolate 2
choisir to choose 12
choix *m.* choice 8
chose *f.* thing 4
  quelque ~ *m.* something 2
  pas grand- ~ not much 5
chut! shh! 10
cigare *m.* cigar 6
cinéma *m.* movie theater 5
cinq five CP, 3

cinquante fifty 3
citron pressé *m.* lemonade 2
classe *f.* class
  en ~ in class; to class 4
clé *f.* key 12
climatisation *f.* air conditioning 13
coca *m.* Coca-Cola 2
code postal *m.* zip code 9
coin *m.* corner 9
combien (de) how many, how much 3
commander to order 7
comme like, as 2; how; since
  ~ ci, ~ ça so-so 2
  ~ il (elle) était ...! how ... he (she) was! 11
  ~ si ... as if ...
commencer to begin 7
  commencez! begin! CP
comment how; what 4
  ~ ? what (did you say?) CP, 2
  ~ allez-vous? how are you? 2
  ~ ça va? how is it going? 2
  ~ dit-on ...? how do you say ...? CP
  ~ est (sont) ...? what is (are) ... like? 4
  ~ est-ce qu'on écrit ...? how do you spell ...? 2
  ~ je vais faire? what am I going to do? 12
  ~ trouvez-vous ...? what do you think of ...? 2
  ~ vous appelez-vous? what is your name? 1
commentaire *m.* commentary 10
commerce *m.* business 5
communication *f.* communication
  votre ~ de ... your call from ... 1
complet *m.* suit 4
complet(complète) full; complete 12
composter (un billet) to punch (a ticket) 12
comprendre to understand 8
  je ne comprends pas I don't understand CP
compris(e) included; understood 12
comptabilité *f.* accounting 5

compter to count
condamner: être condamné(e) to be sentenced
conducteur/conductrice *m./f.* driver 15
conduire to drive 10
confirmer to confirm 12
confiture *f.* jam 8
confortable comfortable 4
confus(e) ashamed; embarrassed 14
connaître to know; to be acquainted with, to be familiar with 10
  vous ne connaissez pas la ville? don't you know the city? 7
conseil *m.* (piece of) advice 10
se consoler to console oneself 14
constamment constantly 10
constant(e) constant 10
continuer to continue
  continuez continue CP
contraire *m.* contrary, opposite
  au ~ on the contrary 8
contravention *f.* traffic ticket 15
contre against; in exchange for 15
  par ~ on the other hand
corps *m.* body 9
côté *m.* side
  à ~ next door; to the side 5
  à ~ de next to, beside 5
couche *f.*: fausse ~ miscarriage
se coucher to go to bed 13
couci-couça so-so
couleur *f.* color 4
  de quelle ~ est (sont) ...? what color is (are) ...? 4
couloir *m.* hall; corridor 5
coup *m.*: ~ d'envoi kick-off
couper to cut 13
couramment fluently 11
courir to run
cours *m.* course; class 2
  des ~ de conversation conversation courses 2
courses *f.pl.* errands, shopping 4
cousin/cousine *m./f.* cousin 3
couteau *m.* (*pl.* couteaux) knife 13

coûter to cost 9
craie *f.* chalk CP
cravate *f.* tie 4
crédit: carte de ~ *f.* credit card 9
crème *f.* cream 13
~ **de cassis** black currant liqueur 2
croire to believe, to think 14
je crois I believe 2
je crois que oui I think so 14
je ne crois pas I don't think so 14
croissance *f.* increase, growth
croissant *m.* croissant 8
crudités *f.pl.* raw vegetables 8
cuiller *f.* spoon 13
cuisine *f.* cooking; food 4; kitchen 8
cuisinière *f.* stove 3

d'abord at first 5
d'accord okay 5
être ~ (avec) to agree (with) 1,11
dame *f.* lady 13
dames *f.pl.* checkers 6
dangereux(dangereuse) dangerous 11
dans in 2
~ **la rue Papin** on Papin street 7
~ **une heure** one hour from now 5
danser to dance 2
davantage additional, more
de (d') from, of 1
décembre *m.* December 7
décider to decide
décombres *m.pl.* ruins
décrire to describe 6
décrivez describe CP
déçu(e) disappointed 9
dehors outside 11
déjà already 6
déjeuner *m.* lunch 8
petit ~ breakfast 8
déjeuner *v.* to have lunch 5
délicieux(délicieuse) delicious 8
demain tomorrow 5
après- ~ day after tomorrow 12

demande *f.* request 12
faire une ~ to make a request 12
demander to ask 4
je vous demande pardon please excuse me; I beg your pardon 9
démarrer to start 10
demi(e) half
et ~ half past (the hour) CP, 5
dent *f.* tooth 9
dentifrice *m.* toothpaste 13
départ *m.* departure 12
départementale *f.* departmental (local) highway 12
se dépêcher to hurry 13
dépendre to depend
ça dépend (de ...) it (that) depends (on ...) 13
déprimé(e) depressed 9
depuis for 6; since 9
déraper to skid 15
dernier(dernière) last 6
la dernière fois the last time 6
derrière behind 5
juste ~ right behind 15
des some; any 3; of the
descendre to go down, get out of 7
désirer to want 2
désolé(e) sorry 9
dessert *m.* dessert 8
dessin animé *m.* cartoon 11
se détendre to relax
détester to hate, to detest 2
détruire to destroy
dette *f.* debt 15
deux two CP, 1
tous (toutes) les ~ both 12
devant in front of 5
devenir to become 7
devoir *m.* obligation
devoirs *m. pl.* homework 4
devoir *v.* must, to have to, to probably be, to be supposed to; to owe 15
se ~ to owe each other
d'habitude usually 4
dimanche *m.* Sunday 5
dîner *m.* dinner 4
dîner *v.* to eat dinner 4

diplôme *m.* diploma 12
dire to say; to tell 14
... veut ~ ... ... means ... 6
discret(discrète) discreet, reserved 4
se disputer to argue 14
dissertation *f.* (term) paper 6
divorce *m.* divorce 14
divorcé(e) divorced 1
divorcer to get a divorce 14
dix ten CP, 3
dix-huit eighteen CP, 3
dix-neuf nineteen CP, 3
dix-sept seventeen CP, 3
doigt *m.* finger
dollar *m.* dollar 9
DOM (=Département d'outre-mer) overseas department (*equivalent of a state*)
dommage *m.* pity, shame
c'est ~ that's (it's) too bad 14
donner to give 2
donnez-moi ... give me ... CP
dont about/of which (whom); whose
dormir to sleep 6
dos *m.* back 9
d'où: vous êtes ~? where are you from? 2
douanière: union ~ customs union
douche *f.* shower 12
se doucher to shower 13
doute *m.* doubt
sans ~ probably 3
doux(douce) mild
douzaine *f.* dozen 8
douze twelve CP, 3
droit *m.* right (*entitlement*)
droit(e) *adj.* right
à ~ (de) to the right (of) 7
tout ~ straight ahead 7
drôle funny 14
se durcir to harden

eau *f.* (*pl.* eaux) water 2
~ **minérale** mineral water 2
échanger (contre) to trade (for) 15
échecs *m.pl.* chess 6
échouer to fail 8

école *f.* school 5
écouter to listen (to) 2
  écoutez! listen! CP
écrire to write 6
  comment est-ce qu'on écrit ... ?
    how do you spell ... ? 2
  écrivez votre nom! write your
    name! CP
  ... s'écrit ... ... is spelled ... 2
égal(e) (*m.pl.* **égaux**) equal
  cela (ça) m'est ~ I don't care 5
église *f.* church 5
élire to elect
elle she, it 1; her
elles they 1; them
s'éloigner to move away
s'embrasser to kiss 14
émission (de télé) *f.* (TV) show 11
emmenthal *f.* Swiss cheese
emploi du temps *m.* schedule 5
employé / employée *m./f.* employee
  4
emprunter to borrow 14
en *prep.* in 1; by, through
  ~ avance early 7
  ~ première (seconde) in first
    (second) class 12
  ~ retard late 7
  ~ tout cas in any case
  ~ voiture by car 7
en *pron.* some, of it (them); about
  it (them) 14
  je vous ~ prie don't mention it;
    you're welcome; please do 7
  vous n' ~ avez pas? don't you
    have any? 9
encore again CP; still, more 3
  ~ à boire (manger)? more to
    drink (eat)? 8
  ~ de ...? more ...? 8
  pas ~ not yet 2
s'endormir to fall asleep 13
endroit *m.* place 5
enfant *m./f.* child 3
enfin finally 5
ennuyeux (ennuyeuse) boring 4
enseigner to teach 15
ensemble together CP, 2

ensoleillé(e) sunny
ensuite next, then 5
entendre to hear 9
  ~ parler de to hear about 15
  s' ~ (avec) to get along (with)
    14
  entendu agreed; understood 12
entre between, among 5
  ~ amis between (among) friends
    1
entrée *m.* first course, appetizer
entrer to enter 7
  ~ en collision to hit, collide 15
  entrez! come in! CP
envie: avoir ~ de to want to; to
  feel like 5
environ approximately 9
épaule *f.* shoulder 9
épeler to spell 12
épicerie *f.* grocery store 5
épinards *m.pl.* spinach 8
époque *f.* time, period
  à cette ~ at that time; back then
    11
épouser to marry 11
équilibré(e) stable
équipe *f.* team 11
escargot *m.* snail 10
Espagne *f.* Spain 5
espagnol(e) Spanish 1
espérer to hope 8
essayer to try 9
  puis-je ~ ...? may I try ...? 8
essentiel: il est ~ que it is essential
  that 10
est-ce que (*question marker*) 2
estomac *m.* stomach 9
et and 1
étage *m.* floor 12
état *m.* state 2
  ~ civil marital status
États-Unis *m.pl.* United States 5
été *m.* summer 7
étranger / étrangère *m./f.* foreigner
étranger (étrangère) foreign 12
études *f.pl.* studies 15
étudiant(e) *m./f.* student 3
étudier to study 2

être to be 1
  ~ à to belong to 6
  ~ d'accord (avec) to agree (with)
    1, 11
  ~ en train de to be in the
    process of 11
  vous êtes d'où? where are you
    from? 2
eux *m. pl. pron.* they, them 6
exact(e) exact, correct
  c'est ~ that's right 13
exagérer exaggerate 8
examen *m.* test, exam 6
  à un ~ on an exam 6
excellent(e) excellent 2
excuser to excuse
  excusez-moi excuse me 1
  **excusez-moi (nous, etc.) d'être en
    retard** excuse me (us, etc.) for
    being late 13
exemple *m.* example
  par ~ for example 6
exercice *m.* exercise 6
exiger (que) to demand (that) 13
expédier to send
extroverti(e) outgoing 4

fâché(e) angry 14
se fâcher to get angry 14
facile easy 9
façon *f.* way, manner
  sans ~ honestly, no kidding 8
faim *f.* hunger
  avoir ~ to be hungry 8
faculté *f.:* **~ des lettres** College of
  Liberal Arts
faire to do, to make 4
  ~ attention to pay attention 4
  ~ du pouce to hitchhike (*French-
    Canadian*)
  ~ la cuisine to cook 4
  ~ la grasse matinée to sleep in,
    to sleep late 6
  ~ la sieste to take a nap 4
  ~ les provisions to do the
    grocery shopping 4
  ~ un voyage to take a trip 5
  ~ une demande to make a
    request 12

~ **une promenade** to take a
walk; to take a ride 4
il fait chaud it's hot out CP, 4, 7
se ~ des amis to make friends 14
fait *m.* fact
au ~ ... by the way ... 2
falloir (il faut) to be necessary
famille *f.* family 3
fatigué(e) tired 2
fausse-couche *f.* miscarriage
faut: il ~ ... it is necessary ... 4
il ~ que it is necessary that,
(someone) must 10
il ne ~ pas que (someone) must
not 10
faute *f.* fault; mistake 15
fauteuil *m.* armchair 3
faux(fausse) false; wrong 2
femme *f.* woman 1; wife 3
~ **d'affaires** businesswoman 4
~ **politique** (female) politician 4
fermé(e) closed 6
fermer to close 6
fermez le livre! close the book!
CP
fermez la porte! close the door!
CP
fête *f.* holiday 7
feu *m.* (*pl.* **feux**) traffic light 7; fire
feuille *f.* leaf/sheet (of paper) 9
feuilleton *m.* soap opera; series 14
février *m.* February 7
fiançailles *f.pl.* engagement 14
fiancé(e) engaged 1
fièvre *f.* fever 9
fille *f.* girl 3; daughter 3
film *m.* film, movie 5
fils *m.* son 3
fin *f.* end 9
finir to finish 12
flamand *m.* Flemish 5
flûte *f.* flute 6
~ **!** darn!; shucks!
fois *f.* one time 6; times, multiplied
by
la dernière ~ the last time 6
deux ~ twice
follement in a crazy manner 10

fonctionnaire *m./f.* civil servant
4
football (foot) *m.* soccer 6
~ **américain** *m.* football 6
formidable great, fantastic 4
fort *adv.* loudly, with strength 15
fou/folle *m./f.* fool; crazy person
10
fou(folle) (*m.pl.* **fous**) crazy 10
foulard *m.* scarf 4
fourchette *f.* fork 13
frais: il fait ~ it's cool 7
fraises *f.pl.* strawberries 8
franc *m.* franc 9
français(e) French 1
à la française in the French style
13
en français in French CP
France *f.* France 5
francophone French-speaking
frapper to knock
frappez à la porte! knock on the
door! CP
freiner to brake 15
fréquenter (quelqu'un) to date
(someone) 11
frère *m.* brother 3
frites *f.pl.* French fries 8
steak-~ *m.* steak with French
fries 15
froid(e) cold 2
avoir ~ to be cold 8
il fait ~ it's cold CP, 7
fromage *m.* cheese 5
frontière *f.* border
fruit *m.* a piece of fruit 8
fumer to smoke 6
fumeur/fumeuse *m./f.* smoker
non-~ nonsmoker
fumeur *m.* smoking car 12;
non ~ nonsmoking car 12
fumeur/fumeuse *adj.* smoking

gagner to win
~ **(à la loterie)** to win (the
lottery) 12
gants *m.pl.* gloves 4
garage *m.* garage 3

garçon *m.* boy 3; waiter 8
garder to keep 15
gare *f.* (train) station 3
gâteau *m.* (*pl.* **gateaux**) cake 8
petit ~ cookie
gauche *adj.* left
à ~ (de) to the left (of) 7
gendarme *m.* (state) policeman
15
général: en ~ in general 2
généralement generally 4
généreux(généreuse) generous
genou *m.* knee 9
genoux *m.pl.* lap, knees 13
gens *m.pl.* people 14
gentil(le) nice 3
c'est ~ à vous that's nice of you
2
gestion *f.* management 5
glace *f.* ice cream 8
glissant(e) slippery 15
golf *m.* golf 6
gorge *f.* throat 9
goudron *m.* tar
goûter to taste 13
grand(e) big, tall 1
~ **magasin** *m.* department store
9
pas grand-chose not much 5
grand-mère *f.* (*pl.* **grands-mères**)
grandmother 3
grand-père *m.* (*pl.* **grands-pères**)
grandfather 3
grands-parents *m.pl.* grandparents
3
gras(grasse) fat
faire la ~ matinée to sleep in, to
sleep late 6
grippe *f.* flu 6
gris(e) grey 4
grisaille *f.* overcast sky
gros(se) fat; large 1
grossir to put on weight 12
guerre *f.* war 7
en temps de ~ in wartime
guitare *f.* guitar 6
gymnase *m.* gymnasium 5
gymnastique *f.* gymnastics 5

An asterisk indicates that no liaison or elision is made at the beginning of the word.

s'habiller to get dressed 13
habiter to live; to reside 2
  où habitez-vous? where do you live? 1
habitude *f.* habit
  d' ~ usually 4
*****haricots verts** *m.pl.* green beans 8
*****hasard** *m.* chance, luck
  par ~ by chance 15
heure *f.* hour 2; (clock) time 5
  à l' ~ on time 7
  dans une ~ one hour from now 5
  il est ... heure(s) it is ... o'clock CP, 5
  tout à l' ~ a little while 5
heureusement fortunately 6
heureux(heureuse) happy 4
*****heurter** to hit, run into 15
hier yesterday 6
histoire *f.* story 14
  quelle ~! what a story! 14
hiver *m.* winter 7
*****hockey** *m.* hockey 6
homme *m.* man 1
  ~ d'affaires businessman 4
  ~ politique politician 4
horaire *m.* timetable
*****hors-d'œuvre** *m. inv.* appetizer 8
hôtel *m.* hotel 1
hôtesse de l'air *f.* (female) flight attendant 11
*****huit** eight CP, 3

ici here 2
  par ~ this way, follow me 13
idiot / idiote *m. / f.* idiot 15
il he, it 1
il y a there is (are) 3
  il n'y a pas de quoi you're welcome 13
  il n'y en a plus there is (are) no more 12
  ~ ... jours days ago
  qu'est-ce qu' ~ ? what's the matter? 3

ils they 1
imbécile *m. / f.* imbecile 15
impair: nombre ~ *m.* odd number
impatience *f.* impatience 9
impatient(e) impatient 10
imperméable *m.* raincoat 4
important(e) important
  il est ~ que it is important that 10
incroyable *adj.* unbelievable, incredible 14
indications *f.pl.* directions 10
indiquer to tell; to indicate; to point out 12
indispensable indispensible, essential
  il est ~ que it is essential that 10
infirmier / infirmière *m. / f.* nurse 4
informations *f.pl.* news 14
informatique *f.* computer science 5
s'inquiéter to worry 13
insister to insist
  je n'insiste pas I won't insist 8
  si vous insistez if you insist 8
instrument *m.* instrument 6
intention: avoir l' ~ de to plan to 5
interdit(e) forbidden
  sens ~ *m.* one-way street 10
intéressant(e) interesting 4
s'intéresser à to be interested in 14
intérieur *m.* inside
  à l' ~ de inside of 6
inutile useless 12
inviter to invite 10
Irlande *f.* Ireland 5
Israël *m.* Israel 5
Italie *f.* Italy 5
italien(ne) Italian 1
ivre drunk 15

jamais ever, never
  ne ... ~ never 4
jambe *f.* leg 9
jambon *m.* ham 8
janvier *m.* January 7
Japon *m.* Japan 5
japonais(e) Japanese 1

jaune yellow 4
je I 1
jean *m.* jeans 4
jeu *m.* (*pl.* **jeux**) game 6
jeudi *m.* Thursday 5
jeune young 1
jogging *m.* jogging 2
joli(e) pretty 1
jouer to play 2
  à quoi jouez-vous? what (game) do you play? 6
  de quoi jouez-vous? what (instrument) do you play? 6
jour *m.* day 1
  ~ de l'An New Year's Day 10
  quinze jours two weeks 11
journal *m.* newspaper 6
journée *f.* day
  bonne ~! have a nice day! 1
juillet *m.* July 7
juin *m.* June 7
jupe *f.* skirt 4
jurer to swear
  je te le jure I swear (to you) 14
jus *m.* juice
  ~ d'orange orange juice 2
jusqu'à *prep.* until 12
  jusqu'au bout right up till the end

ketchup *m.* ketchup 8
kilo *m.* kilogram 8
kiosque *m.* newsstand 9
kir *m.* kir 2

la (*see* **le**)
là there 4
  ~ -bas over there 7
laid(e) ugly 1
laisser to leave; to let 10
  laisse-moi (laissez-moi) tranquille! leave me alone! 10
lait *m.* milk 2
langue *f.* language 5
laquelle(s) (*see* **lequel**)
las(se) tired
lave-vaisselle *m.* dishwasher 3
laver to wash 13

se ~   to get washed; to wash up 13

le/la/l'/les   the 2; him, her, it, them 10

légume *m.*   vegetable 8

lent(e)   slow 10

lentement   slowly 10

lequel/laquelle/lesquels/ lesquelles   which? which one(s)? 14

les (*see* le)

lesquel(le)s (*see* lequel)

lettre *f.*   letter

leur *pron.*   (to) them 14

leur(s) *adj.*   their 3

lever   to lift; to raise 13
 se ~   to get up; to stand up 13
 levez-vous!   get up! CP

librairie *f.*   bookstore 5

libre   free 5; vacant

lieu *m.* (*pl.* lieux)   place 5
 avoir ~   to take place 11

limonade *f.*   lemon-lime soda 2

lire   to read 6
 lisez!   read! CP

lit *m.*   bed 3

littérature *f.*   literature 5

livre *m.*   book 3

loi *f.*   law

loin (de)   far (from) 5

long(longue)   long 9

longtemps   a long time 6

louer   to rent 12

lui   he, him 6; (to) him; (to) her 14

lundi *m.*   Monday 5

lunettes *f.pl.*   eyeglasses 4

lycée *m.*   high school

ma (*see* mon)

machine à laver *f.*   washing machine 3

Madame (Mme)   Mrs., ma'am; woman 1

Mademoiselle (Mlle)   Miss; young woman 1

magasin *m.*   store 4
 grand ~   department store 9

magazine *m.*   magazine 6

mai *m.*   May 7

maigrir   to lose weight 12

maillot de bain *m.*   bathing suit 13

main *f.*   hand 9

maintenant   now 4

maire *m.*   mayor 11
 adjoint au ~   deputy mayor

mairie *f.*   town (city) hall 11

mais   but 2

maison *f.*   house 3

mal *m.:* avoir ~ (à)   to be sore, to have a pain (in) 9

mal *adv.*   poorly 2, badly

malade   sick 2

manger   to eat 2

manquer   to miss

manteau *m.* (*pl.* manteaux)   coat 4

marchand/marchande *m./f.* merchant 9

marché *m.*   (open-air) market 9
 ~ aux puces   flea market 9

mardi *m.*   Tuesday 5

mari *m.*   husband 3

mariage *m.*   marriage; wedding 11

marié(e)   married 1

se marier (avec)   to marry 14

Maroc *m.*   Morocco 5

marocain(e)   Moroccan 1

marque *f.*   make, brand 15

mars *m.*   March 7

match *m.*   game 10

matin *m.*   morning 1

matinée: faire la grasse ~   to sleep in late 6

mauvais(e)   bad 4
 il fait ~   the weather is bad 7

mayonnaise *f.*   mayonnaise 8

me   me 10; (to) me 14

méchant(e)   nasty; mean 4

méchoui *m.*   roast lamb (*North-African specialty*)

médecin *m.*   doctor 4

médicament *m.*   medicine 9

se méfier de   to watch out for

meilleur(e)   better 11
 ~ ami(e) *m./f.*   best friend 1
 le/la ~   best 11

membre *m.*   member 3

même   even 14; same
 -~(s)   -self(-selves) 2

ménage *m.*   housework 4

menu *m.*   (fixed price) menu 13

merci   thank you 1; (no) thanks 2
 non, ~   no, thank you 2

mercredi *m.*   Wednesday 5

mère *f.*   mother 3

mes (*see* mon)

mesure *f.*   (unit of) measure

météo(rologie) *f.*   weather 14

météorologique *adj.*   weather

mettre   to put; to place; to lay 13
 ~ la table   to set the table 13
 ~ le chauffage   to turn on the heat 13
 se ~ à table   to sit down to eat 13

mettez ...!   put ...! CP

mexicain(e)   Mexican 1

Mexico   Mexico City

Mexique *m.*   Mexico 5

miam!   yum! 8

midi   noon CP, 5

mieux   better 11
 il vaut ~ que   it is preferable that, it is better that 10
 j'aime le ~   I like best 11

mille *inv.*   one thousand 9

million *m.*   million 9

mince   thin 1
 ~ !   darn it! 12

minuit   midnight CP, 5

minute *f.*   minute 5

mobylette *f.*   moped, motorized bicycle 3

moi   me 1; I, me 6

moins   less 11
 au ~   at least 6
 j'aime le ~   I like least 11
 ~ le quart   quarter to (the hour) CP, 5

mois *m.*   month 6

mon, ma, mes   my 3

monde *m.*   world 7
 tout le ~   everybody CP, 4

monnaie *f.*   change, coins 9

Monsieur (M.)   Mr., Sir; man 1

monter to go up; to get into 7
montre *f.* watch 4
montrer to show 14
morceau *m.* (*pl.* **morceaux**) piece 8
mort *f.* death 15
mort(e) dead
mot *m.* word 6
  plus un ~ not one more word 10
moto *f.* motorcycle 3
mourir to die 7
moutarde *f.* mustard 8
musée *m.* museum 7
musique *f.* music 6
myrtille *f.* blueberry

nager to swim 2
naïf(naïve) naive 4
naître to be born 7
nappe *f.* tablecloth 13
nationalité *f.* nationality 1
naturellement naturally 8
navire *m.* ship
ne (n') not 1
  ~ ... jamais never 4
  ~ ... pas not 1
  ~ ... personne no one, nobody,
    not anyone 15
  ~ ... plus no more, no longer 8
  ~ ... que only 11
  ~ ... rien nothing, not anything
    6
  n'est-ce pas? right?; are you?;
    don't they?; etc. 2
nécessaire: il est ~ que it is
  necessary that 10
négritude *f.* negritude (*system of
  black cultural and spiritual
  values*)
neiger to snow 7
  il neige it's snowing CP, 7
nerveux(nerveuse) nervous 4
neuf nine CP, 3
neuf(neuve) brand-new 10
  quoi de neuf? what's new? 5
neveu *m.* (*pl.* **neveux**) nephew 3
nez *m.* nose 9
  le ~ qui coule runny nose 9
nièce *f.* niece 3

noir(e) black 4
nom *m.* name CP, 1
  ~ de famille last name 1
  à quel ~ ...? in whose name ...?
    12
nombre *m.* number 1
nommer to name
non no 1
note *f.* note; grade, mark 4
notre, nos our 3
nourrir to feed, to nourish
nous we 1; us 10; (to) us 14
nouveau/nouvel(nouvelle) (*m.pl.*
  nouveaux) new 4
novembre *m.* November 7
nuit *f.* night 1
numéro (de téléphone) *m.*
  (telephone) number 4

obéir to obey 12
occupé(e) busy 6
s'occuper de to be busy with, to
  take care of
  occupe-toi de tes oignons! mind
    your own business! 11
octobre *m.* October 7
œil *m.* (*pl.* **yeux**) eye 9
  mon ~! my eye!, I don't believe
    it! 10
œuf *m.* egg 8
offrir to offer
oh là là! oh dear!, wow! 9
oignon *m.* onion 8
  occupe-toi de tes oignons! mind
    your own business! 11
omelette *f.* omelet 8
on one, people, we, they, you 1
oncle *m.* uncle 3
ondée *f.* (rain) shower
onze eleven CP, 3
orange *f.* orange (*fruit*) 4
  jus d' ~ *m.* orange juice 2
orange *adj. inv.* orange 4
orangina *m.* orange soda 2
ordinateur *m.* computer 3
ordre *m.* order
oreille *f.* ear 9

original(e) (*m.pl.* **originaux**)
  different; novel; original 14
ou or 1
où where 1
oublier to forget 6
oui yes 1
ouvert(e) open 12
ouvrier/ouvrière *m./f.* laborer 4
ouvrir to open
  ouvrez la porte! open the door!
    CP

pain *m.* bread 8
  ~ grillé toast 8
pâle pale 15
pantalon *m.* (pair of) pants 4
papier *m.* paper 9
paquet *m.* package 9
par by; through 6
  ~ contre on the other hand
  ~ exemple for example 6
  ~ ici (come) this way, follow me
    13
  ~ semaine per week 2
parce que because 4
pardon: ~? pardon?, what did you
  say? CP
  je vous demande ~ please excuse
    me; I beg your pardon 9
parents *m.pl.* parents; relatives 3
paresseux(paresseuse) lazy 4
parfait(e) perfect 5
parler to speak 2
  ~ de to tell about 7
partie *f.* part
partir (de) to leave (from) 6
pas no, not
  ne ... ~ not 1
  ~ du tout! not at all!
  ~ encore not yet 2
  ~ grand-chose not much 5
  ~ très bien not very well 2
passer to pass
  ~ un an to spend a year 3
  ~ un test to take a test 5
passionnant(e) exciting 14
pastille *f.* lozenge 9
pâté *m.* pâté (*meat spread*) 8

patiemment   patiently 10
patient(e)   patient 10
patiner   to skate 2
patinoire f.   skating rink 10
pâtisserie f.   pastry shop; pastry 9
patron/patronne m./f.   boss 4
pauvre   poor 11
payer   to pay (for) 9
pays m.   country 5
pédagogie f.   education, teacher
   preparation 5
pendant   for; during 6
   ~ que   while 4
   ~ combien de temps ...?
   how long ...? 6
penser   to think 8
   qu'en penses-tu?   what do you
   think of it (of them)? 8
perdre   to lose 9
   ~ patience   to lose (one's)
   patience 9
père m.   father 2, 3
permettre   to allow
   permettez-moi de me
   présenter   allow me to
   introduce myself 1
   vous permettez?   may I? 1
permis de conduire m.   driver's
   license 10
personne f.   person (male or female)
   1
   ne ... ~   no one, nobody, not
   anyone 15
pétanque f.   lawn bowling 6
petit(e)   small, short 1
   ~ ami(e) m./f.   boyfriend/
   girlfriend 3
   petite fille f.   little girl 3
   petits pois m.pl.   peas 8
petite-fille f. (pl. petites-filles)
   granddaughter 3
petit-fils m. (pl. petits-fils)   grandson
   3
petits-enfants m. pl.   grandchildren 3
peu (de)   little, few 8
   un ~   a little bit 2
peur f.   fear
   avoir ~   to be afraid 8

peut-être   maybe; perhaps 2
pharmacie f.   pharmacy 9
pharmacien/pharmacienne m./f.
   pharmacist
photo f.   photograph 3
   sur la ~   in the picture 3
physique   physical 15
piano m.   piano 6
pièce f.   play 6
   ~ (de monnaie)   coin 9
pied m.   foot 9
pilote m.   pilot 11
pilule f.   pill 9
pique-nique m.   picnic 12
piscine f.   swimming pool 5
pitié f.   pity
   avoir ~ (de)   to have pity, to feel
   sorry (for) 10
pizza f.   pizza 2
place f.   seat 7
plaire   to please
   s'il vous plaît   please 2
plaisir m.   pleasure
   avec ~   with pleasure 2
plancher m.   floor 13
plat m.   course, dish 8
pleurer   to cry 2
pleuvoir   to rain 7
   il pleut   it's raining CP, 7
   il pleuvait   it was raining 11
plupart f.   majority
   la ~ (de)   most (of) 6
plus   more 11
   il n'y en a ~   there is (are) no
   more 12
   le/la/les ~ ...   the most ... 11
   moi non ~   nor I, me neither 6
   ne ... ~   no more, no longer 8
poème m.   poem 6
pois m.pl.: petits ~   peas 8
poisson m.   fish 2
poivre m.   pepper 13
police f.   police (force)
   agent de ~   police officer 7
politique f.   politics 2; policy
politique: homme/femme ~ m./f.
   politician 4
pomme f.   apple 8

pomme de terre f.   potato 8
populaire   popular 11
porc m.   pork 8
porte f.   door 1
porter   to wear; to carry 4
poser une question   to ask a
   question 4
possession f.   possession 3
postale: carte ~ f.   postcard 6
poste f.   post office; mail
   bureau de ~ m.   post office 5
poster   to mail 7
pouce m.   thumb
   faire du ~   to hitchhike (French-
   Canadian)
poulet m.   chicken 8
pour   for, in order to 2
   ~ ce qui est de   with respect to
pourquoi   why 2
   ~ pas?   why not? 6
pourvoir   to provide
pouvoir m.   power
pouvoir v.   to be able; to be allowed
   10; can
   je peux   I can 9
   on peut   one can 9
   pouvez-vous me dire ...?   can you
   tell me ...? 9
   puis-je ...?   may I ...? 8, 12
préféré(e)   favorite 11
préférence f.: de ~   preferably
préférer   to prefer 8
   je préfère que   I prefer that 10
premier(première)   first 5
   en première   in first class 12
prendre   to take; to eat, to drink 8
   prenez ...!   take ...! CP
prénom m.   first name 1
préparer (un cours)   to prepare (a
   lesson) 6
près (de)   near 1
   tout ~   very near 7
présenter   to introduce
   je vous présente ...   let me
   introduce you to ... 3
presque   almost 14
prêter   to lend 14
prie: je vous en ~   you're welcome

printemps *m.* spring 7
prix *m.* price 12
prochain(e) next 5
professeur (prof) *m.* teacher *(male or female)* 1
profession *f.* profession, occupation
promenade *f.* walk; ride 4
  faire une ~ to take a walk; to take a ride 4
se promener to take a walk, ride 13
promettre to promise
  c'est promis it's a promise 10
propos: à ~ de regarding, on the subject of 8
propre clean 4; specific; own
propriétaire *m./f.* owner 10
provisions *f.pl.* groceries 4
  faire les ~ to do the grocery shopping 4
provoquer to cause
prudemment prudently 10
prudent(e) cautious 10
publicité *f.* publicity; commercial 14
puis then; next 2
puis-je ...? may I ...? 8, 12
puisque since
pull-over (pull) *m.* sweater 4
pyjama *m.* (pair of) pajamas 13

quand when 4
quantité *f.* quantity
quarante forty 3
quart quarter
  et ~ quarter past, quarter after CP, 5
  moins le ~ quarter to, quarter till CP, 5
quatorze fourteen CP, 3
quatre four CP, 1
quatre-vingt-dix ninety 9
quatre-vingt-onze ninety-one 9
quatre-vingt-un eighty-one 9
quatre-vingts eighty 9
que that 4
  ~ ...? what ...? 4
  ne ... ~ only 11
quel(le) ...? which ...? 4

quel âge avez-vous? how old are you? 1
quel jour est-ce? what day is it? 5
quelle ...! what a ...! 2
quelle est votre nationalité? what is your nationality? 1
quelle heure est-il? what time is it? 5
quelque chose *m.* something 2
quelquefois sometimes 2
quelques a few; some 8
quelqu'un someone 2
qu'est-ce que/qui what? 4
  qu'est-ce que c'est? what is this? 4
  qu'est-ce que vous avez comme ...? what do you have for (in the way of) ...? 8
  qu'est-ce qu'il y a ...? what is there ...? 3
  qu'est-ce qu'il y a? what's the matter? 3
  qu'est-ce que tu aimes? what do you like? 2
  qu'est-ce que vous voulez? what do you want? 2
qui who 1
  qu'est-ce ~ ...? what ...? 4
quinze fifteen CP, 3
  ~ jours two weeks 11
quoi what
  il n'y a pas de ~ don't mention it, you're welcome 13
  ~ de neuf? what's new? 5

raconter to tell 14
radio *f.* radio 2
raison *f.* reason
  avoir ~ to be right 8
raisonnable reasonable 10
ralentir to slow down 12
rapide rapid, fast 10
rapidement rapidly 10
rarement rarely 4
ravi(e) delighted 14
récemment recently 6
recette *f.* recipe
recommander to recommend 12

reculer to back up 10
récuser to exclude
réduire to reduce
réfrigérateur *m.* refrigerator 3
refuser to refuse
regarder to watch; to look at 2
  regardez look CP
regretter to be sorry 14
  je regrette I'm sorry 8
relief *m.* relief, hilly area
remarquer to notice 4
remercier to thank 12
rencontrer to meet 14
rendez-vous *m.* meeting; date 5
  avoir ~ to have an appointment, meeting 4
rendre to give back 9
  ~ visite à qqn to visit someone 9
renseignement *m.* item of information 7
rentrer to go (come) back; to go (come) home 7
repas *m.* meal 8
répéter to repeat; to practice 8
  répétez, s'il vous plaît please repeat CP
répondre (à) to answer 9
  répondez answer CP
se reposer to rest 13
réserver to reserve 9
résidence (universitaire) *f.* dormitory 5
responsabilité *f.* responsibility 11
restaurant *m.* restaurant 5
rester to stay 5; to remain
  il en reste un(e) there's one left 9
  il vous reste ...? do you still have ...? 12
retard *m.* delay
  en ~ late 7
retour *m.* return
  aller- ~ round-trip ticket 12
retourner to go back, to return 7
rétroviseur *m.* rearview mirror 10
réunion *f.* meeting 13
réussir (à) to succeed; pass (a test) 12
se réveiller to wake up 13

revenant *m.* ghost 14
revenir to come back 7
revoir to see again
  au ~ good-bye 1
rez-de-chaussée *m.* ground floor 12
rhume *m.* cold *(illness)* 9
riche rich 12
ridicule ridiculous 14
rien nothing
  de ~ you're welcome; don't
    mention it, not at all 13
  ne ... ~ nothing, not anything 6
riz *m.* rice 8
robe *f.* dress 4
  ~ de mariée wedding dress 11
robinet *m.* faucet 6
roman *m.* novel 6
  ~ policier detective story 6
rose *adj.* pink 4
rôti (de bœuf) *m.* (beef) roast 9
rouge red 4
rouler to roll; to move *(vehicle)*; to
  go 15
route *f.* route, way, road 12
roux(rousse) red(-haired) 4
rue *f.* street 7
rugby *m.* rugby 6
russe Russian 1
Russie *f.* Russia 5

sa (*see* son)
saignant(e) rare, undercooked 15
saison *f.* season 7
salade *f.* salad 8
  ~ (verte) (green) salad 8
sale dirty 4
salle *f.* room
  ~ à manger dining room 8
  ~ de bain bathroom 6
  ~ de classe classroom 5
salut! hi! 1
salutation *f.* greeting
samedi *m.* Saturday 5
sandwich *m.* sandwich 8
sans without 6
  ~ blague! no kidding 14
  ~ doute probably 3
  ~ façon honestly, no kidding 8

santé *f.* health
  à votre ~! (here's) to your
    health!; cheers! 2
sardine *f.* sardine 9
saucisse *f.* sausage 9
saumon *m.* salmon 8
savoir to know 12
  je ne sais pas I don't know 2
saxophone *m.* saxophone 6
sciences *f.pl.* science 5
  ~ économiques economics 5
scolaire *adj.* school
  année ~ *f.* school year 10
second(e) second
  en seconde in (by) second class
    12
seize sixteen CP, 3
sel *m.* salt 13
semaine *f.* week 5
  par ~ per week 2
semestre *m.* semester 6
Sénégal *m.* Senegal 5
sénégalais(e) Senegalese 1
sens interdit *m.* one-way street 10
(se) sentir to feel
se séparer to separate (from each
  other) 14
sept seven CP, 3
septembre *m.* September 7
sérieusement seriously 10
sérieux(sérieuse) serious 10
serveur/serveuse *m./f.* waiter/
  waitress 8
service *m.* service
  à votre ~ at your service 7
serviette *f.* towel 12; napkin 13
ses (*see* son)
seul(e) alone; only 5
  un ~ a single
seulement only 9
short *m.* (pair of) shorts 4
si *conj.* if 3
  s'il vous plaît please 2
si *adv.* so 10
si! yes! 3
siècle *m.* century 10
sieste *f.* nap 4
  faire la ~ to take a nap 4

simple: aller ~ one-way ticket 12
sincère sincere 11
six six CP, 3
skier to ski 2
skis *m.pl.* skis 13
smoking *m.* tuxedo 11
sœur *f.* sister 3
sofa *m.* sofa 3
soif: avoir ~ to be thirsty 8
soir *m.* evening 1
  ce ~ tonight 5
  tous les soirs every night 6
soirée *f.* party 13; evening
soixante sixty 3
soixante et onze seventy-one 3
soixante-dix seventy 3
soixante-douze seventy-two 3
soleil *m.* sun 9
son, sa, ses his, her, its 3
sorte *f.* kind 8
  quelle(s) sorte(s) de ...? what
    kind(s) of ...? 8
  toutes sortes de choses all kinds
    of things 9
sortir to go out 6
  je vais ~ I'm going to go out 5
  sortez! leave! CP
souci *m.* worry; care 11
souffler to blow
souhaiter (que) to wish; to hope
  (that) 13
soupe *f.* soup 8
sourire *m.* smile 13
sourire *v.* to smile 13
souris *f.* mouse 5
sous under 5
souvent often 2
sportif(sportive) athletic 4
statue *f.* statue 11
steak *m.* steak 12
  ~ -frites steak with French fries 15
stéréo *f.* stereo 3
stop *m.* stop sign 10
sucre *m.* sugar 13
Suède *f.* Sweden 5
suédois(e) Swedish 1
Suisse *f.* Switzerland 5
suisse *adj.* Swiss 1

suite: tout de ~   right away 1
supermarché *m.*   supermarket 9
supplément *m.*   extra charge;
    supplement 12
suppositoire *m.*   suppository 9
sur   on 3
sûr(e)   sure
    bien ~   of course 8
sûrement   surely, definitely 14
surveiller   to watch
sweat-shirt *m.*   sweatshirt 4

tabac *m.*   tobacco; tobacco shop 9
    bureau de ~   tobacco shop 5
table *f.*   table 1
    à ~   at dinner, at the table 6
tableau *m.*   chalkboard CP
se taire   to be quiet
    tais-toi! (taisez-vous!)   keep quiet!
    10
tant   so much; so many 6
tante *f.*   aunt 3
tard   late 11
tarder   to be a long time coming 13
tarte *f.*   pie 8
tasse *f.*   cup 2
taux *m.*   rate
te   you 10; (to) you 14
tee-shirt *m.*   tee-shirt 4
téléphone *m.*   telephone 1
    au ~   on the telephone 6
téléphoner (à)   to telephone 6
télévision (télé) *f.*   television 2
témoin *m.*   witness 15
temps *m.*   time 6; weather 4
    emploi du ~ *m.*   schedule 4
    quel ~ fait-il?   what is the
    weather like? 4
tendance *f.*   tendency, trend
    avoir ~ à   to tend to 12
tennis *m.*   tennis 2
    jouer au ~   to play tennis 2
    tennis *m.pl.*   tennis shoes 4
tentation *f.*   temptation
terre *f.*   earth 9
tête *f.*   head 9
thé *m.*   tea 2

théâtre *m.*   theater
timbre *m.*   stamp 9
toi   you 4
toilettes *f.pl.*   restroom 5
tomate *f.*   tomato 8
tomber   to fall 2
ton, ta, tes   your 3
tort *m.*   wrong
    avoir ~   to be wrong; to be
    unwise 8
tôt   early 13
toujours   always 4; still
    pas ~   not always 2
toupet *m.*   nerve
tour *f.*   tower 11
tour *m.*   turn, tour 11
tourner   to turn 7
Toussaint *f.*   All Saints' Day
tousser   to cough 9
tout/toute/tous/toutes *adj.*   all;
    every; the whole 12
    tous les deux (toutes les
    deux)   both 12
    tous les soirs   every night 6
    toute la famille   the whole family
    11
    tout le monde   everybody CP, 4
    tout le week-end   all weekend
    (long) 5
tout *adv.*   completely; very 12
    ~ à l'heure   a little while ago, in
    a little while 5
    ~ de suite   right away 12
    ~ près   very near 7
tout *pron.inv.*   all, everything
    pas du ~ !   not at all! 1
train *m.*   train 3
    être en ~ de   to be in the process
    of 11
    par le ~   by train 7
tranche *f.*   slice 8
tranquille   calm 10
travail (manuel) *m.*   (manual) work
    4
travailler   to work 2
travailleur(travailleuse)   hard-
    working 4
travers: à ~   throughout

treize   thirteen 3
trente   thirty 3
très   very 1
triste   sad 4
trois   three CP, 1
trompette *f.*   trumpet 6
trop (de)   too much, too many 3
trouver   to find, to be of the
    opinion 2
    se ~   to be located
    où se trouve (se trouvent) ...?
    where is (are)...? 5
    vous trouvez?   do you think so? 2
truite *f.*   trout 8
tu   you *(familiar)* 1

un(e)   one CP, 1; one, a, an 3
union *f.*: ~ douanière   customs
    union
unique   unique
    enfant ~ *m./f.*   only child
université *f.*   university 1

vacances *f.pl.*   vacation 6
    bonnes ~!   have a good vacation!
    6
    en ~   on vacation 6
vaisselle *f.*   dishes 4
valoir mieux (il vaut mieux)   to be
    better
valse *f.*   waltz 6
vanille *f.*: glace à la ~ *f.*   vanilla ice
    cream 8
vaut: il ~ mieux que   it is preferable
    that, it is better that 10
vélo *m.*   bicycle 3
vendeur/vendeuse *m./f.*   salesman/
    saleswoman 4
vendre   to sell 9
vendredi *m.*   Friday 5
venir   to come 7
    ~ de ...   to have just ... 7
    d'où venez-vous?   where do you
    come from? 7
    je viens de ...   I come from ... 2
vent *m.*   wind
    il fait du ~   it's windy 7
vérité *f.*   truth 14

verre *m.* glass 2

vers toward 5
  ~ (**8 heures**) approximately, around (8 o'clock) 5

verser to pour 13

vert(e) green 4

veste *f.* sportcoat 4

vêtement *m.* article of clothing 4

veuf / veuve *m. / f.* widower / widow 1

veux (*see* vouloir)

viande *f.* meat 8

vie *f.* life
  c'est la ~ that's life 6
  gagner sa ~ to earn one's living

vieux / vieil(vieille) old 1

ville *f.* city 5; town

vin *m.* wine 2

vingt twenty CP, 3

vingt et un twenty-one CP, 3

vingt-deux twenty-two CP, 3

violet(te) purple 4

violon *m.* violin 6

visite: rendre ~ à to visit (a person) 9

visiter to visit (a place)

vite quickly 10

vitesse *f.* speed 10
  à toute ~ at top speed 10

vivement eagerly

voici here is; here are 3

voilà there is; there are 1

voir to see 14
  vous allez ~ ... you are going to see ... 7
  tu vois you see 11

voisin / voisine *m. / f.* neighbor 11

voiture *f.* automobile 3
  en ~ by car 7

vol *m.* flight 12

volant *m.* steering wheel 10

volontiers gladly 2

votre, vos your 1

vôtre: à la ~! (here's) to yours! (to your health!) 2

vouloir to want, to wish 10
  ... veut dire ... ... means ... CP, 6
  je veux bien gladly; yes, thanks 2
  je veux que I want 10
  je voudrais I would like 2, 10

vous you (*formal*) 1; (to) you 14

voyage *m.* trip, voyage 5
  chèque de ~ *m.* traveler's check 9
  faire un ~ to take a trip 5

voyager to travel 2

vrai(e) true 2

vraiment really 2

week-end *m.* weekend 5
  tout le ~ all weekend (long) 5

wolof *m.* Wolof (*language*) 5

y there 7
  allez- ~ go ahead 12
  il y a there is (are) 3

yeux *m.pl.* eyes 4, 9

zéro zero CP, 3

Anglais-Français

This vocabulary list includes only the active words and phrases listed in the *Vocabulaire actif* sections. Only those French equivalents that occur in the text are given. Expressions are listed according to the key word. The symbol ~ indicates repetition of the key word.

The following abbreviations are used.

adj.	adjective	*m.pl.*	masculine plural
adv.	adverb	*n.*	noun
conj.	conjunction	*pl.*	plural
f.	feminine	*prep.*	preposition
f.pl.	feminine plural	*pron.*	pronoun
inv.	invariable	*v.*	verb
m.	masculine		

a, an un(e)
able: be ~ pouvoir
about de; environ
  ~ 8:00 vers 8 heures
  ~ it (them) en
  hear ~ entendre parler de
absolutely absolument
accept accepter
accident accident *m.*
accompany accompagner
accordion accordéon *m.*
accounting comptabilité *f.*
acquainted: be ~ with connaître
activity activité *f.*
actor / actress acteur / actrice *m. / f.*
address *n.* adresse *f.*
adore adorer
advance *v.* avancer
advertisement annonce *f.*
advice (piece of) conseil *m.*
afraid: be ~ avoir peur
after après
afternoon après-midi *m.*
  in the ~ de l'après-midi
again encore
against contre
age âge *m.*

agree (with) être d'accord (avec)
  agreed entendu
ahead: go ~ allez-y
  straight ~ tout droit
air conditioning climatisation *f.*
airplane avion *m.*
airport aéroport *m.*
all *pron. / adj.* tout(toute / tous / toutes)
  ~ weekend (long) tout le weekend
  not at ~! pas du tout!
allow permettre
  ~ me to introduce myself permettez-moi de me présenter
almost presque
alone seul(e)
  leave me ~! laisse-moi (laissez-moi) tranquille!
already déjà
also aussi
always toujours
  not ~ pas toujours
American *adj.* américain(e)
amusing *adj.* amusant(e)
anchovy anchois *m.*
and et
angry fâché(e)

  get ~ se fâcher
answer répondre (à)
anyone quelqu'un
  not ~ ne ... personne
anything quelque chose *m.*
  not ~ ne ... rien
apartment appartement *m.*
appear avoir l'air
appetizer hors-d'œuvre *m.inv.*
apple pomme *f.*
appointment rendez-vous *m.*
  have an ~ avoir rendez-vous
approximately environ; vers *(time)*
April avril *m.*
Arabic arabe *m.*
argue se disputer
arm bras *m.*
armchair fauteuil *m.*
around environ; vers
  ~ (8 o'clock) vers (huit heures)
arrive arriver
as aussi, comme
  ~ ... ~ aussi ... que
  ~ much autant (de)
ashamed confus(e)
ask demander
  ~ a question poser une question

asleep: fall ~ s'endormir
aspirin tablet cachet d'aspirine *m.*
assure assurer
at à
~ **first** d'abord
~ **midnight** à minuit
~ **noon** à midi
~ **... o'clock** à ... heure(s)
~ **the home of** chez
athletic sportif (sportive)
attach attacher
attend assister (à)
attention: pay ~ faire attention
attentive attentif (attentive)
August août *m.*
aunt tante *f.*
automobile voiture *f.*
away: right ~ tout de suite
awful! berk!

baby bébé *m.*
back *n.* dos *m.*
back *adv.*: go ~ retourner; rentrer
~ **then** à cette époque
come ~ revenir
give ~ rendre
back up reculer
bad mauvais(e)
that's (it's) too ~ c'est dommage
the weather is ~ il fait mauvais
badly mal
bakery boulangerie *f.*
bald chauve
ball **(dance)** bal *m.*
bank banque *f.*
bar and café bistro *m.*
basketball basket-ball (basket) *m.*
bathing suit maillot de bain *m.*
bathroom salle de bain *f.*
bathtub baignoire *f.*
be être
~ **a long time coming** tarder
~ **able** pouvoir
~ **acquainted with, familiar
with** connaître
~ **afraid** avoir peur
~ **born** naître
~ **cold** avoir froid

~ **fed up** en avoir assez
~ **hot** avoir chaud
~ **hungry** avoir faim
~ **in the process of** être en train
de
~ **interested in** s'intéresser à
~ **located** se trouver
~ **necessary** falloir (il faut)
~ **of the opinion** trouver
~ **probably, supposed** devoir
~ **right** avoir raison
~ **sleepy** avoir sommeil
~ **sore** avoir mal (à)
~ **sorry** regretter
~ **thirsty** avoir soif
~ **wrong, unwise** avoir tort
beans haricots *m.pl.*
Beaujolais *(wine)* beaujolais *m.*
beautiful beau/bel/belle/beaux/belles
because parce que
become devenir
bed lit *m.*
go to ~ se coucher
bedroom chambre *f.*
beef bœuf *m.*
beer bière *f.*
before avant
begin commencer
behind derrière; en retard
right ~ juste derrière
beige beige
Belgian belge
Belgium Belgique *f.*
believe **(in)** croire (à)
I don't ~ **it!** mon œil!
belong to être à
belt ceinture *f.*
safety ~, **seat** ~ ceinture de
sécurité *f.*
beside à côté (de)
best *adv.* mieux; *adj.* le/la
meilleur(e)
~ **friend** meilleur(e) ami(e) *m./f.*
I like ~ j'aime le mieux (le plus);
je préfère
better *adv.* mieux; *adj.* meilleur(e)
it is ~ **that** il vaut mieux que
between entre

~ **friends** entre amis
beverage boisson *f.*
bicycle vélo *m.*
big grand(e), gros(se)
bill *n.* *(paper money)* billet *m.*;
(restaurant check) addition *f.*
billion milliard *m.*
birthday anniversaire *m.*
bistro bistro *m.*
black noir(e)
~ **currant liqueur** crème de cassis
f.
blond blond(e)
blouse chemisier *m.*
blue bleu(e)
body corps *m.*
book livre *m.*
bookstore librairie *f.*
boots bottes *f.pl.*
Bordeaux *(wine)* bordeaux *m.*
boring ennuyeux(ennuyeuse)
born né(e)
be ~ naître
borrow emprunter
boss patron/patronne *m./f.*
both tous les deux (toutes les deux)
bottle bouteille *f.*
bowl *n.* bol *m.*
bowling: lawn ~ pétanque *f.*
box boîte *f.*
boy garçon *m.*
boyfriend petit ami *m.*
brake *v.* freiner
brand *n.* marque *f.*
brand-new neuf(neuve)
bread pain *m.*
breakfast petit déjeuner *m.*
bridge *(game)* bridge *m.*
Brie *(cheese)* brie *m.*
bring apporter
broccoli brocoli *m.*
brother frère *m.*
brother-in-law beau-frère *m.*
(pl. beaux-frères)
brown brun(e)
brush *n.* brosse *f.*
tooth ~ brosse à dents *f.*
brush *v.* se brosser

building bâtiment *m.*

business affaires *f.pl.*, commerce *m.*
  mind your own ~! occupe-toi de tes oignons!

businessman/woman homme/femme d'affaires *m./f.*

busy occupé(e)
  be ~ with s'occuper de

but mais

butcher shop boucherie *f.*
  pork butcher's charcuterie *f.*

butter beurre *m.*
  peanut ~ beurre d'arachide *m.*

buy acheter

by par
  ~ car en voiture
  ~ chance par hasard
  ~ the way ... au fait ...

café café *m.*, bistro *m.*

cafeteria cafétéria *f.*

cake gâteau *m.* (*pl.* gateaux)

calculator calculatrice *f.*

call appeler, téléphoner
  your ~ from ... votre communication de ...

called: be ~ s'appeler

calm calme, tranquille

Camembert (*cheese*) camembert *m.*

campus campus *m.*

can *n.* boîte *f.*

can (**be able to**) *v.* pouvoir

Canada Canada *m.*

Canadian canadien(ne)

candy bonbon *m.*

car voiture *f.*
  by ~ en voiture

card carte *f.*
  credit ~ carte de crédit
  post ~ carte postale

cards (*game*) cartes *f.pl.*

care *n.* souci *m.*
  take ~ of s'occuper de

care *v.*: **I don't ~** cela (ça) m'est égal

carry porter

cartoon dessin animé *m.*

cat chat *m.*

cautious prudent(e)

centime centime *m.*

century siècle *m.*

cereal céréales *f.pl.*

certain sûr(e)

chair chaise *f.*

chalk craie *f.*

chalkboard tableau *m.*

chance hasard *m.*
  by ~ par hasard

change *n.* monnaie *f.*

change *v.* changer (de)

channel: TV ~ chaîne (de télé) *f.*

charge: extra ~ supplément

charming charmant(e)

cheap bon marché *adj. inv.*

check chèque *m.*
  traveler's ~ chèque de voyage *m.*
  ~ (*restaurant bill*) addition *f.*

checkers dames *f.pl.*

cheese fromage *m.*

chemistry chimie *f.*

chess échecs *m.pl.*

chewing gum chewing-gum *m.*

chic chic *adj. inv.*

chicken poulet *m.*

child enfant *m./f.*

China Chine *f.*

Chinese chinois(e)

chocolate: hot ~ chocolat chaud *m.*

choice choix *m.*

choose choisir

church église *f.*

cigar cigare *m.*

cigarette cigarette *f.*

city ville *f.*

civil servant fonctionnaire *m./f.*

class cours *m.*, classe *f.*
  in ~ en classe
  in first ~ en première classe

classroom salle de classe *f.*

clean propre

close (*adj.*) près (de)

close *v.* fermer

closed fermé(e)

clothing (**article of**) vêtement *m.*

coat manteau *m.* (*pl.* manteaux)

Coca-Cola coca *m.*

coffee café *m.*

coin pièce (de monnaie) *f.*

cold (*illness*) *n.* rhume *m.*

cold *adj.* froid(e)
  be ~ avoir froid
  it's ~ il fait froid

collide entrer en collision

color couleur *f.*
  what ~ is (**are**) **...?** de quelle couleur est (sont) ...?

come venir
  ~ back revenir, rentrer
  ~ in! entrez!
  where do you ~ from? d'où venez-vous?

comfortable confortable

comic strip bande dessinée *f.*

commentary commentaire *m.*

commercial *n.* publicité *f.*

complete complet(complète)

completely tout *inv. adv.*; complètement

computer ordinateur *m.*
  ~ science informatique *f.*

confirm confirmer

console oneself se consoler

constant constant(e)

constantly constamment

contrary contraire *m.*
  on the ~ au contraire

cooking cuisine *f.*

cool: it's ~ il fait frais

corner coin *m.*

corridor couloir *m.*

cost *v.* coûter

cough *v.* tousser

country pays *m.*

course (*classroom*) cours *m.*; (*meal*) plat *m.*
  of ~ certainement, bien sûr

cousin cousin/cousine *m./f.*

crazy fou(folle)
  ~ person fou/folle *m./f.*
  in a ~ manner follement

cream crème *f.*

credit card carte de crédit *f.*

croissant croissant *m.*

cross *v.* retourner

cry *v.* pleurer
cup tasse *f.*
cut *v.* couper

dance *n.* bal *m.*
dance *v.* danser
dangerous dangereux(dangereuse)
darn it! mince!
date *n.* date *f.*; rendez-vous *m.*
date (someone) *v.* fréquenter
  (quelqu'un)
daughter fille *f.*
day jour *m.*
  ~ after tomorrow après-demain
  have a good ~ bonne journée
  New Year's ~ Jour de l'An *m.*
  what ~ is it? quel jour est-ce?
dead mort(e)
dear *n.* chéri/chérie *m./f.*
dear *adj.* cher(chère)
death mort *f.*
debt dette *f.*
December décembre *m.*
definitely sûrement, certainement
delicatessen charcuterie *f.*
delicious délicieux(délicieuse)
delighted ravi(e)
demand (that) exiger (que)
department store grand magasin *m.*
departmental (local) highway
  départementale *f.*
departure départ *m.*
depend dépendre
  it (that) depends ça dépend
depressed déprimé(e)
describe décrire
desk bureau *m.* (*pl.* bureaux)
dessert dessert *m.*
detective story roman policier *m.*
detest détester
die mourir
different original(e) (*m.pl.*
  originaux); différent(e)
dining room salle à manger *f.*
dinner dîner *m.*
  at ~ à table
  have ~ dîner
diploma diplôme *m.*

directions indications *f.pl.*
dirty sale
disappointed déçu(e)
discreet discret(discrète)
dish plat *m.*
dishes vaisselle *f.*
  do the ~ faire la vaisselle
dishwasher lave-vaisselle *m.*
divorce *n.* divorce *m.*
divorce *v.* divorcer
divorced divorcé(e)
do faire
  ~ the grocery shopping faire les
    provisions
  what am I going to ~? comment
    je vais faire?
doctor médecin *m.*, docteur
dog chien *m.*
dollar dollar *m.*
door porte *f.*
dormitory résidence (universitaire)
  f.
dozen douzaine *f.*
dress *n.* robe *f.*
  wedding ~ robe de mariée *f.*
dressed: get ~ s'habiller
drink *n.* boisson *f.*
  before-dinner ~ apéritif *m.*
drink *v.* boire, prendre
  do you want to ~ something?
    voulez-vous boire quelque
    chose?; quelque chose à boire?
drive *n.*: to take a ~ faire une
  promenade en voiture 4
drive conduire
driver automobiliste *m./f.*,
  conducteur/conductrice *m./f.*,
  chauffeur *m.*
  ~'s license permis de conduire
    m.
drums batterie *f.*
drunk *adj.* ivre
during pendant

each chaque
ear oreille *f.*
early tôt, en avance
earn one's living gagner sa vie

earth terre *f.*
easy facile
eat manger, prendre
  ~ dinner dîner
  ~ lunch déjeuner
economics sciences économiques
  f.pl.
education pédagogie *f.*
egg œuf *m.*
eight huit
eighteen dix-huit
eighty quatre-vingts
eighty-one quatre-vingt-un
eleven onze
embarrassed confus(e)
employee employé/employée *m./f.*
end *n.* fin *f.*
engaged fiancé(e)
engagement fiançailles *f.pl.*
England Angleterre *f.*
English anglais(e)
enough assez
enter entrer
errands courses *f.pl.*
essential essentiel(le)
  it is ~ that il est essentiel que
even même
evening soir *m.*
  good ~ bonsoir
ever jamais
every chaque; tout(toute/tous/
  toutes)
  ~ night tous les soirs
everybody tout le monde
everything tout *pron. inv.*
exaggerate exagérer
exam examen *m.*
  on an ~ à un examen
example exemple *m.*
  for ~ par exemple
excellent excellent(e)
exchange: in ~ for contre
exciting passionnant(e)
excuse: ~ me je vous demande
  pardon; excusez-moi
executive cadre *m.*
exercise exercice *m.*
expensive cher(chère)

eye œil *m.* (*pl.* yeux)
  my ~! mon œil!
eyeglasses lunettes *f.pl.*

fail échouer
fall *n.* automne *m.*
fall *v.* tomber
  ~ asleep s'endormir
false faux(fausse)
familiar: be ~ with connaître
family famille *f.*
famous célèbre
fantastic formidable
far (from) loin (de)
fast rapide
fat gros(se), gras(se)
father père *m.*
father-in-law beau-père *m.* (*pl.*
  beaux-pères)
faucet robinet *m.*
fault faute *f.*
favorite préféré(e)
fear peur
February février *m.*
fed up: be ~ en avoir assez
feel sentir, se sentir
  ~ like avoir envie de
  ~ sorry (for someone) avoir pitié
  (de)
fever fièvre *f.*
few peu (de)
  a ~ quelques
fifteen quinze
fifty cinquante
film film *m.*
finally enfin
find *v.* trouver
fine bien
  I'm ~ je vais très bien; ça va
  bien
finish finir
first premier(première)
  ~ name prénom *m.*
  at ~ d'abord
  in ~ class en première classe
fish *n.* poisson *m.*
five cinq
flea market marché aux puces *m.*

Flemish flamand *m.*
flight vol *m.*
flight attendant (*female*) hôtesse de
  l'air *f.*
floor (*of a building*) étage *m.*; (*of a
  room*) plancher *m.*
  ground ~ rez-de-chaussée *m.*
flu grippe *f.*
fluently couramment
flute flûte *f.*
follow: ~ me par ici
food cuisine *f.*
fool fou/folle *m./f.*
foot pied *m.*
football football américain *m.*
for depuis; pendant; pour
foreign étranger(étrangère)
forget oublier
fork fourchette *f.*
fortunately heureusement
forty quarante
four quatre
fourteen quatorze
franc franc *m.*
France France *f.*
free libre
French français(e)
  ~ fries frites *f.pl.*
  in ~ en français
  in the ~ style à la française
  steak with ~ fries steak-frites *m.*
Friday vendredi
friend ami/amie *m./f.*
  make friends se faire des amis
from de
front: in ~ of devant
fruit fruit *m.*
fun amusant(e)
  have ~ s'amuser
funny amusant(e), drôle

game jeu *m.* (*pl.* jeux), match *m.*
garage garage *m.*
garlic ail *m.*
general: in ~ en général
generally généralement
generous généreux(généreuse)
German allemand(e)

Germany Allemagne *f.*
get obtenir, recevoir
  ~ along (with) s'entendre (avec)
  ~ angry se fâcher
  ~ dressed s'habiller
  ~ into monter
  ~ out of descendre
  ~ up, stand up se lever
  ~ washed, wash up se laver
ghost revenant *m.*
girl fille *f.*
girlfriend petite amie *f.*
give donner
  ~ back rendre
gladly volontiers; je veux bien
glass (drinking) verre *m.*
glasses (eye) lunettes *f.pl.*
gloves gants *m.pl.*
go aller, rouler (in a vehicle)
  ~ across traverser
  ~ ahead allez-y
  ~ back retourner, rentrer
  ~ down descendre
  ~ into town aller en ville
  ~ out sortir
  ~ to bed se coucher
  ~ up monter
goat cheese chèvre *m.*
golf golf *m.*
good bon(bonne)
  ~ evening bonsoir
  ~ morning bonjour
  have a ~ day bonne journée
good-bye au revoir
grade note *f.*
grains céréales *f.pl.*
grandchildren petits-enfants *m. pl.*
granddaughter petite-fille *f.*
  (*pl.* petites-filles)
grandfather grand-père *m.*
  (*pl.* grands-pères)
grandmother grand-mère *f.*
  (*pl.* grands-mères)
grandparents grands-parents *m.pl.*
grandson petit-fils *m.* (*pl.* petits-
  fils)
great formidable
green vert(e)

~ **beans** haricots verts *m.pl.*
grey gris(e)
groceries provisions *f.pl.*
   do the grocery shopping faire les
     provisions
grocery store épicerie *f.*
guitar guitare *f.*
gymnasium gymnase *m.*
gymnastics gymnastique *f.*

hair cheveux *m.pl.*
   hairbrush brosse à cheveux *f.*
half *adj.* demi(e)
   ~ **past ...** il est ... heure(s)
     et demie
hall couloir *m.*
ham jambon *m.*
hand main *f.*
handsome beau/bel/belle/beaux/
   belles
happen arriver, se passer
happy heureux(heureuse)
hard-working travailleur
   (travailleuse)
hat chapeau *m.*
hate *v.* détester
have avoir
   ~ **an appointment, date** avoir
     rendez-vous
   ~ **a pain (in)** avoir mal (à)
   ~ **dinner** dîner
   ~ **fun** s'amuser
   ~ **lunch** déjeuner
   ~ **pity** avoir pitié (de)
   ~ **just** venir de
   ~ **to** devoir
   do you still ~ ...? il vous reste
     ...?
   what do you ~ for (in the way of)
     ...? qu'est-ce que vous avez
     comme ...?
he *pron.* il; lui
head tête *f.*
health: (here's) to your ~! à votre
   santé!
hear entendre
   ~ **about** entendre parler de
heat chauffage *m.*

hello bonjour; bonsoir; salut
   ~ **!** *(on the phone)* allô!
help aider
her *pron.* elle; lui
her *adj.* son, sa, ses
here ici
   ~ **is, ~ are** voici
hi! salut!
high-top sneakers baskets *m.pl.*
highway autoroute *f.*
   departmental (local)
     ~ départementale *f.*
him *pron.* lui
his *adj.* son, sa, ses
hockey hockey *m.*
holiday fête *f.*
home maison *f.*
   at the ~ of chez 4
   go (come) ~ rentrer
homework devoirs *m.pl.*
honestly sans façon
hope espérer; souhaiter (que)
horrible affreux(affreuse)
hot chaud(e)
   ~ **chocolate** chocolat chaud *m.*
   be ~ avoir chaud
   it is ~ il fait chaud
hotel hôtel *m.*
hour heure *f.*
   one ~ ago il y a une heure
   one ~ from now dans une heure
house maison *f.*
   at your ~ chez toi
housework ménage *m.*
   do ~ faire le ménage
how comment
   ~ **are you?** comment allez-vous?;
     (comment) ça va?
   ~ **do you say ...?** comment
     dit-on ...?
   ~ **do you spell ...?** comment est-
     ce qu'on écrit ...?
   ~ **long?** pendant combien de
     temps ...?
   ~ **many, much** combien (de)
   ~ **old are you?** quel âge avez-
     vous?
   ~ **... he (she) was!** comme il

(elle) était ...!
hundred cent
hungry: be ~ avoir faim
hurry se dépêcher
husband mari *m.*

I *pron.* je; moi
ice cream glace *f.*
   vanilla ~ glace à la vanille *f.*
idiot idiot/idiote *m./f.*
if si
imbecile imbécile *m./f.*
impatience impatience *f.*
impatient impatient(e)
important important(e)
   it is ~ that il est important que
in à; dans; en
   ~ **a crazy manner** follement
   ~ **a little while** tout à l'heure
   ~ **exchange for** contre
   ~ **general** en général
   ~ **order to** pour
   ~ **the afternoon** de l'après-midi
included compris(e)
incredible incroyable
indicate indiquer
indispensable indispensable
inexpensive bon marché *inv.*
information renseignement *m.*
inside intérieur *m.*
   ~ **of** à l'intérieur de
insist insister
instrument instrument *m.*
insure assurer
interested: be ~ in s'intéresser à
interesting intéressant(e)
introduce présenter
   allow me to ~ myself permettez-
     moi de me présenter
invite inviter
Ireland Irlande *f.*
Israel Israël *m.*
it *pron.* cela, ça; il, elle
it is il est, c'est
   is it ...? est-ce que ...?
   ~ **better that** il vaut mieux que
   ~ **cold** il fait froid
   ~ **cool** il fait frais

~ **essential**   il est essentiel
~ **nice out**   il fait beau
~ **preferable**   il vaut mieux
~ **raining**   il pleut
~ **snowing**   il neige
~ **windy**   il fait du vent
Italian   italien(ne)
Italy   Italie *f.*
its *adj.*   son, sa, ses

jacket   blouson *m.*
jam   confiture *f.*
January   janvier *m.*
Japan   Japon *m.*
Japanese   japonais(e)
jeans   jean *m.*
jogging   jogging *m.*
juice   jus *m.*
  orange ~   jus d'orange *m.*
July   juillet *m.*
June   juin *m.*
just: to have ~ ...   venir de ...

keep   garder
ketchup   ketchup *m.*
key   clé *f.*
kidding: no ~   sans façon; sans
  blague!
kilogram   kilo *m.*
kind *n.*   sorte *f.*
  all ~**s of things**   toutes sortes de
  choses
  what ~(s) **of ...**   quelle(s) sorte(s)
  de ...
kind *adj.*   aimable, gentil(le)
kir   kir *m.*
kiss *v.*   s'embrasser
kitchen   cuisine *f.*
knee   genou *m.* (*pl.* genoux)
knife   couteau *m.* (*pl.* couteaux)
knock   frapper
know   connaître, savoir
  I don't ~   je ne sais pas

laborer   ouvrier/ouvrière *m./f.*
lady   dame *f.*
language   langue *f.*
lap *n.*   genoux *m.pl.*

last   dernier/dernière
  ~ **name**   nom de famille *m.*
  the ~ **time**   la dernière fois
late   tard, en retard
  be ~   être en retard
  it is ~   il est tard
lawn bowling   pétanque *f.*
lay   mettre
lazy   paresseux(paresseuse)
leaf (of paper)   feuille *f.*
learn   apprendre (à)
least   le/la/les moins
  at ~   au moins
  I like ~   j'aime le moins
leave   laisser
  ~ **from**   partir (de)
  ~ **me alone!**   laisse-moi (laissez-
  moi) tranquille!
  there's one left   il en reste un(e)
left: to the ~ (**of**)   à gauche (de)
leg   jambe *f.*
lemon-lime soda   limonade *f.*
lemonade   citron pressé *m.*
lend   prêter
less   moins
let   laisser
  let's go   allez-y, allons-y
letter   lettre *f.*
library   bibliothèque *f.*
license: driver's ~   permis de
  conduire *m.*
life   vie *f.*
  that's ~   c'est la vie
lift   lever
like *v.*   aimer
  I would ~   je voudrais
like *conj.*   comme
liqueur: black currant ~   crème de
  cassis *f.*
listen (**to**)   écouter
literature   littérature *f.*
little *adj.*   petit(e)
  ~ **girl**   petite fille *f.*
little *adv.*   peu (de)
  a ~   un peu (de)
live   habiter
long   long(longue)
  a ~ **time**   longtemps

be a ~ **time coming**   tarder
how ~ ...?   pendant combien de
  temps ...?
no longer   ne ... plus
look   regarder; (*seem*) avoir l'air
  ~ **for**   chercher
lose   perdre
  ~ (**one's**) **patience**   perdre
  patience
  ~ **weight**   maigrir
lot: a ~ (**of**)   beaucoup (de)
love *v.*   adorer, aimer
  ~ **each other**   s'aimer
lozenge   pastille *f.*
luck   chance *f.*
  good ~!   bonne chance!
  what ~!   quelle chance!
lunch   déjeuner *m.*
  have ~   déjeuner

magazine   magazine *m.*
mail *v.*   poster
make *n.*   marque *f.*
make *v.*   faire
  ~ **a request**   faire une demande
  ~ **friends**   se faire des amis
mall   centre commercial *m.*
man   homme *m.*, monsieur *m.*
management   gestion *f.*
manner   façon *f.*
manners   étiquette *f.*
many   beaucoup
  how ~   combien
  so ~   tant
  too ~   trop (de)
map   carte *f.*
March   mars *m.*
market   marché *m.*
  flea ~   marché aux puces *m.*
  super ~   supermarché *m.*
marriage   mariage *m.*
married   marié(e)
marry   se marier (avec); épouser
matter: what's the ~ **with**
  you?   qu'est-ce que tu as?
May   mai *m.*
may (**be able to**)   pouvoir
  ~ **I?**   vous permettez?, puis-je?

maybe peut-être
mayonnaise mayonnaise *f.*
mayor maire *m.*
me *pron.* me, moi
  ~ **neither, nor I** moi non plus
meal repas *m.*
  have a good ~! bon appétit!
mean *v.* vouloir dire
mean *adj.* méchant(e)
meat viande *f.*
medicine médicament *m.*
meet rencontrer
  to have met avoir connu
meeting réunion *f.*, rendez-vous *m.*
  have a ~ avoir rendez-vous
member membre *m.*
mention: don't ~ it il n'y a pas de
  quoi; de rien
menu carte *f. (à la carte);* menu *m.*
  (fixed price)
merchant marchand/marchande
  m./f.
Mexican mexicain(e)
Mexico Mexique *m.*
midnight minuit
milk lait *m.*
million million
mind your own business! occupe-toi
  de tes oignons!
minute minute *f.*
mirror: rearview ~ rétroviseur *m.*
miserly avare
Miss Mademoiselle (Mlle)
mistake faute *f.*
Monday lundi *m.*
money argent *m.*
month mois *m.*
moped mobylette *f.*
more encore, plus
  ~ **...?** encore de ...?
  ~ **to drink (eat)?** encore à boire
  (manger)?
  there is no ~ il n'y en a plus
morning matin *m.*
Moroccan marocain(e)
Morocco Maroc *m.*
most (of) la plupart (de);
  the ~ le/la/les plus

mother mère *f.*
mother-in-law belle-mère *(pl.* belles-
  mères)
motorcycle moto *f.*
motorized bicycle mobylette *f.*
mouse souris *f.*
mouth bouche *f.*
movie film *m.*
  ~ **theater** cinéma *m.*
Mr. Monsieur (M.)
Mrs. Madame (Mme)
much beaucoup
  how ~ combien
  not ~ pas grand-chose
  so ~ tant (de)
  too ~ trop (de)
museum musée *m.*
mushrooms champignons *m.pl.*
music musique *f.*
must devoir, il faut
  (someone) ~ not il ne faut pas
mustard moutarde *f.*
my *adj.* mon, ma, mes

naive naïf(naïve)
name *n.* nom *m.*
  family (last) ~ nom de famille
  in whose ~ ...? à quel nom ...?
  my ~ is ... je m'appelle...
  what is your ~? comment vous
  appelez-vous?
named: be ~ s'appeler
nap sieste *f.*
  take a ~ faire la sieste
napkin serviette *f.*
nasty méchant(e)
nationality nationalité *f.*
  what is your ~? quelle est votre
  nationalité?
naturally naturellement
near près (de)
  very ~ tout près
necessary nécessaire
  it is ~ il faut, il est nécessaire
  (que)
need avoir besoin de
neighbor voisin/voisine *m./f.*
neither: me ~ moi non plus

nephew neveu *m. (pl.* neveux)
nervous nerveux(nerveuse)
never jamais (ne ... jamais)
new nouveau/nouvel(nouvelle)
  (m.pl. nouveaux); neuf(neuve)
  ~ **Year's Day** Jour de l'An *m.*
  what's ~? quoi de neuf?
news informations *f.pl.*
newspaper journal *m.*
newsstand kiosque *m.*
next *adv.* ensuite, puis; *adj.* puis;
  prochain(e)
  ~ **door** à côté
  ~ **to** à côté de
nice aimable, gentil(le)
  have a ~ day bonne journée
  it's ~ out il fait beau
  that's ~ of you c'est gentil à
  vous
niece nièce *f.*
night nuit *f.*
nine neuf
nineteen dix-neuf
ninety quatre-vingt-dix
ninety-one quatre-vingt-onze
no non
  ~ **kidding!** sans blague!; sans
  façon
  ~ **longer** ne ... plus
  ~ **more** ne ... plus
  ~ **one** ne ... personne
nobody ne ... personne
noise bruit *m.*
noon midi
nor: ~ I moi non plus
nose nez *m.*
  runny ~ le nez qui coule
not ne (n') ... pas
  ~ **anyone** ne ... personne
  ~ **anything** ne ... rien
  ~ **at all** il n'y a pas de quoi, de
  rien; pas du tout
  ~ **much** pas grand-chose
  ~ **yet** pas encore
note note *f.*
nothing ne ... rien
notice remarquer
novel *n.* roman *m.*

novel *adj.* original(e) (*m.pl.* originaux)

November novembre *m.*

now maintenant, actuellement

number nombre *m.*, numéro *m.*
  telephone ~ numéro de téléphone *m.*

nurse infirmier/infirmière *m.*/*f.*

obey obéir

o'clock heure(s)
  at ... ~ à ... heure(s)
  it is ... ~ il est ... heure(s)

October octobre *m.*

of de
  ~ course bien sûr

office bureau *m.* (*pl.* bureaux)
  post ~ bureau de poste *m.*

officer: police ~ agent de police *m.*

often souvent

oh dear! oh là là!

okay d'accord
  if that's ~ si ça va

old âgé(e), vieux/vieil(vieille)
  how ~ are you? quel âge avez-vous?

omelet omelette *f.*

on sur
  ~ Papin Street dans la rue Papin

one *pron.* on
  no ~ ne ... personne

one (*number*) un(une)

one-way: ~ street sens interdit *m.*
  ~ ticket aller simple *m.*

onion oignon *m.*

only *adj.* seul(e); *adv.* seulement; ne ... que

open *v.* ouvrir

open *adj.* ouvert(e)

opinion avis *m.*
  be of the ~ trouver
  in my (your, etc.) ~ à mon (à ton, etc.) avis

opposite contraire *m.*

or ou

orange *n.* orange *m.*
  ~ juice jus d'orange *m.*
  ~ soda orangina *m.*

orange *adj.* orange *inv.*

order *v.* commander

order: in ~ to pour

original original(e) (*m. pl.* originaux)

other autre

ouch! aïe!

our notre, nos

outgoing extroverti(e)

outside dehors

owe devoir

owner propriétaire *m.*/*f.*

package paquet *m.*

pain: have a ~ (in) avoir mal (à)

pajamas (pair of) pyjama *m.*

pale pâle

pants (pair of) pantalon *m.*

paper papier *m.*; journal *m.*
  term ~ dissertation *f.*

pardon: I beg your ~ je vous demande pardon; excusez-moi

parents parents *m.pl.*

parents-in-law beaux-parents *m.pl.*

party boum *f.*, soirée *f.*

pass (an exam) réussir

pastry pâtisserie *f.*
  ~ shop pâtisserie *f.*

patience: lose (one's) ~ perdre patience

patient *adj.* patient(e)

patiently patiemment

pavement chaussée *f.*

pay (for) payer
  ~ attention faire attention

peanut arachide *f.*
  ~ butter beurre d'arachide *m.*

peas petits pois *m.pl.*

people gens *m.pl.*; on

pepper poivre *m.*

per par

perfect parfait(e)

perhaps peut-être

period époque *f.*

person (*male or female*) personne *f.*

pharmacy pharmacie *f.*

photograph photo *f.*

physical physique

piano piano *m.*

picnic pique-nique *m.*

pie tarte *f.*

piece morceau *m.* (*pl.* morceaux)

pill pilule *f.*

pilot pilote *m.*

pink rose

pity pitié *f.*

pizza pizza *f.*

place *n.* endroit *m.*, lieu *m.*
  take ~ avoir lieu

place *v.* mettre

plan to avoir l'intention de

plate assiette *f.*

play *n.* pièce *f.*

play *v.* jouer
  ~ a game jouer à
  ~ an instrument jouer de
  ~ tennis jouer au tennis

please s'il vous plaît (s'il te plaît)
  ~ do je vous en prie

pleasure plaisir *m.*
  with ~ avec plaisir

poem poème *m.*

point out indiquer

police officer agent de police *m.*, gendarme *m.*

politician homme/femme politique *m.*/*f.*

politics politique *f.*

poor *adj.* pauvre

poorly mal

popular populaire

pork porc *m.*
  ~ butcher's charcuterie *f.*

post office bureau de poste *m.*

postcard carte postale *f.*

potato pomme de terre *f.*

pour verser

practice répéter

prefer préférer
  I ~ that je préfère que

preferable: it is ~ that il vaut mieux que

prepare (a lesson) préparer (un cours)

pretty joli(e)

price prix *m.*

probably sans doute
process: be in the ~ of être en train de
program programme *m.*
  TV ~ émission (de télé) *f.*
promise promettre
  it's a ~ c'est promis
prudently prudemment
publicity publicité *f.*
punch (a ticket) composter (un billet)
purple violet(te)
put mettre
  ~ on attacher; mettre *(clothes)*
  ~ on weight grossir

quarter *m.* quart
  ~ past, ~ after et quart
  ~ to, ~ till moins le quart
question question *f.*
  ask a ~ poser une question
quickly vite; rapidement
quiet: keep ~! tais-toi! (taisez-vous!)

radio radio *f.*
rain pleuvoir
  it's raining il pleut
raincoat imperméable *m.*
raise lever
rapid rapide
rapidly rapidement
rare *(undercooked)* saignant(e)
rarely rarement
rather assez
  ~ poorly assez mal
read lire
really vraiment; sans façon
reasonable raisonnable
recently récemment
recommend recommander
red rouge
  ~ -haired roux(rousse)
refrigerator réfrigérateur *m.*
regarding à propos de
relatives parents *m.pl.*
remain rester

rent *v.* louer
repeat répéter
request *n.* demande *f.*
  make a ~ faire une demande
reserve réserver
reside habiter
responsibility responsabilité *f.*
rest se reposer
restaurant restaurant *m.*
restroom toilettes *f.pl.*
return retourner, revenir, rentrer
rice riz *m.*
rich riche
ride: take a ~ se promener, faire une promenade en voiture
ridiculous ridicule
right *n.* droit *m.*
right *adj.* droit(e); exact(e)
  ~ ? n'est-ce pas?
  ~ away tout de suite
  ~ behind juste derrière
  be ~ avoir raison
  that's ~ c'est exact
  to the ~ (of) à droite (de)
ring *n.* bague *f.*
road route *f.*
roast (of beef) rôti (de bœuf) *m.*
roll *v.* rouler
room chambre *f.*, salle *f.*
  bath ~ salle de bain *f.*
  bed ~ chambre *f.*
  class ~ salle de classe *f.*
  dining ~ salle à manger *f.*
roommate camarade de chambre *m./f.*
round-trip ticket aller-retour *m.*
rugby rugby *m.*
run into heurter
Russia Russie *f.*
Russian russe

sad triste
salad salade *f.*
  (green) ~ salade (verte) *f.*
salesman/saleswoman vendeur/vendeuse *m./f.*
salmon saumon *m.*

salt sel *m.*
sandwich sandwich *m.*
sardine sardine *f.*
Saturday samedi *m.*
sausage saucisse *f.*
saxophone saxophone *m.*
say dire
scarf foulard *m.*
schedule emploi du temps *m.*
school école *f.*
  high ~ lycée *m.*
science sciences *f.pl.*
  computer ~ informatique *f.*
season saison *f.*
second second(e), deuxième
  in ~ class en seconde
see voir
seem avoir l'air
-self(-selves) -même(s)
sell vendre
semester semestre *m.*
Senegal Sénégal *m.*
Senegalese sénégalais(e)
separate *v.* séparer
  ~ from each other se séparer
September septembre *m.*
series *(TV)* feuilleton *m.*
serious sérieux(sérieuse)
seriously sérieusement
service: at your ~ à votre service
set: ~ the table mettre la table
seven sept
seventeen dix-sept
seventy soixante-dix
seventy-one soixante et onze
seventy-two soixante-douze
she *pron.* elle
sheet (of paper) feuille *f.*
shh! chut!
shirt chemise *f.*
shoes chaussures *f.pl.*
shop *(clothing)* boutique *f.*
  tobacco ~ (bureau de) tabac *m.*
shopping courses *f.pl.*
  ~ center centre commercial *m.*
short petit(e)
shorts (pair of) short *m.*
shoulder épaule *f.*

show montrer
shower *n.* douche *f.*
shower *v.* se doucher
sick malade
since depuis
sincere sincère
sing chanter
singer chanteur/chanteuse *m./f.*
single célibataire
Sir Monsieur (M.)
sister sœur *f.*
sister-in-law belle-sœur *f.* (*pl.* belles-
    sœurs)
sit down s'asseoir
    ~ to eat se mettre à table
six six
sixteen seize
sixty soixante
skate patiner
skating rink patinoire *f.*
ski skier
skid déraper
skirt jupe *f.*
skis skis *m.pl.*
sleep dormir
    ~ in, ~ late faire la grasse
    matinée
sleepy: be ~ avoir sommeil
slice tranche *f.*
slippery glissant(e)
slow *adj.* lent(e)
slow down ralentir
slowly lentement
small petit(e)
smile *n.* sourire *m.*
smile *v.* sourire
smoke fumer
smoking (car) fumeur
    non- ~ non-fumeur
snail escargot *m.*
snow neiger
    it's snowing il neige
so alors, si
    ~ many tant
    ~ much tant
soap opera feuilleton *m.*
soccer football (foot) *m.*
socks chaussettes *f.pl.*

soda: lemon-lime ~ limonade *f.*;
    orange ~ orangina *m.*
sofa sofa *m.*
some *adj.* des, quelques; *pron.* en
someone quelqu'un
something quelque chose *m.*
sometimes quelquefois
son fils *m.*
song chanson *f.*
soon bientôt
sore: be ~ avoir mal (à)
sorry désolé(e)
    be ~ regretter
    feel ~ (for) avoir pitié (de)
sort of assez
so-so comme ci, comme ça
soup soupe *f.*
Spain Espagne *f.*
Spanish espagnol(e)
speak parler
speed vitesse *f.*
    at top ~ à toute vitesse
spell épeler
    how do you ~ ...? comment est-
    ce qu'on écrit ...?
    ... is spelled ... ... s'écrit ...
spend (a year) passer (un an)
spinach épinards *m.pl.*
spoon cuiller *f.*
sportcoat veste *f.*
spring *n.* printemps *m.*
stamp timbre *m.*
stand up se lever
start commencer; démarrer
    it's starting to get cold il
    commence à faire froid
state état *m.*
statue statue *f.*
stay rester
steak steak *m.*
    ~ with French fries steak-frites
    m.
steering wheel volant *m.*
stepfather beau-père *m.* (*pl.* beaux-
    pères)
stepmother belle-mère *f.* (*pl.* belles-
    mères)
stepparents beaux-parents *m.pl.*

stepsister belle-sœur *f.* (*pl.* belles-
    sœurs)
stereo stéréo *f.*
still encore
stomach estomac *m.*
stop *n.* arrêt *m.*
    ~ sign stop *m.*
    bus ~ arrêt d'autobus *m.*
stop *v.* (s')arrêter
store magasin *m.*
    department ~ grand magasin *m.*
    grocery ~ épicerie *f.*
story histoire *f.*
    detective ~ roman policier *m.*
stove cuisinière *f.*
strawberries fraises *f.pl.*
street rue *f.*
    one-way ~ sens interdit *m.*
student étudiant/étudiante *m./f.*
studies *n.* études *f.pl.*
study *v.* étudier
stylish chic *adj. inv.*
succeed réussir
sugar sucre *m.*
suit *n.* complet *m.*
    bathing ~ maillot de bain *m.*
summer été *m.*
sun soleil *m.*
Sunday dimanche *m.*
supermarket supermarché *m.*
supplement supplément *m.*
supposed: be ~ to devoir
suppository suppositoire *m.*
surely certainement, sûrement
surprise surprise *f.*
    what a good ~! quelle bonne
    surprise!
swear jurer
    I ~ (to you) je te le jure
sweater pull-over (pull) *m.*
sweatshirt sweat-shirt *m.*
Sweden Suède *f.*
Swedish suédois(e)
swim nager
swimming pool piscine *f.*
Swiss suisse
    ~ cheese emmenthal *m.*
Switzerland Suisse *f.*

table table *f.*
  at the ~ à table
  set the ~ mettre la table
tablecloth nappe *f.*
tablet cachet *m.*
  aspirin ~ cachet d'aspirine *m.*
take prendre
  ~ a nap faire la sieste
  ~ a test passer (un test)
  ~ a trip faire un voyage
  ~ a walk, a ride faire une
    promenade
  ~ place avoir lieu
talkative bavard(e)
tall grand(e)
taste goûter
tea thé *m.*
teach enseigner
teacher professeur *m.*
  ~ preparation pédagogie *f.*
team équipe *f.*
tee-shirt tee-shirt *m.*
telephone *n.* téléphone *m.*
  ~ number numéro de téléphone
    m.
  on the ~ au téléphone
telephone *v.* téléphoner (à)
television télévision (télé) *f.*
tell indiquer, raconter, dire, parler
  can you ~ me ...? pouvez-vous
    me dire ...?
  ~ a story raconter une histoire
ten dix
tend to avoir tendance à
tennis tennis *m.*
  ~ shoes tennis *m.pl.*
  play ~ jouer au tennis
term paper dissertation *f.*
test examen *m.*
thank *v.* remercier
thanks merci
  yes, ~ je veux bien
that *adj.* ce/cet, cette, ces; *conj.*
    que; *pron.* ce, cela, ça; *relative*
    pron. qui, que
the le/la/les
theater théâtre *m.*
their leur(s)

them elles, eux; les, leur
then alors, ensuite, puis
there là, y
  ~ is (are) il y a, voilà
  over ~ là-bas
therefore alors
they *pron.* ils, elles, on, eux
thin mince
thing chose *f.*
think croire, penser, trouver
  do you ~ so? vous trouvez?
  I don't ~ so je ne crois pas
  what do you ~ of it (of
    them)? qu'en penses-tu?
  what do you ~ of ...?
    comment trouvez-vous ...?
thirsty: be ~ avoir soif
thirteen treize
thirty trente
this *adj.* ce/cet, cette, ces
  ~ way par ici
those *adj.* ces
thousand mille *inv.*
three trois
throat gorge *f.*
throughway autoroute *f.*
Thursday jeudi *m.*
ticket billet *m.*
  one-way ~ aller simple *m.*
  round-trip ~ aller-retour *m.*
  traffic ~ contravention *f.*
tie *n.* cravate *f.*
time temps *m.*; heure *f.*; fois *f.*
  a long ~ longtemps
  at that ~ à cette époque
  on ~ à l'heure
  the last ~ la dernière fois
  what ~ is it? quelle heure est-il?
tired fatigué(e)
to à
  ~ the side à côté
toast pain grillé *m.*
tobacco tabac *m.*
  ~ shop (bureau de) tabac *m.*
today aujourd'hui
together ensemble
tomato tomate *f.*
tomorrow demain

  day after ~ après-demain
tonight ce soir
too aussi
  ~ many trop (de)
  ~ much trop (de)
  you ~ vous aussi
tooth dent *f.*
toothbrush brosse à dents *f.*
toothpaste dentifrice *m.*
tour tour *m.*
  ~ bus autocar *m.*
towel serviette *f.*
tower tour *f.*
town ville *f.*
  ~ hall mairie *f.*
trade ... for échanger ... contre
traffic light feu *m.* (*pl.* feux)
train train *m.*
  ~ station gare *f.*
  by ~ par le train
travel voyager
traveler's check chèque de voyage *m.*
trip voyage *m.*
trout truite *f.*
true vrai(e)
truly vraiment
  yours ~ amicalement
trumpet trompette *f.*
truth vérité *f.*
try essayer
  may I ~ ...? puis-je ...?
Tuesday mardi *m.*
turn *n.* tour *m.*
turn *v.* tourner
  ~ on (*the TV*) mettre
  ~ on the heat mettre le
    chauffage
turnpike autoroute *f.*
tuxedo smoking *m.*
twelve douze
twenty vingt
twenty-one vingt et un
twenty-two vingt-deux
two deux

ugly laid(e)
unbelievable incroyable
uncle oncle *m.*

under sous
understand comprendre
United States États-Unis *m.pl.*
university université *f.*
unmarried célibataire
until *prep.* jusqu'à
unwise: be ~ avoir tort
up: get ~ se lever
us nous
useless inutile
usually d'habitude

vacation vacances *f.pl.*
  have a good ~! bonnes vacances!
  on ~ en vacances
vanilla vanille *f.*
  ~ ice cream glace à la vanille *f.*
vegetable légume *m.*
  raw vegetables crudités *f.pl.*
very tout; très
violin violon *m.*
visit visiter
  ~ someone rendre visite à qqn
voyage voyage *m.*

wait (for) attendre
waiter garçon *m.*, serveur *m.*
waitress serveuse *f.*
wake up se réveiller
walk *n.* promenade *f.*
  take a ~ se promener, faire une promenade
walk *v.* se promener
waltz valse *f.*
want vouloir, désirer, avoir envie de
war guerre *f.*
warning avertissement *m.*
wash laver; se laver
washing machine machine à laver *f.*
watch *n.* montre *f.*
watch *v.* regarder
water eau *f.* (*pl.* eaux)
  mineral ~ eau minérale
way route *f.*; façon *f.*
  by the ~ au fait
we nous
wear porter
weather météo(rologie) *f.*, temps *m.*
  the ~ is bad il fait mauvais

what is the ~ like? quel temps fait-il?
wedding mariage *m.*
  ~ anniversary anniversaire de mariage *m.*
  ~ dress robe de mariée *f.*
Wednesday mercredi *m.*
week semaine *f.*
  per ~ par semaine
  two weeks quinze jours
weekend week-end *m.*
weight: put on ~ grossir
  lose ~ maigrir
welcome: you're ~ de rien, je vous en prie, il n'y a pas de quoi
well *adv.* bien
  are you ~? vous allez bien?
  fairly ~ assez bien
  not very ~ pas très bien
what *pron.* qu'est-ce que/qu'est-ce qui, que; *adj.* quel(le)
  ~? comment?
  ~ am I going to do? comment je vais faire?
  ~ day is it? quel jour est-ce?
  ~ (did you say)? comment?
  ~ is (are) ... like? comment est (sont) ...?
  ~ is there ...? qu'est-ce qu'il y a ...?
  ~ is this? qu'est-ce que c'est?
  ~ is your name? comment vous appelez-vous?
  ~'s new? quoi de neuf?
  ~'s the matter? qu'est-ce qu'il y a?
  ~ time is it? quelle heure est-il?
wheel: steering ~ volant *m.*
when quand
where où
  ~ are you from? vous êtes d'où?; d'où venez-vous?
  ~ is (are) ...? où se trouve (se trouvent) ...?
which *adj.* quel(le); *pron.* lequel
while pendant que
  a little ~ tout à l'heure
white blanc(blanche)
who qui

why pourquoi
  ~ not? pourquoi pas?
widower/widow veuf/veuve *m./f.*
wife femme *f.*
win gagner
  ~ the lottery gagner à la loterie
wind vent *m.*
  it's windy il fait du vent
windbreaker blouson *m.*
wine vin *m.*
winter hiver *m.*
wish vouloir; ~ souhaiter
  I want je veux que
  I would like je voudrais que
with avec
without sans
witness témoin *m.*
Wolof (*language*) wolof *m.*
woman femme *f.*, dame *f.*
word mot *m.*
work *n.* travail *m.*
  manual ~ travail manuel *m.*
work *v.* travailler
world monde *m.*
worry *n.* souci *m.*
worry *v.* s'inquiéter
wounded *adj.* blessé(e)
wow! oh là là!
write écrire
wrong faux(fausse)
  be ~ avoir tort

year an *m.*; année *f.*
  school ~ année scolaire
yellow jaune
yes oui; si!
yesterday hier
yet encore
  not ~ pas encore
you *pron.* tu, vous; te, vous; toi, vous
young jeune
your *adj.* ton, ta, tes; votre, vos
  (here's) to yours! à la vôtre!
yuck! berk!
yum! miam!

zero zéro
zip code code postal *m.*

Index

In the following index, the symbol (v) refers to lists of vocabulary within the lessons. The symbol (g) refers to the sections titled *Il y a un geste* that explain gestures used with the indicated phrase.

Permissions and Credits

The authors and editors wish to thank the following persons and publishers for permission to include the works or excerpts mentioned.

p. 62: © Besançon: Le *GAB*, Numéro 648.

p. 136: © L'Alsace: Le Journal des Enfants.

p. 206: © L'Alsace: Le Journal des Enfants.

p. 207: © L'Alsace: Le Journal des Enfants.

p. 269: «Déjeuner du Matin», Jacques Prévert, *Paroles*, © Éditions GALLIMARD, 1949.

p. 270: L'Alsace: Le Journal des Enfants.

p. 308: «Tabac: Une fumeuse sur quatre en meurt», Sabine de la Brosse, *Paris Match*/SCOOP.

p. 343: «La France au volant», Pierre Daninos, *Le Carnet de Major Thompson*, © Hachette, 1954.

p. 375: «Au cinéma», © L'Est Républicain.

p. 377: «Le mariage à la mairie», © L'Est Républicain.

p. 411: © Le Monde.

p. 450: «La francophonie», © *Journal Officiel*, Numéro 7, April 26, 1989.

p. 480: © Téléloisirs.

p. 481: © L'Alsace: Le Journal des Enfants.

p. 512: «La France nucléaire», © *Le Point*, Numéro 761.

Photos

Antman, Mark/The Image Works: pp. 344, 457, 493, 513. Bamberger-Gellie/Gamma-Liaison: p. 397. Barbey, Bruno/Magnum: p. 415. Barbier, P./Campagne-Campagne: p. 317. Blake, Anthony/TSW-Click/Chicago: p. 238. Brilliant, Andrew/Palmer, Carol: pp. 116, 364. Cano, Alfredo/The Image Works: p. 137. Campagne-Campagne/Taurus: p. 167. Cohen, Stuart/Comstock: p. 380. Craig, Thomas/Telephoto: pp. 79, 357, 479, 505. Dominis, John/Telephoto: pp. 124, 148, 241, 245, 249, 256, 420, 462. Edelhajt, B./Gamma-Liaison: p. 210. Elk III, John/Stock Boston: p. 370. Franken, Owen: pp. 37, 45, 56, 103, 191, 213, 267, 275, 296, 335, 454, 472. Fusco, Paul/Magnum: p. 147. Galvin, Kevin: pp. 0, 95, 283, 312, 432, 489. Gaumy, Jean/Magnum: p. 521. Giraudon/Art Resource: p. 520. Goldberg, Beryl: pp. 52, 66. Gontier, Philippe/The Image Works: pp. 90, 315. Grant, Spencer/The Picture Cube: pp. 8, 106. Gupton, Charles/TSW-Click/Chicago Ltd.: p. 280. Haling, George/Photo Researchers, Inc.: p. 519. Heaton, Dallas & John/TSW-Click/Chicago Ltd.: p. 402. Herwig, Ellis/The Picture Cube: pp. 75, 486. Hirsch, Linda J.: p. 348. Hollyman, Tom/Photo Researchers, Inc.: p. 417. Malyszko, Mike/Stock Boston: p. 517. Mazir, Rosine/Photo Researchers: p. 229. McCartney, Susan/Photo Researchers, Inc.: p. 326. Modica, Vincent J./Stock Boston: p. 406. Naciviet/Explorer/Photo Researchers: p. 220. Nes, Charly/Telephoto: p. 351. Norton, Phil/Valan Photos: p. 451. Parry, Claire/The Image Works: p. 439. Pasley, Richard/Stock Boston: p. 145. Pearce, Joseph R./Valan Photos: p. 143. Perrodin, A.M./Campagne-Campagne: p. 383. Phillips, David: p. 129. Poe, Judy: pp. 19, 34, 180. Simson, David/Stock Boston: p. 146. Stock, Dennis/Magnum: p. 100. Valette, Pierre A.: pp. 11, 27, 69, 199, 291. Vilder, Steve/TSW-Click/Chicago, Ltd.: p. 418. Weidman, H. Mark: pp. 6, 151, 386. Wide World Photos: pp. 279, 419. Wilkinson, V./Valan Photos: p. 183. Wolff, Bernard/Photo Researchers, Inc.: p. 277. Wood, Richard/The Picture Cube: p. 278.

Realia

1 l'Algérie
2 la Belgique
3 le Bénin
4 **Burkina-Fasso**
5 le Burundi
6 le Cameroun
7 le Congo
8 la Corse
9 la **Côte-d'Ivoire**
10 Djibouti
11 la France
12 le Kampuchéa (le Cambodge)
13 le Gabon
14 la Guadeloupe
15 la Guinée
16 la Guyane française
17 Haïti
18 le Laos
19 la Louisiane
20 le Luxembourg
21 Madagascar
22 le Mali
23 le Maroc
24 la Martinique
25 la Mauritanie
26 le Niger
27 la Nouvelle-Angleterre
28 la Nouvelle-Calédonie
29 la Polynésie française
30 le Québec
31 la République Centrafricaine
32 la Réunion
33 le Rwanda
34 Saint-Pierre-et-Miquelon
35 le Sénégal
36 la Suisse
37 le Tchad
38 le Togo
39 la Tunisie
40 le Vietnam
41 le Zaïre

Le français est la langue maternelle

Présence importante de la langue française

LE FRANÇAIS DANS LE MONDE